100억 슈퍼개미가 콕 찍어주는 유망 투자종목 88

이주영의 내공 주식투자

3 종목편

내공 주식투자 3 종목편

초판 1쇄 인쇄 2011년 11월 18일
초판 1쇄 발행 2011년 11월 25일

지은이 이주영
펴낸이 김선식

1st Creative Story Dept. 변지영, 김선미, 박경란, 신현숙, 김희정, 양지숙, 이정, 송은경
Creative Design Dept. 최부돈, 황정민, 박효영, 김태수, 박혜원, 손은숙, 이명애
Marketing Dept. 모계영, 이주화, 원종필, 임광문, 신문수, 백미숙
Communication Team 서선행, 김선준, 전아름, 이예림
Contents Rights Team 이정순, 김미영
Management Dept. 김성자, 송현주, 권송이, 윤이경, 김민아, 류수민, 김태욱

펴낸곳 (주)다산북스
주소 서울시 마포구 서교동 395-27번지
전화 02-702-1724(기획편집) 02-703-1725(마케팅) 02-704-1724(경영지원)
팩스 02-703-2219
이메일 dasanbooks@hanmail.net
홈페이지 www.dasanbooks.com
출판등록 2005년 12월 23일 제313-2005-00277호

종이 월드페이퍼(주) **인쇄·제본** (주)현문

ISBN 978-89-6370-690-0 (14320)

* 책값은 표지 뒤쪽에 있습니다.
* 파본은 구입하신 서점에서 교환해드립니다.
* 이 책은 저작권법에 의하여 보호를 받는 저작물이므로 무단 전재와 복제를 금합니다.

100억 슈퍼개미가 콕 찍어주는 유망 투자종목 88

이주영의
내공
주식투자

3 종목편

이주영 지음

특별부록
100만 원으로
도전하는
유망 중소형주

다산북스

| 프롤로그 |

주식시장에서 생사고락을 함께한 지도 어느덧 10년이 되어간다. 꿈 많고 열정 가득하던 스무 살, 나는 삶의 목표를 찾아 헤매고 있었고 모든 열정을 쏟아 부을 대상을 찾아 방황하고 있었다. 그러던 중에 운명같이 주식시장을 발견했다. 당시 이 공간은 내게 세상 어떤 곳보다 큰 꿈을 꾸게 해주었으며 모든 열정을 쏟을 만한 가치로 다가왔다.

그리고 10년이 흘렀다. 주식시장에서 그간 무엇을 겪었고 무엇을 생각했고 최종적으로 얻은 것이 무엇인지에 대해서는 1권과 2권에서 속속들이 고백했다. 지난날을 돌이켜볼 땐 언제나 주식시장이라는 곳이 얼마나 위험한 공간인지도 모른 채 패기와 열정(달리 말하면 단순함과 무식함)으로만 덤벼들었던 나의 무모함에 가슴을 쓸어내리곤 한다. 하지만 젊어서 고생은 사서도 한다는 말이 있듯이 철부지 시절에 감행했던 그 무모한 도전에서 나는 참 많은 것을 얻었다.

이번 3권은 1권《실전편》과 2권《철학편》에 이어서《종목편》으로 주제를 잡았다. 투자자들이 가장 알고 싶어하는 바로 그 '종목' 얘기를 이 책에서 할 것이다. 그렇지만 그전에 당부하고픈 말이 있다. 주식투자가 얼마나 힘든 일인지는 대부분 알 것이다. 전편들에서 내가 부끄러움을 무릅쓰고 털어놓은 나의 온갖 시행착오들에 고개를 끄덕인 투자자들이 많을 것이다. 그러니 단순히 종목을 찍어준다고 해서 누구나 수익을 낼 수 있는 게 아니라는 것도 알 것이다. 누구나 가장 궁금해하는 것이 종목이라는 것을 알고 있음에도 나는 여전히 노파심을 떨치지 못하고 있다. 부디 전편들을 모두 읽고 자신의 철학과 투자원칙을 마련한 다음에 이 책으로 건너왔으면 좋겠다.

1권과 2권에서 나는 주식투자의 위험성과 어려움에 대해 여러 각도로 많은 이야기를 했다. 하지만 사실 주식투자로 돈을 버는 건 너무나도 쉬운 일이다. 그걸 어렵게 만들고 계좌에 치명상을 입히는 것은 아이러니하게도 우리들 자신의 너무나 부지런하고 성실한 습성 탓이다. 수많은 정보를 듣고, 기법을 배우고, 시장과 종목을 분석하면서 투자자는 끊임없이 판단 과정을 거친다. 그런데 그중 한 단계에서만 판단이 어긋나더라도 애초에 가고자 했던 곳과 너무나 먼 곳에 도착해 있게 된다. 주식투자에는 인간의 본성을 거스르는 요소들이 많기 때문이다.

그 첫 번째가 주식투자를 할 때 돈에 초연해야 하고 돈을 빨리 그리고 많이 벌려는 욕심을 부려서는 안 된다는 것이다. 알 수 없는 미래에 대해 희망에 부풀거나 절망에 가득 차서도 안 된다. 막연한 말처럼 들리겠지만 투자자의 실상을 조금만 관심 있게 들여다보면 금방 이해할 것이다. 하지만 돈을 위해 주식투자를 하면서 이러한 욕망을 제어하는 것이 쉽겠는가? 또한 내일을 위해 살아가는 인간이 미래에 대한 희망이나 절망이라는 감정을 얼마나 자유자재로 통제할 수 있겠는가. 인간은 감정의 동물이라는 말도 있다. 좋은 일이 생기면 저절로 미소가 떠오르고

행복해지며 나쁜 일이 닥치면 절망에 빠지고 걱정이 많아진다.

이런 본성이 주식시장에 들어섰다고 해서 갑자기 무뎌지는 것은 아니다. 당연히 수익이 나면 기뻐하고 더 오를 것 같으며, 손실이 나면 온갖 걱정이 머릿속을 꽉 채운다. 주가란 잠시도 가만히 있지 못하는 개구쟁이 아이처럼 늘 움직이기 마련인데 그 움직임 하나하나에 감정을 느낀다면 어떻게 제대로 된 투자를 할 수 있겠는가. 이런 본성조차 억눌러야 하는 것이 투자라는 일이다.

이에 대한 얘기는 1, 2권에서 이미 충분히 했으므로 이 정도만 하자. 그 많은 어려움과 위험을 거쳐서 3권을 통해 내가 하고 싶은 말은 이것이다. "주식투자는 쉽다. 주식투자로 돈을 버는 건 쉬운 일이다."

어렵기만 하고 결국 수익 내는 방법이 없다면 애초에 첫 번째 책을 시작하지도 않았을 것이다. 시간은 좀 걸렸지만 그리고 엄청난 마음고생을 했지만, 주식시장을 처음 접했을 때 가지 '이곳이라면 어떤 꿈을 꾸어도 이룰 수 있겠구나' 하는 생각이 옳다는 것을 확인했다. 그러고 나니 이 소리 없는 총성이 가득한 전쟁터가 편안하고 친근한 곳이라고 느껴졌고, 여기에 이르기까지 수많은 시행착오 속에 얻은 성과를 공유하기 위해 나는 이 책을 쓰고 있다.

언젠가 내 친구 중 하나가 농담 반 진담 반으로, 그렇게 고생해서 알게 된 걸 혼자만 알고 있지 억울하게 왜 남들한테 다 가르쳐주느냐고 물었다. 나는 쓰윽 한번 웃어주고 말았는데 그 대답을 여기에 하려고 한다.

우선 첫 번째는 주식시장이 내게 돈벌이의 대상만은 아니라는 점이다. 20대의 청춘과 열정을 바친 주식시장을 단순히 돈으로만 바라보는 것은 나의 자존심이 허락지 않는다. 그리고 현실적인 두 번째 이유는 많은 사람들이 투자를 잘해서 수익을 내면 내 계좌도 저절로 자라난다는 점이다. 장기적인 관점으로 주식시장에 투자하는 사람이 늘어날 때 기업도 적극적으로 사업을 확대할 수 있고 나아가 국가의 부가 커진다. 이는 다시 우리가 안정적으로 투자 수익을 거둘 수 있는 밑바탕이 된다. 내가 바라는 건 이런 선순환이다. 모두가 올바른 투자를 하여 세상이 더욱 풍요로워지고 많은 사람이 부자가 되길 바라는 것이 내가 이 책을 쓰는 궁극적인 목표다.

그러기 위해 우리나라의 부의 흐름을 꿰뚫는 업종과 종목들을 분석하여 이 책에 제시하였다. 오늘 당장 얼마를 벌었는가에 목매는 단기적인 시각에서 벗어나 모두가 잘살게 되는 주식투자를 시작해보자.

2011년 10월
이주영

| 목차 |

프롤로그 　　　　　　　　　　　　　　　　　　　　　　　　　　　　　　004

PART I 성공하는 주식투자

1. 전체 시장은 개별 종목보다 강하다 　　　　　　　　　　　　　　　013
2. 해답은 '좋은 종목에 장기로 투자하는 것' 　　　　　　　　　　　　015
3. 우리나라를 이끌어가는 강한 기업들 　　　　　　　　　　　　　　017
4. 주식투자의 현실적 목표 　　　　　　　　　　　　　　　　　　　018

PART II 대한민국 최강 88종목

01 운수장비　　　　　　　　　　　　　　　　　　　　　　　　024

- **001** 현대차 : 국내 대표적인 글로벌 완성차 기업(산업A 후보)　　　027
- **002** 현대모비스 : 현대차 그룹 계열의 국내 1위 자동차부품 기업(산업B 후보)　030
- **003** 기아차 : 국내 시장점유율 2위의 현대차 그룹 계열 완성차 기업(산업A 후보)　033
- **004** 현대중공업 : 세계 최대의 조선회사(산업A 후보)　　　　　　036
- **005** 삼성중공업 : 수주잔량 기준 조선업계 세계 1위 기업(산업A 후보)　039
- **006** S&T중공업 : 자동차부품, 방위산업 제품 생산 기업(산업C 후보)　042

02 화학　　　　　　　　　　　　　　　　　　　　　　　　　046

- **007** LG화학 : 국내 대표적인 복합 석유화학 기업(산업A 후보)　　049
- **008** S-OIL : 국내 대표적인 정유 기업(산업A 후보)　　　　　　　052
- **009** 호남석유 : 국내 대표적인 순수석유화학 기업(산업A 후보)　　055
- **010** 제일모직 : 삼성 그룹 계열의 의류, 케미컬, 전자재료 기업(산업B 후보)　058
- **011** 한국타이어 : 국내 최대의 타이어 전문 기업(산업A 후보)　　061
- **012** OCI : 폴리실리콘 원천기술을 보유한 종합화학 기업(산업B 후보)　064
- **013** 태광산업 : 태광 그룹 계열의 화학 및 섬유사업 영위 기업(산업C 후보)　067
- **014** KCC : 국내 1위의 도료 및 건자재 전문 기업(산업B 후보)　　070
- **015** LG생활건강 : LG 그룹 계열의 화장품 및 생활용품 전문 기업(필수소비재산업)　073

016 **삼성정밀화학** : 삼성 그룹 계열의 정밀화학 및 전자재료 기업(산업C 후보)	076
017 **대한유화** : 고밀도 폴리에틸렌 생산능력 1위 기업(산업B 후보)	079
018 **SKC** : SK 그룹 계열의 석유화학 전문 기업(산업C 후보)	082
019 **SK케미칼** : SK 그룹 계열의 화학 및 생명과학 기업(산업C 후보)	085

03 철강금속 088

020 **POSCO** : 국내 1위의 조강, 전로강 기업(산업A 후보)	090
021 **현대제철** : 국내 2위의 종합일괄제철 기업(산업A 후보)	093
022 **현대하이스코** : 현대차 그룹 계열의 강판·강관 기업(산업B 후보)	096
023 **동국제강** : 후판 및 철근 전문 기업(산업B 후보)	099
024 **고려아연** : 영풍 그룹 계열의 세계 최대 비철금속 기업(산업B 후보)	102
025 **세아베스틸** : 특수강 전문 기업(산업B 후보)	105
026 **영풍** : 국내 2위의 아연괴 기업(산업B 후보)	108
027 **세아제강** : 세아 그룹 계열의 국내 1위 강관 기업(산업C 후보)	111

04 전기전자 114

028 **삼성전자** : 세계 1위의 반도체 메모리, 세계 2위의 휴대폰 기업(산업A 후보)	117
029 **삼성테크윈** : 삼성 그룹 계열의 방산 및 정밀기기 기업(산업A 후보)	120
030 **LS산전** : LS 그룹 계열의 전력 및 자동화기기 1위 기업(산업B 후보)	123
031 **한솔테크닉스** : 한솔 그룹 계열의 BLU 전문 기업(산업B 후보)	126

05 기계 130

032 **두산중공업** : 두산 그룹 계열의 발전설비 1위 기업(산업A 후보)	132
033 **두산인프라코어** : 두산 그룹 계열의 국내 1위 종합기계 기업(산업A 후보)	135
034 **한라공조** : 국내 최대 자동차 공조 전문 기업(산업B 후보)	138

06 건설 142

035 **현대건설** : 국내 1위 종합건설 기업(산업A 후보)	144
036 **GS건설** : GS 그룹 계열의 대형 종합건설 기업(산업A 후보)	147
037 **대림산업** : 대형 종합건설 기업(산업A 후보)	150

07 서비스 154

038 **LG** : LG 그룹의 지주회사(산업A 후보)	157
039 **LS** : LS 그룹의 지주회사(산업A 후보)	160
040 **SK** : SK 그룹의 지주회사(산업A 후보)	163
041 **두산** : 두산 그룹의 지주회사(산업A 후보)	166
042 **GS** : GS 그룹의 지주회사(산업A 후보)	169
043 **코오롱** : 코오롱 그룹의 지주회사(산업B 후보)	172
044 **녹십자홀딩스** : 녹십자 그룹의 지주회사	175
045 **세아홀딩스** : 세아 그룹의 지주회사(산업B 후보)	178
046 **신세계** : 국내 할인마트 시장점유율 1위 기업	181

047 삼성엔지니어링 : 삼성 그룹 계열의 글로벌 엔지니어링 기업(산업A 후보)	184
048 웅진코웨이 : 웅진 그룹 계열의 환경가전 전문 기업(산업B 후보)	187
049 제일기획 : 삼성 그룹 계열의 국내 1위 광고대행사(산업B 후보)	190
050 엔씨소프트 : 국내 1위의 게임소프트웨어 기업(산업A 후보)	193
051 신세계푸드 : 신세계 그룹 계열의 대표적 외식 기업	196

08 운수창고 — 200

052 대한항공 : 국제선 항공 화물 부문 세계 1위 항공사(산업B 후보)	202
053 대한통운 : 금호아시아나 그룹 계열의 국내 최대 종합물류 기업(산업B 후보)	205
054 현대상선 : 현대 그룹의 실질적인 지주회사(산업B 후보)	208
055 세방 : 국내 항만하역 선두 기업(산업C 후보)	211

09 유통 — 214

056 LG상사 : LG 그룹 계열의 대표적 종합상사(산업B 후보)	216
057 삼성물산 : 삼성 그룹 계열의 종합상사(산업A 후보)	219
058 대우인터내셔널 : POSCO 계열의 종합상사(산업B 후보)	222
059 현대상사 : 현대중공업 계열의 대형 종합상사(산업B 후보)	225
060 호텔신라 : 국내 대표적인 면세점·호텔 기업	228
061 현대백화점 : 국내 시장점유율 2위의 백화점	231
062 현대그린푸드 : 현대백화점 그룹의 지주회사이자 단체급식 기업	234

10 음식료 — 238

063 오리온 : 제과 전문 기업	240
064 빙그레 : 빙과·유음료 기업	243
065 오뚜기 : 국내 대표적인 종합식품 기업	246
066 롯데제과 : 롯데 그룹 계열의 국내 1위 제과 기업	249
067 삼양사 : 삼양 계열의 실질적 지주회사	252
068 롯데삼강 : 롯데 그룹 계열의 유지·빙과류 기업	255
069 크라운제과 : 제과·제빵 전문 기업	258
070 남양유업 : 조제분유 시장점유율 1위, 유가공 시장점유율 2위 기업	261
071 롯데칠성 : 롯데 그룹 계열의 음료 1위 기업	264

11 의약품 — 268

072 녹십자 : 특수의약품 전문 제약 기업	270
073 동아제약 : 박카스로 유명한 국내 1위 제약 기업	273
074 유한양행 : 업계 상위 제약 기업	276

12 금융 — 280

| 075 신한지주 : 금융지주회사 | 282 |
| 076 한국금융지주 : 금융지주회사 | 285 |

13 은행 — 288

- **077** 기업은행 : 중소기업 지원 특수은행 — 290

14 보험 — 294

- **078** 삼성화재 : 삼성 그룹 계열의 시장점유율 1위 보험사 — 296
- **079** 현대해상 : 시장점유율 2위의 손해보험사 — 299
- **080** LIG손해보험 : LIG 그룹 계열의 종합손해보험회사 — 302
- **081** 코리안리 : 국내 유일의 전업 재보험회사 — 305

15 증권 — 308

- **082** 대우증권 : 산업은행 계열의 국내 대표적 증권사(산업C 후보) — 310
- **083** 삼성증권 : 삼성 그룹 계열의 대형 증권사(산업C 후보) — 313
- **084** 키움증권 : 위탁매매 시장점유율 1위 증권사(산업C 후보) — 316

16 비금속광물 — 320

- **085** 삼광유리 : OCI 계열의 중간재 제조 기업(산업C 후보) — 322
- **086** 조선내화 : 국내 종합 내화물 1위 기업(산업C 후보) — 325

17 섬유의복 — 328

- **087** 한섬 : 여성 의류 전문 기업(산업B 후보) — 330
- **088** 동일방직 : 섬유 제품 전문 기업(산업C 후보) — 333

18 기타 업종 — 336

- 전기가스업 — 336
- 의료정밀 — 337
- 종이목재 — 338
- 통신 — 339

에필로그 — 340

부록 100만 원으로 도전하는 유망 중소형주

PART I

성공하는 주식투자

주식시장에 들어선 초기 내가 얼마나 미련스럽게 단기매매에 집착했는지는 이미 1, 2권을 통해 충분히 고백했다. 시장에 뛰어든 초보자들이 대부분 그러듯 나 역시 마찬가지 길을 걸어왔다. 시중에 나와 있는 수많은 단타 기법을 익히기 위해 노력했고 실제로 돈도 벌었다. 흔히 불리는 차트매매, 외국인과 상한가 따라잡기, 공시매매, 테마매매 등 주가의 단기적인 움직임과 군중심리를 이용한 방법들이었다. 그런데 수익은 냈지만 매일이 가시방석이었다. 매일 장이 마감되면 내일 또다시 모든 걸 걸어야 한다는 부담감이 나를 피폐하게 만들었고 수익이든 손실이든 감정적으로 심한 기복에 시달렸다.

그렇게 3년 정도 보내자 한계에 다다랐다. 하루 24시간 머릿속에서 시장을 지울 수가 없었고, 그 생각이란 게 대부분 걱정과 우려였으니 한계를 느끼는 건 당연한 일일 것이다. 쳇바퀴 도는 다람쥐 같다는 느낌을 벗어날 수가 없었다. 온종일 분석하고 공부하고 정보를 모았지만 정작 내가 뭘 하고 있는지는 알지 못했다.

당시 나는 무조건 매매를 부지런히 하면 수익을 낼 수 있다고 생각하고 있었는데 이 점도 참 무지의 소산이라고밖에 할 수 없다. 매매 횟수가 너무나 잦아 수수료만 엄청나게 나가고 전체 시장이 흔들리면 그동안 벌어놓은 것을 한 번에 날리기 일쑤였다. 그런 경험을 통해 상승장에서는 돈 벌기가 쉽고 하락장에서는 손실 내기가 쉽구나 하는 걸 깨달았다. 그런 기본적인 것조차 시장에 수업료 바치며 배웠다니 할 말 다 한 거 아닌가.

그런데 바로 이 점이 내가 주식시장의 투기꾼에서 큰 흐름을 읽는 진정한 투자자로 성장하는 데 중요한 변곡점이 되어주었다. 이때부터 나는 개별 종목과 전체 시장의 관계를 보기 위해 나섰고 그 과정에서 자본주의 체제와 경제 흐름에 대한 광범위한 통찰력을 갖추기까지 열심히 공부했다. 그렇게 딱 10년이 지났다. 이제 내게 주식시장은 혼돈의 공간이 아니라 내가 세상과 만나는 효율적인 통로가 되었다.

1. 전체 시장은 개별 종목보다 강하다

내가 맨 처음 주식시장에 발을 들여놓은 건 2001년이었다. 코스피 지수 차트를 보면 당시가 이후 지속적인 상승의 출발점임을 알 수 있을 것이다. 코스피는 이후 10년간 상승률이 최대 380%에 이른다.

같은 기간 전체 시장의 상승세를 등에 업고 내가 매매했던 종목들 역시 놀라운 상승률을 보였다. 그중 현대모비스를 예로 들면 이전 10년 동안 최대 9,365%나 되는 상승률을 기록했다. 2001년 1월 4,400원에서 2011년 7월 416,500

코스피 지수 월간차트(2001~2011년)

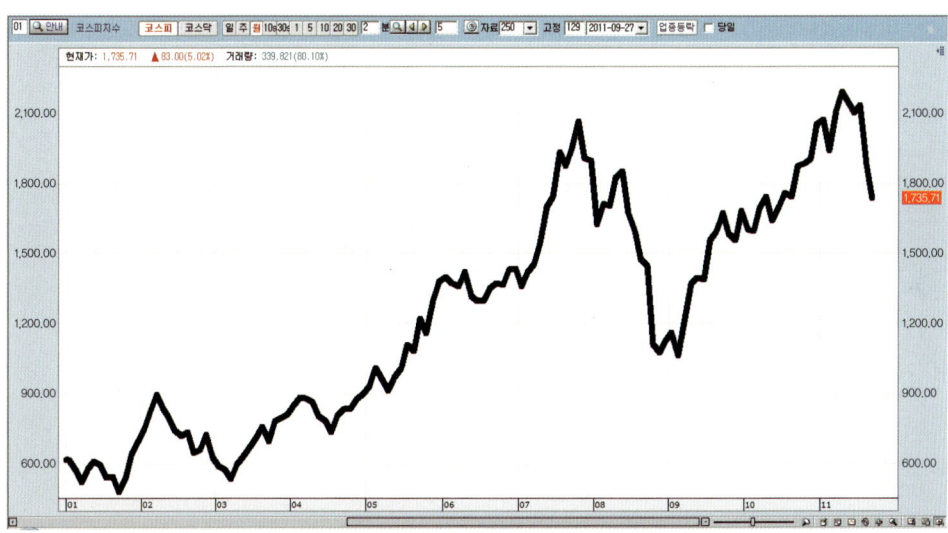

현대모비스 월간차트(2001~2011년)

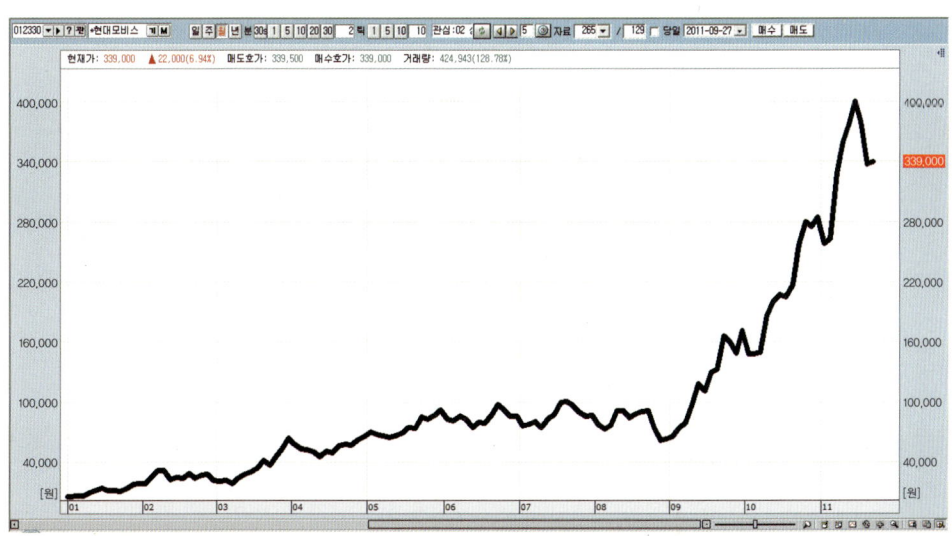

한국타이어 월간차트(2001~2011년)

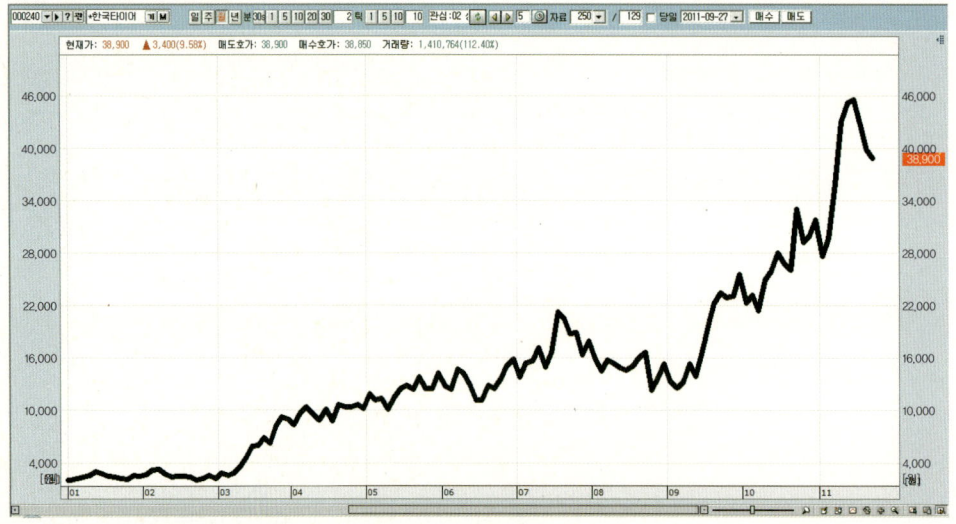

원이 된 것이다. 또 다른 종목으로 한국타이어는 2001년 1월 1,605원에서 2011년 7월 48,850까지 3,000% 가까이 상승했다. 이들은 내가 당시 단기매매를 하던 시절 숱하게 매매했던 종목 중 일부다.

그런데 내가 그렇게 기를 쓰고 밤잠을 설쳐가며 매매해서 얻은 이익이 9,000%(현대모비스), 아니면 적어도 3,000%(한국타이어)에 이를 수 있을까?

예를 들어보자. 단타로 아주 매매를 잘해서 연 30%의 수익률을 낸다고 가정하자(알겠지만 연 30%는 환상적인 수익률이다!). 10년 동안 꾸준히 해마다 30%의 수익률을 기록할 수 있다면 10년 후에는 원금 대비 300%가 된다. 단기매매는 큰 자금을 운용하기엔 적합하지 않기에 연간 수익률에 복리를 적용할 수는 없다. 수익금까지 재투자한다고 치면 오히려 손실폭이 커질 가능성이 있다. 이 점에 대해서는 《실전편》에서 이야기

한 수익률 100%와 손실률 100%가 일대일 대응이 되지 않는다는 점을 떠올리기 바란다.

어쨌든 순탄하게 해마다 30%의 수익률을 올리는 귀신같은 단타왕이라 할지라도 결과적으로 보면 시장의 평균을 따라잡지 못한다. 그런데 만약 시장이 이전 10년과 같은 상승장이 아니라 횡보나 하락장이었다면 과연 단기매매로 연 30% 수익을 꾸준히 낼 수 있을까? 아마도 시장의 하락률보다 큰 폭의 손실률을 기록하기가 쉬울 것이다.

내가 경험으로 깨달은 바는 시장이 상승해야 겨우 눈치로 따라가는 것이 단기매매 기법이라는 것이었다. 더욱이 큰돈을 벌겠다는 욕심으로 저가 부실주나 옵션매매까지 한다면 얼마 못 가 깡통계좌만 남을 게 분명하다. 단기매매의 수익률은 주식시장의 장기 상승으로 얻을 수 있는 부차적인 결과물임을 꼭 기억해야 한다.

2. 해답은 '좋은 종목에 장기로 투자하는 것'

전체 시장이 하락하면 개별 종목은 하락을 피할 수 없으며 매매자들은 공포에 질려 손절매하기에 급급해진다. 가끔 하락장에도 시장의 영향이 없는 소형주를 단기매매해서 돈을 버는 사람이 있으나 그러한 소형주에 투자하는 것은 큰 위험을 감수한 '투기'에 불과하다. 운이 좋아 몇 번 수익을 냈다 하더라도 위험을 영원히 피할 수는 없다. 잠깐은 버는 것 같고 금방 큰돈을 벌 것 같은 환상이 들지만 벌다 잃다를 반복하다 결국 수수료에 야금야금 먹히고 만다.

돈을 벌기 위해서는 단기가 아니라 장기적인 관점에서 투자해야 한다. 그런데 장기 투자를 하더라도 어떤 종목을 선택할 것인가? 이것이 바로 이 책의 핵심적인 내용이다. 우리나라 주식시장에는 약 2,000개의 종목이 있다. 이 많은 종목 중에서 투자하여 수익을 낼 수 있는 종목은 과연 어떤 것일까? 이것만 알 수 있다면 주식투자라는 일은 아주 간단하고 쉬운 일이 된다.

장기 투자를 하기 위해서는 무엇보다 오랜 시간 마음 편히 보유할 수 있는 종목을 선정하는 일이 가장 중요하다. 일단 종목이 선정되면 최소 3년 이상은 꾸준히 보유하고 지속적으로 추가 매수할 수 있어야 한다. 그러려면 '지속적으로 성장할 수 있는 기업'을 선택해야 한다. 이제부터 무엇이 기업을 지속적으로 성장하게 하는지를 이야기해보자.

기업을 분석하는 이론적 틀인 양적 분석과 질적 분석은 현실 투자에 접목시키기에 많은 어려움이 있다. 특히나 양적 지표는 숫자로 이루어지기 때문에 객관적인 비교가 가능하다고 생각하여 분석 툴로 애용되고 있지만, 다양한 사업을 하는 각기 다른 기업을 숫자만으로 비교할 수 있다고 생각하는 것은 오산이다. 예를 들어 철강 기업끼리라면 수익률과 자산을 숫자로 비교하여 우위 기업, 하위 기업이라는 식으로 상대적인 구분을 할 수 있다. 하지만 철강, 화학, 인터넷, 서비스 등 사업 내용이 다른 기업들을 단순히 숫자로 비교하는 것은 커다란 오류를 안고 가는 것이다. 간단히 말해 양적 지표에 의한 분석은 동종 업체에서만, 그것도 제한적인 의미를 갖는 방법이다.

이에 비해 질적 분석이 훨씬 중요하지만 숫자로 표현할 수 없기 때문에 객관적 비교가 어렵다는 점이 있다. 질적인 요소는 분석하는 사람에 따라 주관적인 요소가 많이 개입된다. 심지어 분석하는 사람의 성장환경이나 가치관 그리고 기호에 따라서도 기업의 가치를 보는 기준이 크게 달라진다.

어떤 이론이나 투자기법만을 가지고 장기로 투자할 종목을 선택하는 것은 혼란만 가중될 뿐이다. 그러므로 투자라는 실전적 문제에 직면했을 때는 이론에 더하여 현실적인 감각과 융통성도 필요하다. 이론은 기본적인 참고자료로 활용하고 현실에서 어떤 요소가 기업을 지속적으로 성장하게 하는지 생각해보자. 그리고 자신의 투자 여건과 환경을 고려하여 어떤 방법이 최선의 투자가 되는지 함께 살펴보자.

먼저 주식시장 자체를 살펴보는 데서 출발하는 것이 가장 바람직하다. 주식시장은 자본주의의 꽃이다. 주식시장에서 부자가 된다는 것은 자본주의를 100% 이상 활용하고 남들보다 더 잘 적응

해서 살아간다는 의미가 된다. 그러므로 주식시장을 살펴본다는 것은 우리가 속한 자본주의 체제의 이점과 문제점을 따져본다는 말과 같다.

인간의 문명은 어느 날 갑자기 생겨났거나 하늘에서 뚝 떨어진 것이 아니다. 오랜 인류사를 통해 꾸준히 생겨나고 보완되면서 형성되어온 것이다. 그렇지만 인간이 원래 불완전하기 때문에 그 산물인 문명 역시 완벽할 수 없다. 자본주의라는 현 체제 역시 마찬가지다. 자본주의는 어떤 완성체가 아니라 지금도 꾸준히 개선되고 발전되어나가는 과정에 있을 뿐이다. 인간의 또 다른 특징으로 사회적 동물이라는 점이 있다. 절대 혼자서는 살아갈 수 없는 존재인 것이다. 자본주의라는 체제를 만들어온 것이 인간이지만 체제는 그 안에서 서로 의지해 살아가는 인간 개개인 모두에게 영향을 미친다.

금본위제가 폐지된 현재 신용화폐 제도의 근본적인 결함은 인플레이션의 발생이 필연적이라는 점이다. 즉, 돈의 가치가 시간이 갈수록 감소할 수밖에 없다. 이것이 자본주의 체제의 문제점과 맞물려 '부익부 빈익빈'이라는 고질병을 낳는다. 자본주의는 자본 자체에 힘을 집중시켜 가진 자는 더 큰 부자가 되고 가난한 사람은 가난을 대물림하게 만든다. 성장보다는 분배에 취약하기 때문이다. 성장은 자본이 집중되어 저절로 이뤄지지만 분배는 인위적으로 만들어줘야 한다. 이 때문에 마르크스의 자본론을 바탕으로 한 사회주의 체제가 생겨났다. 이 체제는 실패했지만 자본주의의 부익부 빈익빈이라는 고질적인 문제가 남아있는 한 반체제가 등장할 가능성이 없다고만은 할 수 없다. 이러한 문제점을 보완하기 위해 노동법, 복지법 등이 만들어지고 있는 것이다.

이러한 자본주의의 특성을 이해하고 주식투자에 접목하자면 성장이 극대화되어 있는 기업 집단을 선택하는 것이 안전하다는 결론에 도달한다. 이미 그곳에는 자본이 집중되어 있고 그 힘으로 더 큰 부를 창출할 수 있기 때문이다. 새로운 투자처나 신기술 그리고 대박의 환상을 찾아 해맬 필요도 없이 현재 강한 기업을 선택하는 것이 위험을 줄이는 방법이다.

부익부 빈익빈의 문제는 기업 간에도 발생한다. 우리나라의 산업구조를 보면 이를 한눈에 알 수 있다. 대기업은 갈수록 더 많은 돈을 벌어들이고 영세할수록 곡소리가 끊이지 않는다. 대기업은 돈이 된다는 곳이면 어디든 손을 뻗는다. 유망한 중소기업을 인수하고 중소 상인을 거리로 내쫓는다. 지주회사를 중심으로 계속해서 덩치를 키워가며 자신의 앞길에 방해가 되는 경쟁 기업을 무자비하게 탄압하며 성장한다.

그렇지만 이것은 대기업의 소유주가 비도덕적이거나 포악해서 그런 것은 아니다. 자본의 힘으로 성장해가야 하는 이 체제 자체의 오류인 것이다. 그 대기업 역시 국내에서는 무소불위의 권력을 휘두르지만 세계 시장에서는 하룻강아지에 불과할 수도 있다.

어찌됐든 우리가 투자하고자 하는 코스피에서는 이들 대기업을 중심으로 살펴보는 것이 가장 빠른 길이다. 대기업의 계열사로서 자본력과 영업망, 유통망 등의 든든한 지원을 받는 중소 규모의 기업도 포함된다. 그다음으로 빛나는 아이디어와 신기술, 경영 혁신으로 지속적인 성장동력을 갖춰나가는 중소기업도 대상이 된다. 그렇다면 이제 우리나라에는 과연 어떤 기업이 이 범주에 들까를 살펴보자.

3. 우리나라를 이끌어가는 강한 기업들

코스피에서 '부익부'의 대열에 선 기업들은 어디일까. 2011년 9월 기준 코스피 상장기업은 85개의 그룹으로 분류되어 있다. 업종과 사업 영역별로 다양한 이들 그룹이 우리나라 경제를 이끌고 가는 주축이다. 그중 규모로 볼 때 상위 20%에 속하는 기업을 일반적으로 대기업이라고 부른다.

나는 이번 《종목편》을 저술하기 위해 코스피에 상장되어 있는 모든 종목을 분석했다. 그리고 새삼스레 깨달은 것이 있는데 역시나 우리나라 주식시장에서 10년 동안 지속적으로 상승한 종목은 대부분 대기업에 속해 있다는 것이다. 우리나라 10대 그룹과 해당 기업을 정리하면 다음의 표와 같다. 여기에는 상장기업만 포함시켰다.

코스피의 85개 그룹(2011년 9월 기준)

씨엔	KCC	선명
한국타이어	현대백화점	동부
넥스트코드	종근당	보광
팜스웰바이오	동양	대성
대한전선	신한금융지주	신세계
넥센	동양화학	현대중공업
KPX홀딩스	코오롱	범한판토스
중외제약	삼환	이수
농심	삼화콘덴서	두산
현대	효성	삼성
우리금융	대신	LG
세아	S&T	네오위즈
태영	동원산업	한솔
SK	벽산	한일시멘트
대웅	한국컴퓨터	유진
원익	롯데	대양
일진	현대차	동국제강
CJ	GS	태평양
한진	한국철강	오리온
대동공업	LS	넥시큐어테크
한진중공업	KT	애경
한전	무림	현대산업개발
세방	영풍	이지바이오시스템
쌍용양회	웅진	네패스
다우기술	금호	프라임
태광산업	대림	
한국신용정보	삼양	
POSCO	STX	
한화	대상	
아세아	KT&G	

우리나라 10대 그룹과 해당 기업

삼성 그룹	현대차 그룹	SK 그룹	LG 그룹
삼성엔지니어링	현대차	SK컴즈	LG화학
제일기획	HMC투자증권	SKC솔믹스	LG상사
삼성증권	현대모비스	로엔	LG
에이스디지텍	기아차	SK이노베이션	LG디스플레이
에스원	현대제철	SK텔레콤	LG유플러스
삼성물산	BNG스틸	SK케미칼	LG생활건강
삼성정밀화학	현대하이스코	SK가스	LG전자
삼성카드	글로비스	SK증권	LG생명과학
삼성화재		SK네트웍스	
크레듀		IHQ	
삼성전자		부산가스	
삼성테크윈		유비케어	
호텔신라		SK브로드밴드	
삼성SDI		SK	
삼성중공업		대한가스	
제일모직		SKC	
삼성전기			

POSCO 그룹	롯데 그룹	현대중공업 그룹	GS 그룹
포스코엠텍	롯데칠성	현대중공업	GS
포스코강판	롯데쇼핑	현대미포조선	디앤샵
POSCO	호남석유		코스모화학
포스코ICT	롯데손해보험	**두산중공업**	GS건설
포스코켐텍	롯데제과	오리콤	삼양통상
	케이피케미칼	두산	GS홈쇼핑
	롯데삼강	두산인프라코어	
	롯데미도파	두산건설	
		삼화왕관	
	한진 그룹	두산중공업	
	한진중공업		
	한진중공업홀딩스		

| 성공하는 주식투자 **17**

보다시피 우리에게 매우 익숙한 이름들이다. 이 그룹들이 우리 생활에 필요한 다양한 상품들을 생산하고 서비스를 제공하며 나라 밖에서는 우리나라의 이름을 걸고 세계적 브랜드들과 경쟁한다. 작은 땅덩어리와 빈약한 자원이라는 한계를 안고도 우리나라가 강국들과 당당히 겨룰 수 있는 것은 우리 국민 모두의 노력과 함께 이들 기업의 분투가 있었기 때문이다.

이 기업들은 우리나라 산업의 중심이며 강력한 힘과 영향력을 발휘하고 있다. 각 그룹은 지주사를 중심으로 계열회사 상호간 협력하고 서로의 이익을 위해 최선을 다한다. 우리나라 경제를 분석할 때 이들을 빼놓고 이야기한다면 핵심을 놓치는 것이다. 그러니 주식투자에서도 이들 외에 다른 곳에서 해답을 찾고자 한다면 길을 잘못 잡은 것이다.

PART II에서 본격적으로 다루겠지만 지난 10년간 수백에서 수천 퍼센트 상승한 종목은 대개 이 그룹 안에 있다. 각 종목이 어떤 이유로 상승했는지를 모두 제시해두었으니 이를 참고하기 바란다. 가장 큰 이유는 자본주의 체제의 타고난 오류인 부익부 빈익빈의 수혜를 누린다는 점이다.

4. 주식투자의 현실적 목표

"당신이 기대하는 수익률은 어느 정도입니까?"

누군가 이렇게 물었을 때 어떻게 대답하겠는가? 답변을 머뭇거리고 있는 당신 대신 내가 답을 해본다면 이것이다. "되도록 많이."

웃자고 하는 소리가 아니라 진짜 그렇다. 주식시장에 막 발을 디딘 초보는 눈앞에 오가는 수많은 돈이 내 것이 될 거라 생각한다. 아무리 소박하게 말한다 해도 자기가 손실을 볼 거라 생각하는 사람은 없다. 그렇지만 한 달이 가고 두 달이 가고, 1년이 지나고 2년이 지나면서 그중 대부분이 빈손으로 시장을 떠난다. 주식투자는 너무 복잡하고 어렵다고 푸념하면서.

하지만 앞서 말했듯이 세상에 주식투자만큼 쉬운 일은 없다. 우리가 살고 있는 이 체제의 중심이 주식시장이며, 자본주의의 속성상 돈은 꾸준히 늘어나게 되어 있기 때문이다. 좋은 주식을 사서 세상이 발전하는 동안 보유하고 있기만 하면 주가는 저절로 오르게 되어 있다.

그런데도 왜 그렇게 많은 사람들이 투자에 실패하는 것일까? 성공으로 가는 길목에 너무나 많은 방해꾼들이 있기 때문이다. 이래야 한다 저래야 한다고 말하는 전문가들부터 시작하여 이 방법이면 백전백승이라는 기법 광고자들, 순진한 투자자들을 유인하여 고점에서 떠넘기고 사라지는 사기꾼들까지 밟는 자리마다 지뢰가 도사리는 형국이다. 그런데 그 모든 장애물은 하나의 지점에서 출발한다. 바로 투자자 자신의 현실적인 목표치가 없다는 것이다.

물론 '되도록 많이' 벌면 좋을 것이다. 하지만 주식투자로 돈을 벌려면 체제와 경제의 성장에 발맞추는 것이 가장 좋은 방법이다. 이것들은 절대 '되도록 많이' 벌 정도로 빠르게 성장하지 않는다. 이것들이 빠르게 성장했다가는 도리어 살

인적인 인플레이션 때문에 수익을 내더라도 의미가 사라져버리고 만다.

자본주의 체제에서 주식시장은 꾸준히 우상향하게 되어 있다. 그러므로 어떤 종목이든 매수해서(당연히 부실주를 제외하고) 들고만 있어도 주가는 오르게 되어 있다. 그런데 이보다 더 높은 수익을 낼 수가 있으며, 이것을 우리는 주식투자에 성공했다고 말한다. 지난 10년간 코스피의 최대 상승률이 300%였다고 할 때 그보다 높은 수익을 거뒀다면 성공한 것이다. 즉, 주식투자에 성공한다는 것은 '꾸준히 시장 평균을 이기는 것'이다.

이제부터 우리는 시장 평균보다 높은 수익률을 얻기 위해 지름길을 갈 것이다. 주식시장에는 코스피와 코스닥을 합쳐 대략 2,000개의 종목이 상장되어 있다. 이들 중에는 10년 동안 시장 평균을 능가해서 꾸준히 상승해온 종목도 있고 시장 평균에 훨씬 못 미치는 상승률을 보인 종목도 있다. 그런가 하면 오랜 시간 시장 평균 이하에 있다가 갑자기 폭발적으로 상승한 종목이 있고 그 반대인 종목도 있다. 심지어 전도유망했으나 어느 날 갑자기 상장폐지된 종목도 있다. 이 중에서 장기적으로 보유하기에 가장 적합한 종목은 무엇일까? 당연히 지난 기간 꾸준히 상승해온 종목, 높은 상승률을 기록한 종목이다. 이들은 승자로서의 자본의 힘을 집중하여 앞으로도 성장해갈 것이기 때문이다.

이 책에서는 과거 10년 동안 꾸준히 시장 평균을 상회한 업종과 시장 평균 이상으로 상승한 종목을 살피면서 공통점과 특징을 알아보고자 한다. 이 작업을 충실히 해낸다면 앞으로 10년간 상승할 종목을 선택하는 데 유용한 틀과 기준점을 확보할 수 있을 것이다.

PART II

대한민국 최강 88종목

주식시장에 상장된 기업은 영위하는 사업의 특성과 성격에 따라 업종으로 묶인다. 여기서는 21개의 업종별로 분류하여 업종 지수의 상승률을 살피고 어떤 종목이 해당하는지와 업황을 개략적으로 설명하였다. 그리고 해당 종목 중에서는 산업A, B, C 후보를 제시하였다. '내공 주식투자' 시리즈에서 일관되게 이야기하는 것처럼 산업A와 산업B, 산업C라는 분류기준을 여기에도 적용할 것이다. 다시 설명하자면 '산업A'는 중심이 되는 산업, '산업B'와 '산업C'는 그에서 파생되는 산업이다(《내공 주식투자 1: 실전편》 pp.271~280 참조).

그리고 그중 17개 업종에서 장기 투자에 적합한 88개 종목을 선별하여 분석하였다. 나는 종목 분석을 마친 후 선별된 종목들을 어떻게 설명해야 이해하기 쉽고 종목 간 비교가 용이할지 많은 고민을 했다. 여러 방법을 모색한 결과 다음과 같은 방식으로 정리하였다.

먼저 10년간의 월간차트를 제시했다. 각 종목이 얼마나 많이 상승했는지 다들 알고 있겠지만 장기 투자가 얼마나 위력적인지를 시각적으로 확인시켜주고 싶었다. 다음으로는 최근 5년 동안의 간단한 재무상황을 표시해두었으며, 회사의 사업을 한눈에 알 수 있도록 매출구성을 그림으로 제시했다.

그다음으로 내용적인 측면을 분석했는데 크게 여섯 부분으로 나뉜다.

첫 번째는 기업 소개다. 기업이 영위하고 있는 사업과 현재 차지하고 있는 위상을 짚었다.

두 번째는 지난 10년간 기록한 최대 상승률을 계산해봤다. 언제 어느 가격대의 저점에서 언제 얼마의 고점을 기록했는지, 간단하게 한 줄로 제시되어 있지만 웅변하는 바가 결코 간단치만은 않을 것이다.

이어서 세 번째는 그와 같은 상승이 일어난 주요 이유를 짚어본다. 주가가 장기간 상승한 이유는 대개 복합적이지만 그중에서도 단적으로 말할 수 있는 특이사항이 있는지를 알아볼 것이다. 대기업인가, 성장성이 높은가, 독보적 기술력을 갖췄는가, 브랜드 가치가 높은가, 시장점유율이 높은가, 가격 결정력이 있는가, 필수적인 상품을 생산하는가, 사업의 진입장벽이 높은가 등의 체크리스트로 점검한다.

이제 투자 쪽으로 좀더 가까운 항목이 제시된다. 네 번째로는 투자의 난이도를 살핀다. 영위하는 사업의 내용을 투자자가 잘 이해한다면 업황을 전망하는 데도 이로울 것이다. 반면 전혀 알지 못하는 분야라면 어떤 공시가 제출됐다 할 때 얼마만큼의 중요성을 갖는지 알 수 없기에 매번 뒷북만 치게 될 것이다. 이해할 수 있는 사업인가, 매출구성을 이해하기 쉬운가,

현금흐름을 파악하기 쉬운가, 경기변동의 영향을 받는가, 지속적인 기술경쟁이 일어나는가 등의 체크리스트로 점검할 것이다. 특히 5단계 척도를 통해 내가 판단한 바도 제시한다.

다섯 번째로는 장기적 전망을 본다. 업종의 상황과 기업 상황, 전반적인 경제 흐름을 고려하여 어떤 지점을 고려해야 하는지를 설명하고 5단계 척도로 내 의견을 제시한다.

여섯 번째로는 어떻게 투자해야 하는가라는 궁극적인 질문이다. 앞에서 살펴본 해당 종목의 다섯 가지 사항을 총괄하여 전략적으로 어떤 관점을 가져야 하는지를 이야기하고 여기서도 5단계 척도로 내 의견을 제시할 것이다. 사실 이 부분은 나에게 엄청난 부담감을 주었다. 종목을 이야기하기 전에 내 사고의 흐름, 이런 관점이 형성된 과정을 나는 이미 두 권의 책에서 충분히 이해시키고자 노력했다. 그렇지만 그것을 모두 소화하지 못한 상태에서 단순히 '이 종목 사면 대박이래' 하는 생각으로 접근하는 투자자도 있을 것이기 때문이다. 그렇지만 소수의 사람들이 그럴 가능성이 있다 하더라도 그렇지 않을 많은 독자도 있을 것을 믿고 처음의 결심을 밀고 가기로 했다. 이런 고뇌가 있었던 만큼 그야말로 온 정신을 집중하여 내린 판단이라는 사실을 알아주기 바란다.

그리고 각 종목의 마무리에는 특이사항에 대하여 별도로 'note' 란을 만들었다. 위의 어디에도 해당되지 않지만 투자에 꼭 필요한 언급 또는 위에서 계속 언급되었지만 더 강조해야 할 필요가 있을 때 이 박스를 활용할 생각이다.

이 책을 모두 읽은 다음에는 독자가 해야 할 일이 하나 더 있다. 자신이 보다 잘 알고 성향에 맞는 종목들을 선정한 다음, 《철학편》에서 설명한 바 있듯이 인플레이션주, 경기방어주, 경기변동주, 경영자주로 분류하여 비중을 조절하는 것이다. 그렇게 자신에게 맞는 포트폴리오를 구성하면 주식투자가 훨씬 쉬워진다.

그러면 지금부디 본론으로 들어가 보자.

운수장비

【 최대 상승률(이전 10년간) **1,803%**: 최저 190포인트(01년 01월) → 최고 3617포인트(11년 04월) 】

월간차트(이전 10년간)

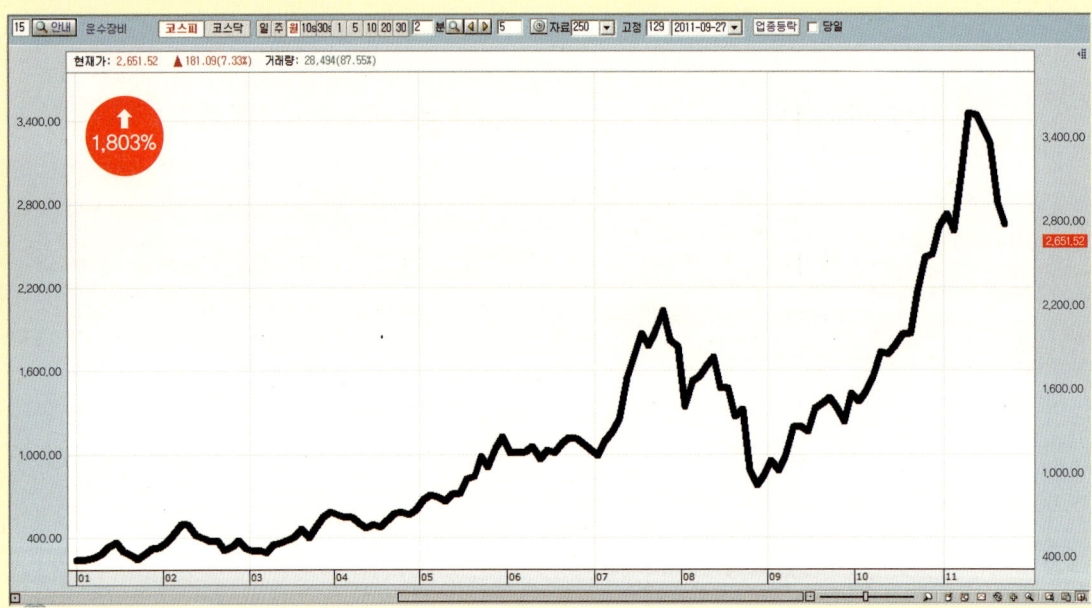

해당 종목 $

S&T대우	S&T모터스	S&T중공업 ★B	SJM	SJM홀딩스	STX조선해양
기아차 ★A	대우조선해양	대원강업	대유신소재	대유에이텍	대창단조
덕양산업	동국실업	동양기전	동원금속	디아이씨	만도
모토닉	부산주공	삼성공조	삼성중공업 ★A	상신브레이크	새론오토모티브
세원정공	세종공업	쌍용차	에스엘	영화금속	유성기업
인지컨트롤스	인팩	지코	체시스	태양금속	태원물산
파브코	평화산업	한국프랜지	한일이화	한진중공업	현대모비스 ★B
현대미포조선	현대중공업 ★A	현대차 ★A	화승알앤에이	화신	

업종 둘러보기

앞의 표에서 확인할 수 있듯이 코스피 운수장비업종에는 47개의 회사가 상장되어 있으며 자동차와 조선을 주축으로 한다.

그중 자동차업계의 선두 회사는 완성차를 생산하는 현대차와 기아차이며 그 외 부품과 소재 등을 생산하는 기업이 모여 하나의 산업을 이끌어 간다. 그리고 조선업계에서는 현대중공업과 삼성중공업이 주도하며 마찬가지로 부품과 소재 생산 기업이 함께 어우러진다.

우리나라의 자동차, 조선업은 세계적으로 인정받는 산업이며 국가 경제의 큰 축을 담당하고 있다. 알기 쉽게 매출 규모만 예로 들더라도 2010년 말 기준 현대차 35조, 기아차 20조, 현대모비스 14조, 현대중공업 21조, 삼성중공업 12조 등을 기록했다. 관련 산업까지 모두 합치면 어마어마한 액수가 되는데 2010년 GDP 1,172조와 비교하면 어느 정도의 비중을 차지하는지 알 수 있을 것이다. 따라서 운수장비의 미래를 예측할 수 있으면 주식시장에서 투자하기가 훨씬 쉬워진다.

하지만 자동차와 조선업은 세계 경기변동의 영향을 매우 크게 받고 글로벌 경쟁이 치열한 제조업으로서의 한계가 있다는 점도 알아두어야 한다. 특히 환율과 외부적 요인에 큰 영향을 받기 때문에 부침이 매우 심한 업종이다. 단적인 예로 현대중공업 주가는 2007년 서브프라임 사태에 직면하기 전에 55만 원까지 상승했었지만 1년도 안 되어 10만 원대까지 하락했다. 회복 속도도 빨라 2011년 초 다시 50만 원을 회복했다. 이처럼 변동성이 심한 업종이기 때문에 단순히 매출 규모만 보고 만만히 덤볐다가는 큰 코다친다.

좀 과격하게 말하자면 개인 투자자 입장에서는 현대중공업을 장기로 투자했다간 거품 물고 쓰러질 가능성이 매우 높다. 다른 운수장비의 사정도 별반 다르지 않다. 예를 들어 자동차업계에서 세계적으로 높은 경쟁력을 앞세우며 시장을 주름잡던 일본의 도요타가 최근 어떤 모습인지를 확인해보라. 날개 없는 추락이 끝없이 이어지고 있다.

조선업 또한 마찬가지다. 우리나라의 현대중공업, 삼성중공업, 대우조선해양 등 빅3가 세계 조선업을 석권하고 있지만 최근에는 중국이 투자를 확대하며 무서운 속도로 뒤따라오고 있다. 자동차와 조선업은 기본적으로 초기 설비투자에 대규모 자본이 필요한 장치산업이다. 때문에 국내에서는 진입장벽이 높고 과점적 성격을 지니지만 나라 밖에서의 상황은 다르다. 글로벌 기업들 간의 경쟁이 매우 치열하다.

결론을 말하자면 운수장비업종의 종목을 '사서 묻어두기' 식으로 장기 투자를 하는 것은 매우 위험이 크다고 하겠다. 일반 투자자들은 엄청난 변동성 때문에 항상 살 떨리는 불안감 속에 있을 수밖에 없다. 하지만 그렇다고 해서 이 업종에 아예 투자를 하지 말라는 말은 아니다. 국가 경제를 이끌어가는 업종을 무시하고 포트폴리오를 구성한다는 것은 도리어 바람직한 일이 아니다. 그렇다면 어떻게 투자해야 하는가? 답은 '분산투자'다. 포트폴리오에 일정 비율을 편입하여 정기적으로 관리해주는 것이다.

실제로 운수장비업종은 이전 10년 동안 코스피 평균 상승률의 두 배가 넘게 올랐다. 미래를 정확히 예측한다는 게 불가능한 업종이긴 하지만 우리나라가 높은 경쟁력을 갖춘 산업임은 분명하고, 또한 변동폭이 크지만 상승률 또한 매력적이다. 그러므로 우리가 할 수 있는 최선의 선택은 자신이 감당할 수 있는 위험의 수준을 고려하여 분산투자를 하는 것이다.

이 업종 중에서 대표적인 종목 7개를 선정하여 분석한 결과를 제시하고자 한다. 어떤 업종이 부의 중심이 되는 산업A가 되는지, 파생되는 산업B와 C에는 어떤 것이 있는지 관심을 갖고 읽기 바란다. 각 종목마다 내가 분석한 결과에 따라 투자의견을 제시하였는데, 여러분 스스로도 이 판단에 동의할 수 있는지 분석해보라.

001 현대차 (대형주)

운수장비

【 국내 대표적인 글로벌 완성차 기업(산업A 후보) 】

- FICS Sector: 경기소비재
- FICS Industry Group: 자동차 및 부품
- FICS Industry: 자동차

월간차트(이전 10년간)

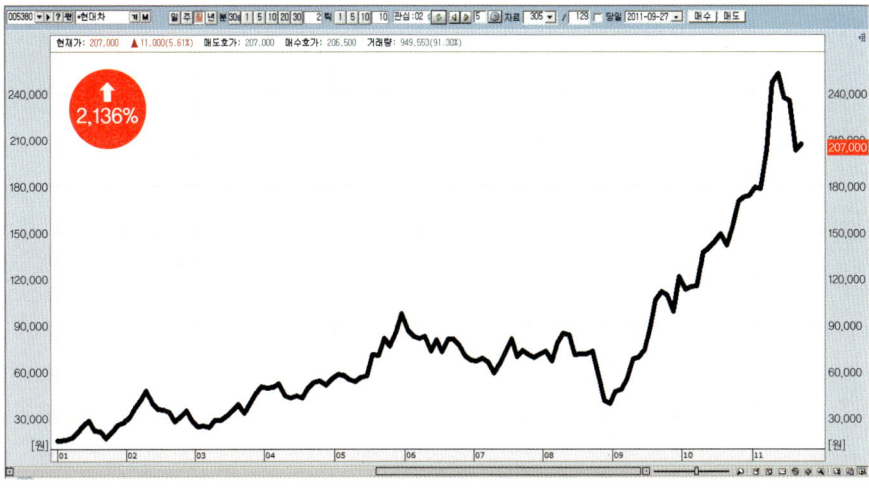

2,136%

재무상황

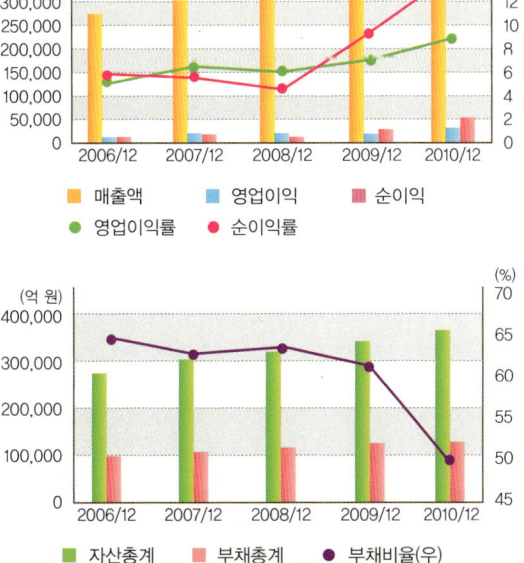

매출구성

(2010년 12월 기준)

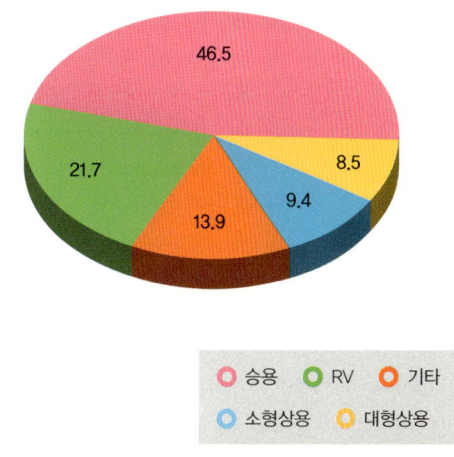

- 승용 46.5
- RV 21.7
- 기타 13.9
- 소형상용 9.4
- 대형상용 8.5

01 운수장비 27

기업 소개

현대차 그룹의 대표적인 자동차 제조 및 판매 기업이다. 국내 시장점유율이 50%에 육박할 정도로 독점적 지위를 차지하고 있다. 품질 관리 강화, 브랜드 이미지 개선, 신차 투입, 적극적인 신흥 시장 개척 등에 힘입어 수출 실적이 증가하고 있으며 세계적으로도 경쟁력을 확보해나가고 있다.

10년간 최대 상승률

2,136%: 최저 11,400원(01년 01월) → 최고 255,000원(11년 06월)

상승의 주요 이유

- **체크 1:** 대기업인가?

  〈YES〉 현대차 그룹의 대표 기업으로서 강력한 자본력과 영업망, 유통망을 가지고 있다.

- **체크 2:** 브랜드 가치가 높은가?

  〈YES〉 쏘나타, 그랜저 등의 브랜드가 국내 시장을 선점하고 있으며 세계 완성차시장에서도 5위 안에 드는 기업으로 브랜드 인지도를 높여가고 있다.

- **체크 3:** 사업의 진입장벽이 높은가?

  〈YES〉 자동차산업은 거대한 자본이 투입되는 대규모 장치산업이라는 특성 때문에 각국마다 소수 기업 위주의 과점 체제가 자리 잡고 있다. 일정 규모의 양산설비를 구축하는 데만 해도 막대한 비용이 투입되어야 하며, 이후 제품을 출시하기까지 최소한 4~5년이 소요된다. 때문에 자본력을 갖춘 대기업이라 해도 진입에 성공할 가능성이 매우 낮다. 이런 까닭에 기존 사업 영위자로서 현대차는 기득권을 충분히 누릴 수 있다.

투자의 난이도

| 매우어려움 | 어려움 | 보통 | 쉬움 | 매우쉬움 |

- **체크 1:** 이해할 수 있는 사업인가?

  〈YES〉 완성차를 조립, 생산, 판매하는 기업으로 누구나 알 수 있는 사업이다.

- **체크 2:** 매출구성을 이해하기 쉬운가?

  〈YES〉 승용차와 RV, 대형차 등의 완성차 기업으로 일상생활에서 흔하게 볼 수 있는 자동차가 매출구성의 대부분을 차지한다.

- **체크 3:** 경기변동의 영향을 받는가?

  〈YES〉 현대차는 국내 자동차산업의 선도주이다. 자동차 수요는 경기변동과 밀접한 연관을 맺고 있는데, 자동차 보급이 일정 수준을 넘어서 수요의 증가세가 둔화되거나 수요 자체가 정체를 보이는 시기에는 그런 관계가 더욱 부각된다. 특히 자동차는 대표적인 내구재이기 때문에 경기 침체기에는 다른 소비재에 비해 수요가 더 큰 폭으로 감소하는 특성이 있다.

장기적 전망

 현대차의 적극적인 노력과 함께 국내외에서 브랜드 인지도가 향상되고 있다는 점을 우선적으로 꼽을 수 있다. 반면 자동차산업은 글로벌 경쟁이 매우 치열한 분야라는 점은 약점으로 볼 수 있다. 세계시장에서는 현대차가 주도적으로 제품의 가격 결정력을 가질 수 없는 입지이므로 경쟁사에 비교해 가격을 낮춰 수출 물량을 확대하는 정책을 사용하고 있다.

 내수시장에서 현대차는 명실공히 1위 기업이며, 공격적인 수출 확대 전략이 결실을 보면서 세계 시장점유율도 높아지고 있다.

어떻게 투자해야 하는가?

 자동차업은 유행을 타며 경기변동의 영향을 받는데다 경쟁이 매우 치열한 산업이기 때문에 일반인이 마음 편하게 장기로 투자하기가 어려운 업종이다. 하지만 현대차는 35조 원을 넘어서는 매출 규모로 우리나라 산업에서 매우 중요한 위치를 차지한다. 이 기업의 상황이 국내의 여러 산업에 영향을 미칠 정도로 중요하다. 그러므로 분산투자 원칙에 의해 포트폴리오에 편입할 것을 추천한다. 다만 변동성이 크다는 점을 감안하여 지나치게 높은 비중이 되지 않도록 조절해야 한다.

> **NOTE**
> 〈분산투자〉 세계적으로 자동차 기업들 간 경쟁이 심화되면서 주가의 변동성도 높아졌다. 그렇지만 국내 경제에서 차지하는 높은 비중과 장기적 전망이 긍정적이라는 점에서 분산투자 원칙으로 포트폴리오에 일정 부분 편입하는 것이 바람직해 보인다.

002 현대모비스 (대형주)
운수장비
【 현대차 그룹 계열의 국내 1위 자동차부품 기업(산업B 후보) 】

- FICS Sector: 경기소비재
- FICS Industry Group: 자동차 및 부품
- FICS Industry: 자동차부품

월간차트(이전 10년간)

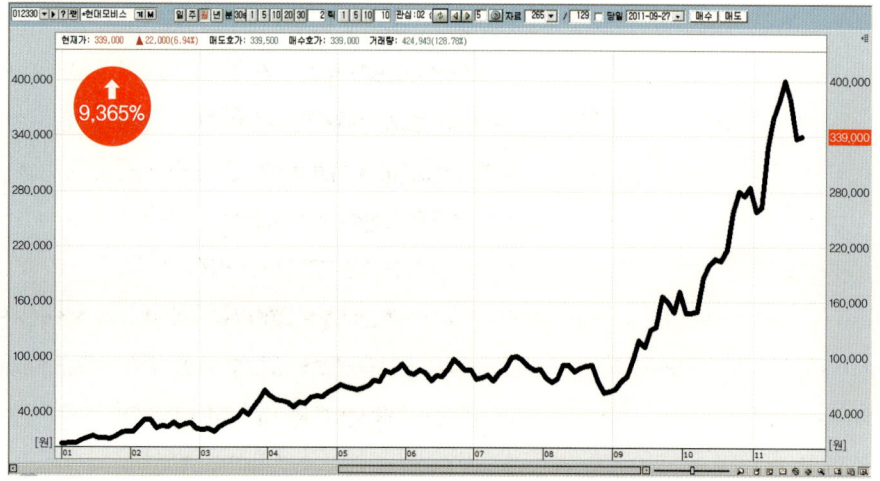

↑ 9,365%

재무상황

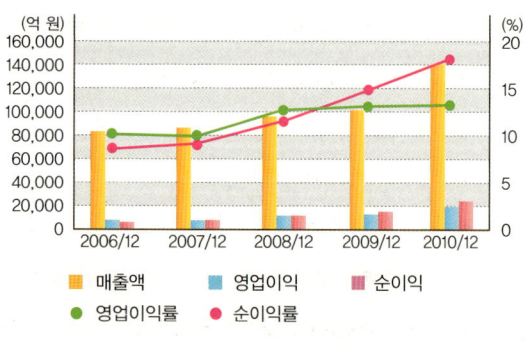

■ 매출액 ■ 영업이익 ■ 순이익
● 영업이익률 ● 순이익률

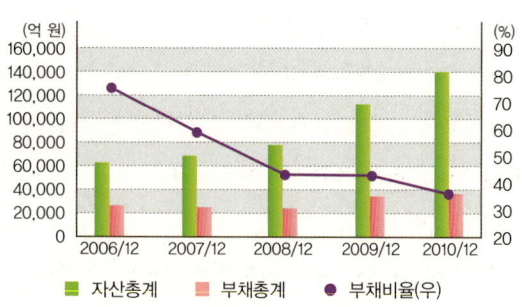

■ 자산총계 ■ 부채총계 ● 부채비율(우)

매출구성
(2010년 12월 기준)

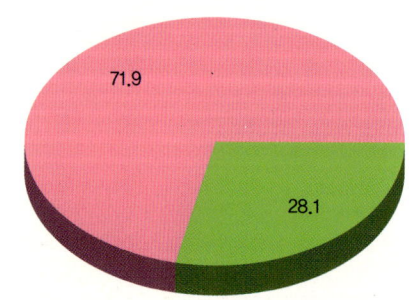

71.9
28.1

○ 모듈사업(섀시모듈 등)
○ 부품사업(A/S 보수용품 등)

30 내공 주식투자 3

기업 소개

현대차 그룹의 자동차부품 제조 및 판매 기업이다. 모듈사업 부문에서는 자동차 3대 핵심 모듈(섀시, 칵핏, 프론트엔드)을 생산하여 현대차와 기아차에 납품하며, 부품 부문에서는 현대차와 기아차의 모든 보수용 부품을 생산, 공급한다. 안전성, 편의성, 연비개선, 환경 친화, 주행성능 그리고 승객안전을 위한 자동차 전자 제어시스템을 제공하며 고도의 기술력을 가진 부품 기업이다.

품목별로 보면 최첨단 전자유압제동장치인 ESC(Electronic Stability Control), ABS(Antilock Brake System), TCS(Traction Control System), 신기술 Advanced Airbag System, 그리고 전자조향장치인 MDPS(Motor Driven Power Steering) 등 각종 자동차 전자제어 시스템의 설계 및 생산을 담당하고 있으며 모듈과 시스템의 기본요소인 CBS(Conventional Brake System), 스티어링 컬럼과 오일펌프, 인판넬, 캐리어, 범퍼 등 사출품도 생산한다. 또한 친환경 자동차인 하이브리드카의 구동모터와 배터리 등을 공급한다. ㈜현대오토넷을 흡수 합병하여 자동차 전장 부품도 개발, 생산하고 있다.

10년간 최대 상승률

9,365%: 최저 4,400원(01년 01월) → 최고 416,500원(11년 07월)

상승의 주요 이유

- **체크 1: 대기업인가?**

〈YES〉 현대차 그룹에 속해 있는 대표 부품 기업으로서 자본력, 영업망, 유통망에서 경쟁력을 확보하고 있다. 국내뿐 아니라 해외에서 판매되는 현대차, 기아차의 부품까지 생산한다.

- **체크 2: 가격 결정력이 있는가?**

〈YES〉 현대차, 기아차의 순정 A/S부품을 독점적으로 납품하는 기업이므로 가격 결정력을 갖고 있다.

- **체크 3: 사업의 진입장벽이 높은가?**

〈YES〉 초기 자본이 많이 필요한 사업이므로 진입장벽이 매우 높아 기존 사업자의 시장 장악력이 높다.

투자의 난이도

매우어려움 | 어려움 | 보통 | **쉬움** | 매우쉬움

- **체크 1: 매출구성을 이해하기 쉬운가?**

〈YES〉 일반인도 쉽게 이해할 수 있는 두 가지 사업 부문을 영위하고 있다. 완성차의 제조공정에 부품을 공급하는 모듈 사업과 국내외에서 운행되는 현대차, 기아차에 보수용 부품을 공급하는 부품사업이다.

- **체크 2: 현금흐름을 파악하기 쉬운가?**

〈YES〉 자동차부품 공급과 A/S사업이므로 현금흐름 파악과 예측이 어렵지 않다. 둘 다 자동차의 판매 대수와 연동하여 파악할 수 있다.

- **체크 3: 경기변동의 영향을 받는가?**

〈NO〉 자동차의 판매량이 경기에 영향을 받기 때문에 완전히 무관할 수는 없다. 하지만 이미 판매되어 운행 중인 자동차의 A/S사업을 함께 영위하기 때문에 완성차보다는 경기 영향에 덜 노출된다.

장기적 전망

자동차부품 1등주로 현대차와 기아차의 순정 부품을 독점적으로 판매하는 기업이다. 경쟁사 없이 가격 결정력을 가질 수 있으므로 장기적인 성장동력이 확보된 상태다. 또한 주요 제품이 유행과 무관한 소모품이며 3년 뒤의 매출까지 가늠할 수 있다.

어떻게 투자해야 하는가?

완성차 기업인 현대차와 기아차의 매출은 경기변동의 영향을 받으며 앞으로의 전망은 추정치가 된다. 하지만 현대모비스의 A/S부품은 기존 판매된 차량 대수를 기준으로 매출과 영업이익을 예상할 수 있다. 이런 점에서 현대차 그룹 중 일반인이 투자하기에 가장 적합한 종목이다.

> **NOTE**
> 일반 투자자들이 자동차산업에 투자하고자 할 때 장기 투자 대상으로 가장 적합하다.

003 기아차 (대형주)

운수장비

【 국내 시장점유율 2위의 현대차 그룹 계열 완성차 기업 (산업A 후보) 】

- FICS Sector: 경기소비재
- FICS Industry Group: 자동차 및 부품
- FICS Industry: 자동차

월간차트(이전 10년간)

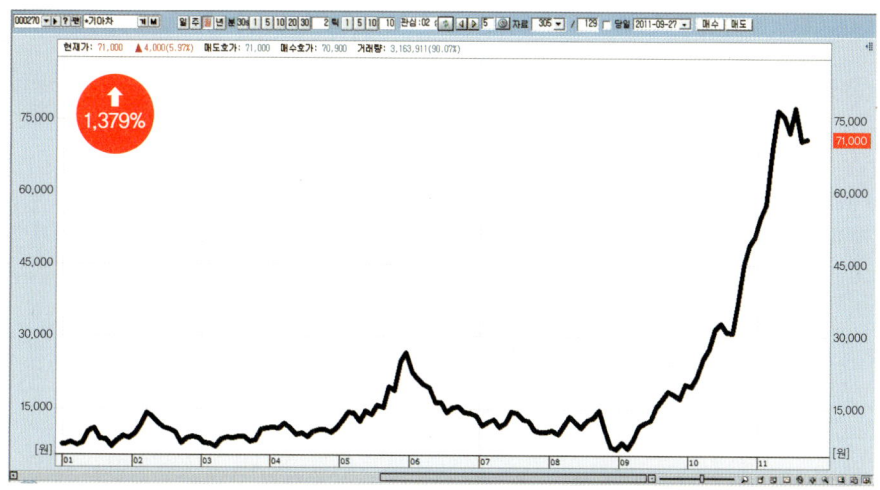

↑ 1,379%

재무상황

- 매출액
- 영업이익
- 순이익
- 영업이익률
- 순이익률

- 자산총계
- 부채총계
- 부채비율(우)

매출구성

(2010년 12월 기준)

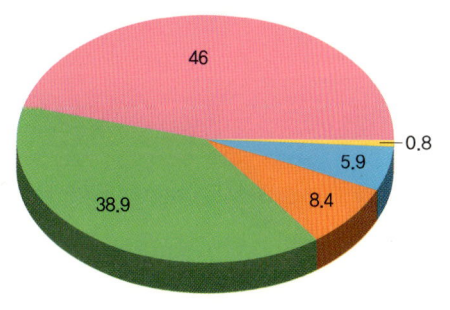

- 46 승용차
- 38.9 RV
- 8.4 상부품
- 5.9 화물차 및 특장차
- 0.8 승합차

01 운수장비 33

기업 소개

현대차 그룹의 자동차 생산 및 판매 기업으로 현대차에 이어 완성차시장에서 점유율 2위를 차지하고 있다. 과거에는 경차와 RV차종에 높은 경쟁력을 보유하였다면, 피터 슈라이더 디자이너 부사장이 영입된 이후에는 기아차만의 디자인을 바탕으로 공격적인 경영을 펼치고 있다. 신차 효과 및 해외 판매 증가 등으로 국내외 시장점유율이 점차 증가하는 추세이다.

10년간 최대 상승률

1,379%: 최저 5,720원(08년 11월) → 최고 84,600원(11년 4월)

상승의 주요 이유

- 체크 1: 대기업인가?

〈YES〉현대차 그룹에 속해 있기 때문에 강력한 자본력, 영업망, 유통망을 확보하고 있다.

- 체크 2: 브랜드 가치가 높은가?

〈YES〉최근 감각적인 디자인을 바탕으로 한 K7, K5, 쏘렌토R, 스포티지R의 매출증가로 브랜드 인지도가 급격하게 상승세를 타고 있다.

- 체크 3: 사업의 진입장벽이 높은가?

〈YES〉자동차산업은 진입장벽이 높다. 거대 자본이 투입되는 대규모 장치산업이라는 특성 때문에 각국마다 소수 기업 위주의 과점 체제를 구축하고 있다. 즉, 일정 규모의 양산설비를 구축하는 데 막대한 비용이 투입되어야 하며 진입결정 이후 제품 출시까지 최소한 4~5년 이 소요된다. 따라서 막대한 자본력을 갖춘 대기업이라 할지라도 쉽게 진입하지 못하는 사업이다.

투자의 난이도

매우어려움 | 어려움 | 보통 | 쉬움 | 매우쉬움

- 체크 1: 매출구성을 이해하기 쉬운가?

〈YES〉모두가 알고 있듯 완성차를 판매하는 기업으로 매출구성을 이해하기 쉽다. 자동차는 투자자가 직접 시승하거나 실물 디자인을 보면서 다른 경쟁사와 비교하여 평가하기도 수월하다.

- 체크 2: 현금흐름을 파악하기 쉬운가?

〈YES〉완성차 기업으로서 자동차의 판매 대수를 통해 현금흐름을 가늠할 수 있다.

- 체크 3: 경기변동의 영향을 받는가?

〈YES〉자동차는 경기 소비재 업종으로 경기변동에 따라 수요의 증감이 일어나며 따라서 주가도 영향을 받는다. 자동차 보급이 일정 수준 이상에 도달해 자동차 수요의 증가세가 둔화되거나 정체를 보이는 시기에는 그런 관계가 더욱 뚜렷하게 나타난다. 특히 경기 침체기에는 대표적인 내구재인 자동차의 수요가 다른 소비재에 비해 더 크게 감소하는 특성을 나타낸다. 그렇지만 기아차는 가격 경쟁력이 높기 때문에 세계 경기가 하락할 때 오히려 매출이 증가하기도 한다.

장기적 전망

국내 2위 완성차 기업으로 인지도 높은 브랜드를 보유하고 있지만 가격 결정력을 갖고 있지는 못하다. 지속적인 확장을 위해서는 기술개발과 혁신이 필요하고 내수와 함께 수출도 늘려야 한다. 다만, 세계적인 자동차 디자이너 피터 슈라이더를 부사장으로 영입한 이래 세계 시장에 진출하기 위해 지속적인 마케팅을 펼치는 적극적인 기업정신이 돋보인다.

어떻게 투자해야 하는가?

매출이 25조를 넘어가는 기업으로 우리나라 제조 산업에서 차지하는 비중이 매우 높으며, 산업A 후보가 되는 종목이다. 이처럼 매출 규모가 큰 완성차산업은 종업원이 수만 명에 이르고 협력 기업이 수천 개에 달하기 때문에, 부실 경영이 장기화되는 경우에도 국가 경제적 파장을 고려해 쉽사리 퇴출을 감행하지 못하는 특성을 가지고 있다.

최근 K5, K7 등의 모델들이 선전하는 추세로 보아 포트폴리오에 일정 부분 편입하는 것은 추천할 만하다. 하지만 경기변동의 영향을 크게 받기 때문에 많은 비중으로 장기 투자하는 것은 위험하다.

> **NOTE**
>
> 〈분산투자〉 완성차는 세계 경기변동의 영향을 크게 받고 글로벌 경쟁도 심화되고 있어서 변동성이 큰 산업이다. 때문에 일반 투자자들이 장기로 마음 놓고 투자하기는 매우 어렵다. 기아차가 국내에서 차지하는 비중을 봤을 때 **포트폴리오의 일부로 편입**하는 것은 추천할 만하다.

004 운수장비

현대중공업 (대형주)

【 세계 최대의 조선회사 (산업A 후보) 】

- FICS Sector: 산업재
- FICS Industry Group: 자본재
- FICS Industry: 조선

월간차트(이전 10년간)

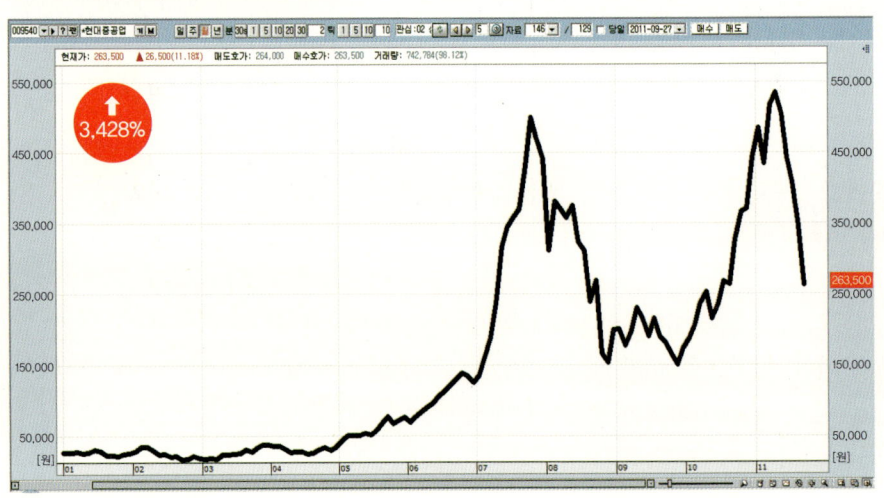

재무상황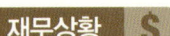

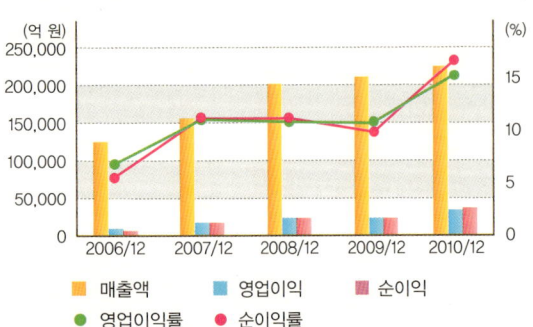

매출구성

(2010년 12월 기준)

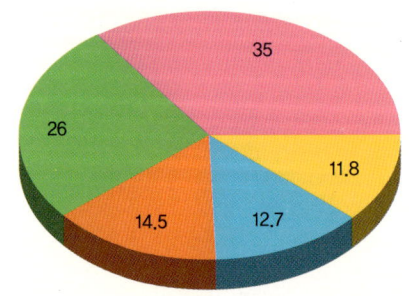

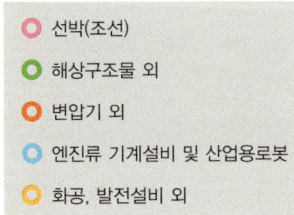

- 선박(조선)
- 해상구조물 외
- 변압기 외
- 엔진류 기계설비 및 산업용로봇
- 화공, 발전설비 외

36 내공 주식투자 3

기업 소개

세계 최대의 조선회사로 조선, 해양, 엔진기계, 전기전자시스템, 건설장비, 플랜트, 그린에너지 등 7개 영역의 사업을 영위한다. 조선업은 기술, 노동, 자본 집약적인 산업인 동시에 대단위 장치산업으로서 전후방 연쇄효과가 큰 종합 조립 산업이다. 자회사로 현대삼호중공업과 현대미포조선이 있으며, 이 두 회사의 선박 수주량까지 합치면 세계 선박 건조량의 10% 이상을 담당하고 있다. 이러한 조선사업의 축적된 기술을 바탕으로 유전 및 가스개발을 위한 대형설비를 제작·설치하는 해양 산업, 석유화학·정유설비 분야에서의 산업·발전플랜트 등을 제작·설치하는 플랜트 산업과 그 외 선박용 엔진 제작과 전력설비 투자 및 건설장비 제작업까지 영위하는 종합중공업 회사다. 아울러 전기전자 분야와 사업 연관성이 깊은 태양광발전, 풍력발전 등의 신재생에너지사업 분야로도 적극 진출하여 새로운 미래성장 사업 분야를 구축해나갈 예정이다. 조선업종의 성장이 둔화되고 있지만 이와 같은 사업 영역의 다각화를 통해 플랜트와 건설장비 등의 다양한 분야에서 매출이 증가하여 안정적인 실적 달성을 이어가고 있다.

10년간 최대 상승률

3,428%: 최저 15,700원(02년 09월) → 최고 554,000원(11년 04월)

상승의 주요 이유

- **체크 1: 대기업인가?**

  〈YES〉 현대중공업 그룹의 대표 기업으로서 강력한 자본력과 유통망, 영업망을 확보하고 있다.

- **체크 2: 사업의 진입장벽이 높은가?**

  〈YES〉 산업재 생산 기업으로서 높은 진입장벽을 갖는다. 조선산업은 대형 건조설비를 필수적으로 갖추어야 하므로 막대한 초기자본이 필요하다.

투자의 난이도

매우어려움 | 어려움 | 보통 | 쉬움 | 매우쉬움

- **체크 1: 이해할 수 있는 사업인가?**

  〈YES〉 사업모델이 다각화되어 있어 일반인이 파악하기엔 어렵다.

- **체크 2: 매출구성을 이해하기 쉬운가?**

  〈YES〉 산업재에 속하는 선박, 플랜트, 엔진, 전자시스템은 일반인에겐 매우 어려운 분야다. 이러한 사업이 어떤 구조로 이뤄지는지, 유통망이나 기술력은 어느 정도인지를 평가하기 어렵다.

- **체크 3: 현금흐름을 파악하기 쉬운가?**

  〈YES〉 일반 투자자로서는 거의 불가능하다. 사업 규모가 광범위하고 선박이나 플랜트는 워낙 고가인데다 건별로 가격이 다르다. 회사가 일괄적으로 기재하는 재무제표에 의해서 간략하게 알 수 있을 뿐이다.

- **체크 4: 경기변동의 영향을 받는가?**

〈YES〉 매우 크다. 선박, 플랜트, 엔진 등의 산업재는 경기변동에 민감하게 반응한다. 특히 수출이 동사 매출의 대부분을 차지하고 있어 환율, 금리, 유가, 건설 등 글로벌 경기동향에 많은 영향을 받는다. 따라서 주가도 경기변동의 영향을 크게 받는다.

- **체크 5: 지속적인 기술경쟁이 일어나는가?**

〈YES〉 글로벌 경쟁이 치열한 제조업으로 상시적으로 기술경쟁에 노출되어 있다. 세계 1위의 기업이지만 뒤처지지 않기 위해서는 끊임없는 기술개발 노력을 기울여야 한다.

장기적 전망

조선업에 있어서는 우리나라가 독보적인 위치를 점하고 있다. 그렇지만 국내 동종 업계에서의 경쟁이 치열해지고 있으며 저임금을 기반으로 한 중국 등의 후발 기업들도 생산투자를 늘려 급성장하고 있다. 갈수록 한·중 2강 체제의 모습을 띠어가고 있으며 이에 반해 일본, 유럽은 점유율이 감소하고 있다. 현대중공업은 조선업에서의 치열한 경쟁을 극복하기 위해 사업 다각화를 추구하고 있으나 아직은 선박과 플랜트가 매출구성의 대부분을 차지하고 있다.

어떻게 투자해야 하는가?

중공업은 경기변동의 영향을 크게 받고 글로벌 경쟁이 매우 치열한 분야다. 그렇지만 현대중공업이 우리나라 산업에서 차지하는 비중을 봤을 때 포트폴리오에 일정 비율로 분산투자하는 것은 추천할 만하다. 경기변동의 영향을 크게 받고 경쟁이 매우 치열하기 때문에 많은 비중을 장기로 투자하면 위험이 크다.

>  **NOTE**
>
> 〈분산투자〉 경기에 민감하고 변동성이 큰 사업을 영위하기 때문에 일반 투자자가 장기로 마음 편히 투자하기는 어려운 종목이다. 그렇지만 국내 산업에서 차지하는 높은 비중과 전방위적 산업 영향력을 고려할 때 포트폴리오의 일부로 편입하는 것은 추천할 만하다.

005 삼성중공업 (대형주)

운수장비

【 수주잔량 기준 조선업계 세계 1위 기업 (산업A 후보) 】

- FICS Sector: 산업재
- FICS Industry Group: 자본재
- FICS Industry: 조선

월간차트 (이전 10년간)

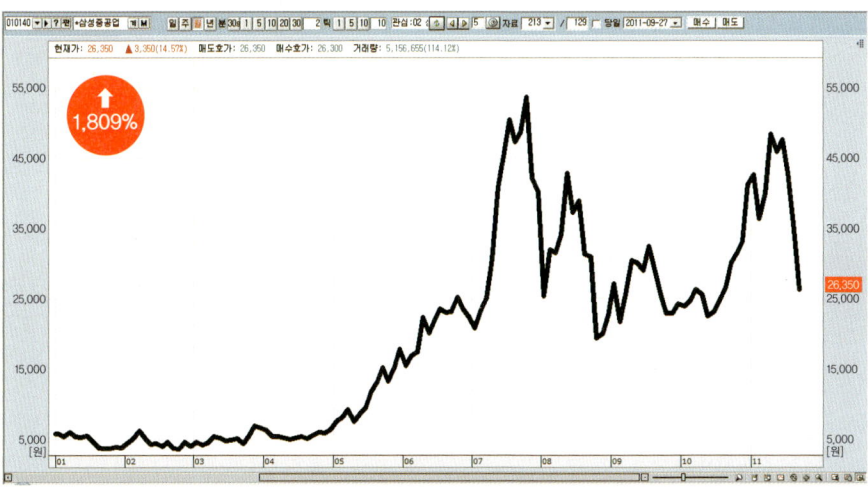

1,809%

재무상황

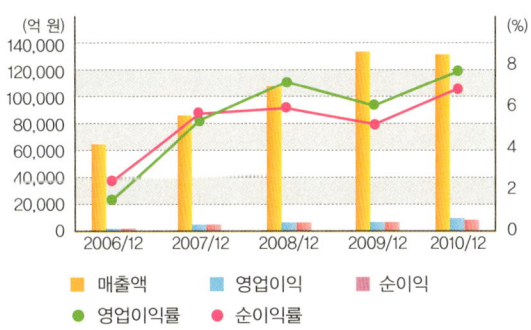

매출구성

(2010년 12월 기준)

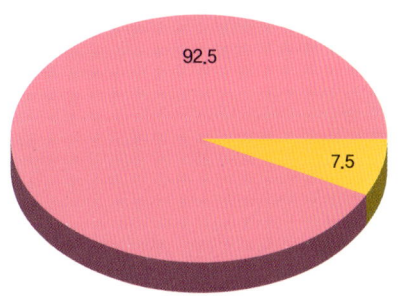

92.5
7.5

- 쇄빙유조선, LNG 드릴쉽 초대형컨테이너선, FPS
- 토목, 건축 등

01 운수장비　39

기업 소개

삼성 그룹 계열의 대형 조선회사로 수주잔량 기준 세계 1위를 기록하고 있다. 세계 최초로 쇄빙유조선을 건조해 극지방 원유 운송의 새 지평을 열었으며, 해상에서 LNG를 생산할 수 있는 LNG-FPSO, LNG-FSRU, 쇄빙컨테이너선과 같은 신개념 선박을 개발했으며 지속적으로 신시장 개척에 앞장서고 있다. 또한 세계 최대 규모의 반잠수식 원유 시추설비와 해양 플랫폼 건축에 성공하는 등 해양설비 분야에서도 높은 위상을 떨치고 있다. 최근에는 조선, 건설 분야에서 축적된 노하우를 바탕으로 풍력발전사업도 의욕적으로 추진하고 있다.

10년간 최대 상승률

1,809%: 최저 2,995원(01년 09월) → 최고 57,200원(07년 07월)

상승의 주요 이유

- **체크 1: 대기업인가?**

  〈YES〉 삼성 그룹 계열사로서 강력한 자본력과 영업망, 유통망을 확보하고 있다.

- **체크 2: 사업의 진입장벽이 높은가?**

  〈YES〉 매우 높다. 조선업은 기술·자본·노동집약산업으로 높은 기술 수준과 대규모 자본, 우수한 노동력이 필수적이다.

투자의 난이도

- **체크 1: 매출구성을 이해하기 쉬운가?**

  〈NO〉 삼성중공업의 매출구성에서 조선 매출이 90%를 차지하는데 일반 투자자가 그 세부적인 내용을 파악하기는 쉽지 않다. 선박은 크고 고가이기 때문에 실제로 경쟁사와 비교할 수 있는 기회가 거의 없기 때문이다. 또한 선박의 가격은 대량생산되는 제품처럼 일정하지 않으며 건별로 많은 차이가 있다. 시추선이나 드릴쉽, 쇄빙컨테이너선과 같은 기술집약적인 선박들은 더욱 파악하기 어렵다.

- **체크 2: 현금흐름을 파악하기 쉬운가?**

  〈NO〉 쉽지 않다. 배 한 대당 가격이 고정되어 있지 않다. 선주마다 기능이나 가격 면에서 서로 다른 주문을 하기 때문에 선박의 건조 대수만으로 매출액을 가늠할 수도 없다.

- **체크 3: 경기변동의 영향을 받는가?**

  〈YES〉 선박은 고가이기 때문에 경기변동의 영향을 크게 받으며 따라서 주가도 그러하다. 조선시장은 원유가격, 곡물의 작황, 세계 경제성장률 및 교역량, 산유국의 정치상황 등 세계 정치, 경제적 상황에 따라 크게 변동한다.

- **체크 4: 지속적인 기술경쟁이 일어나는가?**

〈YES〉 단위 생산 제품이 고가인 선박업을 영위하면서 지속적으로 성장하기 위해서는 끊임없는 기술개발이 요구된다. 뿐만 아니라 여타 사업과 마찬가지로 고객만족을 통한 경쟁력 확보, 신규 시장 개척 등의 노력도 필요하다.

장기적 전망

세계적으로 조선산업은 경쟁이 매우 치열하다. 요즘은 중국의 조선업계가 무서운 속도로 한국의 조선산업을 추격하고 있다. 더욱이 경기변동의 영향도 매우 크게 받기 때문에 회사의 3년 뒤 주가를 안정적으로 예측하기 힘들다.

어떻게 투자해야 하는가?

조선산업은 세계적으로 경쟁이 치열하고 경기변동의 영향을 크게 받기 때문에 일반인이 장기로 투자하기 어려운 분야다. 하지만 종합조립 산업으로서 해운, 수산, 군수, 레저 등 전방 산업과 기계, 금속철강, 전기, 전자 등 후방 산업에 대한 파급효과가 크며, 국가 산업에서 높은 비중을 차지한다. 이와 같은 점에 따라 분산투자 원칙으로 포트폴리오에 편입하는 것을 추천한다.

> **NOTE**
> 〈분산투자〉 선박업은 사업의 내용이 어렵고 세계 경기변동의 영향을 크게 받으며 글로벌 경쟁이 매우 치열하기 때문에 일반 투자자가 장기로 투자하기엔 위험이 매우 크다. 하지만 국내 산업에서 삼성중공업이 차지하는 비중을 봤을 때 포트폴리오의 일부로 편입하는 것은 추천할 만하다.

006 S&T중공업 (중형주)

운수장비

【 자동차부품, 방위산업 제품 생산 기업(산업C 후보) 】

- FICS Sector: 경기소비재
- FICS Industry Group: 자동차 및 부품
- FICS Industry: 자동차부품

월간차트(이전 10년간)

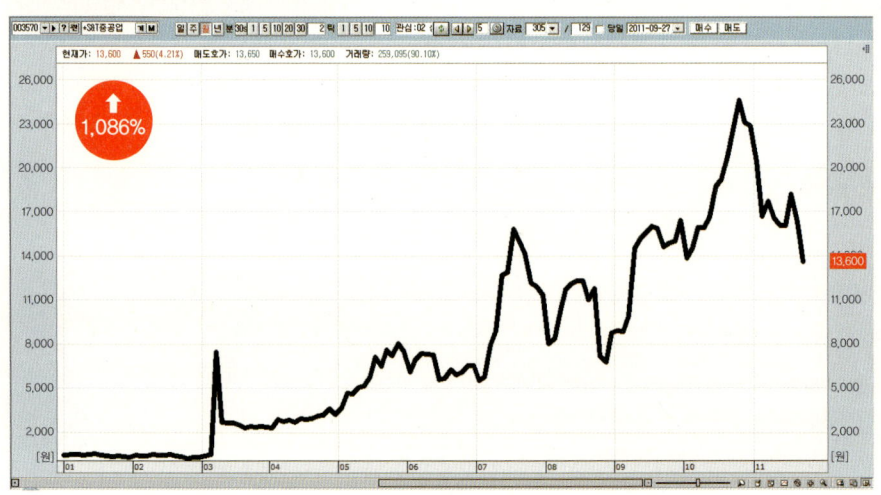

재무상황

매출구성

(2010년 12월 기준)

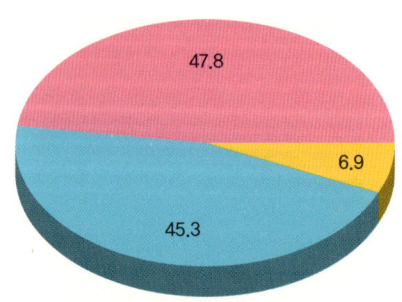

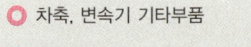

- 차축, 변속기 기타부품
- 기타 등
- 선반, 밀링, 연삭기, CNC 선반, 머시닝센타 전용

기업 소개

　방위산업 제품, 차량 파워트레인, 공작기계, 주물소재 전문생산 기업이다. 신성장동력사업으로 풍력 파워트레인, 항공 파워트레인 등을 개발하며 방위산업 제품으로는 방산용 자동변속기, 화력장비 등을 생산하고 있다. 차량 파워트레인은 차량의 핵심 부품으로 S&T중공업은 상용차, 건설·중장비용 트렌스미션과 차축, 브레이크 등을 국내외 완성차 기업에 공급한다. 또한 중·대형 수직선반, 기어가공기, 머시닝센타, 치절기, 선반, 밀링, 연삭기 등의 공작기계와 차량부품, 공작기계부품, 중장비부품 등 산업용 소재의 주물 제품도 생산한다. 그 외 알루미늄 다이캐스팅 및 알루미늄 잉곳 제품도 생산하고 있다. 2005년 통일중공업에서 현재의 사명으로 변경했다.

10년간 최대 상승률

　1,086%: 최저 2,200원(03년 08월) → 최고 26,100원(10년 10월)

상승의 주요 이유

- **체크 1: 성장성이 높은가?**

　〈YES〉 S&T중공업은 상용차 회사로부터 규격별 주문을 받아 OEM 방식으로 생산하여 납품한다. 경쟁이 제한적이며 상용차업계의 성장이 두드러진 만큼 부품사업도 성장성이 높다.

- **체크 2: 사업의 진입장벽이 높은가?**

　〈YES〉 이전 사명이 '통일중공업'이었다는 데서도 알 수 있듯이 동사는 방위산업 비중이 높은데, 이 부문은 기업들이 쉽게 진입할 수 없다. 정부의 정책적 결정에 따라 사업이 영향을 받을 수는 있으나 기본적으로 수주에 의한 장기 공급계약에 따라 매출이 이뤄진다.

투자의 난이도

매우어려움 | 어려움 | 보통 | 쉬움 | 매우쉬움

- **체크 1: 매출구성을 이해하기 쉬운가?**

　〈NO〉 차량부품이 매출의 절반을 차지하고 있고 다음은 기타로 표시되는 방위산업 제품과 소재 주물 제품, 공작기계 제품이 주요 매출을 형성한다. 일반인으로서는 세부적인 사항을 파악하기가 쉽지 않다.

- **체크 2: 현금흐름을 파악하기 쉬운가?**

　〈NO〉 매출구성이 다양하고 실생활에서 보기 어려운 제품들의 생산 비중이 높기 때문에 현금흐름이 어떻게 일어나는지 파악하기가 쉽지 않다.

- **체크 3: 경기변동의 영향을 받는가?**

　〈SO-SO〉 차량부품, 공작기계, 소재사업에서는 경기변동의 영향을 받는다. 다만 매출의 일정 비중을 차지하는 방위산업 분야가 경기 영향을 받지 않으므로 기업 전체적으로 볼 때 경기 영향에 대해서는 '보통'이라고 하겠다.

장기적 전망

방위산업체로서 진입장벽이 높기 때문에 안정적인 사업을 영위할 수 있다는 점에는 점수를 주고 싶다. 하지만 브랜드 인지도가 낮은 상황이고 차량부품사업은 완성차 기업에 납품하는 수준이다. 공작기계 또한 높은 브랜드 가치를 지닌 것은 아니기 때문에 경쟁력이 떨어진다. 자체적인 상품성과 브랜드로 성장하기보다는 국내 완성차 기업의 성장에 크게 영향을 받는 중소형 부품사업으로 제한되어 있다는 점에서 장기적 전망은 '보통'으로 본다.

어떻게 투자해야 하는가?

방위산업체로서 일정 사업이 안정적이긴 하지만 독자적인 브랜드 가치를 확보하지 못했고, 연간 매출이 5천억 안팎으로 중소형 규모이며 일정 정도 경기변동의 영향을 받는다. 또한 자동차부품업과 공작기계, 주물 제품 등은 경쟁이 매우 치열한 시장이다. 이러한 기업은 대기업에 비해 장기적으로 투자하기에는 상대적으로 위험이 크다.

> **NOTE**
> 상징적인 브랜드가 없고 경쟁이 치열한 중소형 자동차부품 기업은 일반 투자자들이 장기 투자하기에는 위험이 크다.

이주영의 주식 칼럼 1

이전 10년간의 상승률, 미래에도 의미가 있을까?

이 책에서는 종목을 추천하는 가장 중요한 근거로 이전 10년간의 수익률을 제시하고 있다. 이에 대해 과거 데이터로 미래를 내다보는 것이 합리적인가 하는 의문이 들 수 있을 것이다. 그렇지만 이 책의 목표는 과거의 수치를 바탕으로 미래 주가를 예측하려는 것이 아니다. 미래 주가를 예측하는 것은, 이것뿐 아니라 어떤 방법으로도 무의미하다.

지난 10년간 시장 평균은 약 400%의 상승률을 보였다. 그런데 개별 종목 중에는 이 상승률을 지속적으로 넘어서는 종목들도 많았다. 1,000% 이상의 상승률을 보인 종목도 의외로 많으며 10,000%를 넘는 종목도 2개나 됐다(물론 테마주나 부실주를 제외하고). 이 책에서는 이처럼 시장 평균을 꾸준히 능가하면서 상승하는 종목에는 어떠한 공통점이 있는가에 대한 기준을 만들어주고자 한다.

분석 내용에서 그 기준을 볼 수 있는데 예컨대 '대기업인가?' '진입장벽은 높은가?' '상징적인 브랜드가 있는가?' '진입장벽이 높은가?' 등에 긍정적인 답변을 얻은 기업일수록 성장률이 높다. 일반 투자자들도 종목을 선정할 때 이러한 판단 기준을 활용하면 유용할 것이다.

02 화학

【 최대 상승률(이전 10년간) 1,509%: 최저 405포인트(01년 01월) → 최고 6519포인트(11년 04월) 】

월간차트(이전 10년간)

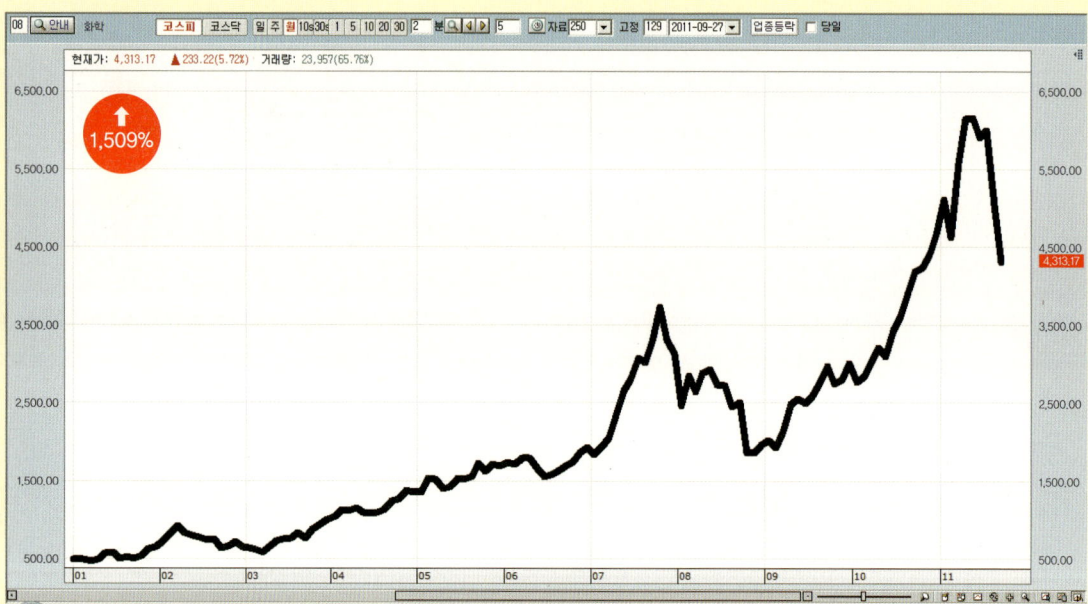

해당 종목 $

KCC ★B	KG케미칼	KPX그린케미칼	KPX케미칼	KPX화인케미칼	LG생활건강 ★필수소비재산업
LG하우시스	LG화학 ★A	OCI ★B	S-Oil ★A	SH에너지화학	SKC ★C
SK이노베이션	SK케미칼 ★C	WISCOM	건설화학	경농	경인양행
국도화학	극동유화	금양	금호석유	금호타이어	남해화학
내쇼날푸라스틱	넥센	넥센타이어	노루페인트	대원화성	대한유화 ★B
대한화섬	덕성	동남합성	동방아그로	동성화학	동아타이어
동일벨트	락앤락	미원상사	미원에스씨	미창석유	백광산업

46 내공 주식투자 3

백산	보락	삼성정밀화학 ★C	삼영화학	삼화페인트	새한미디어
서흥캅셀	성보화학	송원산업	아모레퍼시픽	애경유화	영보화학
유니드	율촌화학	이수화학	일진다이아	제일모직 ★B	조광페인트
조비	진양산업	진양폴리	진양화학	카프로	케이피케미칼
코스맥스	코스모화학	코오롱인더	태경산업	태경화학	태광산업 ★C
한국쉘석유	한국콜마	한국타이어 ★A	한국화장품제조	한농화성	한솔케미칼
한화	한화케미칼	현대EP	현대피앤씨	호남석유 ★A	화승인더
효성	후성	휴켐스			

업종 둘러보기

앞에 제시된 표는 코스피에서 화학업종으로 분류된 87개의 종목을 나열한 것이다. 화학산업은 크게 에너지와 소재로 나눌 수 있다. 에너지산업은 우리가 쉽게 이해할 수 있는 휘발유와 가스, 경유, 항공유 등을 예로 들 수 있다. 현재 이 분야는 SK, S-Oil, GS칼텍스, 현대오일뱅크 등의 정유회사가 과점을 형성하고 있다.

이와 비교하여 화학소재산업은 종류가 매우 다양하고 광범위한데다 전문 분야이기 때문에 일반 투자자들이 이해하기가 어렵다. 특히나 정밀화학의 경우는 전문가들이 아니면 단순한 용어조차 이해하기가 힘들다. 투자자의 입장에서는 사업의 내용 자체가 어렵고 매출구성을 이루는 상품이 복잡하며, 각 품목별 정확한 용도를 파악하기 힘들기 때문에 마음 편히 장기 투자하기가 쉽지 않은 산업이다.

화학소재는 다양한 제품에 광범위하게 사용되기 때문에 세계 경기변동의 영향을 크게 받는다. 최근에는 중국과 신흥 시장인 동남아시아에서 급격한 경제성장이 이뤄지면서 소재 수요가 급증하고 있다. 당연히 그와 더불어 화학업종의 주가가 크게 상승하고 있다.

화학업종은 초기 시설투자에 대규모 자본이 필요하여 진입장벽이 높다. 더욱이 소재 부문은 가격 면에서의 경쟁력이 중요하며 규모의 경제(생산요소의 투입량을 늘림으로써 이익을 증가시키는 것. 대량생산을 통해 단위당 비용을 줄임으로써 이익을 늘리거나 설비를 증강함으로써 생산비를 감소시키는 방법 등)가 실현되는 산업이다. 직설적으로 표현하자면 자본이 빵빵한 회사만 살아남을 수 있는 과점적 형태의 산업이다.

화학소재는 산업이 유지되고 발전하는 데 필수적 요소다. 따라서 워낙 광범위한 제품에 다용도로 사용되기 때문에 정확한 수요와 매출을 파악하기 어렵다. 또한 국내 시장에서는 과점 체제를 형성하고 있지만 세계적으로 볼 때는 화학 기업 간 경쟁이 매우 치열하다. 요약하자면, 돈이 되는 사업이긴 하지만 경쟁이 치열하고 미래의 수요와 정확한 매출량을 파악하기가 어렵다고 하겠다.

그렇다면 일반 투자자는 어떻게 투자해야 하는가? 화학업종에 장기로 투자하기 위해서는 규모가 제일 큰 기업에 장기로 분산투자하는 것이 가장 적합하다. 앞서 말했듯 화학업은 대규모 장치산업이기 때문에 진입장벽이 매우 높다. 이 말은 곧 기존에 시장을 주도하고 있는 기업이 앞으로도 계속해서 주도할 가능성이 크다는 얘기다.

강조했듯이 일반 투자자가 화학소재의 정확한 용도와 수요를 예측하는 것은 상상을 초월하는 공부를 필요로 한다. '그렇게 어려운 사업이라면 그냥 건너뛰면 되지 않느냐?'고 간단하게 말할 수도 있겠지만 그냥 지나치기에는 화학산업이 국내에서 차지하는 비중이 너무나도 크다. 실제로 화학업종은 과거 10년 동안 코스피의 움직임과 비슷하게 움직였는데 평균 상승률은 종합주가지수의 2배를 훨씬 넘는다.

화학업종의 종목은 수출을 주도하는 산업A 형태의 회사가 있는가 하면 국내 상품의 매출 확대로 성장하는 산업B와 산업C도 있다. 대표적인 15개 기업을 분석하여 제시하였으니 각 종목의 특징을 잘 살펴보고 어떤 종목에 장기적으로 투자하는 것이 좋을지 생각해보자.

007 LG화학 (대형주)

화학

【 국내 대표적인 복합 석유화학 기업(산업A 후보) 】

- FICS Sector: 소재
- FICS Industry Group: 소재
- FICS Industry: 화학

월간차트(이전 10년간)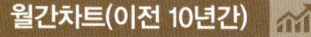

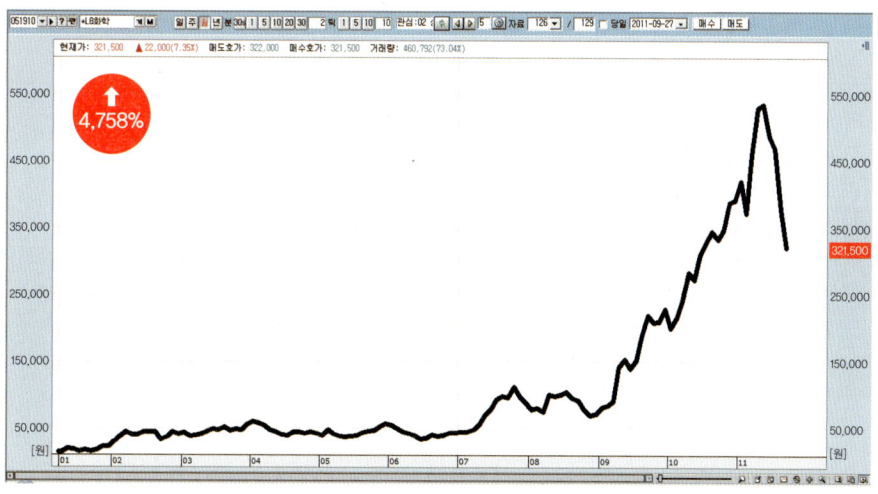

재무상황

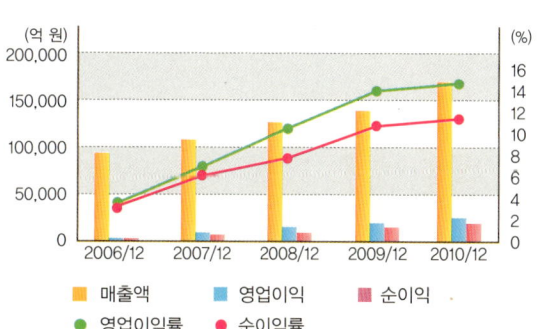

매출구성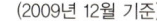

(2009년 12월 기준)

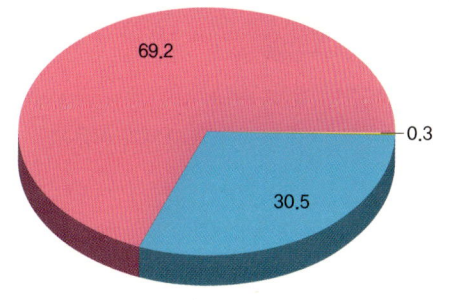

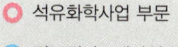
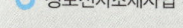

02 화학 49

기업 소개

LG화학은 우리나라 대표적인 복합 화학 기업으로 석유화학과 정보전자, 2차전지 부문 등의 사업을 영위하고 있다. 석유화학사업은 원유 또는 나프타(naphtha) 등을 원료로 하여 에틸렌, 프로필렌, 부타디엔, 벤젠 등 기초 제품을 생산하는 것과 이를 원료로 하여 합성수지, 합성고무, 합성원료 등을 생산하는 것을 포괄한다. 중요한 기초소재산업으로서 대규모 장치산업이라는 특징을 지니고 있다. 주요 제품으로는 ABS, PC, EP, PE, PP, 합성고무, 아크릴, 가소제, SAP, PVC, BPA, 특수수지 등이 있다.

정보전자소재 부문에서는 편광판, 감광재, PDP 필터, 토너 등 다양한 영역의 디스플레이 소재와 핸드폰, 노트북, 전기자동차에 쓰이는 리튬이온 전지를 생산, 판매한다. 전기자동차용 중대형 전지사업 부문에서는 현대차, GM, 포드, 르노, 볼보 등 주요 자동차 기업에 납품 또는 납품을 준비 중이다.

10년간 최대 상승률

4,758%: 최저 12,000원(01년 04월) → 최고 583,000원(11년 04월)

상승의 주요 이유

- **체크 1: 대기업인가?**

  〈YES〉 LG 그룹 계열로 강력한 자본력과 영업망, 유통망을 확보하고 있다.

- **체크 2: 사업의 진입장벽이 높은가?**

  〈YES〉 석유화학산업은 초기 투자에 대규모 자본이 필요한 자본집약적 장치산업이어서 진입장벽이 높다.

투자의 난이도

매우어려움 | 어려움 | 보통 | 쉬움 | 매우쉬움

- **체크 1: 매출구성을 이해하기 쉬운가?**

  〈NO〉 LG화학은 석유화학과 정보전자소재의 매출로 구성된다. 두 분야 모두 일반인에게 어려운 전문 분야이기 때문에 제품을 이해하기가 어려우며 시장 추이를 분석하기가 쉽지 않다.

- **체크 2: 현금흐름을 파악하기 쉬운가?**

  〈NO〉 매출구성을 이해하기가 어려우며 제품별 가격을 추산하는 것도 쉬운 일이 아니기 때문에 현금흐름이 어떻게 이뤄지고 있는지를 파악하기가 쉽지 않다.

- **체크 3: 경기변동의 영향을 받는가?**

  〈SO-SO〉 국내 대표적인 석유화학 기업이며 더불어 정보전자소재사업을 영위하고 있다. 석유화학산업은 경기변동의 영향을 받지만 화학소재와 전자소재는 완성품 기업보다 경기변동의 영향을 직접적으로 받지는 않는다. 주택건설, 정보전자기기, 자동차, 생활용품, LCD, 노트북, 핸드폰 등 다양한 제품에 기초원료로 사용되기 때문에 수요가 꾸준히 일어나고 있다.

장기적 전망

석유화학과 정보전자소재는 광범위한 곳에 다양한 용도로 사용된다. 최근에는 특히 중국과 아시아 신흥 시장이 급성장을 이룸에 따라 수요가 증가하여 매출 증가로 이어지고 있다. 그중에서도 중국의 수요가 많기 때문에 중국의 경제 성장과 밀접하게 관련하여 성장하는 사업이다. 석유화학 부문에서는 중국, 인도 등 신흥국들의 지속적인 경제성장으로 건설 및 가전제품에 필요한 화학 제품 수요가 증가하고 있다. 정보전자소재 부문에서는 디스플레이, 모바일 전자기기 등의 성장과 더불어 빠른 기술변화와 높은 성장률을 나타내고 있다.

어떻게 투자해야 하는가?

석유화학사업은 세계 경기 성장과 관련이 깊다. 화학소재는 다양한 분야에 걸쳐 많은 제품에 사용되기 때문에 중국 등 아시아 신흥 시장의 성장으로 수요가 증가하여 매출이 꾸준히 증가할 것으로 예상된다. LG화학은 매출 15조를 넘는 국내 대표적 수출 기업으로 우리나라 경제를 이끌어가는 산업A에 속한다. 하지만 화학소재는 독자적인 브랜드를 가질 수 없고 세계 시장에서 언제든지 경쟁사가 출현할 수 있으며 경기 침체기에는 공급과잉 상황에 빠지기도 한다. 가격 경쟁력이 중요한 이 산업에서 공급과잉은 기업 채산성을 떨어뜨리는 중요한 요인이 될 수 있다. 때문에 많은 비중을 두어 장기로 투자하는 데에는 위험이 따른다.

 **NOTE**

〈분산투자〉 세계 경기변동의 영향을 받고 글로벌 경쟁이 치열하므로 분산투자 원칙으로 포트폴리오에 편입할 것을 추천한다.

008 S-Oil (대형주)

화학

【 국내 대표적인 정유 기업(산업A 후보) 】

- FICS Sector: 에너지
- FICS Industry Group: 에너지
- FICS Industry: 섬유 및 가스

월간차트(이전 10년간)

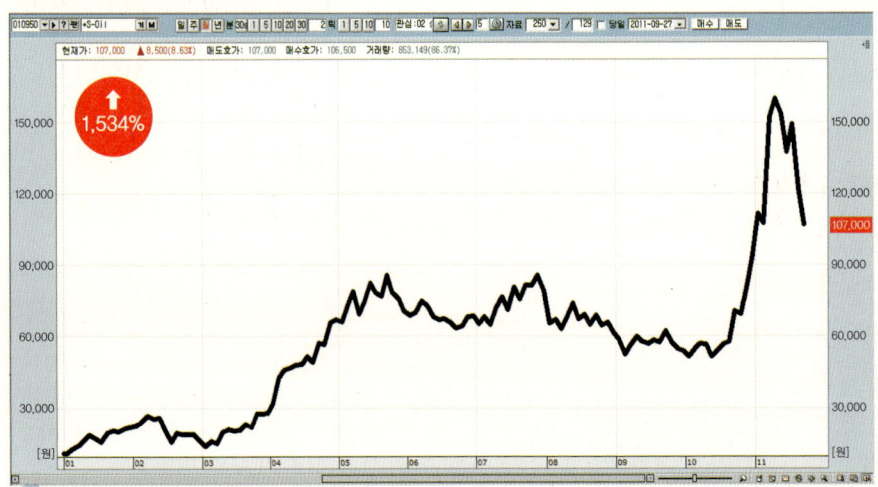

재무상황

- 매출액
- 영업이익
- 순이익
- 영업이익률
- 순이익률

- 자산총계
- 부채총계
- 부채비율(우)

매출구성

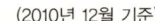
(2010년 12월 기준)

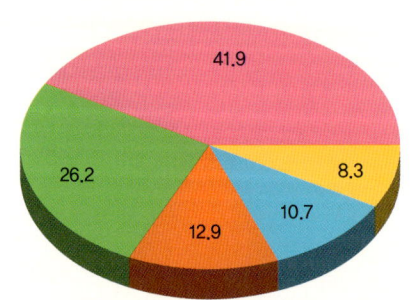

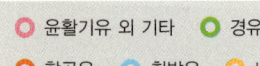

- 윤활기유 외 기타
- 경유
- 항공유
- 휘발유
- 나프타

52 내공 주식투자 3

기업 소개

석유 제품, 윤활기유, 석유화학 제품을 제조, 판매하는 국내 대표적인 정유 기업이다. 국내 최고의 중질유 분해시설을 갖추고 있으며, 국내뿐만 아니라 세계 30여 개국에 제품을 수출하고 있다. 매출 중 수출 비중이 50% 이상을 차지하고 있다.

10년간 최대 상승률

1,534%: 최저 10,400원(01년 01월) → 최고 170,000원(11년 04월)

상승의 주요 이유

- **체크 1: 시장점유율이 높은가?**

  〈YES〉 우리나라의 대표적인 정유 기업으로서 과점적 성격을 갖는다.

- **체크 2: 사업의 진입장벽이 높은가?**

  〈YES〉 자본집약적 장치산업이므로 진입장벽이 높다. 정제시설의 건설에는 막대한 자금이 들어갈 뿐 아니라 장기의 공사기간이 소요된다.

투자의 난이도

매우어려움 | 어려움 | 보통 | 쉬움 | 매우쉬움

(2010년 12월 기준 매출구성)

사업 부문	품목	구체적 용도	매출 비율(%)
정유	LPG	난방유 및 자동차용 연료	2.7
	휘발유	자동차 연료	10.7
	나프타	석유화학 제품의 원료	8.3
	등유	난방용 연료	6.9
	항공유	항공기 연료	12.9
	경유	수송, 난방용 연료	26.2
	벙커유	산업 및 해상수송용 연료	4.9
	블렌딩유	해상수송용 연료	5.1
	아스팔트	도로포장용 원료	2.1
	기타	석유화학 제품의 원료 등	4.7
윤활	윤활기유	윤활유 원료	8.0
	윤활유	선박용	0.0
석유화학	석유화학 제품	석유화학 제품의 원재료	7.5

- **체크 1: 매출구성을 이해하기 쉬운가?**

  〈YES〉 정유산업의 매출구성은 이해하기가 어렵지 않다. S-Oil은 최근 사업의 다각화를 위해서 윤활유와 석유화학사업에 적극적으로 진출하고 있다.

- **체크 2: 현금흐름을 파악하기 쉬운가?**

  〈YES〉 매출구성을 이해할 수 있기 때문에 이를 바탕으로 현금흐름을 파악하기도 쉽다.

- **체크 3: 경기변동의 영향을 받는가?**

  〈SO-SO〉 정유산업은 원유를 가공하여 현대산업사회에서 '혈액'과 같은 역할을 하는 각종 석유 제품 및 반제품을 생산하는 국가 기간산업이다. 따라서 국가 경제 및 국민생활에 필수적인 공익성 산업이라고 할 수 있다. 정유 제품은 80% 이상이 수송용, 발전용, 산업용으로 사용된다. 이들 제품의 수요 및 가격은 국내외 경기상황, 민간 소비심리 및 대체에너지에 대한 수요 등의 요인에 영향을 받지만 경기변동에 민감한 편은 아니다.

장기적 전망

| 매우밝음 | 밝음 | 보통 | 흐림 | 매우흐림 |

사우디아라비아의 국영석유회사인 사우디 아람코(Saudi Aramco)의 장기 원유공급 보장이라는 안정적인 여건하에 수익성 위주의 정유회사로 성장했다. 내수산업으로 인식되던 국내 정유산업의 기존 관념에서 과감히 탈피해 사업 초기부터 해외 시장을 개척했다. 세계적 수준의 중질유 분해 탈황시설을 갖추고 글로벌 마케팅 전략을 펼침으로써 정유산업을 고부가가치를 창출하는 수출산업으로 탈바꿈시켰다. 최근 정유 부문에 집중되고 있는 매출을 다각화하기 위해서 윤활유와 석유화학사업에도 적극적으로 진출하고 있다. 에너지사업은 과점을 형성하여 경쟁이 거의 없고 유행을 타지 않으므로 매출과 영업이익을 꾸준히 창출할 수 있을 것으로 전망된다.

어떻게 투자해야 하는가?

| 적극추천 | 추천 | 중립 | 비추천 | 적극비추천 |

정유사업은 원유 가격과 환율의 영향을 받지만 일반인이 이해하기 쉬운 사업이며, 대규모 장치산업으로서 과점적 시장이 형성되어 경쟁이 제한적이다. 또한 유행을 타지 않는 산업의 혈액과 같은 기간산업으로 장기로 투자하기에 적합한 종목이다.

> **NOTE**
> 유행을 타지 않고 사업의 구성이 쉬우며 과점적 시장을 형성하고 있는 정유사업의 S-에은 일반인이 장기 투자를 하기 편한 종목이다.

009 호남석유 (대형주)

화학

【 국내 대표적인 순수석유화학 기업 (산업A 후보) 】

- FICS Sector: 소재
- FICS Industry Group: 소재
- FICS Industry: 화학

월간차트(이전 10년간)

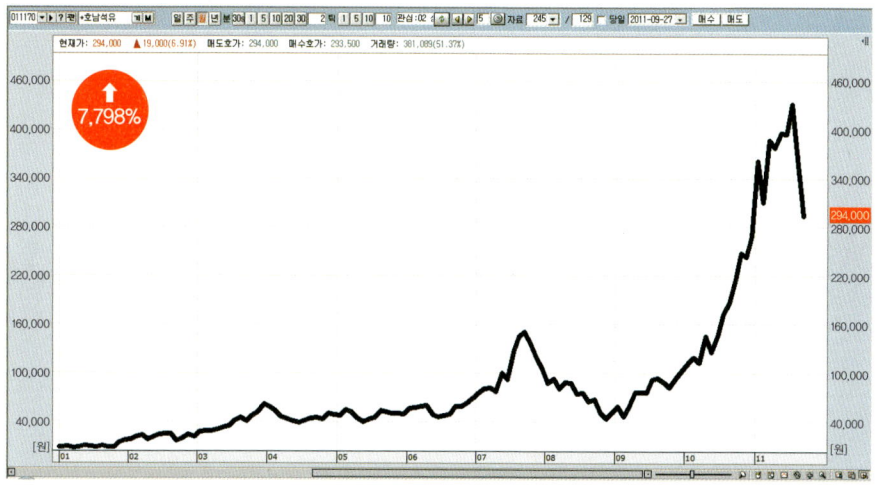

↑ 7,798%

재무상황

■ 매출액　■ 영업이익　■ 순이익
● 영업이익률　● 순이익률

■ 자산총계　■ 부채총계　● 부채비율(우)

매출구성

(2010년 12월 기준)

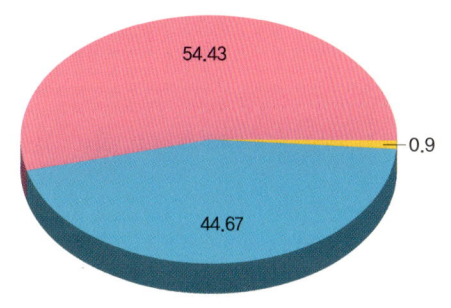

54.43 / 44.67 / 0.9

○ 모노머　○ 폴리머　○ 기타

02 화학　55

기업 소개

롯데 그룹 계열의 석유화학회사로 합성수지(HDPE, PP, PET 등) 화성(EO/G, EOA 등), 기초유분 (에틸렌, 프로필렌 등) 등 올레핀 계열의 석유화학 제품군을 연구, 개발, 제조, 판매하고 있다.

10년간 최대 상승률

7,798%: 최저 6,020원(01년 01월) → 최고 475,500원(11년 08월)

상승의 주요 이유

- **체크 1: 대기업인가?**
  〈YES〉 롯데 계열의 석유회사로 강력한 자본력과 영업망, 유통망을 가지고 있다.
- **체크 2: 사업의 진입장벽이 높은가?**
  〈YES〉 석유화학은 초기 투자에 대규모 자본이 필요한 자본집약적 장치산업이기 때문에 진입장벽이 높다.

투자의 난이도

- **체크 1: 매출구성을 이해하기 쉬운가?**
  〈NO〉 석유화학 계열의 소재사업은 화학 분야의 전문가들이 아니면 비교, 분석하기가 쉽지 않다. 제품이 사용되는 범위 또한 넓고 다양하여 일반인이 그 정확한 용도와 사용법을 알기는 어렵다.
- **체크 2: 현금흐름을 파악하기 쉬운가?**
  〈NO〉 매출구성을 이해하기 어렵기 때문에 현금흐름 파악도 쉽지 않다.
- **체크 3: 경기변동의 영향을 받는가?**
  〈SO-SO〉 석유화학산업은 전방 산업(전기, 전자, 자동차, 기계 등)에 기초소재를 제공하는 산업으로 경기변동에 영향을 받으며, 소재산업은 다양한 제품에 광범위하게 사용되는 원료이기 때문에 각 나라의 GDP 성장률과 밀접한 상관관계를 가지고 있다. 그렇지만 경기변동의 영향보다 최근에는 중국과 아시아 신흥 시장의 성장으로 수요가 지속적으로 증가하고 있다는 점이 더 크게 작용하고 있다.

장기적 전망

범용 제품 위주로 되어 있는 기존의 석유화학산업에서는 규모의 경제를 실현함으로써 가격 경쟁력을 갖는 것이 중요했다. 그런데 점차 고부가가치 제품을 개발, 생산하는 기술과 품질 측면의 경쟁력이 중요한 경쟁요소로 부각되고 있다. 이와 맞물려 중국과 아시아 신흥 시장에서 진행되는 경제성장으로

이 분야 매출이 꾸준히 증가할 것으로 전망된다.

어떻게 투자해야 하는가?

석유화학 분야는 글로벌 경쟁이 매우 치열하다. 더구나 소재산업은 완성품에 비해 독자적인 브랜드나 가격 결정력을 갖기도 쉽지 않다. 하지만 다양한 제품에 기초원료로 사용되는 제품이므로 지속해서 수요가 증가할 것으로 판단된다. 다만 경기변동의 영향을 받기 때문에 경기가 나빠지면 공급과잉과 가격 하락으로 위기를 맞기도 한다.

때문에 주가의 변동성이 큰 분야이므로 많은 비중을 투자한다면 위험을 높이는 게 된다. 일반인이 석유화학에 장기로 투자하고 싶다면 분산투자 원칙으로 포트폴리오에 편입할 것을 추천한다.

> **NOTE**
> 〈분산투자〉 석유화학산업은 일반인이 사업의 내용을 파악하기가 어렵고 세계 경기와 환율변동의 영향을 크게 받으므로 변동성이 높다. 하지만 화학 기업이 국내 산업에서 차지하는 비중이 매우 크며, 중국과 신흥 시장의 성장으로 전망도 밝다. 화학 기업에 투자하고 싶다면 국내 대표적 화학 기업인 호남석유화학에 분산투자할 것을 추천한다.

010 제일모직 (대형주)

화학

【 삼성 그룹 계열의 의류, 케미컬, 전자재료 기업(산업B 후보) 】

- FICS Sector: 경기소비재
- FICS Industry Group: 내구소비재 및 의류
- FICS Industry: 섬유 및 의복

월간차트(이전 10년간)

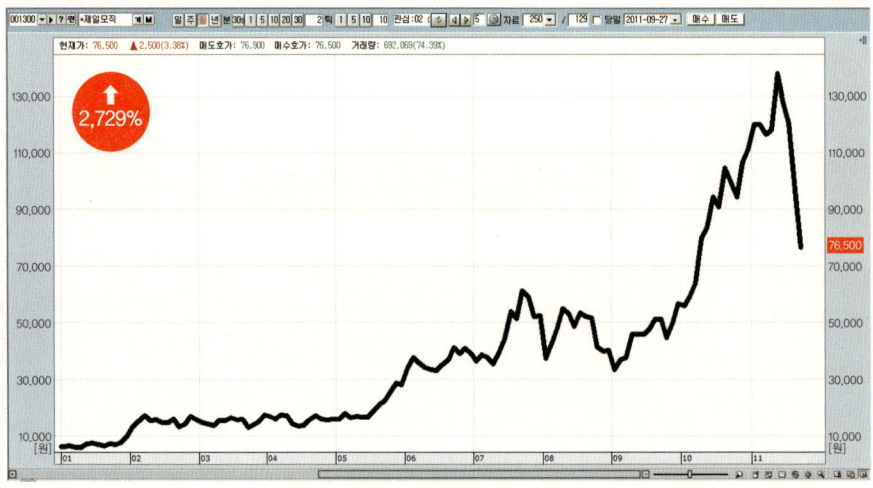

재무상황

매출구성

(2010년 12월 기준)

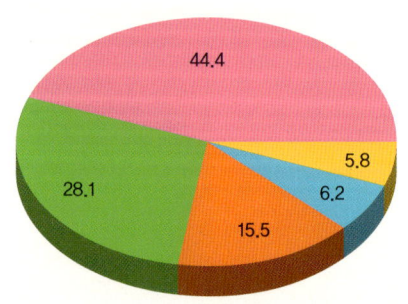

- ABS, PS 및 기능성수지 外
- EMC 등
- 캐주얼
- 신사복 外
- 여성복

58 내공 주식투자 3

기업 소개

삼성 그룹 계열사. 1954년 직물사업을 시작으로 1980년대 패션사업 진출에 이어 1990년대에는 케미칼사업, 2000년대에는 전자재료사업으로 적극적인 사업 확장을 이뤄왔다. 패션(빈폴, 후부, 갤럭시, 로가디스 등의 패션 브랜드 보유)을 기본으로 케미칼(ABS, PS, EP 등의 합성수지 및 건축내장재), 전자재료(반도체와 디스플레이에 사용되는 EMC, 편광필름, CR) 등의 사업을 한다.

10년간 최대 상승률

2,729%: 최저 4,930원(01년 01월) → 최고 139,500원(11년 06월)

상승의 주요 이유

- **체크 1: 대기업인가?**
  〈YES〉 삼성 계열사로 강력한 자본력, 영업망, 유통망을 가지고 있다.
- **체크 2: 브랜드 가치가 높은가?**
  〈YES〉 특히 패션 분야에서 가치가 높은 브랜드들을 다수 보유하고 있다.
- **체크 3: 사업의 진입장벽이 높은가?**
  〈YES〉 사업 부문 중 케미칼은 시설투자가 큰 자본집약형 장치산업이므로 진입장벽이 높다.

투자의 난이도

- **체크 1: 매출구성을 이해하기 쉬운가?**
  〈NO〉 오랜 기간 다양한 분야로 사업 다각화를 이뤄왔기 때문에 쉽게 파악할 수 없는 매출구성을 보이고 있다. 특히 케미칼과 전자재료 부문의 제품군은 일반인이 알기 어렵다.
- **체크 2: 현금흐름을 파악하기 쉬운가?**
  〈NO〉 매출구성과 사업 내용을 이해하기 어렵기 때문에 현금흐름 파악이 쉽지 않다.
- **체크 3: 경기변동의 영향을 받는가?**
  〈SO-SO〉 제일모직이라는 사명 때문에 패션사업을 주력으로 한다고 생각할 수 있으나 현재 의류가 차지하는 매출은 30%를 넘지 않는다. 나머지 70% 이상의 매출이 케미칼과 전자재료에서 발생한다. 먼저 케미칼은 중간재산업의 특성상 전기전자, 자동차, 건축 등의 경기변동에 따라 수요의 등락이 심하며, 유가 및 환율 등 국제적인 외부 변수에 매우 민감하다. 패션산업은 내수에 기반을 두고 있기 때문에 국내 경기변동과 계절적 요인에 영향을 받는다. 일반적으로 신사복이 경기변동에 가장 민감하며 여성복, 캐주얼은 상대적으로 영향이 적고 늦게 나타나는 특성이 있다. 반면 전자재료는 산업경기의 변동에 영향을 받기는 하지만 지속적인 기술개발과 차별화된 제품을 적시에 출시할 경우 그 영향을 최소화할 수 있는 사업이다. 기업 전체적으로 볼 때 경기변동의 영향은 '보통'이라 할 수 있다.

장기적 전망

화학소재로 사용되는 케미칼과 전자재료는 경쟁이 치열하며 지속적인 기술개발을 해야 하기 때문에 일반인들에게는 어려운 산업이다. 제일모직은 이 분야 후발 기업으로서 시장을 확보하기 위해 치열한 노력을 해야 하는 입장이다. 그러므로 여러 긍정적 측면에도 불구하고 장기적 전망은 '보통'이라고 판단한다.

어떻게 투자해야 하는가?

다각화된 사업을 영위하고 있으며 매출구성을 이해하기 어려워 미래에 대한 예측이나 추정이 쉽지 않다. 하지만 제일모직은 삼성이라는 대기업의 든든한 지원으로 빠르게 성장하고 있다. 최근 기술개발 성과와 제품의 상징성 그리고 매출 규모를 봤을 때 업계 상위 기업으로 볼 수 있다. 화학 기업에 투자하고 싶다면 분산투자의 일환으로 일정 지분을 투입하는 것을 추천한다. 다만 미래를 예측할 수 없는 사업에 많은 비중으로 장기 투자하는 것은 위험이 크다. 석유 기업에 투자하고 싶다면 더 규모가 큰 기업을 선택하는 것이 위험을 줄이는 방법이다.

> **NOTE**
> 〈분산투자〉 삼성 계열사로서의 프리미엄이 작용한다. 포트폴리오상 분산투자를 추천한다.

011 한국타이어 (대형주)

화학

【 국내 최대의 타이어 전문 기업(산업A 후보) 】

- FICS Sector: 경기소비재
- FICS Industry Group: 자동차 및 부품
- FICS Industry: 자동차부품

월간차트(이전 10년간)

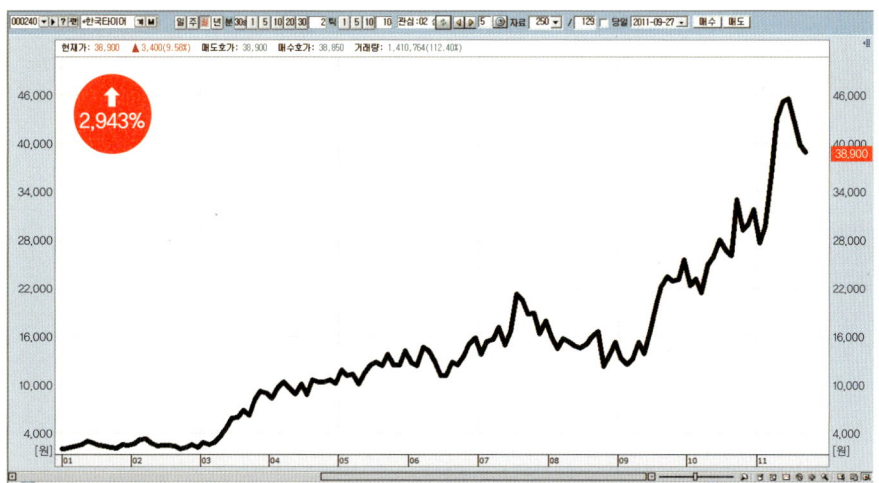

2,943%

재무상황

매출구성

(2010년 12월 기준)

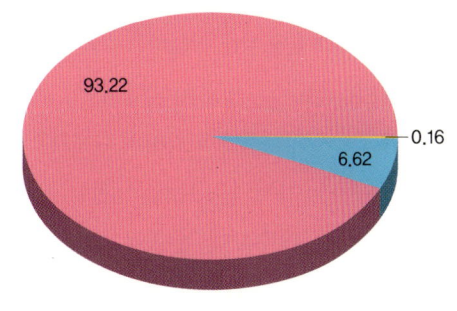

93.22
6.62
0.16

 타이어
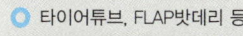 타이어튜브, FLAP밧데리 등
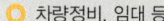 차량정비, 임대 등

기업 소개

국내 최대의 타이어 제조 기업이다. 금호타이어와 함께 국내 타이어시장의 80% 이상을 과점하고 있다. 타이어시장에서 승용차용은 전반적인 경기와 소비자의 패턴 변화에 영향을 받으며, 트럭과 버스용은 운수, 건설 경기와 관련이 있다. 완성차 기업에 납품하는 OEM 생산의 경우에는 신차 출시에 영향을 받는다. 그리고 수출에 있어서는 완성차 수출량의 변동과 세계 시장의 수요 변동에 영향을 받는다. 주요 원재료는 천연고무, 합성고무, 카본블랙 등이며 천연고무는 전량 수입에 의존한다.

10년간 최대 상승률

2,943%: 최저 1,605원(01년 10월) → 최고 48,850원(11년 07월)

상승의 주요 이유

- **체크 1: 브랜드 가치가 높은가?**

  〈YES〉 국내 타이어 1위 기업으로 높은 브랜드 가치를 보유하고 있다.

- **체크 2: 사업의 진입장벽이 높은가?**

  〈YES〉 타이어산업은 막대한 자본과 설비 투자가 소요되는 자본집약적 장치산업이다. 사업 기간에도 꾸준히 증설이 이뤄져야 하고 감가상각에 할애되는 비용도 크기 때문에 높은 진입장벽을 가지고 있다.

투자의 난이도

- **체크 1: 매출구성을 이해하기 쉬운가?**

  〈YES〉 누구나 쉽게 이해할 수 있는 타이어라는 제품의 매출이 90% 이상을 차지한다.

- **체크 2: 현금흐름을 파악하기 쉬운가?**

  〈YES〉 타이어의 판매량이 현금흐름으로 직결된다. 한국타이어는 내수보다 수출로 발생하는 매출액이 2배 이상 많다.

제57기 2010. 01. 01~2010. 12. 31(단위: 백만 원)	
내수	1,051,782
수출	2,302,634

- **체크 3: 경기변동의 영향을 받는가?**

  〈SO-SO〉 타이어는 자동차에 필수적인 소모품으로 경기변동의 영향을 크게 받지 않는다. 그렇지만 자동차산업의 발전과 개인소득의 증감에 영향을 받기 때문에 완전히 무관하다고는 할 수 없다. 신차용 타이어 수요는 자동차 생산 대수와, 교환용 타이어 수요는 차량 보유 대수와 관련이 있다. 또한 수출 비중이 높기 때문에 선진국의 경기변동에 영향을 받지만 그 정도는 미미하다.

• **체크 4: 지속적인 기술경쟁이 일어나는가?**

〈YES〉 타이어는 주행 시의 안정성과 경제성을 동시에 충족시켜야 하는 특성상 고도의 기술이 요구된다. 승차감을 저하시키지 않고 조종성, 브레이크 성능, 소음 등 모든 조건을 만족시켜야 할 뿐만 아니라 회전 저항을 극소화하여 연비를 향상시켜야 한다는 과제를 해결하기 위해 지금도 끊임없는 연구가 이뤄지고 있다. 구조 개발부터 트레드 패턴(노면과 닿는 부위의 홈 모양)까지 기술에서 앞서가기 위해 항상 경쟁이 치열하다.

장기적 전망

자동차 소모품인 타이어 제품은 경쟁이 치열하기 때문에 영업과 유통능력이 중요하다. 한국타이어는 브랜드 네임 향상과 영업망 확대에 집중하여 꾸준한 성장을 이뤄가고 있다. 자동차 소모품으로 경기변동의 영향을 비교적 적게 받기 때문에 지속적인 매출 창출이 가능하고 국내 시장에서의 과점적 위치를 고수할 것으로 예상된다. 더욱이 대중국 수출 확대로 매출 증가가 전망되고 있다.

어떻게 투자해야 하는가?

사업이 쉽고 경기변동의 영향을 적게 받기 때문에 일반인이 장기로 투자하기 쉬운 종목이다. 국내 타이어 시장의 50% 이상을 과점하고 수출 규모 또한 2조 원이 넘는 산업A 후보이다. 한국타이어의 주가는 타이어 판매량으로 움직인다. 앞으로도 계속해서 국내 시장에서의 지위를 유지하고 중국 수출시장을 확대할 수 있다면 주가는 추가적인 상승이 가능할 것이다.

>  **NOTE**
>
> 높은 브랜드 가치를 보유하고 있고 과점적 시장을 형성하고 있다. 또한 사업이 쉽고 소모품으로서 경기변동의 영향을 상대적으로 적게 받기 때문에 개인들이 장기로 투자하기에 쉬운 주식이다.

012 OCI (대형주)
화학

【 폴리실리콘 원천기술을 보유한 종합화학 기업(산업B 후보) 】

- FICS Sector: 소재
- FICS Industry Group: 소재
- FICS Industry: 화학

월간차트(이전 10년간)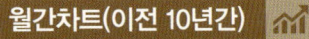

13,335%

재무상황

매출구성 (2010년 12월 기준)

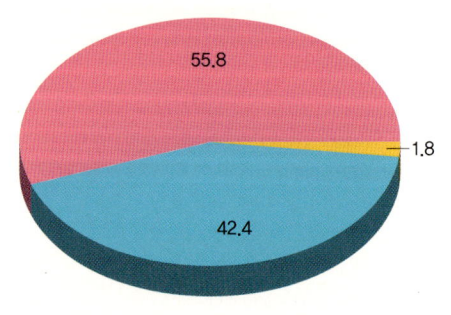

- 기초화학: 55.8
- 화합물제조: 42.4
- 기타부문: 1.8

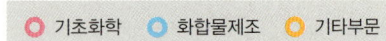

64 내공 주식투자 3

기업 소개

화합물 제조 및 폴리실리콘 생산을 주도하는 기업이다. 2009년 동양제철화학에서 OCI로 사명을 변경했다. 기초화학사업 부문(아염, 과산화수소, 폴리실리콘 등), 화합물 제조사업 부문(핏치, 카본블랙, TDI 및 관련 제품 등), 기타 부문(분석용 시약 등)의 사업을 영위하고 있다. 특히 태양전지 및 반도체 웨이퍼의 핵심 소재로 사용되는 초고순도 폴리실리콘의 원천기술을 보유하고 있다.

10년간 최대 상승률

13,335%: 최저 4,890원(01년 02월) → 최고 657,000원(11년 04월)

상승의 주요 이유

- **체크 1: 성장성이 높은가?**

〈YES〉 차세대 대체에너지로 통하는 폴리실리콘의 원천기술을 보유한 기업으로 업계를 선도하고 있다. 폴리실리콘은 태양광발전에 필수적인 원료로, 신재생에너지에 대한 관심과 정부의 지원정책이 강화되면서 태양광발전시장이 성장함에 따라 OCI 역시 지속적인 성장이 가능할 것으로 기대된다.

- **체크 2: 사업의 진입장벽이 높은가?**

〈YES〉 화학 분야는 대규모 자본이 필요한 장치산업이기 때문에 진입장벽이 높다.

투자의 난이도

매우어려움 | 어려움 | 보통 | 쉬움 | 매우쉬움

- **체크 1: 매출구성을 이해하기 쉬운가?**

〈NO〉 화학소재 분야는 전문적이면서도 광범위한 제품에 사용되기 때문에 정확한 매출구성과 시장 추이를 파악하기 어렵다.

(2010년 12월 기준 매출구성)

사업 부문	품목	구체적 용도	매출 비율(%)
기초화학	폴리실리콘, 과산화수소 외	태양광발전 소재 등	50.5
	소다회, 규사 등		5.1
	기타		0.1
화합물 제조	BTX 유도체		12.7
	Tar 유도체		15.4
	P/A 및 유도체	가소제, 알키드수지, 안료 등	6.4
	기타		2.8
	기타		3.8
	카보머/BAS	기술용역 제공 외	1.3
기타	시약 외	실험, 분석용	0.1
	시약 외	실험, 분석용	1.4
	사옥 임대 외		0.3

- **체크 2: 경기변동의 영향을 받는가?**

〈SO-SO〉 OCI의 매출구성은 기초화학과 화합물 제조로 이루어진다. 화학산업은 일반적으로 타 산업의 원재료로 사용되는 경우가 많기 때문에 다소의 시차를 두고 경기변동 영향을 받는 특성이 있다. 또한 일반적으로 소재산업은 완제품보다 경기변동의 영향을 상대적으로 적게 받는다. 전체적으로 경기 영향은 '보통'이라고 판단한다.

장기적 전망

매우밝음 | 밝음 | 보통 | 흐림 | 매우흐림

과산화수소의 경우 과거 주요 수요처였던 제지(신문용지), 섬유 부문은 관련 산업의 침체로 수요가 감소하였다. 그렇지만 폐수처리, 토양복원 등의 환경수요가 증가했으며 LCD, 반도체 등 고부가가치를 창출하는 시장이 확대되면서 그 수요도 증가하고 있다. 또한 폴리실리콘의 주요 용도인 태양광발전시장에 대한 관심이 고조되고 있으므로 이후 전망은 밝다고 할 수 있다.

어떻게 투자해야 하는가?

적극추천 | 추천 | 중립 | 비추천 | 적극비추천

OCI가 2007년부터 폭발적인 상승세를 보인 것은 태양광발전 소재로 사용되는 폴리실리콘사업에 적극적으로 진출했기 때문이다. 당시 업계 경쟁사들은 태양광사업에 회의적 태도를 보였지만 OCI는 사운을 걸고 공격적으로 뛰어들었고 최근 그러한 노력이 결실을 보고 있다. 하지만 폴리실리콘의 사업성이 확인되자 후발 화학 기업이 사업을 확장하면서 추격해오고 있으므로 안심할 만한 상황은 아니다.

이러한 소재산업은 브랜드를 통한 가격 결정력을 갖기 어려우며 경쟁이 매우 치열하다. 또한 전문지식이 필요하기 때문에 일반인이 비교, 분석하고 예측하기가 어려운 제품이다. 그러므로 분산투자 원칙으로 일정 부분을 포트폴리오에 편입하길 권한다. 많은 지분을 장기로 투자하기에는 위험이 따른다.

> **NOTE**
>
> 〈분산투자〉 전망은 밝지만 사업의 내용이 어렵고 경쟁이 매우 치열해질 것으로 판단되기 때문에 많은 비중을 장기로 투자하는 것은 일반 투자자들에게 큰 위험이 된다. 따라서 포트폴리오상 분산투자를 권한다.

13 태광산업 (중형주)

【 태광 그룹 계열의 화학 및 섬유사업 영위 기업(산업C 후보) 】

화학

- FICS Sector: 경기소비재
- FICS Industry Group: 내구소비재 및 의류
- FICS Industry: 섬유 및 의복

월간차트(이전 10년간)

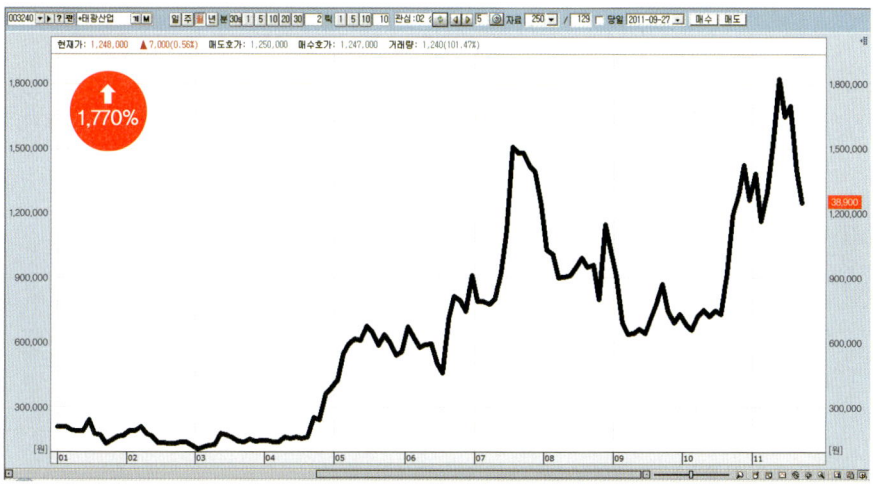

1,770%

재무상황

매출구성

(2010년 12월 기준)

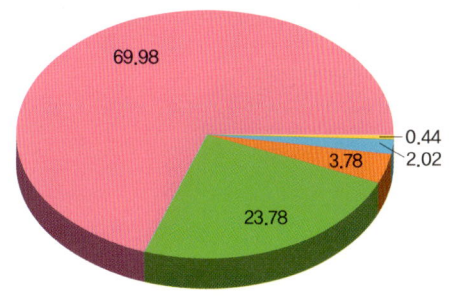

- 섬유화학제품 69.98
- 섬유 화섬사 23.78
- 섬유 직물 3.78
- 섬유 상품 0.44
- 임대수입 2.02

02 화학 67

기업 소개

태광 그룹의 계열사로 태광산업과 대한화섬이 주축이다. 나일론, 스판덱스, 아크릴, 면 방사, 직물 등 화학섬유 제품과 PTA, 아크릴로니트릴(AN), 시안화나트륨(NaCN) 등 석유화학 제품의 제조, 판매 사업을 영위한다. 화학섬유 부문의 각 사업을 살펴보면, 먼저 나일론사업은 석유화학 제품인 카프로락탐을 기초원료로 사용하여 원사를 제조·판매하는 중간 산업이다. 스판덱스사업은 고신축성 합성섬유를 생산하고, 아크릴사업은 AN을 주원료로 아크릴섬유를 생산하여 이를 방적 및 파일 기업에 공급한다. 그리고 석유화학 부문의 각 제품으로 PTA는 폴리에스테르 섬유, PET 용기 및 필름의 기초원료이고 AN은 아크릴섬유, ABS 합성수지의 원료가 된다. NaCN은 금광, 선광, 도금, 농업용품과 의약품 제조 등에 사용되는 전략적인 물자로 생산, 운송, 저장에서 철저한 안전관리가 요구되는 산업 품목이다.

10년간 최대 상승률

1,770%: 최저 100,000원(03년 01월) → 최고 1,870,000원(11년 06월)

상승의 주요 이유

- **체크 1: 대기업인가?**

〈SO-SO〉 우리나라를 대표하는 수준이라고는 할 수 없지만 재계서열 50위권에 드는 태광 그룹의 지원을 받고 있다. 태광 그룹은 석유화학과 섬유산업을 비롯하여 종합금융, 서비스, 미디어, 교육 등의 사업을 영위하고 있다.

- **체크 2: 사업의 진입장벽이 높은가?**

〈YES〉 화학섬유산업은 시설투자에 대규모 자본이 필요한 장치산업으로 진입장벽이 매우 높다.

투자의 난이도

매우어려움 | 어려움 | 보통 | 쉬움 | 매우쉬움

- **체크 1: 매출구성을 이해하기 쉬운가?**

〈YES〉 각종 섬유로 매출구성이 이루어진다.

- **체크 2: 현금흐름을 파악하기 쉬운가?**

〈YES〉 각종 섬유와 직물이 매출구성을 이루고 있어 현금흐름을 파악하기가 쉽다.

(2010년 12월 기준 매출구성)

사업 부문	품목	구체적 용도	주요 상표 등	매출 비율(%)
섬유	화섬사	편, 직물용 원사	ACEPORA	23.78
	직물	신사, 숙녀복지	–	3.78
	기타	–	–	2.02
석유화학 부문	석유화학 제품	POLYESTER, ACRY	–	69.98
임대	–	–	–	0.44

- **체크 3: 경기변동의 영향을 받는가?**

〈NO〉 섬유 소재 제품은 경기변동의 영향을 상대적으로 적게 받는다.

장기적 전망

노동집약적인 섬유산업은 최근 중국의 값싼 노동력을 이용해 생산하는 섬유와 직물의 증가로 가격 경쟁력을 잃어가고 있다. 장기적 성장을 위해서는 기술력을 통한 품질 개발과 경영혁신이 이뤄져야 한다.

어떻게 투자해야 하는가?

적극추천 | 추천 | 중립 | 비추천 | 적극비추천

중국의 값싼 노동력은 국내 섬유산업에 큰 위협요소가 된다. 브랜드와 제품의 상징성을 가질 수 없는 섬유소재는 규모의 경제를 통한 가격 경쟁력과 끊임없는 기술개발이 요구된다. 또한 신흥 시장이 무서운 속도로 추격해오고 있는 상황이므로 장기 투자하기에는 위험이 크다. 보수적인 관점에서 접근하길 바란다.

 NOTE

섬유산업은 중국의 값싼 노동력 때문에 경쟁력이 떨어지고 있다. 고부가가치를 창출하는 섬유화학 제품을 생산해낼 수 있도록 기술개발에 박차를 가해야 한다.

014 KCC (대형주)

화학

【 국내 1위의 도료 및 건자재 전문 기업(산업B 후보) 】

- FICS Sector: 산업재
- FICS Industry Group: 자본재
- FICS Industry: 건축자재

월간차트(이전 10년간)

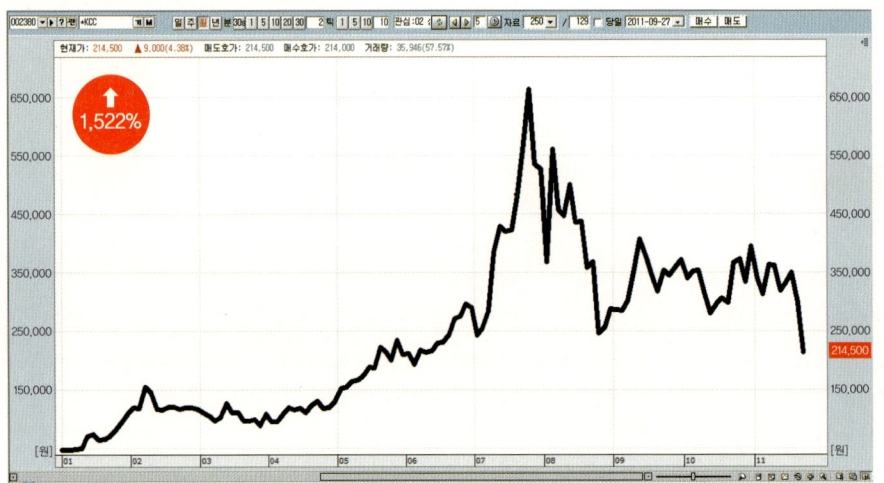

1,522%

재무상황

- 매출액
- 영업이익
- 순이익
- 영업이익률
- 순이익률

- 자산총계
- 부채총계
- 부채비율(우)

매출구성

(2010년 12월 기준)

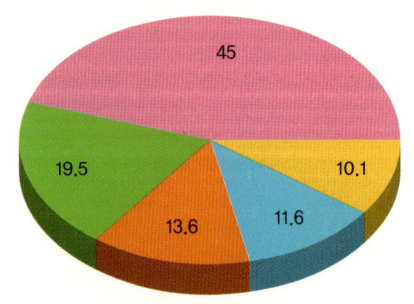

- 유기화학 제품 도료
- 무기화학 제품 건재
- 무기화학 제품 유리
- 유기화학 상품 PVC 외 기타
- 유기화학 제품 PVC

내공 주식투자 3

기업 소개

국내 최대의 건축, 산업자재 및 도료 생산 기업으로서 이 분야에서 확고한 명성을 쌓아왔다. 2005년 ㈜금강고려화학에서 ㈜케이씨씨로 사명을 변경하면서 유기·무기화학 기술의 조화를 통한 시너지 효과를 바탕으로 초정밀 종합화학회사로 발돋움하고 있다. 영위 사업은 유기화학, 무기화학으로 구분되며, 유기화학 부문에서는 도료, PVC, 실리콘 등을, 무기화학 부문에서는 건자재, 유리 등을 생산한다.

10년간 최대 상승률

1,522%: 최저 42,700원(01년 01월) → 최고 693,000원(07년 10월)

상승의 주요 이유

- **체크 1: 브랜드 가치가 높은가?**

〈YES〉 다양한 건축자재와 페인트 제품에서 인지도 높은 브랜드를 가지고 있다. 최근 이 업계는 상위 4개사가 전체 시장의 약 70%를 장악하고 있어 기술력과 브랜드 파워를 겸비한 일부 대형사 위주로 재편되고 있는 상황이다.

- **체크 2: 사업의 진입장벽이 높은가?**

〈YES〉 건축자재 및 판유리산업은 대규모 자본과 설비, 용지가 요구되는 자본집약형 장치산업이다. 또한 산업 특성상 용해로를 가동하기 시작하면 수요에 관계없이 가동을 지속하여야 하므로 신규 진입 장벽이 높다.

투자의 난이도

- **체크 1: 매출구성을 이해하기 쉬운가?**

〈NO〉 사업 다각화로 산업도료, 건재, 유리, PVC 등의 다양한 분야의 제품을 생산하기 때문에 매출구성을 이해하기가 어렵다.

- **체크 2: 현금흐름을 파악하기 쉬운가?**

〈NO〉 다양한 사업을 영위하기 때문에 현금흐름을 파악하기가 쉽지 않다.

- **체크 3: 경기변동의 영향을 받는가?**

〈SO-SO〉 KCC는 건축, 산업자재, 도료 등을 생산하는 기업이다. 이 산업들은 대체로 경기변동의 영향을 직접 받기보다 관련 산업이 경기의 영향을 받으면 후행적으로 영향권에 든다. 예컨대 건축자재산업은 전체 경기변동에 건축산업이 영향을 받으면 이에 따라 수요가 변화하는 식이다. 도료산업은 건설, 자동차, 전자 등의 다양한 산업에서 원재료로 쓰이는 것은 물론 개인들의 가정용 수요도 존재한다. 이전에는 대량생산이 주를 이루었으나 현재는 다양한 수요에 적절히 대응하기 위하여 다품종 소량 생산체제를 이루고 있으며, 점차 기술력을 요하는 선박용 특수 도료 등 고부가가치 제품에 주력하고 있다. 도료 및 건축자재는 대체적으로 수요 산업인 자동차, 선박 및 건축경기에 따라 경기변동이 이루어지고 KCC는 후속 영향을 받으므로 경기 영향에 대해서는 '보통'이라고 할 수 있다.

장기적 전망

업계를 선도하는 기업으로서 도료와 건축자재에 대한 가격 결정력을 갖고 있다. 또한 적극적인 사업 다각화의 성과가 가시화되고 있어 전망은 밝다고 판단된다.

어떻게 투자해야 하는가?

높은 진입장벽과 과점 산업의 성격을 가지고 있기 때문에 신규 경쟁사의 출현이 쉽지 않고 인지도 높은 브랜드 네임으로 경쟁사들보다 우위에 있다. 하지만 건축과 산업자재 및 도료 등은 관련 산업의 부침에 영향을 받기 때문에 많은 비중을 투자하기에는 위험이 따른다. 분산투자 원칙에 따라 일정 지분만 포트폴리오에 편입하길 권한다.

> **NOTE**
>
> 〈분산투자〉 상징적인 제품의 브랜드가 있고 업계 선도 기업으로서 가격 결정력을 가지며 과점의 지위에 있다. 진입장벽이 높아 경쟁사의 출현 또한 어렵기 때문에 일반인이 투자하기는 쉽다. 하지만 후방 산업으로서 관련 산업의 영향을 받기 때문에 많은 비중을 투자하기에는 위험이 크다. 중립 내지는 포트폴리오상 분산투자를 추천한다.

015 LG생활건강 (대형주)

화학

【 LG 그룹 계열의 화장품 및 생활용품 전문 기업(필수소비재산업) 】

- FICS Sector: 필수소비재
- FICS Industry Group: 생활용품
- FICS Industry: 가정생활용품

월간차트(이전 10년간)

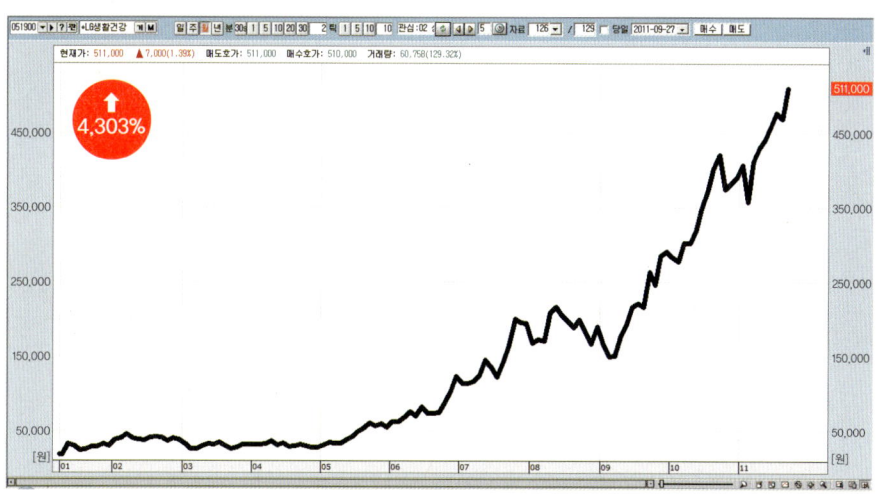

4,303%

재무상황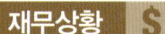

매출구성

(2009년 12월 기준)

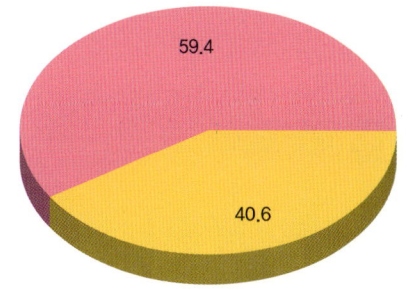

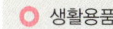 생활용품   화장품

02 화학 73

기업 소개

LG 그룹 계열의 국내 대표적인 화장품 및 생활용품 전문 기업이다. 생활용품, 화장품, 음료 부문의 사업을 영위하고 있다. 국내 시장에서 생활용품산업 1위, 화장품산업 2위, 음료산업 2위를 유지하고 있다. 생활용품의 주요 제품군으로는 치약, 비누, 샴푸, 주방세제, 세탁세제 등이 있고 대표 브랜드로는 치약 부문의 페리오치약, 샴푸 부문의 엘라스틴, 세탁세제 부문의 테크, 주방세제 부문의 자연퐁 등이 있다. 화장품의 주요 브랜드로는 후, 숨, 오휘 그리고 이자녹스, 수려한, 라끄베르 등이 있다. 음료사업부의 주요 브랜드로는 탄산음료 대표 제품인 코카콜라와 다이나믹킨, 환타 등이 있으며, 비탄산음료 제품은 파워에이드, 미닛메이드 등이 있다.

10년간 최대 상승률

4,303%: 최저 11,900원(01년 04월) → 최고 524,000원(11년 09월)

상승의 주요 이유

- **체크 1: 대기업인가?**

  〈YES〉 LG 그룹 계열사로 강력한 자본력과 영업망, 유통망을 갖고 있다.

- **체크 2: 브랜드 가치가 높은가?**

  〈YES〉 생활용품과 화장품에서 높은 인지도를 지닌 다양한 상품을 보유하고 있다. 특히 화장품에서의 브랜드 인지도는 매출과 직결된다.

- **체크 3: 가격 결정력이 있는가?**

  〈YES〉 필수소비재에서 높은 점유율을 지닌 LG생활건강은 강력한 영업망, 유통망과 브랜드네임을 바탕으로 시장을 선도하며 가격 결정력을 가지고 있다.

투자의 난이도

매우어려움 | 어려움 | 보통 | 쉬움 | **매우쉬움**

- **체크 1: 매출구성을 이해하기 쉬운가?**

  〈YES〉 매출구성이 각종 화장품과 생활용품, 음료수 등으로 이루어져 있어 일반인이 쉽게 이해할 수 있다.

- **체크 2: 현금흐름을 파악하기 쉬운가?**

  〈YES〉 쉬운 매출구성으로 현금흐름을 파악하기가 비교적 쉽다.

(2009년 12월 기준 매출구성)

사업 부문	구체적 용도	주요 상표 등	매출 비율(%)
생활용품사업부	생활용품 및 생활편의 제품, 개인위생 등	페리오, 세이, 엘라스틴, 자연퐁, 테크, 샤프란	38.5
화장품사업부	세안, 보습, 피부보호 및 화장 등	오휘, 더후, 이자녹스, 수려한, 보닌	36.1
음료사업부	탄산음료, 비탄산음료 등	코카콜라, 파워에이드, 미닛메이드	25.4

- **체크 3: 경기변동의 영향을 받는가?**

  〈NO〉 생활용품과 화장품은 필수소비재로서 경기변동의 영향을 거의 받지 않는다.

장기적 전망

강력한 브랜드 네임과 유통망을 바탕으로 지속적으로 높은 시장점유율을 유지, 확대해나갈 것으로 예상되며 업계 선도 기업으로서 가격 결정력을 가지므로 전망이 매우 밝다.

어떻게 투자해야 하는가?

화장품 및 생활전문 기업으로 일반인에게도 친근한 이미지를 갖고 있으며 브랜드 가치도 높게 형성되어 있다. 필수소비재 품목으로 경기와 유행을 타지 않고 높은 시장점유율을 바탕으로 안정적인 매출을 이뤄갈 것이다. 또한 경쟁사들과 비교할 때 상징적인 브랜드와 상품으로 시장에서 선도 기업의 위치에 있으므로 가격 결정력을 가질 수 있다. 영위하는 사업의 내용도 매우 쉬워 일반인이 편안하게 장기로 투자할 수 있는 종목이다.

> **NOTE**
>
> 기업을 돋보이게 하는 높은 브랜드 가치의 다양한 상품이 있다. 필수소비재 전문 기업으로 사업 내용이 쉽고 경기변동의 영향을 받지 않는다. 일반인이 안정적으로 장기 투자하기에 매우 쉬운 종목이다.

016 삼성정밀화학 (중형주)

화학

【 삼성 그룹 계열의 정밀화학 및 전자재료 기업 (산업C 후보) 】

- FICS Sector: 소재
- FICS Industry Group: 소재
- FICS Industry: 화학

월간차트(이전 10년간)

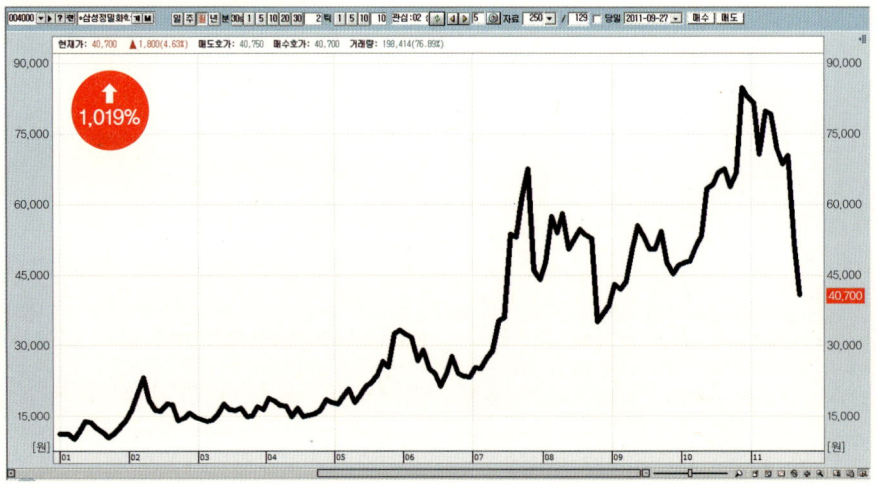

재무상황

매출구성

(2010년 12월 기준)

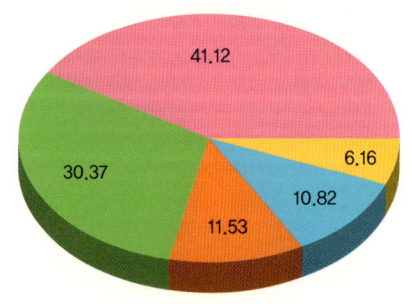

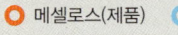

76 내공 주식투자 3

기업 소개

　삼성 그룹 계열의 정밀화학, 전자재료 기업이다. 정밀화학산업은 석유화학산업 등으로부터 제공받은 기초 화학원료를 여러 공정을 거쳐 배합하거나 가공하여 완제품을 생산하는 가공형 화학산업이다. 그러므로 자본집약적이며 기술집약적인 산업이다. 소량 다품종 생산체제를 갖춰 높은 기술력으로 부가가치가 높은 제품을 생산한다. 관련 산업이나 여타 요구에 따라 적합한 기능의 제품을 생산하며 다양한 용도에 부응할 수 있도록 끊임없는 기술개발이 필요한 분야다.

　삼성정밀화학의 사업은 크게 정밀화학, 전자재료, 일반화학 부문으로 구분할 수 있다. 회사의 주력 분야인 정밀화학 부문에서는 메셀로스(시멘트 물성 향상제), ECH(에폭시수지 원료), AnyCoat®(의약용 캡슐 및 코팅제), DMAC(스판덱스 원료), PTAC(고급제지용 첨가제) 등 국내외에서 경쟁우위에 있는 고부가가치 제품을 생산하고 있다. 이들 제품은 전자, 의약, 건축, 섬유 등 광범위한 산업 분야에서 사용된다. 전자재료 부문에서는 반도체와 LCD 현상액 원료로 사용되는 TMAC, 소형 전자부품(MLCC)의 원료인 BT Powder, 고기능성 엔지니어링 플라스틱 소재인 액정고분자(SELCION®), 컬러 레이저프린터용 토너 등을 생산한다. 일반화학 부문은 암모니아, 요소에서 출발하여 염화메탄, 가성소다 등의 제품으로 사업을 다각화하였다. 이 부문에서는 회사의 주력사업인 정밀화학 제품들의 중간원료를 자체적으로 조달하는 역할을 담당하고 있다.

10년간 최대 상승률

1,019%: 최저 7,950원(01년 09월) → 최고 89,000원(11년 01월)

상승의 주요 이유

- **체크 1: 대기업인가?**
〈YES〉 삼성 그룹 계열의 화학 기업으로서 강력한 자본력, 영업망, 유통망을 지닌다.
- **체크 2: 사업의 진입장벽이 높은가?**
〈YES〉 초기 시설투자에 대규모 자본이 필요한 장치산업이기 때문에 진입장벽이 높다. 또한 사업을 영위하는 데 매우 높은 기술력을 필요로 한다.

투자의 난이도

| 매우어려움 | 어려움 | 보통 | 쉬움 | 매우쉬움 |

- **체크 1: 매출구성을 이해하기 쉬운가?**
〈NO〉 고도의 기술력이 요구되는 고부가가치 제품을 생산하는 기업으로 일반인으로서는 매출구성을 이해하기가 어렵다. 예컨대 메셀로스와 ECH 같은 제품을 정확히 비교, 분석할 수 없다.

- **체크 2: 현금흐름을 파악하기 쉬운가?**

  〈NO〉 광범위한 화학 제품군을 포함하기 때문에 현금흐름을 파악하기가 힘들다.

- **체크 3: 경기변동의 영향을 받는가?**

  〈SO-SO〉 회사의 주요 제품은 산업용 중간원료로 사용되며 농업, 섬유, 제지산업부터 건축, 의약은 물론 전자산업 분야에 이르기까지 다양한 전방 산업의 원료로 공급된다. 그러므로 경기변동의 영향을 완전히 받지 않을 수는 없지만 상대적으로 미미하다.

장기적 전망

다양하고 경쟁력 있는 기술집약적 정밀화학소재를 개발, 생산하기 때문에 경기변동의 영향을 적게 받고 지속적으로 성장할 가능성이 높다. 하지만 고부가가치의 정밀화학 제품이라는 것이 일반 투자자에게는 이해하기 어려운 대상이어서 미래의 매출을 전망하거나 시장의 추이를 파악하기가 어렵다. 따라서 안정적으로 장기 투자하기에는 위험이 크다.

어떻게 투자해야 하는가?

일반인이 이해하기 매우 어려운 사업을 하므로 마음 편히 장기 투자를 하기가 쉽지 않다. 또한 매우 광범위한 분야에 다용도로 사용되는 화학소재를 생산하므로 회사나 업계 전체적인 상황을 파악하고 능동적으로 대처하기도 힘들다. 하지만 삼성정밀화학의 브랜드 네임과 회사 규모를 봤을 때 정밀화학에 투자하고 싶다면 일정 부분 분산 투자하는 것은 추천할 만하다.

NOTE

〈분산투자〉 매우 어려운 사업을 영위하므로 일반 투자자가 마음 놓고 장기 투자하기가 힘들다. 하지만 높은 기술력과 삼성 계열사라는 점에 프리미엄을 부여할 수 있으므로 중립 내지는 포트폴리오상 분산투자를 권한다.

017 대한유화 (중형주)

화학

【 고밀도 폴리에틸렌 생산능력 1위 기업(산업B 후보) 】

- FICS Sector: 소재
- FICS Industry Group: 소재
- FICS Industry: 화학

월간차트(이전 10년간)

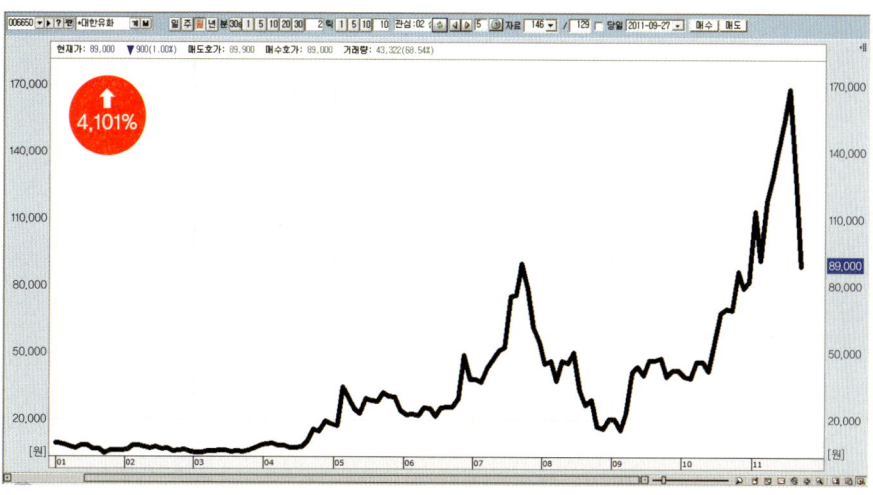

↑ 4,101%

재무상황

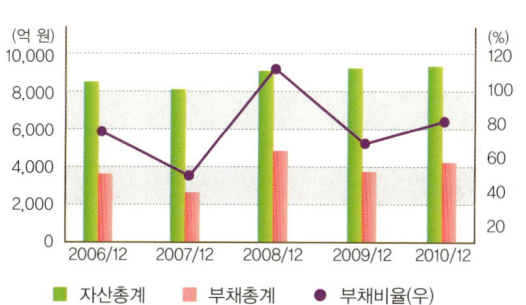

매출구성

(2010년 12월 기준)

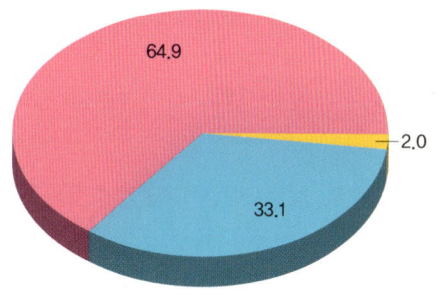

- 합성수지
- MC4 등
- 기초유분 외

02 화학 **79**

기업 소개

1970년에 설립되어 석유화학사업만을 영위해온 기업이다. 온산과 울산에 두 생산공장을 갖추고 있다. 온산공장에서는 에틸렌 등 올레핀류, 혼합C4류, 분해가솔린 및 그 유도품을 제조하며, 울산공장은 온산공장에서 생산된 원료를 받아 폴리프로필렌(PP), 고밀도 폴리에틸렌(HDPE) 등 합성수지를 제조 및 판매하고 있다.

온산공장의 에틸렌 생산능력은 2010년 12월 기준 47만 톤으로 국내 총생산능력 761만 톤 중 6%를 점하며, 프로필렌은 35만 톤으로 국내 총생산능력 572만 톤 중 6%를 차지하고 있다. 울산공장의 폴리프로필렌(PP) 생산능력은 2010년 12월 기준 47만 톤으로 국내 총생산능력 381만 톤 중 12%의 점유율로 업계 4위를 차지하고 있다. 고밀도 폴리에틸렌(HDPE)은 같은 시점 기준 53만 톤으로 국내 총생산능력 224만 톤 중 24%의 점유율로 업계 1위를 차지하고 있다. 판매 면을 보면 2010년 12월 누계기준으로 LG화학에 이어 동종 업계 2위의 실적을 올렸다.

10년간 최대 상승률

4,101%: 최저 4,165원(01년 09월) → 최고 175,000원(11년 07월)

상승의 주요 이유

- 체크 1: 독보적 기술력을 갖췄는가?
  〈YES〉 석유화학산업에서 독보적인 기술력으로 각 분야 1위 생산능력을 보이고 있다.
- 체크 2: 시장점유율이 높은가?
  〈YES〉 고밀도 폴리에틸렌 생산능력 1위를 비롯하여 LG화학에 이어 매출 2위를 기록하고 있다.

투자의 난이도

매우어려움 | 어려움 | **보통** | 쉬움 | 매우쉬움

- 체크 1: 매출구성을 이해하기 쉬운가?
  〈NO〉 파이프, 전선관, 각종 용기, 가전제품, 어망과 로프, 필름 등에 사용되는 합성수지 폴리프로필렌(PP)과 폴리프로필렌(PP), 고밀도 폴리에틸렌(HDPE) 및 그 원료가 되는 기초유분 프로필렌과 에틸렌을 생산, 판매하고 있으며 합성수지와 기초유분의 부제품을 판매하고 있다. 매출구성의 세부적인 품목을 이해하기는 어렵다.
- 체크 2: 경기변동의 영향을 받는가?
  〈SO-SO〉 석유화학산업은 석유 제품인 나프타 또는 천연가스를 원료로 에틸렌, 프로필렌, BTX 등 기초유분과 이들 기초유분을 원료로 하는 합성수지 등 각종 산업용 기초소재를 공급하는 기간산업이다. 또한 대규모 투자가 소요되는 자본집약적인 장치산업으로 규모의 경제가 작용하는 산업이다.

각종 산업에 필요한 기초소재를 공급하는 산업이므로 상대적으로 경기변동의 영향을 적게 받는다.

장기적 전망

단순 합성수지를 생산하는 기업으로서 상품의 상징성과 브랜드보다는 규모의 경제가 통하는 사업을 영위한다. 따라서 업종 내에서 계속해서 가격 경쟁을 해야 한다. 장기적 성장을 위해 끊임없이 원가절감을 위한 혁신과 기술개발을 해야 한다. 최근 중국과 신흥 아시아 시장의 경제성장으로 수요가 급증하고 있으며 이러한 이유로 주가가 상승하고 있지만 앞서의 이유로 장기적 전망은 '보통'으로 판단한다.

어떻게 투자해야 하는가?

대한유화의 석유화학 제품은 단순 수지 제품이 주류를 이룬다. 이러한 소재산업은 제품의 브랜드와 상징성보다는 규모의 경제를 통한 가격 경쟁력이 중요하다. 때문에 치열한 경쟁이 예상되며 시간이 갈수록 경쟁사의 생산설비 확대로 공급초과 현상이 생길 가능성이 크다. 따라서 마음 놓고 장기로 투자하기에는 위험이 따른다. 만약 화학 기업에 투자하고 싶다면 규모가 더 큰 기업 중에서 선택하는 것이 바람직하다.

> **NOTE**
> 중소형주이므로 일반인은 더 큰 화학주에 분산투자하는 것이 위험을 줄이는 방법이다.

018 SKC (중형주)

화학

【 SK 그룹 계열의 석유화학 전문 기업(산업C 후보) 】

- FICS Sector: 소재
- FICS Industry Group: 소재
- FICS Industry: 화학

월간차트(이전 10년간)

재무상황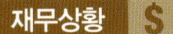

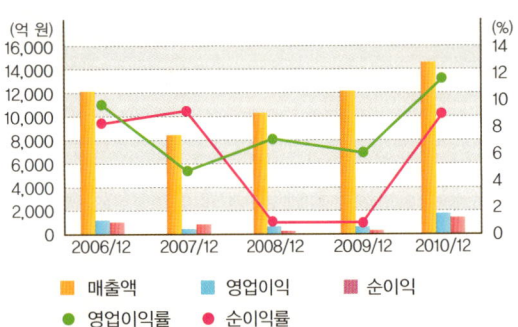

매출구성

(2010년 12월 기준)

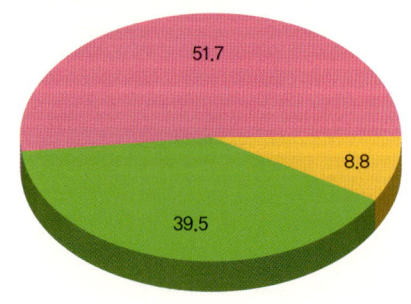

82 내공 주식투자 3

기업 소개

SK 그룹 계열의 석유화학 전문 기업이다. 폴리우레탄 제품의 원재료로 사용되는 프로필렌옥사이드(PO) 제품들을 생산, 판매하는 화학 부문과 LCD, 일반 산업재의 부품으로 사용되는 폴리에스테르 필름 등을 생산, 판매하는 필름 부문의 사업을 영위한다.

PO는 세계적으로 폴리우레탄의 원료인 PPG(PolypropyleneGlycol)에 60%가량이 소비되고 다음으로 PG(Propylene Glycol)가 전체 수요의 20%를 차지하며 나머지는 PGE(Propylene Glycol Ether), 계면활성제, 난연재 등을 제조하는 데 사용된다. 그간 PO를 수입에 의존하였으나 1991년 SKC가 국내 최초로 생산설비를 갖추면서 내수 생산 기반이 확보되었다.

10년간 최대 상승률

1,590%: 최저 4,300원(03년 03월) → 최고 72,700원(11년 06월)

상승의 주요 이유

- 체크 1: 대기업인가?

  〈YES〉 SK 그룹의 석유화학 기업으로 강력한 자본력, 영업망, 유통망을 갖는다.

- 체크 2: 성장성이 높은가?

  〈YES〉 태양전지용 폴리에스테르 필름, 광학용 필름, 열수축 필름이 높은 성장세를 보이고 있다.

- 체크 3: 독보적 기술력을 갖췄는가?

  〈YES〉 국내 최초 PO 생산설비를 갖춘 기업으로 독보적인 기술력을 확보하고 있다. 세계 시장에서도 PO 생산기술을 보유한 기업은 많지 않다. 신규 기술을 개발하는 데에도 기존 PO 생산 기업 중심으로 이루어져 과점을 형성하고 있다.

- 체크 4: 사업의 진입장벽이 높은가?

  〈YES〉 대단위 투자비가 필요하여 신규 시장진입이 용이하지 않다.

투자의 난이도

매우어려움 | 어려움 | 보통 | 쉬움 | 매우쉬움

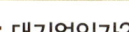

- 체크 1: 매출구성을 이해하기 쉬운가?

  〈NO〉 소재산업은 전문 분야이기 때문에 매출구성을 이루는 상품에 대한 비교, 분석이 어렵다.

• 체크 2: 현금흐름을 파악하기 쉬운가?

〈NO〉 매출구성이 어렵기 때문에 일반인으로서는 상품별 영업이익이나 현금흐름을 파악하기 어렵고 앞으로의 수요도 정확하게 예측할 수 없다.

(2010년 12월 기준 매출구성)

사업부문	품목	구체적 용도	주요 상표	매출 비율(%)
필름	PET FILM 등	자기기록용, 포장용, 산업용 등	Skyrol	39.5
화학	POD 등	윤활제, 부동액, 자동차, 침구류, 화장품 등	SUPER-A GREEN	51.7
	SM	가전제품, 사무기기, 단열재		8.8

• 체크 3: 경기변동의 영향을 받는가?

〈SO-SO〉 먼저 화학 부문을 보면, PO 사용량의 60%를 차지하는 폴리올(Polyol)의 최종 수요처는 자동차, 조선, 건설 등 주요 산업이다. 이 산업들이 경기변동에 영향을 받기 때문에 후속적인 영향을 받기는 하지만 그 정도는 상대적으로 적다. 또 필름 부문은 관련 산업의 성장 및 생활수준 향상에 힘입어 그동안 전 세계적으로 연간 6~7%의 성장을 지속해왔고 산업재로서의 특성상 비교적 안정되고 꾸준한 성장세를 유지하고 있다. 전체적으로 볼 때 경기변동의 영향은 '보통'이라고 판단한다.

장기적 전망

SKC는 과거 필름사업을 주력으로 영위했는데 디지털기기로 전환되는 환경 변화에 따라 관련 제품의 매출이 하락했다. 반면 지속된 기술개발로 특수 필름인 태양전지용과 광학용 필름 등이 높은 성장세를 보이며 그 자리를 메우고 있다. 하지만 경쟁이 치열하고 기술집약적인 소재산업이기 때문에 장기적으로 분석하고 전망하기가 쉽지 않다.

어떻게 투자해야 하는가?

고도의 기술력이 요구되는 화학소재산업이기 때문에 일반인이 비교, 분석하기가 어렵고, 사업이 어려워 장기적 전망을 하기가 힘들다. 경쟁이 매우 치열한 산업이므로 일반 투자자들은 차라리 규모가 더 큰 화학소재 회사에 투자할 것을 권한다.

> **NOTE**
> 화학소재산업은 사업의 내용이 어렵고 광범위한 제품에 사용되기 때문에 정확한 수요를 파악하기가 불가능하다. 이에 따라 미래의 매출이나 실적을 예측할 수 없다. 화학소재산업에 장기 투자를 하고자 한다면 더 큰 석유화학 기업을 선택하여 분산투자하는 것이 위험을 줄이는 방법이다.

019 SK케미칼 (중형주)

화학

【 SK 그룹 계열의 화학 및 생명과학 기업(산업C 후보) 】

- FICS Sector: 소재
- FICS Industry Group: 소재
- FICS Industry: 화학

월간차트(이전 10년간)

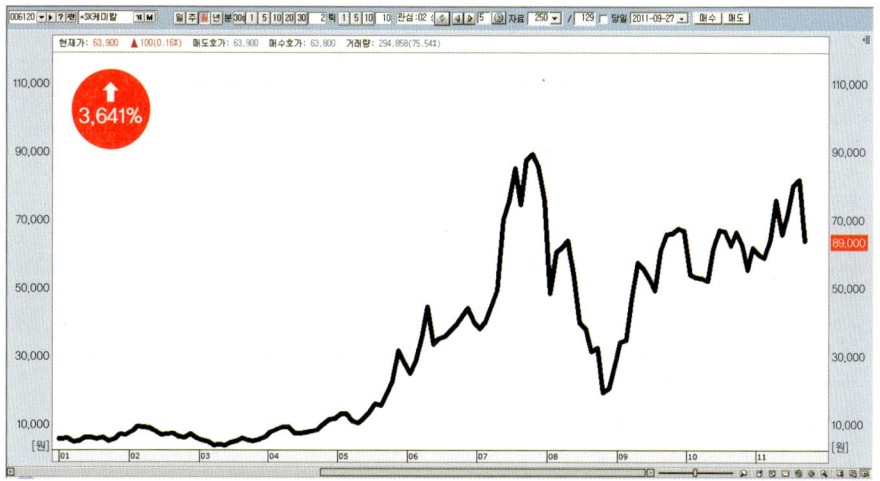

재무상황

매출구성

(2010년 12월 기준)

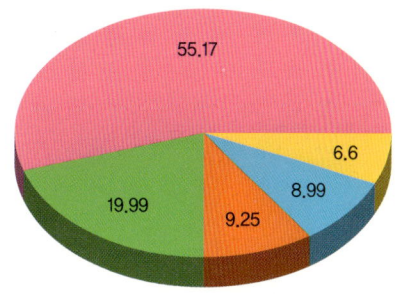

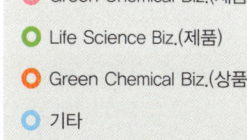

- Green Chemical Biz.(제품)
- Life Science Biz.(제품)
- Green Chemical Biz.(상품)
- 기타
- Life Science Biz.(상품)

02 화학 85

기업 소개

 SK 그룹 계열의 화학(그린 케미칼) 및 생명과학사업 영위 기업이다. 앞으로도 안정적인 수익을 창출하기 위해 친환경 분야와 헬스케어 부문을 집중 육성하기 위해 조직체계 구축과 R&D 핵심 역량 확보에 주역하고 있다. 주요 제품을 부문별로 보면 화학 부문에는 용기용 PET수지, 고기능성 PETG(Polyethylene Terephthalate Glycol)수지, 폴리에스터 접착제, 산업용 살균제 및 수처리제, 바이오 디젤 등이 있다. 생명과학 부문에서는 국내 최초의 신약인 선플라, 천연물 의약품인 혈액순환 개선제 기넥신, 관절염치료제 조인스에 이어 신약 13호인 발기부전치료제 '엠빅스'를 개발하였다. 신종플루 치료제인 타미플루 복제약 생산시설을 보유하고 있으며, 세포 배양 방식의 독감백신, 폐렴구균 접합백신 등 다양한 백신을 개발 중이다. 또한 태양광산업의 핵심 소재인 폴리실리콘 사업 진출도 추진 중이다.

10년간 최대 상승률

3,641%: 최저 3,060원(03년 03월) → 최고 114,500원(07년 11월)

상승의 주요 이유

- 체크 1: 대기업인가?
〈YES〉 SK 그룹 계열로 강력한 자본력, 유통망, 영업망을 가진다.
- 체크 2: 독보적 기술력을 갖췄는가?
〈YES〉 친환경 화학소재 부문과 생명과학 부문에서 선도적인 기술력을 확보하고 있다.
- 체크 3: 사업의 진입장벽이 높은가?
〈YES〉 초기에 대규모 시설투자가 필요한 장치산업이므로 진입장벽이 높다.

투자의 난이도

매우어려움 | 어려움 | 보통 | 쉬움 | 매우쉬움

- 체크 1: 매출구성을 이해하기 쉬운가?
〈NO〉 기술력이 높은 화학소재를 생산하는 기업으로 전문가가 아니면 제품을 정확하게 비교, 분석하기가 쉽지 않다.
- 체크 2: 현금흐름을 파악하기 쉬운가?
〈NO〉 매출구성을 이루는 제품을 이해하기 어렵기 때문에 현금흐름을 파악하기도 쉽지 않다.
- 체크 3: 경기변동의 영향을 받는가?
〈SO-SO〉 매출구성이 다각화되어 있으며 생명과학사업도 영위하고 있어 경기변동의 영향을 적게 받는다.

장기적 전망

매우밝음 | 밝음 | 보통 | 흐림 | 매우흐림
★ ☀ 🌸 ☁ ⚡

SK케미칼이 영위하는 사업 분야는 기술개발이 매우 중요하다. 따라서 이 부분에 지속적인 투자가 이뤄져야 하고 경쟁도 치열하다. 어딘가에서 획기적인 기술력이 등장하면 경쟁에서 뒤처질 수도 있다. 더욱이 그 기술력과 생산되는 제품을 일반 투자자가 이해하기는 어려워 현재를 분석하거나 장기적 전망을 하기가 어렵다.

어떻게 투자해야 하는가?

일반인에겐 어려운 사업이고 기술개발이 지속적으로 필요하므로 미래를 예측하기가 힘들다. 따라서 쉽게 투자하기 위해서는 좀 더 크고 매출구성을 이해하기 쉬운 석유화학 기업을 장기로 투자하는 것이 바람직하다.

> **NOTE**
> 고기술력 화학소재산업으로 일반인에게는 사업 내용이 매우 어렵기 때문에 안정적인 투자가 어렵다. 화학산업에 투자하고자 한다면 보다 규모가 크고 쉬운 사업을 하는 기업을 선정하여 장기로 투자하는 것이 위험을 줄이는 방법이다.

03 철강금속

【 최대 상승률(이전 10년간) 952%: 최저 838포인트(01년 09월) → 최고 8818포인트(07년 10월) 】

월간차트(이전 10년간)

해당 종목

BNG스틸	DSR제강	NI스틸	POSCO ★A	TCC동양	고려아연 ★B
고려제강	금강공업	남선알미늄	대양금속	대창	대한은박지
대한제강	대호에이엘	동국제강 ★B	동부제철	동양강철	동양철관
동일 산업	디씨엠	만호제강	문배철강	배명금속	부국철강
삼아알미늄	서원	세아베스틸 ★B	세아제강 ★C	신화실업	영풍 ★B
영흥철강	유니온스틸	이구 산업	조일알미늄	포스코강판	풍산
하이스틸	한국주철관	한국철강	한국특수형강	한일철강	현대제철 ★A
현대하이스코 ★B	황금에스티	휴스틸			

업종 둘러보기

제시된 표는 코스피에서 철강금속업종으로 분류된 45개의 종목이다. 철강금속은 산업의 '쌀'이라고 불릴 정도로 필수적인 국가 기간산업에 속한다. 철과 금속이 없이 어떻게 문명을 이루고 쌓아갈 수 있겠는가? 철강금속은 건설, 자동차, 선박, 각종 기계 등 대부분 산업의 기초를 제공한다. 산업의 기초소재를 제공하는 철강금속은 실물자산적 성격에 의해 원자재주라고 불리기도 한다.

이 업종은 초기 시설투자에 엄청난 자본이 투입되는 대단위 장치산업이다. 따라서 진입장벽이 매우 높고 이러한 특징 때문에 과점적인 형태가 나타난다. 상품 자체의 브랜드와 상징성보다는 가격 경쟁력이 중요한 산업이기 때문에 규모의 경제가 작용한다. 직설적으로 말하자면 기존에 우위를 차지한 회사만이 계속해서 성장하고 새로운 경쟁자가 갑자기 출현하기는 어려운 산업이다.

철강소재는 산업 전반에 필수적인 재료로 사용된다. 따라서 경기변동의 영향을 받기는 하지만 그 정도가 크지 않다. 경기가 활발해질수록 수요가 크게 증가하는 반면 경기가 나빠진다고 해서 산업 자체가 쇠락하거나 망하는 것은 아니다. 단지 상대적으로 수요가 감소할 뿐이다. 경기 영향이 적을 뿐 아니라 유행을 타면서 수요가 증감하는 것도 아니다. 앞서 본 석유화학산업과 비교할 때 매출구성이나 상품의 형태가 복잡하지도 않다. 이러한 이유로 일반 투자자들이 장기로 투자하기에는 다른 산업과 비교하여 상대적으로 적합한 업종이다.

하지만 장기적 전망을 무작정 장밋빛으로만 볼 수는 없다. 대규모 장치산업이기 때문에 국내에서는 갑자기 새로운 경쟁자가 나타나기 어렵지만 세계 시장으로 눈을 돌려보면 이야기가 다르다. 먼저 중국과 아시아 신흥 시장에서 기간산업인 철강금속산업을 발전시키기 위해 대규모 플랜트 설비가 진행되고 있고 완료된 곳도 많다. 이러한 세계 각국의 철강 금속에 대한 설비투자는 철강금속산업의 가격 경쟁력을 떨어뜨리고 공급과잉을 초래할 수 있다. 따라서 글로벌 경쟁이 더욱 심화될 것으로 예상된다. 소재산업에서 세계적인 규모의 경제 측면의 경쟁은 날로 치열해질 것이다.

장기 투자를 할 때는 이러한 산업의 특성을 파악해야 한다. 철강소재산업은 과점적 시장이며 규모의 경제가 통한다. 때문에 장기 투자를 위해서는 먼저 규모가 큰 철강회사를 우선순위에 두고 살펴봐야 한다. 그것이 철강금속산업에 장기 투자할 때 위험을 낮추는 길이다.

020 POSCO (대형주)

철강금속

【 국내 1위의 조강, 전로강 기업 (산업A 후보) 】

- FICS Sector: 소재
- FICS Industry Group: 소재
- FICS Industry: 금속 및 광물

월간차트(이전 10년간)

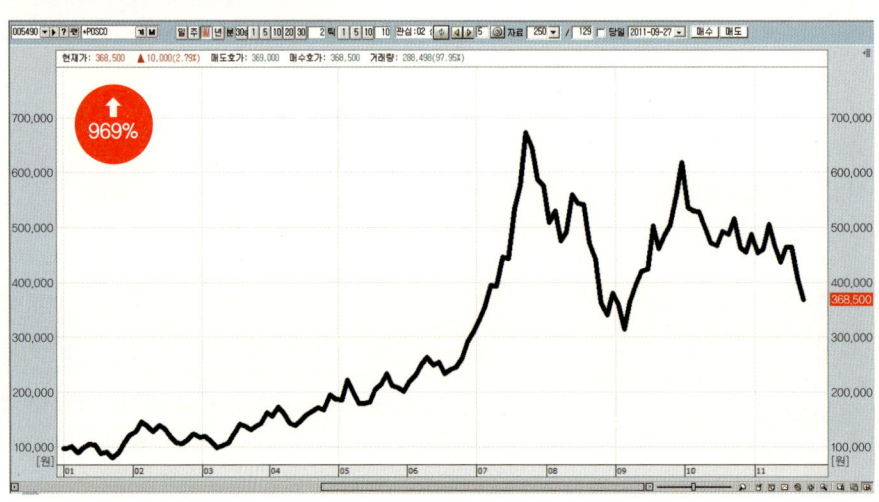

재무상황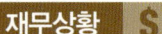

매출구성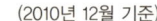

(2010년 12월 기준)

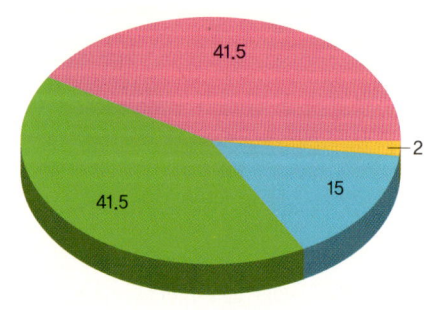

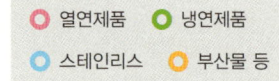

기업 소개

국내 철강시장에서 독점적 지위를 차지하고 있으며 세계적으로도 경쟁력을 보유하고 있는 종합제철 기업이다. 차세대 친환경 철강제조법인 FINEX, POSTRIP과 같은 혁신적인 독자기술을 개발하였으며 지속적인 설비효율화와 생산성 향상을 통해 세계적인 철강회사로 성장했다. 안정적인 원료(철광석, 석탄 등) 확보를 위해 해외 투자를 지속적으로 확대하고 있으며, 자동차용 TWIP강, 고급 API 등 고부가가치 제품의 판매 비중을 전략적으로 높여가고 있다.

매출에서 내수와 수출은 57:43 정도를 보이고 있다. 수출 지역별로는 일본, 중국, 동남아 등의 비중이 높은 편이다. 2010년 대우인터내셔널을 인수하여 철강 수출입 부문의 시너지 효과가 기대된다. 한국 철강시장은 무관세이며, 특히 동북아시아 지역 내에서는 한·중·일 3국간 물류비용의 차이가 거의 없어 완전 개방된 시장으로 볼 수 있다.

10년간 최대 상승률

969%: 최저 71,500원(01년 09월) → 최고 765,000원(07년 10월)

상승의 주요 이유

- **체크 1:** 대기업인가?

  〈YES〉 POSCO 그룹의 강력한 자본력, 유통망, 영업망을 갖는다.

- **체크 2:** 사업의 진입장벽이 높은가?

  〈YES〉 철강산업은 자본집약적이며 기술집약적 산업으로서 막대한 초기 투자를 필요로 하므로 진입장벽이 높다.

투자의 난이도

매우어려움 | 어려움 | 보통 | 쉬움 | 매우쉬움

- **체크 1:** 이해할 수 있는 사업인가?

  〈YES〉 기간산업의 소재이자 일반인이 이해하기 쉬운 사업을 영위한다.

- **체크 2:** 매출구성을 이해하기 쉬운가?

  〈YES〉 다양한 종류의 철을 생산한다. 매출구성이 어렵지 않다.

(2010년 12월 기준 매출구성)

품 목	구체적 용도	매출 비율(%)
열연 제품	강관, 조선 등	41.5
냉연 제품	자동차, 가전 등	41.5
스테인리스	양식기, 강관 등	15
부산물 등	시멘트, 소재 등	2

- **체크 3: 현금흐름을 파악하기 쉬운가?**
  〈YES〉 쉬운 매출구성으로 현금흐름을 파악하기가 쉽다.
- **체크 4: 경기변동의 영향을 받는가?**
  〈SO-SO〉 POSCO는 세계적인 경쟁력을 보유하고 있는 국내 종합제철 기업이다. 철강산업은 1970년대 이후 경제발전에 중추적인 역할을 수행해온 국가 기간산업이다. 자동차, 조선, 가전, 건설 등 철강 수요 산업에 기초 원자재를 공급하는 산업으로서 경기변동의 영향을 받을 수밖에 없지만 기간산업의 특성상 영향의 정도는 상대적으로 적다고 할 수 있다.

장기적 전망

세계적인 철강 기업으로서 지속적인 매출확장이 가능하다고 전망된다. 철강 제품은 유행을 타지 않고 경기변동의 영향을 적게 받기 때문에 3년 뒤의 매출을 어느 정도 예상할 수 있다.

어떻게 투자해야 하는가?

철강은 산업의 기초소재로 사용되므로 유행을 타지 않고 경기변동의 영향을 적게 받는다. 하지만 소재산업이라는 특성상 제품의 차별화와 상징성을 갖추기가 쉽지 않기 때문에 가격 경쟁력이 중요하다. 따라서 글로벌 경쟁사와의 지속적인 가격 경쟁이 일어날 것으로 보인다. 이를 극복하기 이해서는 끊임없는 기술개발과 영업망, 유통망의 확장이 필요하다. POSCO의 사업 특성과 국내 산업에서 차지하는 비중으로 볼 때 분산투자 원칙으로 장기 투자하는 것을 추천한다.

>  **NOTE**
> 〈분산투자〉 국내 최대의 철강 기업인 POSCO에 장기 투자를 추천한다. 하지만 철강 기업은 글로벌 경쟁의 심화와 공급과잉으로 제품단가의 하락 위험이 있음을 감안하여 자신의 성향에 알맞게 포트폴리오상 분산투자를 해야 한다.

021 현대제철 (대형주)

철강금속

【 국내 2위의 종합일관제철 기업 (산업A 후보) 】

• FICS Sector: 소재
• FICS Industry Group: 소재
• FICS Industry: 금속 및 광물

월간차트 (이전 10년간)

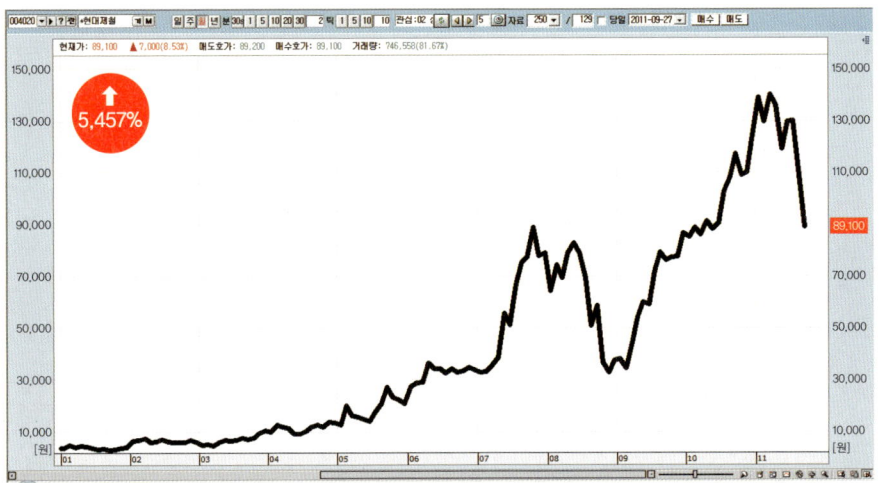

5,457%

재무상황

매출구성

(2010년 12월 기준)

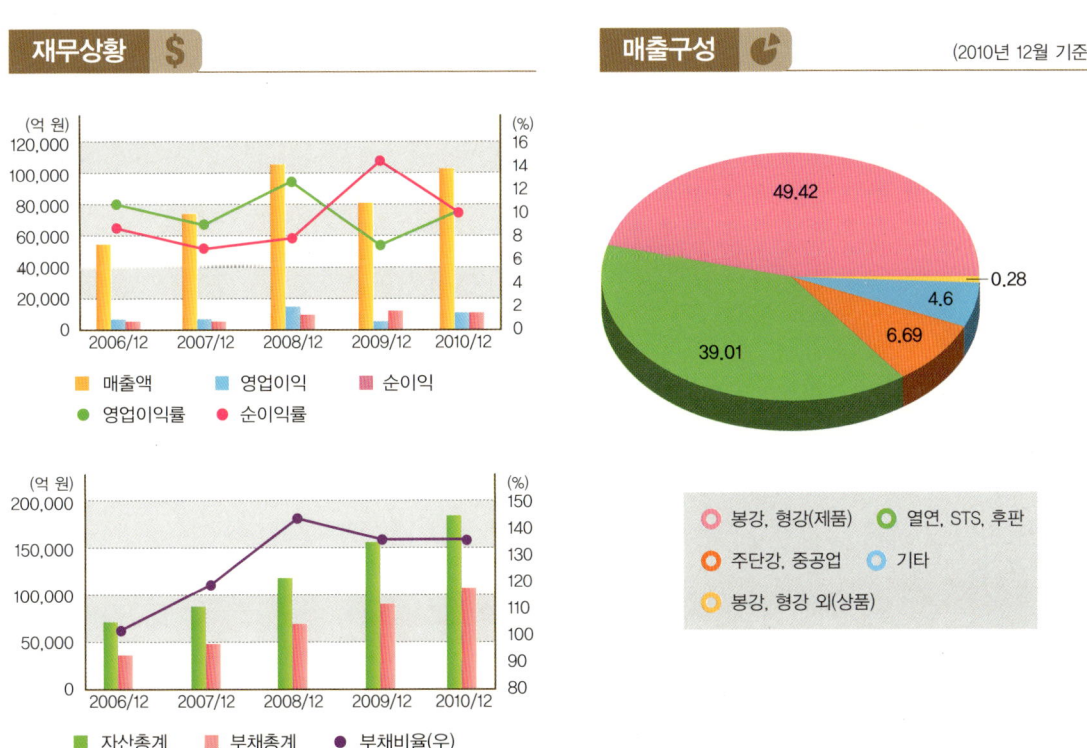

- 봉강, 형강(제품): 49.42
- 열연, STS, 후판: 39.01
- 주단강, 중공업: 6.69
- 기타: 4.6
- 봉강, 형강 외(상품): 0.28

03 철강금속　93

기업 소개

현대차 계열의 제강 기업이다. 2006년 INI스틸에서 현재의 사명으로 변경했다. 전기로 제강을 통하여 철근, H형강 등 각종 봉형 강류와 고로 제강을 통한 열연코일, 후판 등의 판재류를 생산하여 건설, 자동차 및 조선산업 등에 공급하고 있다. 그 외 제품으로는 스테인리스, 주단강, 중기계부품 등이 있다.

10년간 최대 상승률

5,457%: 최저 2,600원(01년 09월) → 최고 149,500원(11년 04월)

상승의 주요 이유

- **체크 1: 대기업인가?**

  〈YES〉 현대차 그룹의 계열사로 강력한 자본력, 영업망, 유통망을 갖는다.

- **체크 2: 사업의 진입장벽이 높은가?**

  〈YES〉 철강산업은 초기 대규모 시설장비가 필요한 장치산업이기 때문에 진입장벽이 높다.

투자의 난이도

매우어려움 | 어려움 | 보통 | 쉬움 | 매우쉬움

- **체크 1: 매출구성을 이해하기 쉬운가?**

  〈YES〉 다양한 철 품목으로 매출구성을 이해하기가 쉽다.

- **체크 2: 현금흐름을 파악하기 쉬운가?**

  〈YES〉 쉬운 매출구성으로 현금흐름의 파악도 어렵지 않다.

(2010년 12월 기준 매출구성)

매출 유형	품목	구체적 용도	매출 비율(%)
제품	봉강, 형강	건축용, 철도용, 선박용	49.42
	열연, STS, 후판	산업용 내외장재	39.01
	주단강 등	조선용, 산업용	6.69
상품	봉강, 형강 외	건축용, 철도용, 선박용	0.28
기타	–	–	4.60

- **체크 3: 경기변동의 영향을 받는가?**

  〈SO-SO〉 철강업은 용선의 제조와 압연, 주조 등 가공을 통해 각종 철강재를 생산하는 산업으로 대표적인 국가 기간산업이며 경기 영향이 비교적 적다. 전기로 제강업은 주로 국내외 건설 및 조선산업의 경기에 영향을 받는데 건설 경기 및 정부의 부동산 정책 기조에 의한 영향이 확대되고 있다. 이에 반해 고로 제강업은 판재류의 수요처인 자동차, 가전, 조선 등 산업 경기와 관련이 있는데 전기로 제강업에 비해 연중 비교적 안정적인 수요를 유지한다. 최근 국제 무대에서 국내 자동차 가전 기업이 선전함에 따라 판재류의 수요는 지속적으로 확대될 것으로 기대되고 있다.

장기적 전망

매우밝음 | 밝음 | 보통 | 흐림 | 매우흐림
★ ☁ ☁ ⚡

　철강은 산업의 쌀이라 할 만큼 중요한 기초소재로 자동차, 조선, 건설, 가전, 기계 등 주요 산업의 안정적 발전을 위한 기반이 된다. 이러한 이유로 철강산업의 규모와 기술 수준은 나라의 경제력과 국력의 척도로 평가된다. 장기적으로 볼 때 국내 산업의 성장세를 기반으로 철강 수요는 꾸준히 확대될 것으로 기대된다. 철강은 인류 문명의 기초적인 소재산업으로 경기변동의 영향을 받지 않고 제품이 유행을 타지 않는다. 때문에 국내 2위의 철강 기업인 현대제철은 장기적으로 꾸준히 매출을 확대해나갈 것이라 판단된다.

어떻게 투자해야 하는가?

적극추천 | 추천 | 중립 | 비추천 | 적극비추천
😀 😮 😦 ✖✖

　일반인은 쉬운 산업에 투자하는 것이 제일 안전하다. 철은 모든 산업의 기초소재이며 국내 2위의 종합제철소로서 매출 10조가 넘는 현대제철은 장기적 성장이 기대된다. 철강산업의 원자재산업 부문에 투자하는 것은 원자재주에 투자하는 것과 마찬가지다. 따라서 인플레이션 헤지 차원의 투자로 이용할 수도 있다.

> **NOTE**
> 〈분산투자〉 산업구성에서 비중이 높은 철강 2등주인 현대제철은 추천할 만하다. 하지만 철강 기업은 글로벌 경쟁이 치열하다는 점을 고려하여 자신의 성향에 맞추어 분산투자한다.

022 현대하이스코 (중형주)

철강금속

【 현대차 그룹 계열의 강판·강관 기업(산업B 후보) 】

- FICS Sector: 소재
- FICS Industry Group: 소재
- FICS Industry: 금속 및 광물

월간차트(이전 10년간)

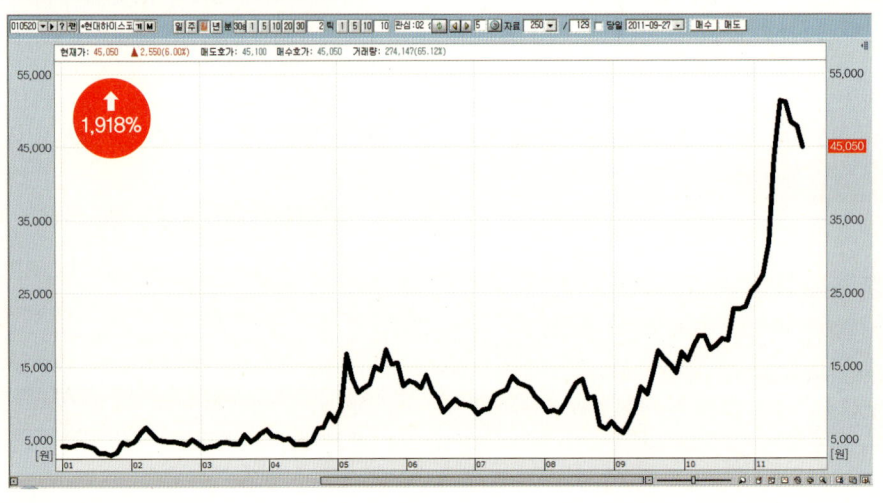

1,918%

재무상황

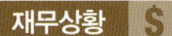

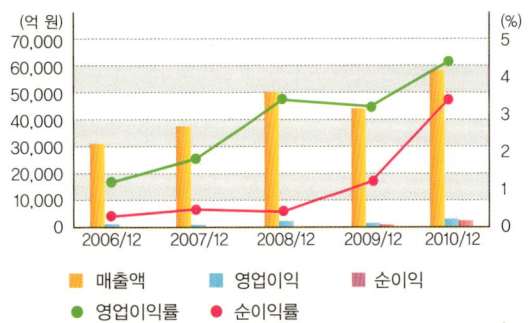

■ 매출액 ■ 영업이익 ■ 순이익
● 영업이익률 ● 순이익률

■ 자산총계 ■ 부채총계 ● 부채비율(우)

매출구성 (2010년 12월 기준)

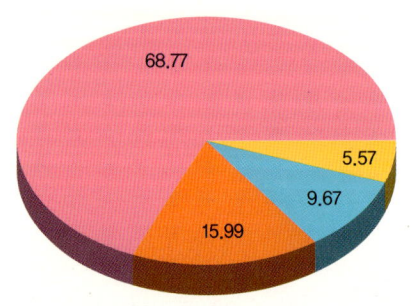

68.77 / 15.99 / 9.67 / 5.57

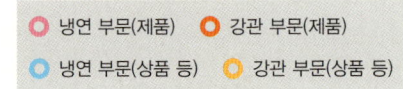

○ 냉연 부문(제품) ○ 강관 부문(제품)
○ 냉연 부문(상품 등) ○ 강관 부문(상품 등)

96 내공 주식투자 3

기업 소개

현대차 그룹의 철강회사로 냉연강판 및 강관의 제조, 판매업을 하고 있다. 2001년 현대강관에서 현재의 사명으로 변경했다. 냉연 부문에서는 냉연강판 중에서도 부가가치가 높은 아연 도금 EG 제품을 생산한다. 냉연 제품은 실생활에 밀접한 자동차, 가전제품, 건축자재 등에 광범위하게 사용되는 전방위 소비재다. 원재료인 열연강판을 고객이 원하는 두께로 압축하는 공정을 거친 후 표면에 아연을 도금하거나 페인트를 입혀 부가가치를 창출한다. 다양한 컬러를 표면에 코팅하여 생산된 냉연강판은 자동차의 강판을 비롯하여 냉장고, 에어컨 등 백색가전의 외장재뿐 아니라 건축물의 내·외장재 등 여러 곳에 사용되고 있다. 강관 부문에서는 배관용 강관, 유정용 강관, 송유관, 강관말뚝, 열전달용 강관 등 각종 고부가가치 제품을 생산한다. 최신 용접기술과 자동화 설비를 갖춰 높은 국제경쟁력을 확보하고 있다.

10년간 최대 상승률

1,918%: 최저 2,715원(01년 09월) → 최고 54,800원(11년 07월)

상승의 주요 이유

- **체크 1:** 대기업인가?

  〈YES〉 현대차 그룹으로 강력한 자본력, 영업망, 유통망을 갖는다.

- **체크 2:** 사업의 진입장벽이 높은가?

  〈YES〉 철강산업은 초기 투자에 큰 자본금이 필요한 장치산업으로 진입장벽이 높다.

투자의 난이도

- **체크 1:** 이해할 수 있는 사업인가?

  〈YES〉 철을 가공, 판매하는 사업을 하고 있다. 이해하기 쉽다.

- **체크 2:** 매출구성을 이해하기 쉬운가?

  〈YES〉 냉연과 강관을 생산하는 기업으로 매출구성을 이해하기가 쉽다.

- **체크 3:** 현금흐름을 파악하기 쉬운가?

  〈YES〉 매출구성을 쉽게 이해할 수 있으므로 현금흐름의 파악도 어렵지 않다.

- **체크 4:** 경기변동의 영향을 받는가?

  〈SO-SO〉 상대적으로 적게 받는다. 철강산업은 자동차, 가전제품 등 실생활 수요와 밀접하여 경기변동의 영향을 받기는 하지만 그 영향이 크지는 않다. 또한 국가 기간산업과도 연관성이 높아 사회간접자본에 대한 정부의 투자 정책에 따라 수요의 변동이 발생한다.

장기적 전망

매우밝음 | 밝음 | 보통 | 흐림 | 매우흐림

철강 제품은 산업의 기초재료이기 때문에 상대적으로 경기변동의 영향을 적게 받고 유행을 타지 않는다. 또한 소재산업으로서 가격 경쟁력이 중요하고 규모의 경제가 통하는 산업이다. 따라서 현대차 그룹에 포함된 연 매출 5조의 대형 철강 기업 현대하이스코는 꾸준한 성장세가 계속될 것이다. 3년 뒤의 매출을 어느 정도 가늠할 수 있다.

어떻게 투자해야 하는가?

적극추천 | 추천 | 중립 | 비추천 | 적극비추천

현대하이스코는 대부분의 물량을 현대차와 기아차에 공급하므로 국내 산업과의 연관성이 매우 높다. 그렇지만 철강산업은 기본적으로 규모의 경제가 통하는 업종이므로 일반인이 투자를 하려면 보다 큰 회사를 선택하는 것이 유리하다. 따라서 현대하이스코를 중립적 입장에서 바라보고 더욱 규모가 큰 철강 회사를 분석하기 바란다.

> **NOTE**
> 동종 업계의 더 큰 철강 회사를 선정하여 장기로 투자해야 위험을 줄일 수 있다.

023 동국제강 (대형주)

철강금속

【 후판 및 철근 전문 기업 (산업B 후보) 】

- FICS Sector: 소재
- FICS Industry Group: 소재
- FICS Industry: 금속 및 광물

월간차트(이전 10년간)

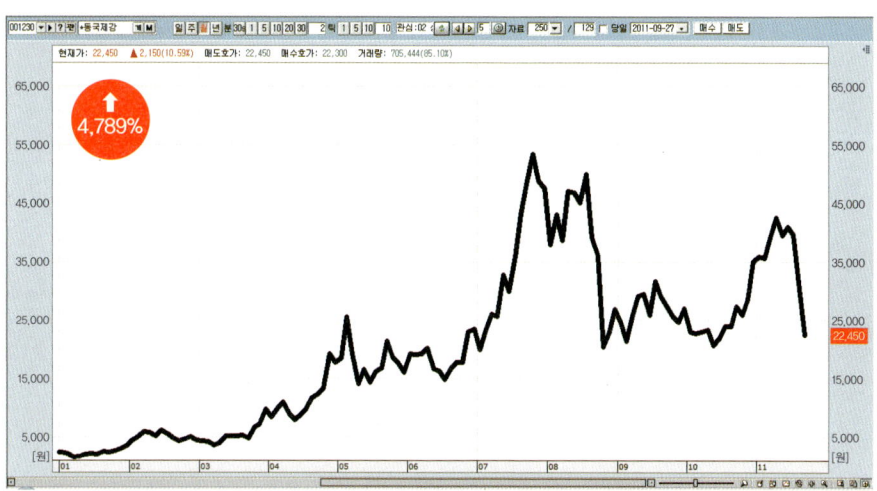

4,789%

재무상황

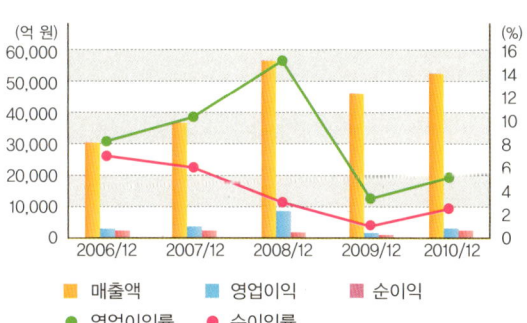

매출구성

(2010년 12월 기준)

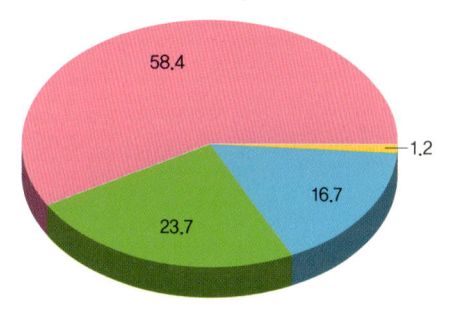

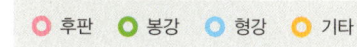

03 철강금속 99

기업 소개

판재류(후판)와 봉 형강류(철근, 형강) 등을 생산하는 철강제조 전문 기업이다. 철광석, 철 스크랩 등을 용해하여 열연, 냉연, 강관, 철근, 봉 형강 등을 만들어내는 사업을 영위한다. 최근 자체 원재료 조달선 확보를 위해 브라질 고로 건설 사업을 추진하고 있다.

철강산업은 자동차, 조선, 기계, 건설, 방위산업을 비롯한 전 산업에 기초소재를 공급하는 산업이다. 대표적인 전략 산업으로 정부의 적극적인 지원과 민간의 경영노력이 조화를 이루어 한국 경제성장의 견인차 역할을 해왔다. 하지만 이제 국내에서의 수요는 정점을 지났다고 할 수 있으며 중국 등 신흥국의 철강산업이 빠른 속도로 성장하고 있어 글로벌 경쟁 판도가 새롭게 재편될 것으로 전망된다.

10년간 최대 상승률

4,789%: 최저 1,360원(01년 04월) → 최고 66,500(07년 10월)

상승의 주요 이유

- 체크 1: 경쟁력을 갖췄는가?

〈YES〉 철강산업에서 중요한 위치를 차지하는 가격 요소는 주원료인 고철, 슬라브의 가격변동에 영향을 받는다. 동국제강은 설비자동화를 통하여 생산성을 향상시킴으로써 원가를 절감하여 이 점에 대응해왔다.

- 체크 2: 사업의 진입장벽이 높은가?

〈YES〉 철강산업은 초기 대규모 시설투자가 필요하므로 진입장벽이 높다.

투자의 난이도

- 체크 1: 매출구성을 이해하기 쉬운가?

〈YES〉 철강소재산업으로 매출구성을 이해하기 쉽다.

- 체크 2: 현금흐름을 파악하기 쉬운가?

〈YES〉 쉬운 매출구성으로 현금흐름을 파악하기가 쉽다.

- 체크 3: 경기변동의 영향을 받는가?

〈SO-SO〉 동국제강이 영위하는 전기로 제강업은 국내외 건설 경기와 조선, 자동차 경기에 영향을 받는다. 하지만 그 정도는 크지 않다고 볼 수 있다.

(2010년 12월 기준 매출구성)

품목	구체적 용도	매출 비율(%)
봉강	건축용, 구조용	23.7
형강	조선용, 구조용	16.7
후판	조선용, 건축구조용	58.4
기타	조선용, 건축구조용	1.2

장기적 전망

매우밝음 | 밝음 | 보통 | 흐림 | 매우흐림

동국제강은 연 매출 5조 원에 달하는 대형 기업이지만 POSCO와 현대 계열의 철강 기업과 비교할 때 상대적으로 규모가 작다. 때문에 규모의 경제가 통하고 갈수록 치열해지는 철강업계의 상황을 고려할 때 전망이 밝다고 할 수는 없다. 그렇지만 경쟁력을 높이고자 하는 자체 노력이 적극적으로 이루어지고 있으므로 긍정적인 면도 있다. 전체적으로 볼 때 장기적 전망은 '보통'이라고 하겠다.

어떻게 투자해야 하는가?

적극추천 | 추천 | 중립 | 비추천 | 적극비추천

철강산업은 대규모 장치산업이기 때문에 진입장벽이 높아서 과점적 시장을 형성하고 있다. 그러면서도 그 안에서는 치열한 경쟁이 벌어지고 있다. 경쟁이 치열할수록 기득권이라는 점이 가장 큰 이점으로 작용할 수 있다. 철강산업에 장기로 투자하려면 규모가 더 큰 회사를 선택하는 것이 위험을 줄이는 효과적인 방법이다.

> **NOTE**
> 규모의 경제가 통하는 철강산업에 투자하려면 대형 철강회사를 선택하는 것이 바람직하다.

024 고려아연 (대형주)

철강금속

【 영풍 그룹 계열의 세계 최대 비철금속 기업(산업B 후보) 】

- FICS Sector: 소재
- FICS Industry Group: 소재
- FICS Industry: 금속 및 광물

월간차트(이전 10년간)

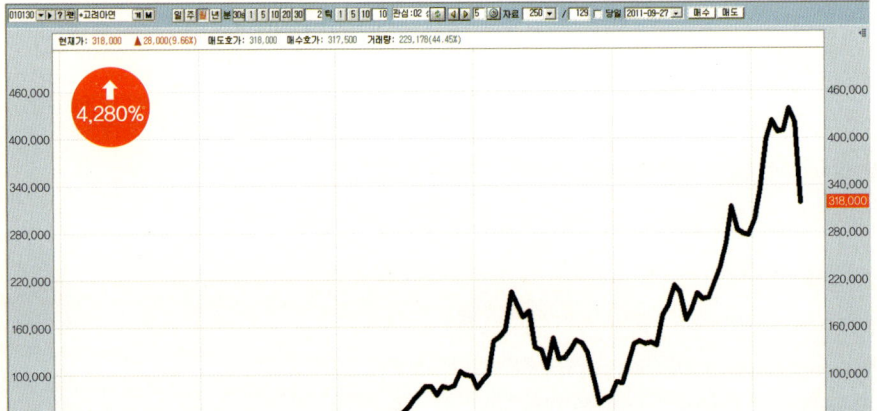

재무상황

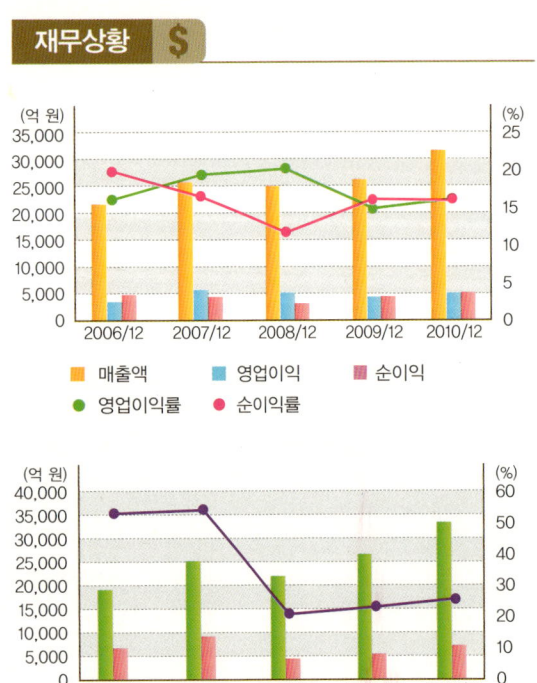

매출구성

(2010년 12월 기준)

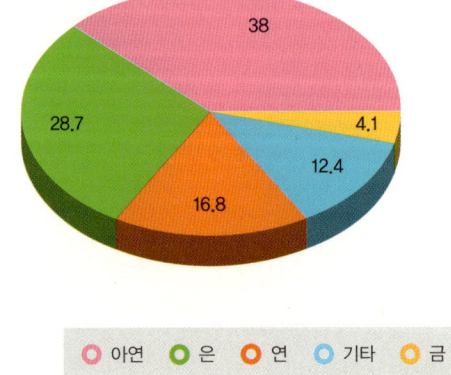

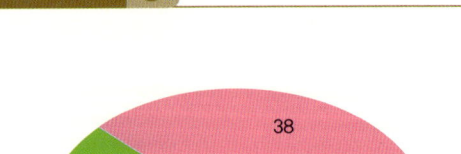

102 내공 주식투자 3

기업 소개

영풍 그룹 계열로 세계 최대 비철금속 제련 기업이다. 아연과 연의 생산 판매를 주력으로 하며, 금, 은, 황산 등 아연과 연 제련과정에서 회수하는 유가금속과 부산물의 일종을 생산하고 있다. 동사의 매출액과 수익성은 런던금속거래소(LME)에서 형성되는 국제 가격과 환율에 연동된다. 안전자산 수요가 증가하면서 런던금시장협회(LBMA)에서 금, 은 등의 국제 시장가격이 상승함에 따라 고려아연의 주가도 상승세를 보였다.

아연, 연, 동 등 비철금속은 철강, 자동차, 가전, 전기, 건설산업 등의 중요한 기초소재로 사용된다. 특히 이 회사의 매출에서 큰 비중을 차지하는 아연은 자동차 및 가전제품의 외장재와 건설용 철판재에 쓰이는 철강재의 부식을 방지하기 위한 도금원료로 쓰이고 있으며, 연은 자동차의 주요 부품인 배터리의 원료와 건설자재, 전선피복, 방음재의 기초재료로 사용되고 있다.

10년간 최대 상승률

4,280%: 최저 11,300원(01년 01월) → 최고 495,000원(11년 04월)

상승의 주요 이유

- **체크 1:** 대기업인가?
  〈YES〉 중견 그룹인 영풍 그룹 계열사로서 강력한 자본력, 영업망, 유통망을 갖는다.
- **체크 2:** 시장점유율이 높은가?
  〈YES〉 아연의 국내 시장점유율이 50%로 ㈜영풍의 32%를 합치면 80%를 넘는다.
- **체크 3:** 사업의 진입장벽이 높은가?
  〈YES〉 다른 철강산업과 마찬가지로 장치산업으로 초기 시설투자에 높은 자본금이 필요하다.
- **체크 4:** 독보적 기술력을 갖췄는가?

주력 제품인 아연, 연의 제련설비는 최신공법을 도입한 최신시설로 기술과 품질 면에서 해외 경쟁사들과 비교할 때도 경쟁우위에 있다.

투자의 난이도

매우어려움 | 어려움 | 보통 | 쉬움 | **매우쉬움**

- **체크 1:** 매출구성을 이해하기 쉬운가?
  〈YES〉 원자재를 생산하는 기업으로 매출구성이 매우 쉽다.

(2010년 12월 기준 매출구성)

품목	구체적 용도	매출 비율(%)
아연	용융아연도금, 다이캐스팅 합금, 전기아연도금, 신동, 금속화학 등	38
연	축전지전극, 안료, 땜납, 활자합금, 전선 피복용, 베어링 합금 등	16.8
금	전기도금, 화폐, 전기접점, 장식품, 치과재료 등	4.1
은	사진감광재료, 전기도금, 전기접점, 치과재료 등	28.7
기타	–	12.4

- **체크 2: 현금흐름을 파악하기 쉬운가?**

  〈YES〉 쉬운 매출구성으로 현금흐름을 파악하기가 쉽다.

- **체크 3: 경기변동의 영향을 받는가?**

  〈NO〉 고려아연은 비철금속산업에서 세계 1위 기업이다. 비철금속산업은 철강업과 함께 대표적인 국가 기간산업이며 최근에는 원자재로서 중요성이 더욱 커지고 있다. 경제가 성장할수록 아연의 수요 역시 증가할 것이며, 기본적 철강 관련 수요가 일정 부분 유지되고 있기 때문에 일반 소비재산업에 비해 경기변동에 탄력적이지는 않다. 다만 비철금속 가격은 국제 시장 상황과 연동되기 때문에 실질적인 수요 외에 투기적 수요 등 세계 금융시장 환경 변화에도 제한적이나마 영향을 받는다.

장기적 전망

가치가 쉽게 변하지 않는 광물 자원 자체를 생산하고 판매하는 원자재 기업이기 때문에 장기적으로 봤을 때 꾸준한 생산 확대와 기술개발만 이뤄진다면 계속해서 경쟁우위를 차지할 수 있다고 판단된다. 지금의 화폐 제도에서는 인플레이션이 필연적이기 때문에 원자재 가격은 장기적으로 상승할 것이고 이 역시 고려아연의 장기적 전망에 긍정적 요소다.

어떻게 투자해야 하는가?

일반인에게는 쉬운 사업구조를 가지고 있고 원자재를 다루는 산업으로서 장기간 상승이 예상되기 때문에 적극 추천할 만하다. 하지만 국제 금융시장의 광물자원 시세에 따라 주가가 급변할 요소가 많이 때문에 적극추천은 할 수가 없다. 인플레이션 헤지 차원에서 장기 투자하는 것은 추천할 만하다.

> **NOTE**
>
> 원자재주인 고려아연은 일반인이 투자하기에 쉬운 사업을 영위하므로 장기 투자 종목으로 추천한다.

025 세아베스틸 (중형주)

철강금속

【 특수강 전문 기업(산업B 후보) 】

- FICS Sector: 소재
- FICS Industry Group: 소재
- FICS Industry: 금속 및 광물

월간차트(이전 10년간)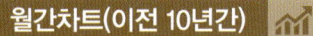

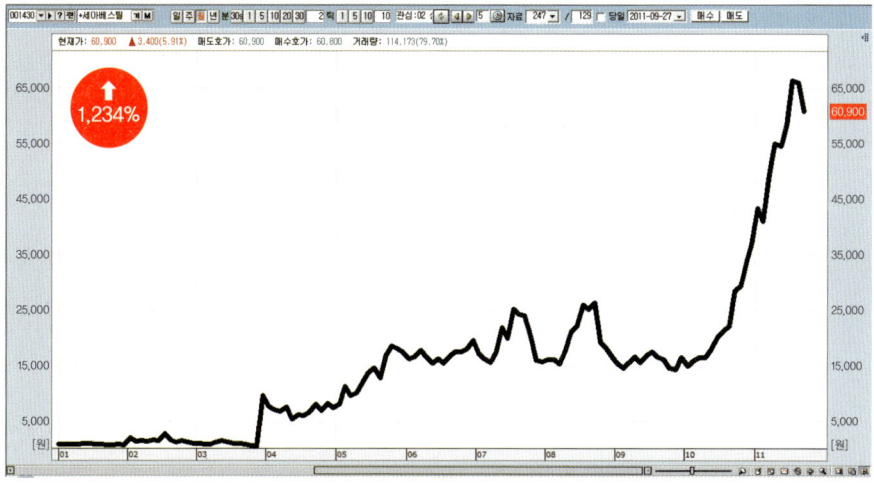

재무상황

매출구성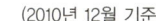

(2010년 12월 기준)

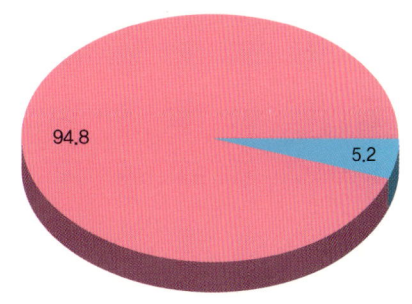

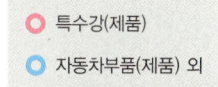

03 철강금속   105

기업 소개

회사의 주요 사업은 특수강 생산이며 그 외 철도차량용품, 형단조품, 자동차부품 등의 생산, 유통도 하고 있다. 신규 사업으로 대형 단조사업도 추진 중이다. 특수강 부문에서는 자동차, 기계, 조선, 건설 등의 고강도, 고내구성을 요하는 핵심 부품(엔진, 구동계 등)의 소재를 생산하며, 기술 및 자본집약적 특성을 가지고 있다. 특히 보통강과 비교하여 기술 축적 기간이 길고 대규모 자본이 투입되는 데 비해 소량다품종 생산방식이어서 경쟁자의 신규 진입이 용이하지 않다. 특수강의 수요 비중을 보면 자동차와 연관성이 가장 크고 그 밖에 기계, 조선, 건설산업과도 연관된다.

10년간 최대 상승률

1,234%: 최저 5,170원(04년 05월) → 최고 69,000원(11년 08월)

상승의 주요 이유

- **체크 1:** 사업의 진입장벽이 높은가?

  〈YES〉 초기 시설투자에 대규모 자본이 필요한 장치산업으로 진입장벽이 높다.

투자의 난이도

- **체크 1:** 이해할 수 있는 사업인가?

  〈YES〉 다양한 철강을 생산 판매하는 사업으로 일반인도 이해하기 쉽다.

- **체크 2:** 매출구성을 이해하기 쉬운가?

  〈YES〉 철강 기업으로 매출구성에 대한 파악이 쉽다.

(2010년 12월 기준 매출구성)

사업 부문	품목	구체적 용도	매출 비율(%)
특수강	[특수강] 압연재 봉강 및 각재 단조재 봉강 및 각재 공구강, 스프링강 등	각종 자동차부품, 선박용품, 산업기계, 공작기계, 방산부품 등	94.8
	[형단조품] 열간: Crank Shaft, Axle Shaft 냉간: C-V Joint	자동차 엔진부품 및 조향장치	1.6
	[철도차량용품] Wheel, Wheel set, Bogie set	객차, 화차의 차륜 및 차축부품	0.4
대형단조	[대형단조품] 잉곳, 단조품	조선용 엔진부품 및 추진체 부품 풍력발전용 소재 등	1.0
자동차부품	[자동차부품] 차축	자동차용 부분품 Axle Assembly, Diff Carrier, Diff Case	2.1
기타	[특수강], [단강품], [자동차부품], [부품매출] 등	상동 산업기계용 부품	0.1

- **체크 3: 현금흐름을 파악하기 쉬운가?**

  〈YES〉 매출구성을 쉽게 이해할 수 있으므로 현금흐름을 파악하기가 쉽다.

- **체크 4: 경기변동의 영향을 받는가?**

  〈SO-SO〉 경기변동의 영향을 상대적으로 적게 받는다. 관련성이 높은 자동차산업이 경기변동에 영향을 직접 받기 때문에 특수강 수요도 일정 부분 관련이 있지만 크지는 않다. 다만, 투자규모가 큰 장치산업으로서의 특성상 호경기에는 이익률이 급격히 증가하고, 가동률이 저하될 경우에는 높은 고정비가 부담으로 작용한다.

장기적 전망

규모가 큰 특수강 기업으로서 자동차산업의 발달과 함께 최근 주가가 상승하고 있다. 그렇지만 철강산업은 경쟁이 치열하고 규모의 경제가 통하는 산업이므로 중소형 철강 기업의 미래는 '보통'이라고 할 수 있다.

어떻게 투자해야 하는가?

사업의 내용이 쉽고 제품이 유행을 타지 않으며 경기변동의 영향을 적게 받으므로 일반인이 투자하기 쉬운 주식이다. 하지만 철강은 경쟁이 매우 치열하고 규모의 경제가 통하는 산업이기 때문에 이 업종에 투자하고자 한다면 이름이 더욱 알려진 대기업 위주로 포트폴리오를 구성하는 것이 바람직하다.

>  **NOTE**
>
> 더 큰 철강 기업을 선택해 장기로 투자하는 것이 위험을 줄이는 방법이다.

026 철강금속

영풍 (중형주)
【 국내 2위의 아연괴 기업 (산업B 후보) 】

- FICS Sector: 소재
- FICS Industry Group: 소재
- FICS Industry: 금속 및 광물

월간차트 (이전 10년간)

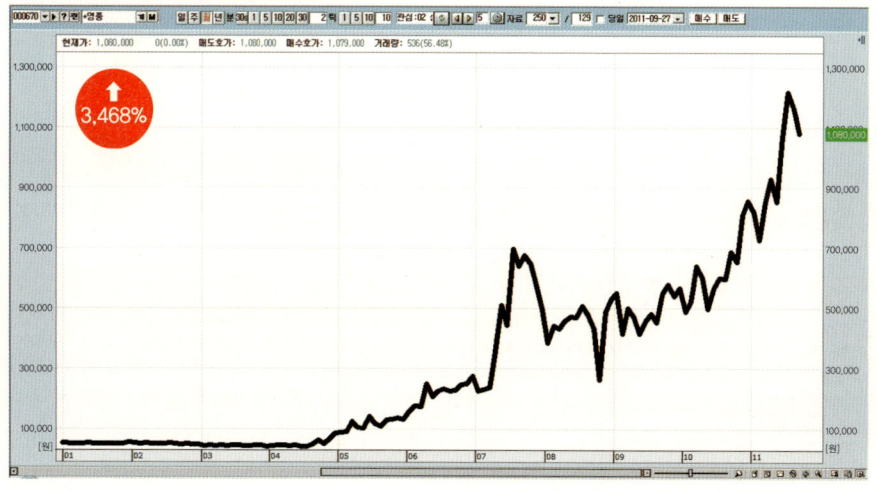

재무상황

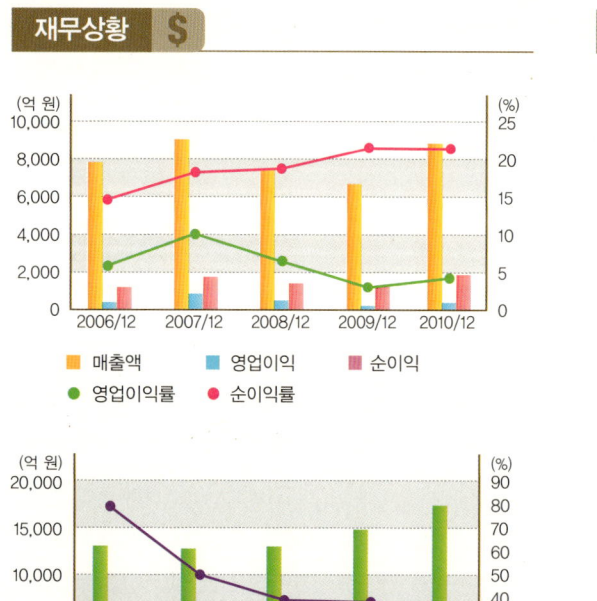

매출구성 (2010년 12월 기준)

- 아연괴
- 황산 외
- 임대료
- 기타

108 내공 주식투자 3

기업 소개

기초소재산업인 아연괴와 비철금속, 그 부산물인 황산을 생산하는 기업이다. 아연괴는 일반적으로 철강재의 보호피막으로 사용되며 강관, 강판, 철선·철 구조물 등의 소재에 도금용(표면처리)으로 사용되고 있다. 영풍의 주요 생산품인 아연은 지난 40여 년 동안 국내 비철금속시장을 주도해왔으며 지속적인 생산시설 확대와 신기술 도입 등으로 현재는 연간 32만 4천 톤의 생산능력을 확보하고 있다. 계열사인 고려아연의 연간 45만 톤을 합하면 총 77만 4천 톤으로 국내 수급 및 수출에 중요한 역할을 담당하고 있다.

아연 제품은 런던금속거래소(LME)에서 형성되는 국제 가격 및 환율에 연동되어 월별로 가격이 산정된다. 황산 가격은 국내외 수요와 원자재인 유황의 국제 가격에 따라 산정된다.

10년간 최대 상승률

3,468%: 최저 36,400원(04년 06월)~1,299,000원(11년 08월)

상승의 주요 이유

- **체크 1: 시장점유율이 높은가?**
  〈YES〉 계열사인 고려아연과 함께 내수 및 수출용 아연의 80%를 담당하고 있다.
- **체크 2: 독보적 기술력을 갖췄는가?**
  〈YES〉 최신공법을 도입한 제련설비를 갖춰 기술, 품질 면에서 세계적인 경쟁력을 갖추고 있다.
- **체크 3: 사업의 진입장벽이 높은가?**
  〈YES〉 비철금속산업은 초기 시설투자에 대규모 자본이 필요한 장치산업으로 진입장벽이 높다.

투자의 난이도

매우어려움 | 어려움 | 보통 | 쉬움 | 매우쉬움

- **체크 1: 이해할 수 있는 사업인가?**
  〈YES〉 아연괴를 생산, 판매하는 사업을 한다. 이해하기 쉽다.
- **체크 2: 매출구성을 이해하기 쉬운가?**
  〈YES〉 매출구성이 쉽다. 대부분의 매출이 아연괴의 생산에서 생긴다.

(2010년 12월 기준 매출구성)

품목	구체적 용도	매출 비율(%)
아연괴	용융도금 외	86.18
황산 외	비료, 농약 외	7.93
임대료	사무실 임대	4.28
기타	휴게소 등	1.61

- **체크 3: 현금흐름을 파악하기 쉬운가?**
  〈YES〉 매출구성이 쉽기 때문에 현금흐름의 파악도 비교적 용이하다.

- **체크 4: 경기변동의 영향을 받는가?**

〈SO-SO〉 비철금속산업은 철강, 자동차, 전기, 전자, 건설산업 등의 기초소재산업이다. 경제가 성장할수록 아연의 수요 역시 증가할 것으로 보이며, 기본적 수요가 유지되기 때문에 다른 소비재산업에 비해 경기변동에 탄력적이지 않은 편이다. 하지만 비철금속 가격 자체가 글로벌 시장 상황과 연동되며 금융시장의 투기적 수요에 의해서도 제한적인 영향을 받는다.

아연괴를 생산하는 기업으로서 제품이 유행을 타지 않고, 대규모 장치산업이어서 신규 경쟁자가 출현할 가능성도 낮다. 또한 국내에서 독점적인 위치를 점하고 있어 아연생산과 수급에 큰 역할을 하고 있다. 이런 점들을 고려할 때 영풍의 장기적 전망은 밝다고 판단한다.

회사의 사업 내용이 쉽고 경기변동의 영향을 덜 받으며 원자재를 생산하기 때문에 일반인이 투자하기가 매우 쉽다. 원자재주로서 인플레이션 헤지를 위해 장기 투자하는 것을 추천한다.

> **NOTE**
>
> 인플레이션의 헤지를 위해 장기 투자를 추천한다. 하지만 국제 헤지펀드의 원자재에 대한 투기적 수요와 금속 수급에 따라 주가가 급변할 수 있으며, 제한적인 수준에서 세계 경기변동의 영향도 받고 있다는 보수적인 시각도 필요하다.

027 세아제강 (중형주)

철강금속

【 세아 그룹 계열의 국내 1위 강관 기업(산업C 후보) 】

• FICS Sector: 소재
• FICS Industry Group: 소재
• FICS Industry: 금속 및 광물

월간차트(이전 10년간)

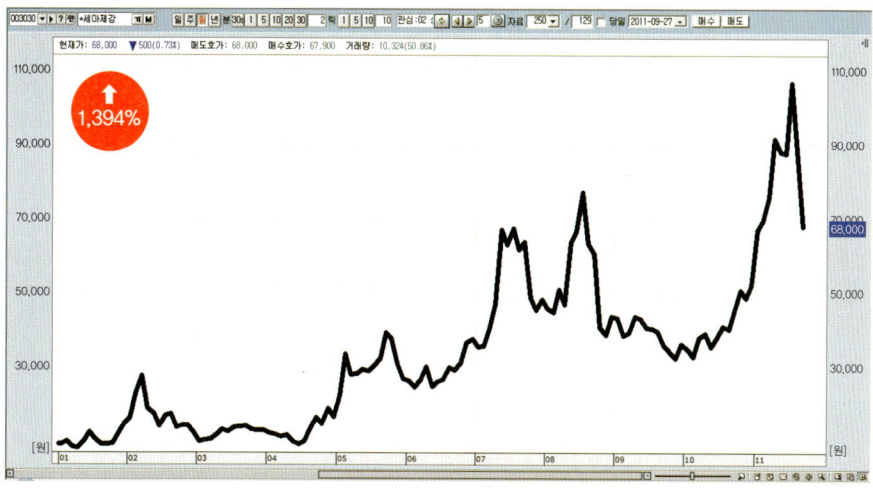

1,394%

재무상황

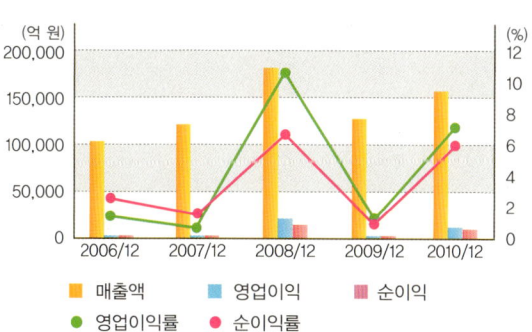

매출구성

(2010년 12월 기준)

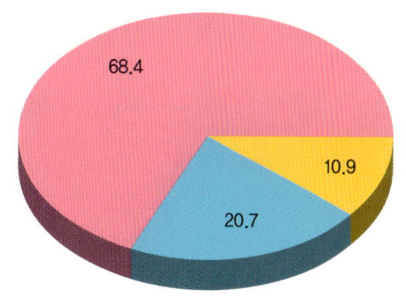

- 강관 68.4
- 판재 20.7
- 기타 10.9

03 철강금속 111

기업 소개

세아 그룹의 계열사로 국내 1위의 강관 전문 기업이다. 강관(탄소강관, STS강관), 강판(아연도, 컬러) 등의 철강을 제조, 판매하는 사업을 한다. 강관 및 강판 제조업은 원자재의 원가 구성비가 높아 원자재의 가격변동이 수익성에 많은 영향을 미친다. 따라서 원자재 수급 및 조달능력이 시장경쟁력 확보에 중요한 수단으로 작용한다.

철강산업은 기초소재를 공급하는 기간산업으로서 국가 경제에 기여하는 비중이 매우 높을 뿐만 아니라 막대한 자본투자가 소요되는 자본집약적 장치산업이다. 최근 강관산업에는 많은 중소기업들이 중소구경 분야에 진입하였고, 판재 분야 또한 과도한 설비투자로 공급과잉이 되면서 경쟁이 심화되고 있다. 철강산업 전반에 걸쳐 외국 제품의 국내 유입량이 늘어나고 있으며 해외 시장에서의 경쟁이 치열해지고 있다.

10년간 최대 상승률

1,394%: 최저 7,360원(01년 01월) → 최고 110,000원(11년 04월)

상승의 주요 이유

- **체크 1: 대기업인가?**
  〈YES〉 중견 그룹인 세아 그룹에 편입되어 있다.
- **체크 2: 시장점유율이 높은가?**
  〈YES〉 국내 1위의 강관 전문 기업이다.
- **체크 3: 사업의 진입장벽이 높은가?**
  〈YES〉 철강산업은 막대한 자본투자가 소요되는 자본집약적 장치산업으로 진입장벽이 높다.

투자의 난이도

매우어려움 | 어려움 | 보통 | 쉬움 | **매우쉬움**

- **체크 1: 이해할 수 있는 사업인가?**
  〈YES〉 일반인도 이해하기 쉬운 사업 내용이다.
- **체크 2: 매출구성을 이해하기 쉬운가?**
  〈YES〉 매출구성이 단순하며 강관이 차지하는 비중이 매우 높다.
- **체크 3: 현금흐름을 파악하기 쉬운가?**
  〈YES〉 매출구성이 쉽기 때문에 현금흐름을 파악하기도 쉽다.

(2010년 12월 기준 매출구성)

품목	구체적 용도	매출 비율(%)
강관	구조용, 유정용 배관용, 상수도용 등	68.4
판재	건축용, 가전용 등	20.7
기타	상품, 부산물 등	10.9

- **체크 4: 경기변동의 영향을 받는가?**

〈YES〉 강관산업은 조선, 자동차, 기계 등 여러 수요 산업 중 최대 수요처인 건설산업의 경기변동에 크게 영향을 받는다. 특히 세아제강은 규모가 작기 때문에 경기변동과 외부적인 영향을 크게 받을 수 있다.

장기적 전망

강관이 높은 매출구성을 차지하는 중소 철강 기업으로서 경기변동의 영향을 크게 받는다. 더욱이 산업 내에서 여러 기업의 경쟁 또한 극심해질 것으로 예상된다. 일반인이 장기로 투자하기엔 부담스러운 종목이다.

어떻게 투자해야 하는가?

중소 철강 기업으로서 경기의 변동과 외부적 요소, 업종 내 경쟁에서 취약하므로 일반인이 안심하고 장기로 투자하기엔 힘들다. 철강산업에 투자하고자 한다면 더 큰 회사를 선택하기 바란다.

> **NOTE**
> 철강은 동종 업계의 경쟁이 치열하고 규모의 경제가 통하는 산업이다. 따라서 더 큰 기업에 장기로 투자하는 것이 위험을 줄이는 방법이다.

전기전자

【 최대 상승률(이전 10년간) 499%: 최저 1554포인트(01년 09월) → 최고 9317포인트(11년 2월) 】

월간차트(이전 10년간)

해당 종목

JS전선	KEC	LG디스플레이	LG이노텍	LG전자	LS산전 ★B
가온전선	경동나비엔	경인전자	광명전기	광전자	금호전기
대덕GDS	대덕전자	대동전자	대우부품	대원전선	대한전선
동부하이텍	동원시스템즈	디피씨	로케트전기	삼성SDI	삼성전기
삼성전자 ★A	삼성테크윈 ★A	삼영전자	삼영전자	삼화전자	삼화콘덴서
선도전기	성문전자	세방전지	제이웨이	쉘라인	신도리코
신성홀딩스	신일산업	써니전자	아남전자	에이엔피	웅진에너지
유니모씨앤씨	유양디앤유	이수페타시스	일진디스플	일진전기	자화전자

114 내공 주식투자 3

| 주연테크 | 지에스인스트루 | 코리아써키트 | 키스톤글로벌 | 티에이치엔 | 필룩스 |
| 하이닉스 | 하이트론 | 한국단자 | 한솔테크닉스 ★C | 허메스홀딩스 | 휴니드 |

업종 둘러보기

제시된 표에는 코스피에서 전기전자 업종으로 분류된 60개의 종목이 있다. 그중에는 대한민국 IT업계를 대표하는 삼성전자와 LG전자가 포함되어 있다. 특히 삼성전자를 보자면 우리나라 산업에서 차지하는 비중이 매우 크다. 매출의 규모만 하더라도 100조 원을 넘어간다.

전기전자산업은 일괄적으로 정의할 수 없는 다양한 사업들로 구성되어 있다. 하지만 그중에서도 투자자들이 눈여겨봐야 할 것은 글로벌 시장을 형성하고 있는 IT산업이다.

전기전자업종에 장기 투자하기 위해서는 IT산업을 중심으로 반도체, 휴대폰, LCD산업에 대한 장기적 전망을 갖고 있어야 한다. 하지만 IT 산업은 변동성이 매우 큰 산업이다. 먼저 엄청난 속도로 기술개발이 일어난다는 점이 있다. 이에 따라 기술 표준이 수시로 변화하며 경쟁도 치열하다. 또한 경기변동의 영향을 크게 받으며 필수 소비재가 아닌 기호품으로서의 성격이 강해 유행을 심하게 타는 분야다. 수출 제조업으로서 세계 경기와 환율의 영향 역시 크다.

IT산업은 기술집약적 산업이며 진입장벽이 비교적 낮아 세계적으로 무한경쟁이 일어난다. 반도체시장과 LCD시장의 글로벌 경쟁이 특히 치열해서 가격 경쟁이 격해지고 공급과잉까지 나타는 상황이다. 미래 반도체 수요의 예측이니 휴대폰시장과 LCD산업의 전망이니 하는 것들은 말 그대로 전망과 예측에 불과할 뿐 누구도 확실한 근거를 제시하지 못한다.

또 기술 표준의 문제도 간단치가 않다. 예를 들어 한때 유행했던 삐삐는 휴대폰의 등장과 함께 순식간에 자취를 감추었고 MP3 역시 휴대폰이 진화하면서 그 일부 기능으로 포함되며 상품성을 상실하고 말았다. 더욱이 최근에는 스마트폰이 등장하면서 기존 휴대폰시장이 급격히 위축되었다. IT산업에 속하는 시장은 끊임없는 기술개발로 말미암아 기술표준이 급변동하고 이에 따라 첨단이라 불렸던 산업이 금세 쇠락해버리는 곳이다. 이처럼 한 치 앞을 내다볼 수 없기에 장기로 투자하기에는 위험이 큰 산업이다.

그러나 아이러니하게도 이처럼 위험이 큰 산업이기 때문에 대박의 기회 또한 많다. 과거 마이크로소프트가 대박을 치며 승승장구했듯이 최근에는 아이폰을 등에 업은 애플의 주가가 고공

행진을 이어갔다.

  위험이 매우 크지만 그만큼 대박의 기회가 공존하는 IT산업, 놀라운 기술과 화려함이 가득한 IT산업은 직설적으로 말해서 장기적 관점의 투자와는 거리가 매우 멀다. 하지만 그렇다고 해서 이 산업을 무시하고 넘어가기에는 앞에서 말했듯이 우리나라 산업에서 차지하는 비중이 매우 크다. 또한 코스피에서 차지하는 비중 또한 크다. 실제로 전기전자업종은 코스피의 평균 수익률을 앞지른다. 그러므로 장기 투자를 하고자 하는 입장에서는 분산투자 원칙으로 일정 지분을 포트폴리오에 편입하는 것이 현명한 방법이다.

  전기전자업종에서 IT가 차지하는 비중이 높기에 이를 중점으로 이야기했지만 이 업종에는 다른 산업도 포함된다. 예컨대 전기의 경우 독점적 위치를 차지하는 회사도 있고 소모품인 배터리 사업에서 높은 점유율을 차지하는 회사도 있다.

  시장의 평균보다 높게 상승한 여러 전기전자 종목을 살펴보면서 장기적 관점으로는 어떤 요소를 중점에 둬야 할지 고민해보자.

028 삼성전자 (대형주)

전기전자

【 세계 1위의 반도체 메모리, 세계 2위의 휴대폰 기업 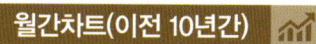 】

- FICS Sector: IT
- FICS Industry Group: 반도체
- FICS Industry: 반도체 및 관련장비

월간차트(이전 10년간)

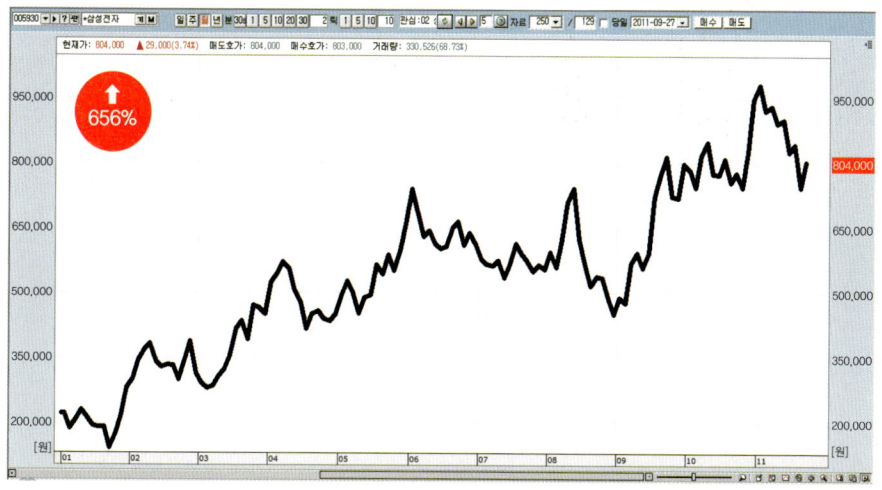

재무상황

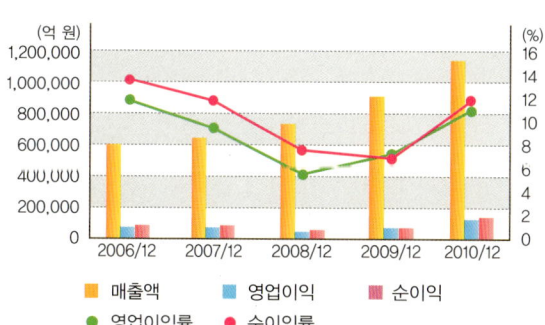

매출구성

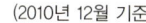
(2010년 12월 기준)

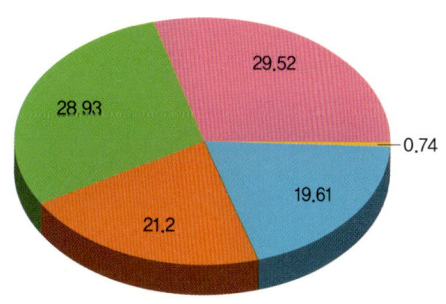

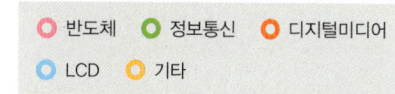

기업 소개

대한민국 대표 기업이자 글로벌 IT 기업인 삼성전자는 세계 플래쉬메모리시장 1위와 휴대폰시장 2위의 매출을 기록하고 있다. 디지털미디어사업(디지털TV, 모니터, 프린터, 에어컨 및 냉장고 등의 생산·판매), 정보통신사업의 완제품 부문(3G폰, 스마트폰 등 휴대폰, 통신시스템의 생산·판매), 반도체사업(메모리 반도체, 시스템 LSI, 스토리지 등의 제품의 생산·판매), LCD사업의 부품 부문(TV, 모니터, 노트북 PC용 LCD 디스플레이 패널의 생산·판매) 등의 사업을 영위하는 글로벌 IT 기업이다.

10년간 최대 상승률

656%: 최저 134,000원(01년 09월) → 최고 1,014,000원(11년 01월)

상승의 주요 이유

- **체크 1: 대기업인가?**
  〈YES〉 국내 굴지의 대기업으로 강력한 자본력, 영업망, 유통망을 가진다.
- **체크 2: 브랜드 가치가 높은가?**
  〈YES〉 글로벌 IT 기업으로 세계적인 브랜드를 자랑한다.
- **체크 3: 사업의 진입장벽이 높은가?**
  〈YES〉 이동통신사업은 통신 사업자와의 장기적인 사업 관계와 대규모의 R&D 투자가 필요하며, 기술 진화에 따른 제품을 적기에 개발해야 한다. 또한 정부 정책 및 표준 등에 밝아야 한다. 그러므로 시장참여자가 제한적이다.

투자의 난이도

- **체크 1: 매출구성을 이해하기 쉬운가?**
  〈NO〉 다양한 제품군과 고도의 기술력을 요하는 사업을 영위하기에 일반인이 매출구성을 쉽게 이해하기 힘들다.
- **체크 2: 현금흐름을 파악하기 쉬운가?**
  〈NO〉 IT사업이 기술집약적 사업이기도 한데다 다양한 부문에서 다양한 제품을 생산하기 때문에 현금흐름 파악이 쉽지 않다.
- **체크 3: 지속적인 기술경쟁이 일어나는가?**
  〈YES〉 IT 분야는 세계적 기술경쟁이 매우 치열한 산업이고 산업의 표준이 한순간에도 바뀔 수 있다. 기술개발에 따른 시장의 영향이 매우 크기 때문에 계속해서 끊임없는 혁신과 기술개발이 필요하다.

- **체크 4: 경기변동의 영향을 받는가?**

    〈YES〉 IT산업은 세계 경기변동의 영향을 크게 받는다.

장기적 전망

매우밝음 │ 밝음 │ 보통 │ 흐림 │ 매우흐림

　IT산업은 기술개발이 매우 중요하고 경쟁이 치열하기 때문에 미래의 주가를 장담할 수 없다. 일반인에게 굉장히 어려운 최첨단 산업이기 때문에 장기 투자가 쉽지 않고 장기적 전망도 쉽지 않다. 3년 뒤 매출이 어느 수준일지 정확히 파악할 수가 없다.

어떻게 투자해야 하는가?

적극추천 │ 추천 │ 중립 │ 비추천 │ 적극비추천

　대한민국 대표 기업이지만 세계적으로는 IT산업에서 치열한 경쟁 속에 있기 때문에 가격 결정력을 가질 수 없다. 그러므로 장기적인 관점으로 많은 비중을 투자하기에는 위험이 매우 크다. 하지만 삼성전자가 국내 산업에서 차지하는 매출 100조라는 비중은 독보적이므로 분산투자 원칙으로 일정 지분을 포트폴리오에 편입하는 것은 추천할 만하다.

> **NOTE**
>
> 〈분산투자〉 대한민국 대표 기업인 삼성전자는 IT업종으로 세계 경기변동의 영향을 크게 받고 시대의 유행을 탄다. 또한 기술개발과 표준에도 영향을 받으며 새로운 기술이 기존 산업을 완전히 잠식할 수도 있기 때문에 예측하기 힘든 미래의 돌발 변수가 많다. 결론적으로 IT업종은 장기 투자를 하기가 힘든 업종이다. 하지만 국내 대표 기업으로서 산업에서 차지하는 비중이 크며 전방위적으로 큰 영향을 미치기 때문에 포트폴리오상 분산투자를 **추천**한다.

04 전기전자

029 삼성테크윈 (대형주)

전기전자

【 삼성 그룹 계열의 방산 및 정밀기기 기업 (산업A 후보) 】

• FICS Sector: 산업재
• FICS Industry Group: 상업서비스
• FICS Industry: 상업서비스

월간차트(이전 10년간)

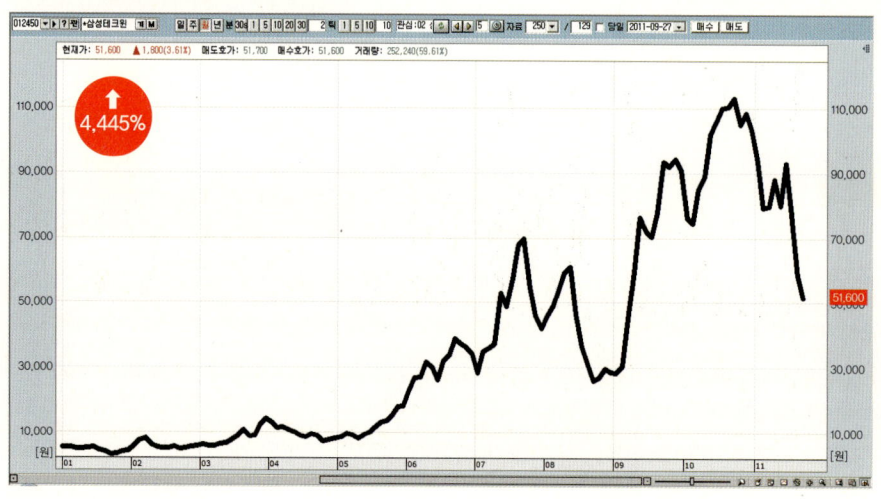

4,445%

재무상황

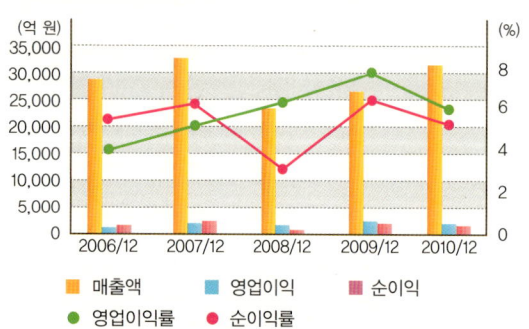

■ 매출액 ■ 영업이익 ■ 순이익
● 영업이익률 ● 순이익률

■ 자산총계 ■ 부채총계 ● 부채비율(우)

매출구성

(2010년 12월 기준)

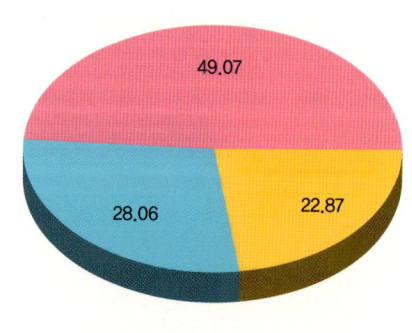

49.07
28.06
22.87

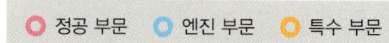

○ 정공 부문 ○ 엔진 부문 ○ 특수 부문

기업 소개

삼성 그룹 계열사인 삼성테크윈은 고도의 정밀기기 및 광학 관련 핵심 기술을 바탕으로 IT, 반도체, 방위산업 등에서 글로벌 선도 기업으로 거듭나고 있다. 파워시스템사업, 특수사업, SS(보안솔루션)사업, DIS(Digital & IT 솔루션)사업, IMS(Intelligent Machinery & 솔루션)사업의 5개 부문에서 CCTV, 항공기 및 산업용 가스 터빈엔진, 자주포, 리드프레임, 칩마운터 등을 생산 판매하고 있다.

10년간 최대 상승률

4,445%: 최저 2,640원(01년 09월) → 최고 120,000원(10년 09월)

상승의 주요 이유

- **체크 1: 대기업인가?**

  〈YES〉 삼성 그룹 계열사로 강력한 자본력, 유통망, 영업망을 갖는다.

- **체크 2: 사업의 진입장벽이 높은가?**

  〈YES〉 항공기의 안전과 직결되는 엔진을 개발, 생산, 정비하는 파워시스템사업은 첨단기계산업의 선두라 할 수 있다. 그 핵심 기술을 활용하여 압축기 및 발전기, 에너지장비 사업으로 확장하기도 용이하다. 그렇지만 많은 투자가 필요하며 핵심 기술이 요구되므로 신규 참여자의 진입은 쉽지 않다.

투자의 난이도

- **체크 1: 매출구성을 이해하기 쉬운가?**

  〈NO〉 다양한 기술집약적 산업으로 매출구성을 이해하기 어렵다.

(2010년 12월 기준 매출구성)

구분		회 사	주요 재화 및 용역	주요 고객	사업내용
엔진 부문	파워시스템사업부	삼성테크윈㈜, 상해삼성기전설비무역유한공사	항공기엔진부품, 엔진조립, 정비 등	국방부, PW, GE	항공기 엔진 및 부품, 발전설비사업, 터보압축기 등의 생산 및 정비 등
특수 부문	특수사업부	삼성테크윈㈜	신형자주포, 장갑차, 탄약운반차 등	국방부	군 육상장비 생산 등
정공 부문	SS사업부	삼성테크윈㈜, S.O.A, S.T.E, 천진삼성테크윈광, 전자유한공사	CCTV, DVR, 실물 화상기, RFID 등	일반	CCTV, DVR, 실물화상기, RFID 등 광응용 제품 생산 등
	DIS사업부	삼성테크윈㈜, 천진삼성테크윈광, 전자유한공사	폰카메라 모듈, 리드프레임 등	일반, 삼성전자	폰카메라 모듈, 리드프레임, COF, BOC 생산 등
	IMS사업부	삼성테크윈㈜, 상해삼성기전설비무역유한공사, T.E.C	반도체장비 등	일반, 삼성전자	칩 마운터 등 SMT 장비 생산 등

- **체크 2: 경기변동의 영향을 받는가?**

　〈SO-SO〉 테크윈이라는 이름에 걸맞게 항공기 엔진과 방위산업, 렌즈, 반도체 등 다양한 고기술력 제품을 생산한다. 방산 부문은 정부의 정책결정에 따라 사업이 영향을 받을 수는 있으나 기본적으로 수주에 의한 장기공급계약에 의해 진행되므로 단기적인 영향은 거의 없다. 그 외 민간사업은 경기변동의 영향을 받으므로 전체적으로 볼 때 '보통'이라고 판단한다.

장기적 전망

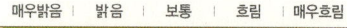

　방위산업 제품과 높은 기술력으로 생산되는 엔진 등은 국내에는 동일 제품에 대한 경쟁관계의 회사가 없기 때문에 안정적인 이익을 창출할 수 있다. 그리고 다른 민간사업 부문 역시 꾸준한 매출 증가세를 보이고 있다. 영상감시장비의 경우 범죄 예방, 교통 통제 및 정보 제공, 화재 감시 등 사회 안전에 대한 요구의 증가에 따라 삼성테크윈의 영상기술을 기반으로 한 솔루션도 매출이 증가하고 있다. IT모듈사업의 경우 영상통화를 위한 저화소 카메라 수요가 증가하고 있으며, 스마트폰 등의 새로운 어플리케이션 등장과 함께 고화소·고성능 모듈의 수요가 증가할 것으로 예상된다. 전체적으로 삼성테크윈의 전망은 긍정적이다.

어떻게 투자해야 하는가?

　삼성테크윈이 영위하는 방위산업과 최첨단 엔진, 카메라 모듈 등의 사업은 기술집약적 산업에 속해 진입장벽이 높다. 따라서 단기간에 강력한 경쟁사가 출현할 수 없기 때문에 지속적으로 성장할 가능성이 높다. 특히 방위산업의 경우에는 경기변동의 영향을 거의 받지 않고 안정적인 매출을 창출할 수 있다.

> **NOTE**
>
> 〈분산투자〉 방위산업을 영위하고 많은 분야에서 높은 기술력을 가지고 있는 삼성테크윈을 장기 투자 종목으로 추천한다. 하지만 기술의 영향을 크게 받기 때문에 많은 비중을 투자하는 것보다는 분산투자 원칙으로 장기 투자하기를 권한다.

030 LS산전 (대형주)

전기전자

【 LS 그룹 계열의 전력 및 자동화기기 1위 기업(산업B 후보) 】

- FICS Sector: 산업재
- FICS Industry Group: 자본재
- FICS Industry: 전기장비

월간차트(이전 10년간)

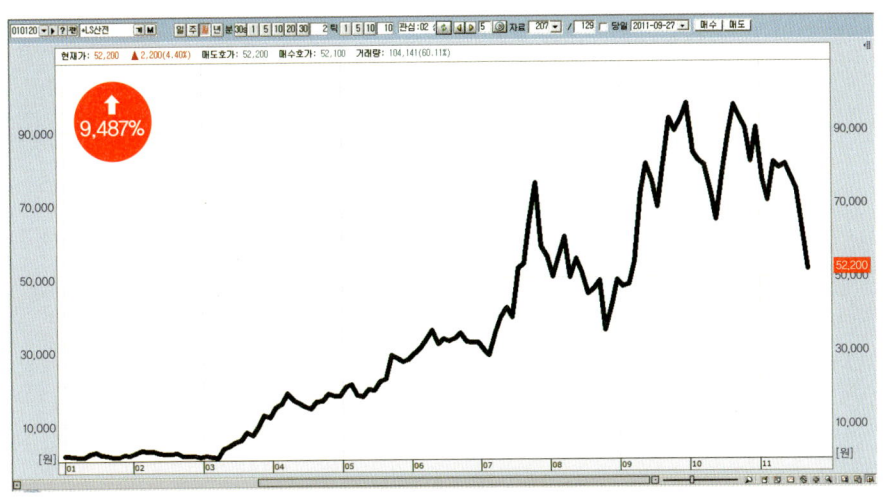

↑ 9,487%

재무상황

매출구성

(2010년 12월 기준)

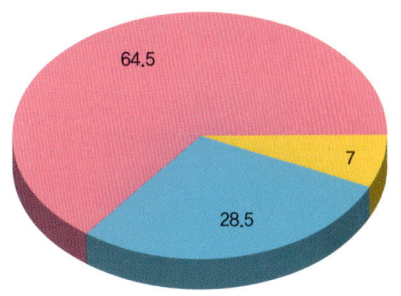

- 전력(저압기기, 고압기기, 계량기, 계전기 외)
- 자동화(PLC, INVERTER, 자동화시스템 외)
- 금속(동관, STS)

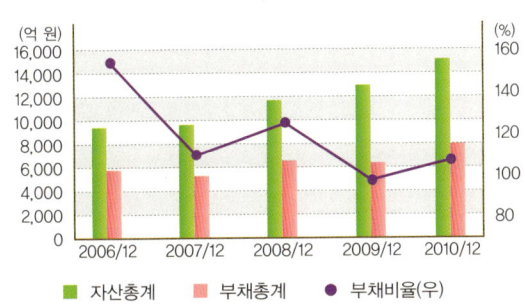

04 전기전자 **123**

기업 소개

　LS 그룹 계열의 전기공급 및 전기제어장치 제조회사이다. 전력사업(저압·고압기기, 변압기, 배전반, 초고압, 태양광 등), 자동화사업(PLC, 인버터, 교통제어, 동정제어, 철도신호, RFID), 금속사업(동관, 스테인리스관) 등을 영위한다. 그린에너지사업(태양광, 연료전지, 녹색전력 IT·스마트그리드, 그린카, 초전도한류기, 전력용 반도체, LED, RFID 등)을 신성장동력으로 집중 육성중이다.

　전력기기 부문에서는 발전소에서 만들어진 전력을 사용자에게 공급하고 계통보호에 사용되는 제품을 생산한다. 전력산업의 특성상 제품에 대한 안전성과 높은 신뢰성이 요구되는 고도의 기술력을 갖춰야 한다. 또한 건설 및 설비투자 신장률과 상관관계를 갖는다. 특히 신규 투자 및 정부가 추진하는 사회간접자본 활성화 정책과 밀접한 관계가 있다. 자동화 부문은 세계적으로 기술수준이 높은 소수의 기업만이 참여하고 있는 산업이다. 자동화 솔루션 분야의 PLC, 인버터, 자동화시스템은 산업자동화 및 에너지절약 기기로 시장 규모에 비해 중요성이 높은 기간산업이라 할 수 있으며, 개발뿐 아니라 응용서비스 등 종합 기술력이 요구되기 때문이다.

10년간 최대 상승률

　9,487%: 최저 1,090원(03년 03월) → 최고 104,500원(09년 09월)

상승의 주요 이유

- **체크 1: 대기업인가?**

　〈YES〉 LS 그룹 계열로 강력한 자본력, 영업망, 유통망을 가진다.

- **체크 2: 시장점유율이 높은가?**

　〈YES〉 국내 전기공급 및 전기제어장치 시장점유율이 60%가 넘는 기업이다. 기술력이 매우 높고 업계를 선도하기 때문에 가격 결정력을 가질 수 있다.

- **체크 3: 브랜드 가치가 높은가?**

　〈YES〉 완전경쟁 체제의 시장이며 산업의 특성상 제품에 대한 신뢰성과 제조 브랜드에 대한 충성도가 타 산업에 비해 높다. LS산전은 안전성 높은 제품을 생산하고 광범위한 유통망과 A/S망을 갖춰 신뢰성 확보에도 적극적으로 임하고 있다.

투자의 난이도

- **체크 1: 매출구성을 이해하기 쉬운가?**

　〈NO〉 전력기기와 자동화시설을 생산, 판매하는 사업이기 때문에 제품을 이해하기가 어렵고 전문가가 아니면 정확한 사용처를 알기도 쉽지가 않다.

- **체크 2: 현금흐름을 파악하기 쉬운가?**

  〈NO〉 규모가 크고 비싼 전기와 다양한 전기제어장치를 생산하기 때문에 정확한 현금흐름을 파악하기가 어렵다.

- **체크 3: 경기변동의 영향을 받는가?**

  〈YES〉 자동화 솔루션시장의 특성은 기업의 설비투자와 밀접한 관계가 있어서 경기 침체로 인한 기업의 설비투자가 감소하면 매출에 직접적인 영향을 미친다. 기계의 수주와 판매, 건설 경기 등의 추이가 매출에 큰 영향을 준다.

- **체크 4: 지속적인 기술경쟁이 일어나는가?**

  〈YES〉 선도 기업으로서의 지위를 차지하고 있지만 지속적인 경쟁우위를 위해서는 R&D 분야에 꾸준한 투자가 필요하다.

장기적 전망

상징적 브랜드 네임과 높은 시장점유율을 보이는 LS산전의 각 사업 분야는 당분간 위협적인 경쟁사가 나타나기 어렵다고 볼 수 있다. 따라서 지속적인 성장이 가능할 것으로 판단된다.

어떻게 투자해야 하는가?

동종 업계에서 높은 브랜드 가치와 시장점유율을 자랑하는 전력기기 및 자동화기기 1위 기업으로서 LS산전을 장기적 관점으로 추천한다. 하지만 영위하는 사업이 경기변동에 민감하므로 보수적인 관점도 유지하기 바란다.

> **NOTE**
>
> 〈분산투자〉 전력기기 및 자동화기기 분야에서 상징적 브랜드를 가지고 있으며 높은 시장점유율을 보이고 있는 LS산전은 장기 투자로 적합하다. 하지만 경기변동의 영향을 받으므로 집중투자보다는 분산투자 관점이 바람직하다.

031 한솔테크닉스 (중형주)

전기전자

【 한솔 그룹 계열의 BLU 전문 기업(산업B 후보) 】

- FICS Sector: IT
- FICS Industry Group: 디스플레이
- FICS Industry: 디스플레이 및 관련 부품

월간차트(이전 10년간)

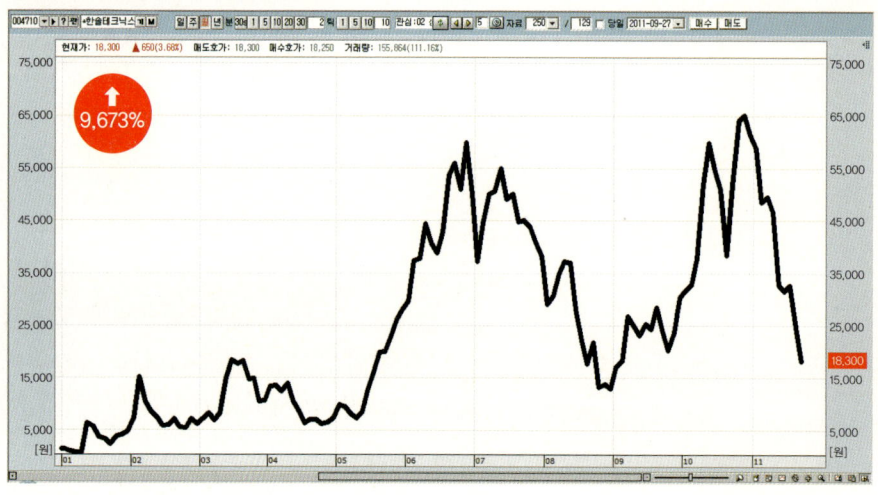

재무상황

매출구성 (2010년 12월 기준)

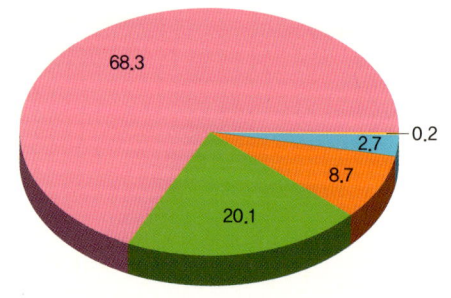

- Back Light Unit(제품)
- Back Light Unit(상품)
- 인버터(상품)
- 인버터(제품)
- TFT-LCD 관련 제품

126 내공 주식투자 3

기업 소개

한솔 그룹 계열의 LCD 및 LED TV 핵심 부품인 백라이트유닛(BLU) 제조 기업이다. 삼성전자의 핵심 BLU 공급 기업이기도 하다. 그간 BLU에 치중했던 사업구조를 중장기적으로 LED 기초소재와 태양광 모듈로 확대할 예정이다.

10년간 최대 상승률

9,673%: 최저 750원(01년 04월) → 최고 73,300원(10년 12월)

상승의 주요 이유

- **체크 1: 대기업인가?**

  〈YES〉 중견 기업인 한솔 그룹 계열로 강력한 자본력과 유통망, 영업망을 가지고 있다.

- **체크 2: 경쟁력을 갖췄는가?**

  〈YES〉 LCD산업의 주요 경쟁요소는 제품의 품질 및 제품을 적시에 공급할 수 있는 능력이다. 그 외에 LCD 기업 간 가격 경쟁이 심화되고 있어 가격 경쟁력을 확보하는 것도 큰 중요성을 갖는다.

- **체크 3: 시장이 성장하고 있는가?**

  〈YES〉 LCD TV의 시장지배력이 지속적으로 강화되고 있으며, 글로벌 LCD TV 패널시장에서 주요 고객인 삼성전자의 시장점유율이 높아지고 있다.

- **체크 4: 사업의 진입장벽이 높은가?**

  〈YES〉 OLED 기술이 발달하면서 일부 기업이 소형 시장에 진입하였으나 장비 및 공정을 개발하는 데 어려움이 크므로 대형화에는 상당한 기간이 소요될 것으로 예상된다.

투자의 난이도

- **체크 1: 이해할 수 있는 사업인가?**

  〈YES〉 BLU가 사업의 대부분을 차지하고 있어 이해하기 쉽다. 하지만 IT산업은 기술 표준이 순식간에 바뀔 수 있기 때문에 사업이 지나치게 단순화되어 있는 것보다는 다각화를 이루는 것이 안정적일 수 있다.

- **체크 2: 매출구성을 이해하기 쉬운가?**

  〈YES〉 매출구성이 매우 단순하다. BLU가 대부분이고 나머지는 인버터가 차지하고 있다.

- **체크 3: 현금흐름을 파악하기 쉬운가?**

  〈YES〉 매출구성이 단순하므로 현금흐름을 파악하기가 쉽다.

- **체크 4: 경기변동의 영향을 받는가?**

  〈YES〉 경기변동의 영향을 크게 받는다. IT산업 중에서도 디스플레이 핵심 부품인 BLU 제조 기업으로서 수급불균형에 따른 높은 경기변동성을 보인다. 패널 기업들의 매출 및 수익성은 패널 수급 동향에 따라 변동성이 크다.

장기적 전망

경쟁이 매우 치열한 기술개발 산업이므로 가격 결정력을 가질 수 없다. 또한 매출구성이 단순하여 이해하기는 쉽지만 기술개발의 영향을 크게 받는 매출구조라는 약점도 있다. 어느 순간 획기적인 기술이 개발되면 기존의 기술로 영위하던 사업과 시장을 빠른 시간 내에 잠식할 수 있다. 그러므로 많은 비중을 장기로 투자하기에는 위험이 매우 크다.

어떻게 투자해야 하는가?

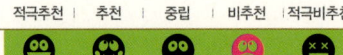

LCD부품업을 영위하는 한솔테크닉스를 많은 비중을 가지고 장기적으로 투자하는 것은 위험성이 높은 일이다. IT산업은 유행을 타고 기술개발 경쟁도 매우 치열하기 때문이다. 부품주인 한솔테크닉스보다는 규모가 더 큰 LCD 종목을 분할매수할 것을 권한다.

> **NOTE**
> IT산업에 투자하고자 한다면 부품 기업보다 규모가 더 큰 기업을 선택하는 것이 위험을 줄이는 방법이다.

이주영의 주식 칼럼 2

주식시장은 변동 그 자체가 본질이다

오랫동안 우리나라 부의 중심이 되었던 산업은 대기업 위주의 제조업이었다. 이 산업이 국내 여타 산업에 영향을 미쳐 내수 산업과 금융산업이 호황과 불황의 경기곡선을 그리게 된다. 이러한 점을 고려하여 투자를 위한 부의 흐름을 추적해보자.

인류의 역사는 진보한다. 그 속에서 어떤 산업은 시대에 따라 더욱 발전하고 어떤 산업은 나날이 쇠퇴한다. 예를 들어 1990년대 말에는 세계적으로 IT열풍이 불었고, IT산업이 어느 정도 성숙기에 이르자 그다음부터는 인터넷 포털이 상승세를 이끌었다. 그리고 2007년 서브프라임이 터지기 전에는 중국에 관련된 건설, 중공업 등의 업종이 시장을 견인했고 최근에는 자동차와 화학업종이 시장을 선도하고 있다. 이와 같이 시대에 따라 중심과 연관 산업이 달라지는 부의 흐름을 파악하는 것이 주식투자의 기본요소다.

기계

【 최대 상승률(이전 10년간) 1,854%: 최저 141포인트(01년 01월) → 최고 2756포인트(07년 11월) 】

월간차트(이전 10년간)

해당 종목

KC코트렐	S&TC	SIMPAC	STX메탈	STX엔진	계양전기
기신정기	대경기계	대동공업	대림통상	동아에스텍	동양물산
두산엔진	두산인프라코어 ★A	두산중공업 ★A	삼양엔텍	삼익THK	삼화왕관
성진지오텍	세원셀론텍	수산중공업	신성ENG	신성FA	엔케이
우신시스템	우진세렉스	이엔쓰리	조선선재	참엔지니어링	청호컴넷
케이아이씨	퍼스텍	한국주강	한국카본	한라공조 ★B	한미반도체
한신기계	현대엘리베이	화천기계	화천기공		

업종 둘러보기

앞의 표는 코스피에서 기계업종으로 분류된 40개의 종목이다. 이 업종에 포함된 종목들은 대부분 LCD, 반도체, 자동차, 조선, 공작기계 등의 부품을 생산한다. 일부 종목을 제외하면 대부분 중소 부품 기업들이다.

기계부품은 소재상품으로서 독자적인 브랜드 네임과 상징성을 가질 수 없기 때문에 성장률에 제한을 받는다. 따라서 산업A보다는 파생 산업인 산업B와 산업C의 성격이 강하다. 일반 투자자들이 독보적인 브랜드나 상품이 없는 중소기업의 기계 종목을 장기적으로 마음 편히 투자하기에는 위험이 크다. 중소기업이기 때문에 대기업에 비해 자본력이나 유통망, 영업능력이 상대적으로 떨어지기 마련이다. 그래서 경기변동의 영향을 크게 받고 예측할 수 없는 외부 환경에도 많이 좌우된다.

기계업종에 장기 투자를 하고 싶다면 해당 종목의 브랜드와 상품에 대한 비교, 분석이 우선되어야 한다. 이 단계를 거치지 않고 단순 부품 기업이나 규모가 영세한 기계 종목에 장기로 투자하는 것은 위험이 매우 크다.

032 두산중공업 (대형주)

기계

【 두산 그룹 계열의 발전설비 1위 기업 (산업A 후보) 】

- FICS Sector: 산업재
- FICS Industry Group: 자본재
- FICS Industry: 기계

월간차트(이전 10년간)

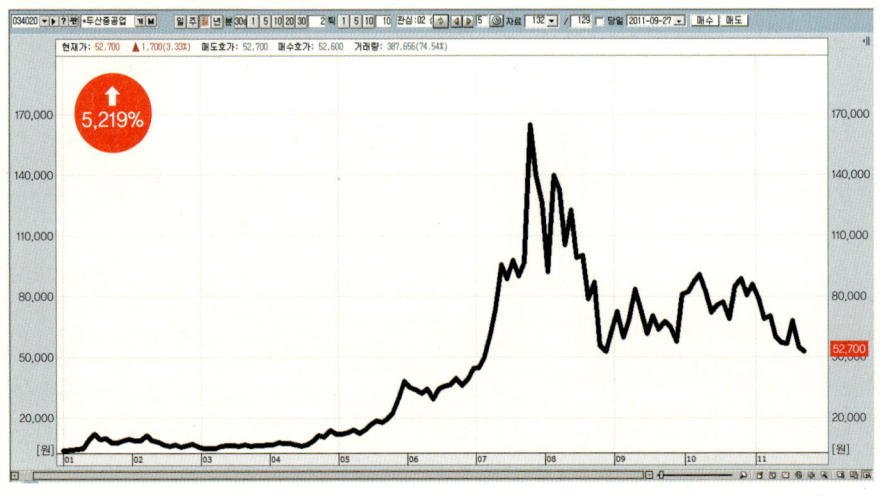

재무상황

매출구성

(2010년 12월 기준)

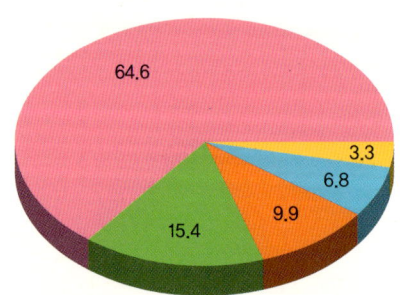

- NSSS, BOP, CLP 등
- PLANT설비 설치공사, 아파트건설, 도로공사 등
- 주조, 단조, 금형공구강 등
- 담수/수처리 설비
- 하역설비, 방위산업 등

132 내공 주식투자 3

기업 소개

두산 그룹 계열사로 국내 발전설비 부문 1위 기업이다. 기초소재인 주단조에서부터 원자력, 수력, 화력 등 발전설비, 해수담수화 플랜트, 환경설비, 운반하역설비 등을 제작, 공급한다. 엔지니어링에서부터 기자재 제작 및 설치, 시운전에 이르기까지의 과정을 일괄 수행하는 EPC(Engineering, Procurement & Construction) 사업에 주력하여 해외 발전 및 담수시장에서도 큰 성과를 거두고 있다. 특히 원자로 용기 제작이 가능한 단조설비를 가진 세계 3대사 중 하나로 핵심 기기인 원자로 제작 경험이 세계에서 가장 많은 기업이다. 원자력발전 수출 1호인 아랍에미리트(UAE) 원자력발전소 주기기 공급사로 참여한다.

발전 부문은 전후방 산업에 연관효과가 큰 기술집약적 산업으로 기술개발에 오랜 기간이 소요되며 대규모 시설투자가 필요하다. 그 때문에 선진국 중심으로 발전되어왔지만 현재는 대부분 국가에서 국가 기간산업과 수출 전략 산업으로 정책적으로 육성하고 있다. 주단 부문은 조선용 기자재, 발전·철강·석유화학·시멘트·플랜트 등의 핵심 소재, 가전제품과 자동차의 프레임 생산용 기초소재 등을 공급하는 사업으로 기본적으로 막대한 설비투자가 요구되는 장치산업이다. 담수·수처리, 산업설비 부문은 제품 제작을 위한 기계장비와 설치에 필요한 엔지니어링, 시공 및 유지·보수가 결합된 산업이다. 또한 대부분의 국가에서 중장기 수자원 계획을 통해 육성하고 있는 주요 기간산업의 하나이다. 건설 부문은 인간중심의 생활환경을 창조하기 위해 토지, 자본, 노동 등의 생산요소를 효과적으로 활용하여 플랜트, 도로, 철도, 항만 등의 인프라 시설을 생산하는 국가 경제의 기간산업이다.

10년간 최대 상승률

5,219%: 최저 3,600원(01년 01월) → 최고 191,500원(07년 11월)

상승의 주요 이유

- **체크 1: 대기업인가?**
  〈YES〉 두산 그룹의 계열사로 강력한 자본력, 영업망, 유통망을 가진다.
- **체크 2: 독보적 기술력을 갖췄는가?**
  〈YES〉 원자로 용기 제작이 가능한 세계 3대사 중 하나이며 원자력발전 국내 첫 수출 참여 기업이다.
- **체크 3: 사업의 진입장벽이 높은가?**
  〈YES〉 중공업은 높은 기술력과 초기 시설투자에 자금이 많이 드는 대규모 장치산업으로서 진입장벽이 높다.

투자의 난이도

매우어려움 | 어려움 | 보통 | 쉬움 | 매우쉬움

- **체크 1: 매출구성을 이해하기 쉬운가?**

⟨NO⟩ 사업의 규모가 큰데다 어렵고 복잡하기 때문에 일반인은 정확한 매출구성을 이해할 수 없다.

구분	발전	수자원	산업	주단	건설
주요 생산 제품	원자력, 화력, 복합화력, 수력, 열병합	담수·수처리 설비	운반, 방산, 환경설비 등	주조품, 단조품, 금형공구강, 워크롤, 크랭크샤프트	플랜트, 토목, 건축, 감리 용역, 아파트 건설 등

- **체크 2: 현금흐름을 파악하기 쉬운가?**

⟨NO⟩ 어려운 매출구성으로 현금흐름을 파악하기가 어렵다.

- **체크 3: 경기변동의 영향을 받는가?**

⟨YES⟩ 발전설비사업은 경제활동의 원동력인 중간 생산재(에너지)를 생산하는 기간산업이자 설비 산업으로 투자 규모가 크고 자본의 회수기간이 길다. 따라서 전반적인 경기 상황, 정부의 사회간접자본 투자정책, 기업의 설비투자 동향 등에 따라 수요와 공급이 결정된다. 이러한 사업은 규모가 크기 때문에 경기 영향을 매우 크게 받는다.

장기적 전망

매우밝음 | 밝음 | 보통 | 흐림 | 매우흐림
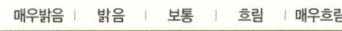

두산 그룹의 대형 중공업 기업으로서 경쟁사들보다 많은 부분에서 경쟁력을 확보하고 있다. 또한 규모의 경제가 통하는 산업이기 때문에 진입장벽이 높아 신규 경쟁사가 출현할 여지가 적다. 세계적인 기술력을 보유하고 있으며 앞으로도 성장이 지속될 것이라 판단한다.

어떻게 투자해야 하는가?

적극추천 | 추천 | 중립 | 비추천 | 적극비추천

장기적 전망은 밝지만 사업의 구조가 매우 어렵고 경기변동의 영향을 크게 받으므로 일반 투자자들이 장기적으로 마음 편히 투자하기에는 어려운 종목이다. 국내 산업에서 차지하는 큰 비중을 고려했을 때 분산투자 원칙으로 일정 지분을 포트폴리오에 편입하는 것은 추천할 만하다.

 **NOTE**

⟨분산투자⟩ 전망은 밝지만 세계 경기변동의 영향을 매우 크게 받으므로 변동성이 매우 크다. 따라서 포트폴리오상 분산투자를 권한다.

033 두산인프라코어 (대형주)

기계

【 두산 그룹 계열의 국내 1위 종합기계 기업(산업A 후보) 】

- FICS Sector: 산업재
- FICS Industry Group: 자본재
- FICS Industry: 기계

월간차트(이전 10년간)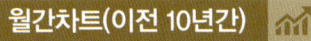

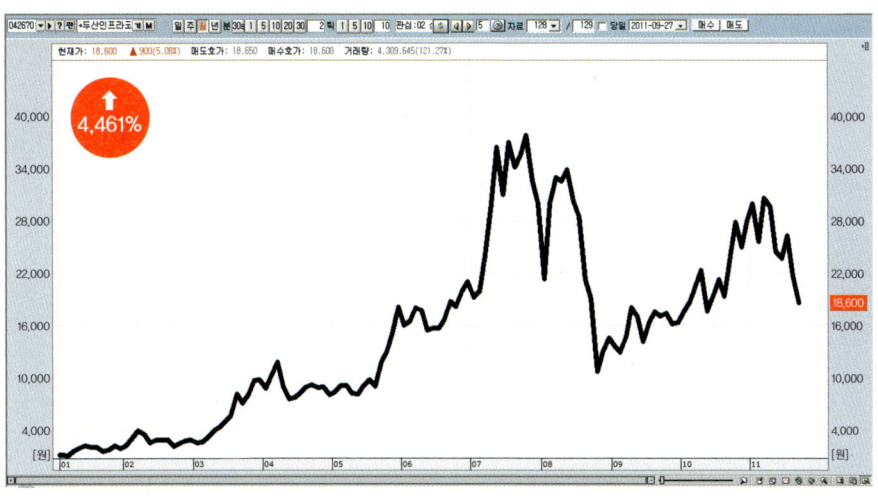

재무상황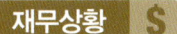

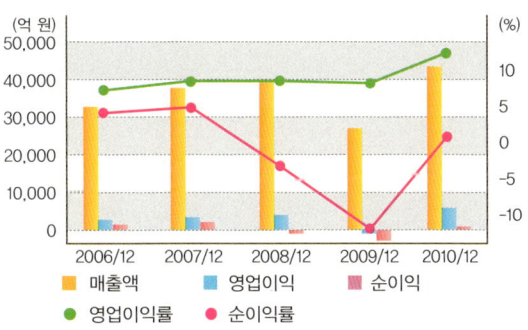

매출구성

(2010년 12월 기준)

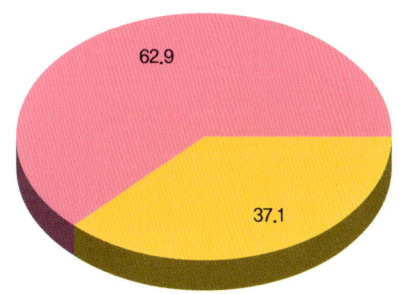

- 건설산업장비(굴삭기, 휠로더, 지게차 등)
- 기계, 엔진 등(엔진, 공작기계 등)

05 기계 135

기업 소개

두산 그룹 계열사로 건설기계, 공작기계, 산업용 차량, 주물 및 엔진, 무기체계를 생산하는 우리나라 최대 규모의 종합기계 기업이다. 건설·산업장비 부문과 기계·엔진 부문의 사업을 영위한다.

건설·산업장비 부문에서는 굴삭기, 지게차, 로더, 특장차 등을 제작, 판매한다. 또한 토목, 건설 분야의 중장비와 하역, 운반에 필요한 지게차도 생산, 판매하고 있다. 건설·산업장비는 자본집약형 산업으로 다품종 소량 생산이 불가피하여 대규모의 시설투자가 요구된다. 또한 건설업에 대한 종속성이 높다. 따라서 내수에 의존할 경우 건설 경기의 기복이 심한 국내에서는 위험요소가 많으므로 수출에 사활을 걸어야 하는 산업이다.

기계·엔진 사업 부문에서는 공작기계 및 차량, 중장비 등에 이용되는 엔진과 발전기 엔진 등을 제조, 판매한다. 공작기계는 크게 절삭가공과 성형가공으로 분류되며 주로 자동차, 항공기, 선박을 포함한 기계류의 부품을 제작하는 데 사용되고 부가가치가 높다. 산업용 차량은 자동차(부품), 식품, 철강, 화학, 섬유, 전자통신, 제조업, 물류·유통·하역사업, 건설 분야 등의 수요에 영향을 받는 산업으로서 수요가 광범위하다. 그리고 엔진은 대표적인 기계장치산업으로 기술집약적이고 자본집약적인 산업이다. 주로 차량용과 산업용 엔진으로 구분할 수 있으며, 각종 산업 분야의 차량과 장비에 동력원을 공급하는 후방 산업이다.

두산인프라코어는 각 분야에서 높은 경쟁력을 갖추고 있으며 이를 바탕으로 인프라 지원 분야 글로벌 선도 기업으로 발돋움하고 있다.

10년간 최대 상승률

4,461%: 최저 980원(01년 03월) → 최고 44,700원(07년 10월)

상승의 주요 이유

- **체크 1: 대기업인가?**
  〈YES〉 두산 그룹 계열사로서 강력한 자본력과 유통망, 영업망을 가지고 있다.
- **체크 2: 시장점유율이 높은가?**
  〈YES〉 굴삭기, 기계차, 공작기계 등 여러 기계 부문에서 높은 시장점유율을 점하고 있다.
- **체크 3: 사업의 진입장벽이 높은가?**
  〈YES〉 건설기계, 공작기계, 산업차량, 엔진 등은 높은 기술력과 대규모 자본이 필요한 장치산업으로서 진입장벽이 매우 높다.

투자의 난이도

- **체크 1: 매출구성을 이해하기 쉬운가?**

  〈NO〉 산업장비와 엔진, 기계 등 일반인이 쉽게 이해할 수 없는 매출구성을 이룬다.

- **체크 2: 현금흐름을 파악하기 쉬운가?**

  〈NO〉 굴삭기와 지게차 등 건설기계와 각종 엔진, 공작기계는 완제품으로 각 대당 가격과 판매 대수를 알 수 있다. 하지만 제품이 워낙 다양하고 일괄적이지 않으므로 현금흐름 파악에 어려움이 있다.

- **체크 3: 경기변동의 영향을 받는가?**

  〈YES〉 건설기계, 공작기계, 산업차량, 엔진 등의 주요 사업은 건설 경기와 자동차 경기를 비롯한 전방 산업의 수요 변동에 따라 크게 영향을 받는다. 전반적인 국내 경기 상황, 정부의 사회간접자본에 대한 투자정책 등에 따라 수요가 좌우된다. 또한 세계적으로 가격 경쟁력이 중요한 요소인바 달러화를 비롯하여 유로화, 엔화 등의 환율변동에도 민감하다.

장기적 전망

두산 그룹의 계열사로 국내 최대의 종합기계회사인 두산인프라코어는 높은 브랜드 네임과 경쟁력 있는 제품을 보유하고 있다. 따라서 경쟁사보다 우위를 점하고 있으며 지속적인 성장이 가능할 것이라 예상된다.

어떻게 투자해야 하는가?

국내 종합기계 1위 기업이지만 사업의 내용이 어렵고 건설 경기의 영향을 크게 받기 때문에 많은 비중을 장기로 투자하기에는 위험이 큰 산업이다. 분산투자 원칙으로 일정 지분을 포트폴리오에 편입하기를 권한다.

> **NOTE**
>
> 〈분산투자〉 국내 최대의 굴삭기 기업이며 다양한 기계 엔진의 중장비를 생산한다. 하지만 건설산업과 세계 경기변동의 영향을 크게 받으므로 주가가 변동성이 심하다. 따라서 포트폴리오상 분산투자를 추천한다.

034 한라공조 (중형주)

기계

【 국내 최대 자동차 공조 전문 기업 (산업B 후보) 】

- FICS Sector: 경기소비재
- FICS Industry Group: 자동차 및 부품
- FICS Industry: 자동차부품

월간차트(이전 10년간)

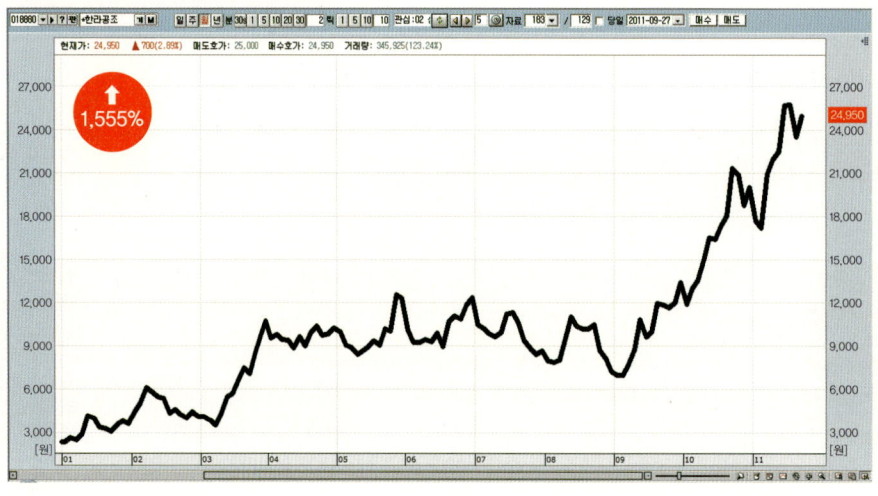

1,555%

재무상황

매출구성

(2010년 12월 기준)

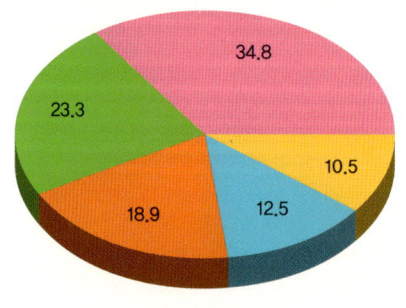

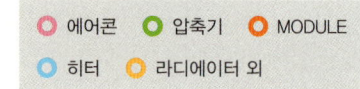

기업 소개

국내 최대 자동차 공기조절장치 전문 기업이다. 자동차용 에어컨 시스템과 프런트 엔드 모듈(FEM), 압축기, 열교환기 등을 OEM 방식으로 생산하여 현대차와 기아차에 납품한다. 대전공장, 평택공장 및 울산공장에서 자동차의 공기조절장치를 생산하는 사업 부문을 영위하고 있다.

성능, 품질, 기술, 신제품 개발 등에 있어서 자동차부품산업은 자동차산업과 매우 밀접한 관계를 맺고 있다. 자동차부품 기업들은 하나 이상의 완성차 기업과 자동차 개발 단계에서부터 협력관계를 맺는다. 자동차부품은 OEM 방식으로 납품하게 되는 특성이 있다. 이에 따라 자동차부품, 특히 에어컨의 공급업체는 기술과 품질 수준, 가격 경쟁력을 기준으로 제한적인 입찰을 거쳐 선정된다. 자동차부품 기업 중 공조부품을 공급하는 곳으로는 현대차·기아차에 에어컨 시스템 및 부품을 공급하는 한라공조와 두원공조, 한국지엠을 주요 고객으로 하는 한국델파이(대우기전의 후신) 그리고 쌍용, 르노삼성에 공급하는 회사들로 나뉜다. 그중 한라공조가 선두 기업이다.

한라공조는 1986년 미국의 포드자동차와 현재 ㈜만도의 전신인 만도기계㈜의 합작사로 출범하였으며 1999년 포드자동차에서 분리됐다.

10년간 최대 상승률

1,555%: 최저 1,700원(01년 01월) → 최고 28,150원(11년 04월)

상승의 주요 이유

- **체크 1: 성장성이 높은가?**

〈YES〉 국내 최대 완성차 기업인 현대차와 대우차의 공조 제품을 납품하고 있다. 경기변동에 따라 매출변동이 발생하지만 자동차시장의 성장과 함께 매출이 증가세를 보이고 있다.

투자의 난이도

- **체크 1: 매출구성을 이해하기 쉬운가?**

〈YES〉 매출구성을 보면 쉽게 이해할 수 있는 품목들이다. 자동차부품 중에서 에어컨과 압축기 등 공기조절장치의 부품이 매출구성에서 주류를 이룬다.

(2010년 12월 기준 매출구성)

매출 유형	품목	구체적 용도	매출 비율(%)
제품	에어컨	자동차용 공기조절장치	34.8
	압축기	자동차용 공기조절장치용	23.3
	히터	차량용 실내온풍기	12.5
	라디에이터 외	엔진방열기	10.5
	모듈	엔진방열기용	18.9

- **체크 2: 경기변동의 영향을 받는가?**

〈YES〉 부품 기업으로서 자동차 경기의 영향을 크게 받는다.

장기적 전망

　부품 기업은 대기업보다 외부의 환경에 대해 상대적으로 영향을 크게 받는다. 부품업이기 때문에 현실적으로 완성차를 생산하는 대기업보다 여러 면에서 약자의 위치에 놓일 수밖에 없다. 한라공조 자동차부품사업의 전망은 완성차 기업인 현대차와 기아차의 향방에 좌우된다. 따라서 한라공조가 보유한 기술력을 고려한다 해도 장기적 전망은 '보통'이라고 판단한다.

어떻게 투자해야 하는가?

　자동차 관련주에 장기로 마음 편히 투자하기 위해서는 더 큰 기업을 선택하는 것이 위험을 줄이는 방법이다. 예를 들어 부품 기업 중에서 선택한다면 한라공조보다는 현대모비스가 더 안정적이다.

> **NOTE**
> 더 큰 부품 기업에 장기로 투자하는 것이 위험을 줄이는 방법이다.

이주영의 주식 칼럼 3

가장 이상적인 투자는
인플레이션을 활용하는 투자

자본주의 체제의 속성상 시간이 갈수록 돈의 가치는 떨어지게 되어 있다. 이것이 바로 인플레이션이 불가피하다고 말하는 이유다. 주식투자를 할 때 인플레이션을 활용할 수 있는 종목을 나는 인플레이션주라고 분류하였다. 즉, '제품이나 서비스의 가격을 물가와 같이 상승시킬 수 있는 기업'의 주식이다. 이 책에서 제시한 상승의 기준 중에서 '가격결정력을 가질 수 있는가?'에 높은 점수를 받은 진짜 1등 기업이 해당된다.

가격결정력을 가질 수 있는 기업의 조건으로는 '소비자가 가격에 연연하지 않을 만큼 충성도가 높은 브랜드를 보유하고 있는가' '경쟁회사를 압도하는 강력한 자본력 · 유통망 · 영업망을 갖췄는가' 등을 들 수 있다. 또한 '시장을 확고하게 장악함으로써 높은 진입장벽을 형성하고 있는가'도 같은 맥락이다.

제시한 88개의 종목 중에서 이와 같은 조건에 합격점을 받은 1등 기업은 인플레이션을 능가하는 주가 상승률을 보여줄 것이므로 장기적으로 보유하기에 적합하다. 자신의 투자 성향에 따라 포트폴리오상 비중은 달라질 터이지만 이와 같이 부의 중심이 되는 종목은 오래도록 꾸준한 상승률로 투자에 보답할 것이다.

건설

【 최대 상승률(이전 10년간) 1,200%: 최저 35포인트(01년 04월) → 최고 455포인트(07년 10월) 】

월간차트(이전 10년간)

해당 종목

GS건설 ★A	경남기업	계룡건설	고려개발	금호산업	남광토건
대림산업 ★A	대우건설	동부건설	동아지질	동양건설	두산건설
범양건영	벽산건설	삼부토건	삼호	삼호개발	삼환기업
삼환까뮤	성지건설	신세계건설	신일건설	신한	일성건설
중앙건설	진흥기업	코오롱건설	태영건설	풍림산업	한라건설
한신공영	한일건설	한전KPS	현대건설 ★A	현대산업	화성산업

업종 둘러보기

앞의 표는 코스피에서 건설업종으로 분류된 36개의 종목을 보여준다. 건설업은 토목, 건축에 관한 공사 및 관련 사업이며 발주자와의 계약 조건에 따라 건축물을 신축, 증축, 개축, 해체, 보수하는 등의 활동을 포함하는 복합적 사업이다.

아파트와 주택 등을 짓는 민간 부문의 건축공사와 도로, 댐, 발전소, 다리 등을 건설하는 공공 부문의 토목·관급공사로 크게 나눌 수 있다. 주로 발주자로부터 주문을 받아 생산 활동에 착수하고 구조물, 건축물을 완성하여 인도하는 수주사업의 성격을 띤다. 생산 활동이 주로 옥외에서 이루어지고 생산 장소의 지속성과 정착성이 없으며 이동성이 강하다는 특성이 있다. 또한 토지를 바탕으로 노동·자본·기술 등의 생산요소를 유기적으로 결합시키고 관리하여 시설물을 완성하는 것까지 포괄한다. 건설산업은 주택 및 빌딩 건설에서부터 노로·항만 등의 사회 간접자본, 각종 산업의 생산기반 시설 확충과 국토개발 및 국제적인 개발 사업에 이르기까지 광범위한 고정자본의 형성 및 실물 부문의 생산 과정을 담당하는 국가 경제의 기간산업이다. 또한 전·후방 산업의 연쇄효과가 큰 산업으로 국가 경제에 미치는 영향이 크기 때문에 정부의 경기부양 수단으로 사용되기도 한다.

건설업은 복합적 종합사업이기 때문에 사업의 단위가 일정하지 않으며 전방위적 사회 환경과 경기의 영향을 크게 받는다. 이에 따라 정확한 수요와 매출을 안정적으로 전망하기가 힘들다. 더구나 민간 부문은 진입장벽이 낮아 중소기업들이 난립하여 경쟁이 치열한 상황이다. 이와 같은 이유로 개인들이 장기로 마음 편하게 투자하기가 쉽지 않은 업종이다.

하지만 공공 부문의 대규모 사업 같은 경우는 규모의 경제가 통하는 분야이므로 대형 기업일수록 기득권을 유지할 가능성이 높다. 따라서 일반 투자자가 건설업에 장기로 투자하고 싶다면 국내에서 위상이 높은 대형 종합건설 기업을 선정하는 것이 바람직하다.

035 현대건설 (대형주)

【 국내 1위 종합건설 기업 (산업A 후보) 】

건설

- FICS Sector: 산업재
- FICS Industry Group: 자본재
- FICS Industry: 건설

월간차트(이전 10년간)

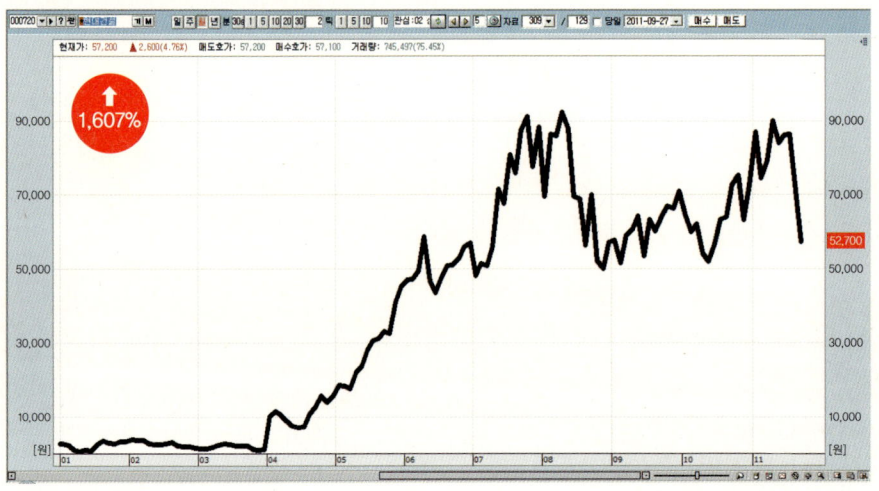

재무상황

매출구성

(2010년 12월 기준)

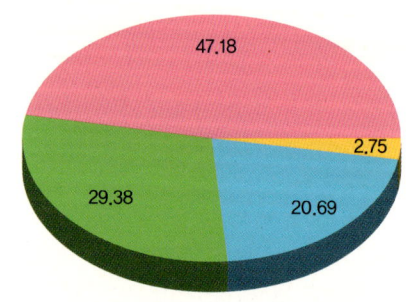

- 플랜트/전력/원자력 부문
- 건축/주택 부문
- 토목/환경 부문
- 기타 부문

144 내공 주식투자 3

기업 소개

국내 대표적인 종합건설 기업이다. 도로, 교량, 항만, 매립, 부지조성 및 준설, 고속철도 공사 등의 토목사업과 상업 및 업무용 건물, 공장건물 신축 공사 등의 건축 및 국내외 플랜트 사업, 전기사업, 사회간접자본(SOC) 관련 사업 등을 영위한다.

2009년 시공능력평가 1위 기업으로 선정되었으며 토목, 주택, 원전 시공 등에서 업계 최고 수준의 경쟁력을 보유하고 있다. 대표적인 브랜드로 힐스테이트가 있고 주요 매출처는 조달청, 한국도로공사, 한국전력 등이다. 우리나라의 원자력발전 해외 수출 1호인 아랍에미리트(UAE) 원자력발전소 시공에도 참여했다.

10년간 최대 상승률

1,607%: 최저 6,060원(01년 04월) → 최고 103,500원(07년 10월)

상승의 주요 이유

- **체크 1: 대기업인가?**
  〈YES〉 국내의 대표적인 종합건설 기업이다.
- **체크 2: 독보적 기술력을 갖췄는가?**
  〈YES〉 시공능력평가 1위에 선정되었을 정도로 높은 기술력을 갖추고 있다.

투자의 난이도

- **체크 1: 매출구성을 이해하기 쉬운가?**

  〈NO〉 다양한 건설사업이 매출구성을 이루고 있다. 건설사업은 계약별 규모가 크고 단일 제품으로 구성되어 있지 않기 때문에 매출구성 이해와 현금흐름 파악이 어렵다.

사업 부문	재화 또는 용역	주요 고객
건축, 주택 부문	아파트, 공공건축물 및 첨단빌딩 등	조달청, CDPL 외
토목, 환경 부문	터널, 교량, 도로공사 택지조성 등	한국도로공사, ADPC 외
플랜트, 전력, 원자력 부문	발전소, 가스시설공사 및 전기공사 등	조달청, 한전, ARAMCO 외
기타 부문	부동산임대 등	

- **체크 2: 경기변동의 영향을 받는가?**

  〈YES〉 건설업은 경기변동의 영향을 크게 받는다. 건설은 타 경제 부문에서의 투자 수요 및 정부의 사회간접자본 투자정책이나 경기정책 등에 크게 좌우되는 산업이다. 기본적인 주거환경의 조성에서부터 국가 기간산업인 도로, 항만, 플랜트건설까지 광대한 영역을 포괄하는 산업이기 때문이다. 공사 규모 또한 크며 완공까지 오랜 기간이 소요되므로 여타 경제 부문에 비해 금리나 금융시장의 변화에도 큰 영향을 받는다. 또한 다수의 생산 주체가 참여함으로써 고용창출 효과가 높다는 점이 있어서 국가의 경기부양 정책에 활용되기도 한다. 따라서 정부에서 산업 기반시설에 대한 정책이나 부동산 소득에 대한 세제 정책을 어떤 방향으로 잡느냐에 따라 큰 영향을 받기도 한다.

장기적 전망

국내 1위의 대형 종합건설 기업으로서 규모의 경제의 효과를 누릴 수 있는 위치를 점하고 있다. 더불어 높은 기술력과 사업 다각화 노력으로 매출처를 다변화하였으며 이로써 지속적인 성장이 가능하다고 전망된다.

어떻게 투자해야 하는가?

국내의 1위의 지위를 가지는 대형 종합건설 기업이므로 건설업에 투자하고 싶다면 분산투자 원칙으로 일정 지분을 포트폴리오에 편입하길 권한다. 앞서 설명했듯이 건설업은 경기의 영향과 정부 정책의 영향을 크게 받아 주가 변동성도 높기 때문에 많은 비중을 장기로 투자하기에는 위험이 크다.

> **NOTE**
> 〈분산투자〉 건설업은 경기의 영향과 정부 정책의 영향을 받아 변동성이 크기 때문에 많은 비중을 투자하면 위험이 크다. 때문에 포트폴리오상 분산투자를 추천한다.

036 GS건설 (대형주)

건설

【 GS 그룹 계열의 대형 종합건설 기업(산업A 후보) 】

- FICS Sector: 산업재
- FICS Industry Group: 자본재
- FICS Industry: 건설

월간차트(이전 10년간)

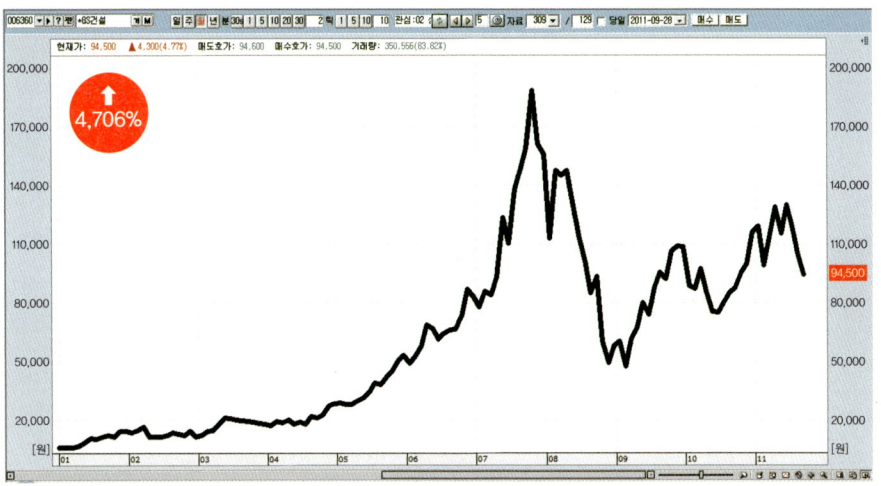

4,706%

재무상황

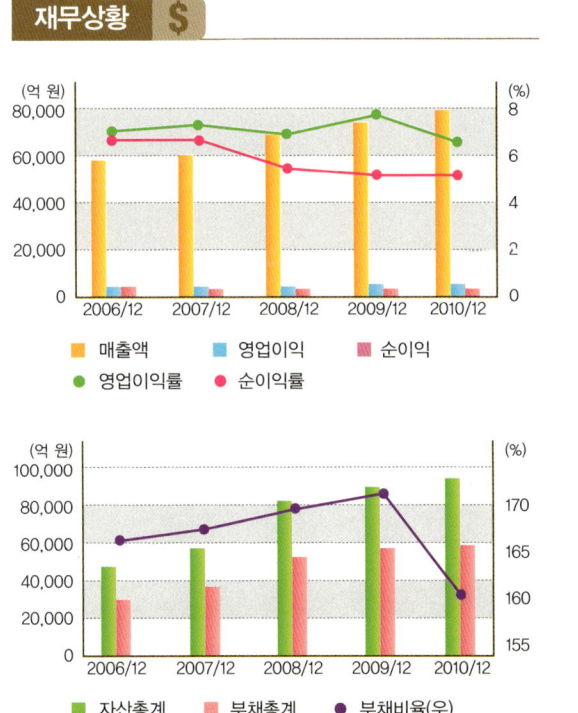

매출구성

(2010년 12월 기준)

- 해외 도급공사: 27.9
- 국내 주택: 25.2
- 국내 건축: 17.8
- 국내 플랜트 외: 17.2
- 국내 토목: 11.9

06 건설 147

기업 소개

국내 선두권의 대형 종합건설 기업이다. 사무용 빌딩·공장 등을 건설하는 건축사업, 도로·철도 등 사회 기반시설을 제공하는 토목사업, 아파트·주상복합 등의 주거공간을 건설하는 주택사업, 석유 정제설비 등을 설치하는 플랜트사업, 발전소·하수처리시설 등을 건설하는 발전·환경사업 등을 주요 사업으로 하고 있다.

먼저 건축사업 부문을 보면 공공·민간 발주자가 요구하는 최종 목적물을 건설하는 사업으로 업무시설, 생산시설 등 주거를 제외한 모든 건축 상품에 대한 영업 및 시공을 진행한다. 그리고 토목사업 부문은 공공의 이익을 위하여 불특정 다수 수요자를 대상으로 자연의 터전에 새로운 공간을 창조하는 사업이다. 타 산업의 기반 시설물을 생산하는 사업으로서 오랫동안 경제 발전을 주도하여왔다. 주택사업 부문은 말 그대로 주거용 주택의 건설을 가리킨다.

그리고 플랜트사업 부문은 프로젝트의 수행을 위해 설계, 공사 관리, 엔지니어링, 기계 장치의 제조 및 설치, 시공 등 다양한 분야의 기술력을 통합하여야만 원활한 수행이 가능한 기술집약적 산업이라고 할 수 있다. 따라서 이러한 복잡한 공정에 참여하기 위해서는 일정 수준 이상의 기획 능력, 기술력, 자본력, 사업관리 능력 등이 필수적이다.

10년간 최대 상승률

4,706%: 최저 4,140원(01년 01월) → 최고 199,000원(07년 10월)

상승의 주요 이유

- **체크 1: 대기업인가?**
〈YES〉 GS 그룹 계열의 대형 종합건설 회사로서 강력한 자본력, 영업망, 유통망을 갖는다.
- **체크 2: 경쟁력을 갖췄는가?**
〈YES〉 국내 대형 건설사로 공공 부문에서 높은 기술력을 갖추고 있으며 규모의 경제의 이점을 누릴 수 있다.

투자의 난이도

매우어려움 | 어려움 | 보통 | 쉬움 | 매우쉬움

- **체크 1: 매출구성을 이해하기 쉬운가?**

〈NO〉 건설업은 규모가 크고 매출별 단가가 일정하지 않아 매출구성을 이해하기가 쉽지 않다.

사업 부문	주요 재화 및 용역	주요 고객
건축사업 부문	사무용 빌딩, 공장 등	LG 디스플레이㈜, 코크랩, GS, SQUARE 등
토목사업 부문	도로, 철도 등	TAKREER, 건설교통부, 한국수자원공사 등
주택사업 부문	아파트, 주상복합 등	DSD삼호, ㈜메이져디벨로프먼트 등
플랜트사업 부문	석유 정제설비 등	TAKREER, GASCO, GS칼텍스 등
발전·환경사업 부문	발전소, 지역난방 등	GDF-Suez S.A., Yerevan Thermal Power 등
기타 부문	임대사업 등	불특정 다수인 등

- **체크 2: 현금흐름을 파악하기 쉬운가?**

〈NO〉 매출구성을 이해하기 어려우며 계약별 매출이 일정치 않고 규모도 커서 정확한 현금흐름을 파악하기가 쉽지 않다.

- **체크 3: 경기변동의 영향을 받는가?**

〈YES〉 GS건설이 영위하는 각 사업 부문은 국내외, 민간이나 공공을 막론하고 건설업이 주요하므로 경기변동의 영향을 크게 받는다.

장기적 전망

GS 그룹 계열의 대형 종합건설 기업으로서 중소 건설사보다 경쟁우위에 있다. 또한 그동안 공공 부문에서 축적된 높은 기술력이 있으므로 장기적 전망이 밝다고 할 수 있다.

어떻게 투자해야 하는가?

건설사는 사업의 내용이 어렵고 경기변동의 영향을 크게 받는다. 하지만 GS건설은 국내 상위의 대형 종합건설사이며 국내에서 건설업이 차지하는 위치를 볼 때 분산투자 원칙으로 일정 지분을 포트폴리오에 편입할 것을 추천한다.

> **NOTE**
> 〈분산투자〉 건설업에 투자하고 싶다면 상위의 대형 종합건설사를 선정해 포트폴리오상 분산투자할 것을 추천한다.

037 대림산업 (대형주)

건설

【 대형 종합건설 기업(산업A 후보) 】

- FICS Sector: 산업재
- FICS Industry Group: 자본재
- FICS Industry: 건설

월간차트(이전 10년간)

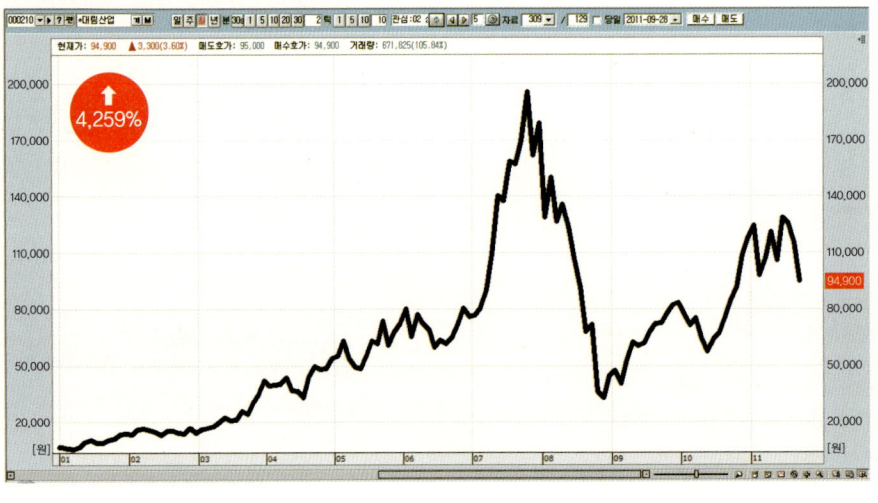

4,259%

재무상황

매출구성

(2010년 12월 기준)

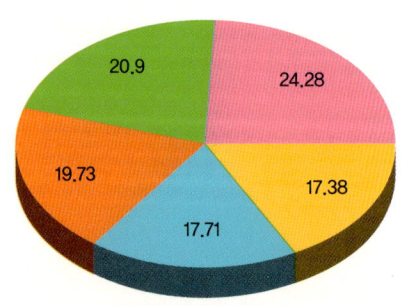

- 도급건축: 24.28
- 토목: 20.9
- 해외 건설: 19.73
- 분양 외: 17.71
- 석유화학: 17.38

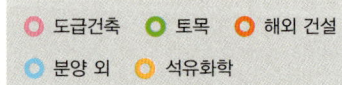

150 내공 주식투자 3

기업 소개

인지도 높은 브랜드를 보유하고 있는 국내 대형 건설 기업이다. 건설사업 부문과 유화사업 부문으로 나뉘어 사업을 영위하고 있다. 건설사업 부문은 종합건설업에 해당되어 주요 공사 형태와 공사용역 제공방식에 따라 토목, 건축, 플랜트, 분양, 기타로 구분할 수 있고, 기타 사업으로는 임대료 수입 등이 있다. 유화사업 부문은 화합물질 및 화학 제품 제조업에 해당되며 주요 제품으로는 PB, PE, 필름 등이 있다. 코스피 상장 기업인 삼호, 고려개발 등을 계열사로 두고 있다.

10년간 최대 상승률

4,259%: 최저 4,760원(01년 01월) → 최고 207,500원(07년 10월)

상승의 주요 이유

- **체크 1: 브랜드 가치가 높은가?**

  〈YES〉 아파트 부문에서 'e-편한세상'이라는 인지도 높은 브랜드를 보유하고 있으며 대형 건설 기업으로서 공공 부문에서도 높은 기술력을 확보하고 있다.

- **체크 2: 경쟁력을 갖췄는가?**

  〈YES〉 건설산업의 대부분 공사 수주는 일정한 자격기준에 해당하는 기업들 간 경쟁을 통해 이뤄진다. 최저가 공사인 경우는 가격 경쟁력이 중요한 데 비해 적격공사인 경우는 공사실적, 재무능력, 기술력, 신인도, 가격 등이 종합된 수행능력이 경쟁의 핵심요소가 된다. 이와 같은 점에서 대림산업은 높은 경쟁력을 가지고 있다.

투자의 난이도

매우어려움 | 어려움 | 보통 | 쉬움 | 매우쉬움

- **체크 1: 이해할 수 있는 사업인가?**

  〈NO〉 일반 주택 건설 외의 분야에 대해서는 일반인이 이해하기에 어려운 사업이다. 더욱이 일괄적인 제품을 생산하는 제조업이 아니라 계속해서 수주를 받아야 하기 때문에 사업 내용을 쉽게 이해할 수 없다.

- **체크 2: 매출구성을 이해하기 쉬운가?**

  〈NO〉 종합건설업은 규모가 크고 매출구성이 복잡하여 이해하기가 쉽지 않다.

- **체크 3: 현금흐름을 파악하기 쉬운가?**

  〈NO〉 매출구성과 사업 내용을 이해하기 어렵기 때문에 현금흐름 파악도 쉽지 않다.

- **체크 4: 경기변동의 영향을 받는가?**

  〈YES〉 건설업은 수주 산업이고 경기에 후행하는 산업이기 때문에 전반적인 산업구조 및 산업 활동의 변동과 경제성장 추세에 영향을 크게 받는다. 특히 정부의 금융정책과 건설 관련 규제 등도 건설 경기에 영향을 미치는 주요한 요인이다.

장기적 전망

대림산업은 국내에서 다섯 손가락 안에 드는 대형 종합건설 기업으로서 중소건설사보다 규모의 경제를 통해서 높은 매출을 이룰 수 있는 위치를 점하고 있다. 앞으로도 지속적인 성장세를 이룰 수 있을 것으로 전망된다.

어떻게 투자해야 하는가?

건설업은 일반인에게는 사업의 내용이 어렵고 경기변동의 영향을 크게 받는다. 하지만 국내 산업에서 건설업이 차지하는 비중을 볼 때 일정 지분을 투자하는 것은 추천할 만하다. 건설업종 중에서도 대형 종합건설 기업을 선정할 것을 권한다.

> **NOTE**
> 〈분산투자〉 건설업종에 장기로 투자하고 싶다면 대형 종합건설사를 선정하여 포트폴리오상 분산투자하길 권한다.

이주영의 주식 칼럼 4

부의 흐름을 파악하는 것만으로도 투자가 편안해진다

주식시장에 자금을 투입하고자 할 때 가장 먼저 해야 할 일은 우리나라 경제를 이끌고 가는 산업이 무엇인가를 파악하는 것이다. 나라 경제의 중심이 되는 산업이 A가 되고 거기에서 파생되는 산업으로 B와 C를 설정한다.

예컨대 최근까지 자동차와 화학이 주도 업종으로서 높은 상승세를 보여왔는데 이것이 산업A이다. 이 산업이 시장을 선도하기 시작하면 그와 관련된 산업, 즉 자동차 부품, 타이어, 강판 등이 파생산업으로서 산업B, C가 된다. 만약 건설업종이 산업A라면 파생산업은 건축자재, 시멘트 등이 될 것이다.

시대에 따라 주도적인 산업은 달라지기 마련이다. 앞으로 우리나라 경제는 어떤 산업이 이끌어갈까? 항상 이 점을 생각한다면 적은 위험을 감수하면서 꾸준한 수익률을 기대할 수 있는 편안한 투자를 할 수 있다.

서비스

【 최대 상승률(이전 10년간) 409%: 최저 216포인트(03년 03월) → 최고 1101포인트(11년 04월) 】

월간차트(이전 10년간)

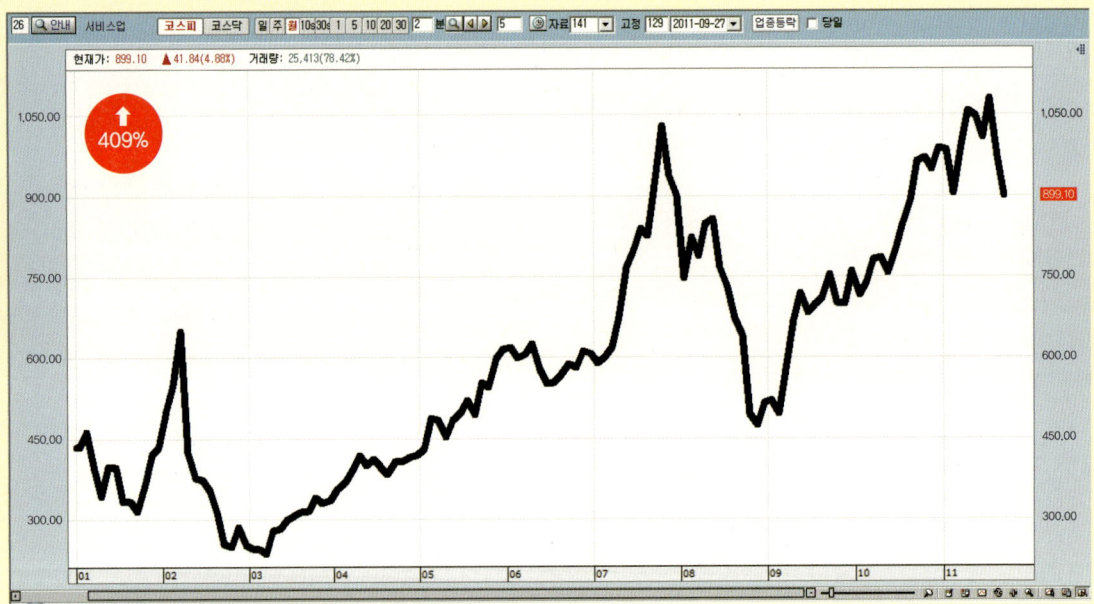

해당 종목

CJ	CJ CGV	CS홀딩스	GKL	GS ★A	GIIR
IB스포츠	IHQ	JW홀딩스	KC그린홀딩스	KISCO홀딩스	KPX홀딩스
KTcs	LG ★A	LS ★A	NHN	NICE	S&T홀딩스
SBS	SBS미디어홀	SK ★A	SK C&C	강원랜드	골든나래리츠
녹십자홀딩스★의약품	농심홀딩스	다산리츠	다우기술	다함이텍	대교
대상홀딩스	대웅	더존비즈온	도화	동부CNI	동성홀딩스
동양시스템즈	두산 ★A	롯데관광개발	비상교육	삼성엔지니어링 ★A	삼성출판사
성창기업지주	세기상사	세아홀딩스 ★B	신세계 I&C	신세계푸드★내수산업	에스원

에쓰씨엔지니어링	엔씨소프트 ★A	영원무역홀딩스	온미디어	우방랜드	웅진씽크빅
웅진코웨이 ★B	웅진홀딩스	웰스브릿지	유엔젤	이스타코	이케이에너지
일진홀딩스	제일기획 ★B	진양홀딩스	케이티스	코오롱 ★B	콤텍시스템
태평양	텔코웨어	티엘씨레저	티이씨앤코	평화홀딩스	풀무원홀딩스
풍산홀딩스	하이트홀딩스	한국전자홀딩스	한미파슨스	한세예스24홀딩스	한솔PNS
한전기술	한전산업	한진중공업홀딩스	한진해운홀딩스	현대에이치씨엔	효성ITX
휘닉스컴					

업종 둘러보기

앞의 표는 코스피 업종에서 서비스업으로 분류된 85개의 종목이다. 서비스업은 분류하기가 어렵다. 서비스라는 단어 자체가 중의적으로 사용되어 그 뜻을 명확하게 정의할 수 없기 때문이다. 서비스의 사전적 의미는 '생산된 재화를 운반하고 배급하거나 생산과 소비에 필요한 노무를 제공함'이다. 의미만 봐도 지나치게 광범위해서 대부분의 산업이 서비스업에 포함될 수도 있을 것 같다.

우리가 쉽게 이해할 수 있는 서비스업종으로는 카지노, 호텔, 레저 등의 사업을 영위하는 강원랜드가 있고, 보안시스템을 제공하는 에스원 그리고 광고를 제작하는 제일기획 등이 있다. 이와 같은 기업은 대번에 서비스업종임을 알 수 있다. 그런데 편의상 서비스업이라고 분류하지만 일률적으로 말할 수 없고 각 회사마다 독특한 사업을 영위한다. 예를 들어 NHN은 인터넷 포털 서비스, 신세계푸드는 급식, 우방랜드는 놀이동산사업을 한다. 서비스업이라고 분류하기보다는 기타 업종이라고 분류하는 게 이해하기에 더 쉬울 것 같다. 게다가 업종 안에서의 사업을 봐도 구분이 모호한 분야도 많다. 예를 들어 웅진코웨이는 정수기사업을 환경가전제품으로 보아야 할지 렌탈 서비스업으로 분류해야 할지 난감한 부분이 있다.

이렇게 각기 다른 사업이 한데 묶인 업종 내에서 종목 간 비교, 분석을 통해 장기 투자 종목을 찾기란 쉬운 일이 아니다. 장기 투자를 위해서는 안정성과 성장성, 그 외 많은 요소들을 살펴야 한다. 때문에 서비스업종에서도 역시 그 작업을 건너 뛸 수가 없다. 경쟁사와 차별화되는 독보적인 서비스나 브랜드, 상품이 있는지부터 시작하여 진입장벽은 높은지, 경쟁사에 비해 높은 자본력과 유통망, 영업망 등이 확보되었는지를 살피고 사업에 영향을 주는 요소는 없는지도 봐야 한다.

또한 서비스업종에서 꼭 살펴봐야 할 것이 있는데 그것은 바로 최근 유행하는 지주회사다. 서비스업종의 많은 종목이 지주회사라는 이름을 달고 있다. 지주회사란 다른 회사의 주식을 소유한 회사를 가리키는데, 단순히 주식을 소유하는 것이 아니라 법적 기준 이상의 지분을 보유함으로써 그 회사에 대하여 실질적인 지배권(의결권)을 취득하는 것을 사업의 목적으로 하는 회사다. 주요 수입원으로는 자회사 등으로부터 받는 배당수익과 자사 브랜드의 권리를 소유함으로써 그 브랜드 사용자로부터 받는 상표권 사용수익, 소유 건물의 임대를 통한 임대수익 등이 있다.

LG, SK, LS, GS, 두산 등 그리고 그 외 종목 이름에 홀딩스라고 붙는 것은 모두 지주회사라고 보면 된다. 이러한 지주회사는 자회사를 지배하고 지분에 대한 배당이익을 수입원으로 한다는 점에서 지주회사에 투자하는 것은 해당 그룹의 이미지와 미래에 대해 투자하는 것이라고 볼 수 있다. 지주회사는 주권상장법인으로서 자본시장과 금융투자업에 관한 법률 제161조에 의하여 주요 경영사항을 신고하여야 하며, 동시에 지주회사로서 유가증권시장 공시규정 제8조에 따라 자회사의 주요 경영사항에 대하여도 신고해야 한다. 신고대상 범위는 대차대조표상 가액 기준으로 소유하고 있는 주식의 장부가액이 자산 총액의 10% 이상을 차지하고 있는 자회사다.

그룹에 대한 투자를 하고 싶으면 여러 종목을 매수할 필요 없이 그룹의 지주회사에 투자하면 된다. 대기업 위주의 지주회사에 투자하는 것은 위험이 적은 장기 투자 방법이기도 하다.

038 LG (대형주)

서비스

【 LG 그룹의 지주회사 (산업A 후보) 】

- FICS Sector: 산업재
- FICS Industry Group: 자본재
- FICS Industry: 복합 산업

월간차트(이전 10년간)

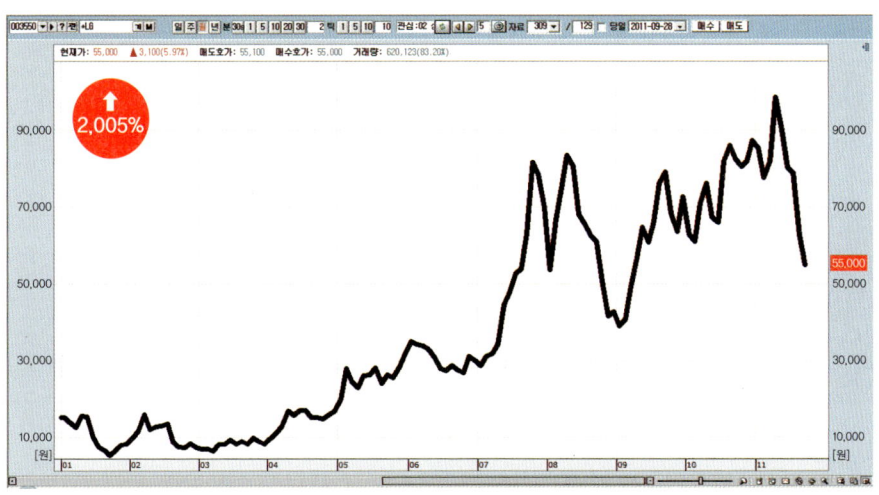

2,005%

재무상황

- 매출액
- 영업이익
- 순이익
- 영업이익률
- 순이익률

- 자산총계
- 부채총계
- 부채비율(우)

매출구성

(2010년 12월 기준)

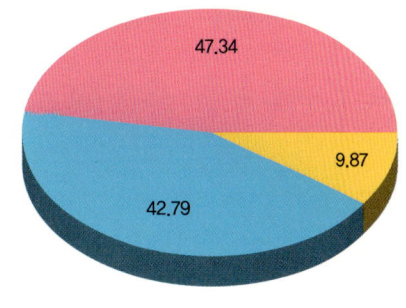

- 47.34
- 42.79
- 9.87

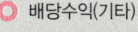 배당수익(기타)
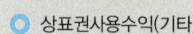 상표권사용수익(기타)
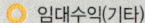 임대수익(기타)

07 서비스 157

기업 소개

　LG전자, LG화학, LG하우시스, LG생명과학, LG생활건강, LG유플러스, 지투알 등의 상장사를 계열사로 보유한 LG 그룹의 지주회사다. 별도의 사업을 영위하지 않는 순수 지주회사의 성격을 취하고 있다. 타 회사의 주식 취득을 통해 그 회사에 대한 실질적인 지배권을 취득하는 것을 목적으로 하며 주요 수입원은 자회사 등으로부터 받는 배당수익, LG 브랜드의 사용자로부터 받는 상표권 사용수익, 소유 건물의 임대를 통한 임대수익 등이 있다. 연결 대상 종속회사에 포함된 회사들이 영위하는 사업으로는 IT서비스업(LG씨엔에스, LG엔시스), 기업구매 대행업 및 부동산자산 관련 종합서비스업(서브원), 반도체 및 기타 전자부품 제조업(LG실트론 및 루셈), 경제·경영 등 교육 및 자문서비스업(LG경영개발원), 태양광발전업(LG솔라에너지), 스포츠구단 운영(LG스포츠) 등이 있다.

10년간 최대 상승률

2,005%: 최저 4,940원(01년 09월) → 최고 104,000원(11년 04월)

상승의 주요 이유

- 체크 1: 대기업인가?

　〈YES〉 LG 그룹의 지주회사로 강력한 자본력과 영업망, 유통망을 가진다.

- 체크 2: 브랜드 가치가 높은가?

　〈YES〉 LG의 상징적 브랜드를 보유하고 있다.

투자의 난이도

- 체크 1: 이해할 수 있는 사업인가?

　〈NO〉 다각화된 매출과 사업모델로 일반인이 그 내용을 이해하기 힘들다.

- 체크 2: 매출구성을 이해하기 쉬운가?

　〈NO〉 LG 그룹의 지주회사로서 LG의 다양한 사업을 영위하는 자회사들을 통해 지분법평가익을 거둔다. 그런데 워낙 다양한 자회사가 있기에 세부적인 매출구성을 이해하기는 쉽지 않다.

- 체크 3: 현금흐름을 파악하기 쉬운가?

　〈NO〉 지주회사의 현금흐름을 파악하기 위해서는 다양한 산업에 넓게 분포되어 있는 그룹 전체 자회사의 현금흐름을 파악해야 하는데 일반인에겐 현실적으로 불가능하다.

- 체크 4: 경기변동의 영향을 받는가?

　〈SO-SO〉 LG는 순수 지주회사로서 어떠한 사업 활동도 하지 않고 다른 회사의 주식을 소유함으로써 그 회사를 지배하는 것을 주된 목적으로 하며, 해당 자회사들로부터 받는 배당금을 주된 수입원으로 하고 있다. LG 계열사에는 다양한 업종의 자회사들이 있기 때문에 경기변동에 따른 직접적인 영향이 상대적으로 적다.

장기적 전망

대한민국의 대기업 중심 산업구조상으로 볼 때 재계 5위권 안에 드는 LG 그룹은 다른 경쟁사들보다 분명히 유리한 위치에 있다. 또한 자회사들의 성장세도 꾸준히 지속되고 있으므로 지주회사인 LG의 미래도 밝다고 할 수 있다.

어떻게 투자해야 하는가?

LG 그룹의 어떤 기업에 투자를 하고 싶다면 LG라는 지주회사를 선택하길 권한다. 지주회사에 투자하는 것은 거느리고 있는 다양한 자회사의 산업에 한꺼번에 투자하는 셈이 된다.

> **NOTE**
> 〈분산투자〉 LG 그룹의 장기적 전망을 고려하여 포트폴리오상 분산투자를 권한다.

039 LS (대형주)
서비스
【 LS 그룹의 지주회사 (산업A 후보) 】

- FICS Sector: 산업재
- FICS Industry Group: 자본재
- FICS Industry: 전기장비

월간차트 (이전 10년간)

↑ 1,702%

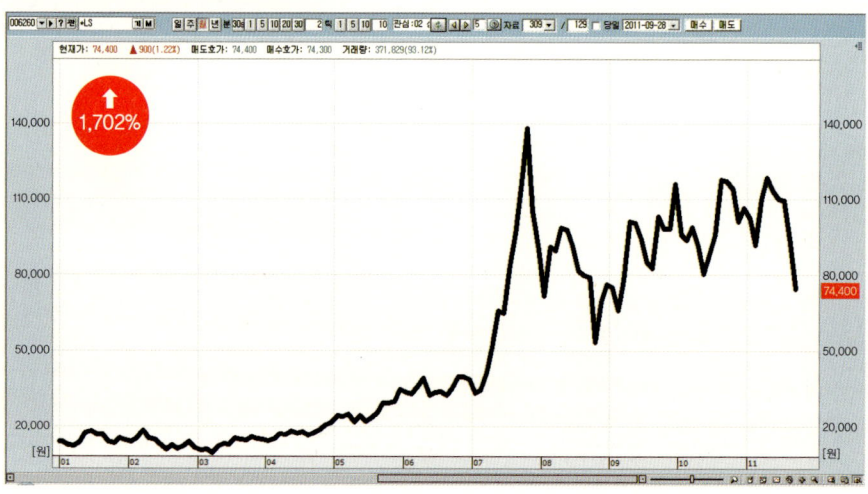

재무상황

매출구성
(2010년 12월 기준)

- 85.29 지분법이익(기타)
- 7.52 브랜드수익(기타)
- 4.73 임대수익(용역)
- 2.46 교육용역수익(용역)

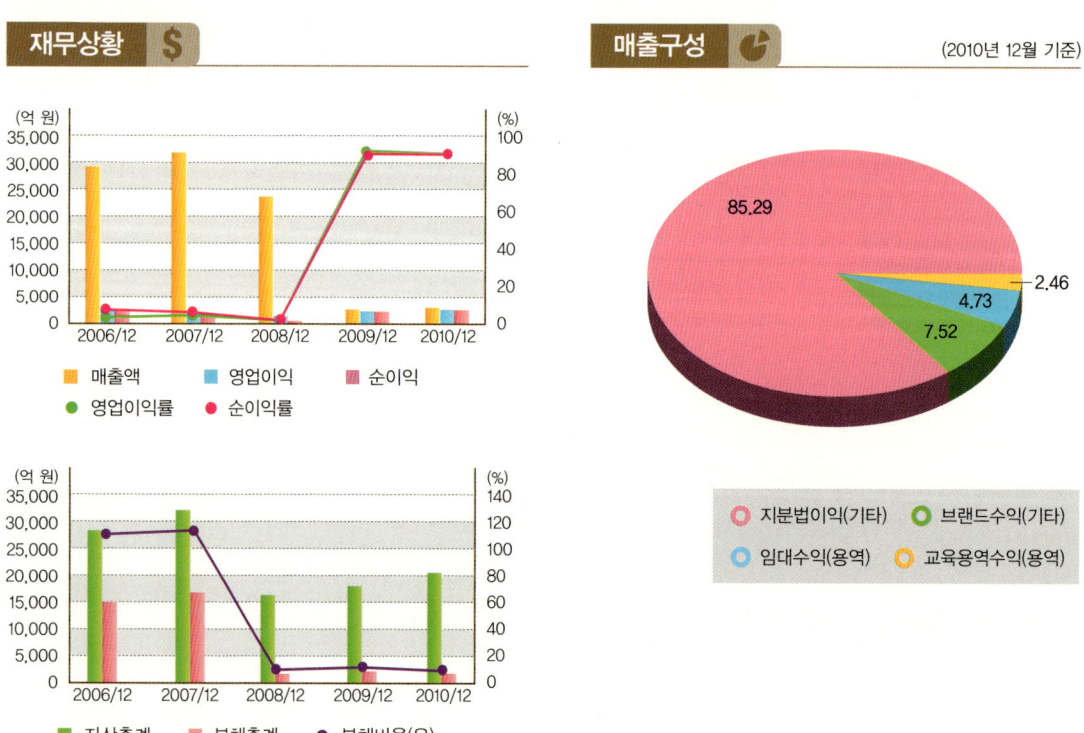

160 내공 주식투자 3

기업 소개

LS 그룹의 지주회사. 주식의 소유를 통하여 해당 회사의 사업을 지배하는 것을 주된 목적으로 한다. 주 수입원으로는 자회사들로부터 받는 배당금, 소유 건물의 임대료, 브랜드 수수료수입 등이 있다. 전선 제조 기업인 LS전선㈜, 전력기기 제조 기업인 LS산전㈜, 동제련 기업인 LS니꼬동제련㈜, 기계 및 전자부품 제조 기업인 LS엠트론㈜ 등 4개의 자회사를 보유하고 있다. 그 외 국내 46개사, 해외 37개사 등 총 83개의 계열회사를 두고 있다.

10년간 최대 상승률

1,702%: 최저 8,850원(03년 03월) → 최고 159,500원(07년 10월)

상승의 주요 이유

- **체크 1: 대기업인가?**
  〈YES〉 LS 그룹의 지주회사로서 강력한 자본력, 영업망, 유통망을 갖는다.
- **체크 2: 브랜드 가치가 높은가?**
  〈YES〉 LS의 브랜드 파워를 지닌다.

투자의 난이도

- **체크 1: 매출구성을 이해하기 쉬운가?**

〈NO〉 LS 그룹의 지주회사로서 다양한 자회사로부터 거두는 지분법평가익이 매출구성의 대부분을 차지한다. 그 세부적인 내용을 일반 투자자들이 정확하게 비교, 분석하기는 어렵다.

(2010년 12월 기준)

자회사명	주요 사업	지분율(%)	지분법손익 (백만 원)
LS전선㈜	절연선 및 케이블 제조업	87.0	60,680
LS엠트론㈜	농업용 및 산업용 기계 제조업	100.0	25,338
LS산전㈜	전기공급 및 전기제어장치 제조업	46.0	54,131
LS니꼬동제련㈜	비철금속제련, 정련업	50.1	98,520

- **체크 2: 현금흐름을 파악하기 쉬운가?**

〈NO〉 지주회사의 현금흐름을 파악하기 위해서는 다양한 산업에 넓게 분포되어 있는 그룹 전체 자회사의 현금흐름을 파악해야 하는데 일반인에겐 현실적으로 불가능하다.

- **체크 3: 경기변동의 영향을 받는가?**

〈SO-SO〉 LS 그룹의 지주회사로 주요 수익은 자회사로부터의 지분법평가익이다. 다양한 자회사에서 다각화된 사업이 영위되기 때문에 경기변동의 영향을 상대적으로 적게 받는다.

장기적 전망

매우밝음	밝음	보통	흐림	매우흐림
★	☀	⛅	☁	⚡

일반인으로서는 사업 내용을 파악하기가 매우 어렵다는 점이 있지만 LS 그룹의 규모와 경쟁력 있는 많은 자회사들을 봤을 때 경쟁력을 확보하고 있다는 사실은 분명하다. 각 자회사들이 성장세에 있으므로 지주회사로서 LS 역시 장기적 전망을 밝다고 볼 수 있다.

어떻게 투자해야 하는가?

적극추천	추천	중립	비추천	적극비추천

LS 그룹이 보유하고 있는 다양한 자회사들 한번 살펴보고 분산투자 원칙에 따라 일정 지분을 포트폴리오에 편입할 것을 추천한다.

> **NOTE**
> 〈분산투자〉 LS 그룹의 장기적인 미래를 밝게 본다면 포트폴리오상 분산투자를 권한다.

040 SK (대형주)

서비스

【 SK 그룹의 지주회사(산업A 후보) 】

- FICS Sector: 산업재
- FICS Industry Group: 자본재
- FICS Industry: 복합 산업

월간차트(이전 10년간)

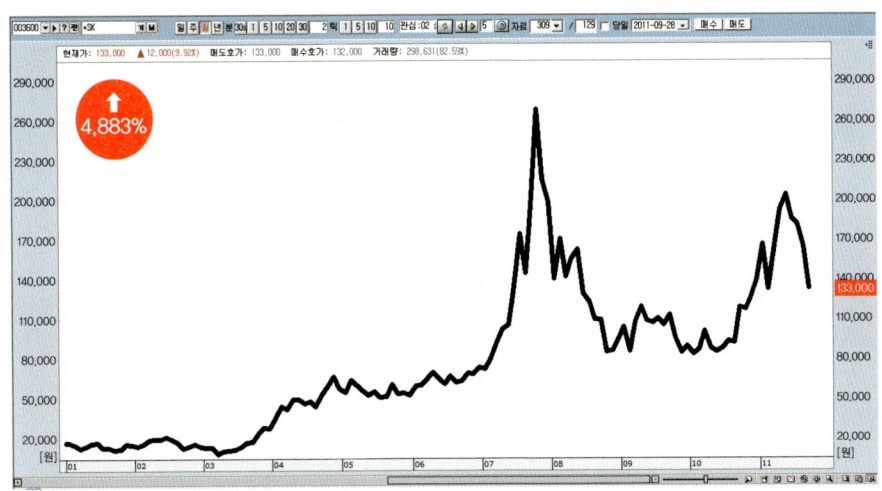

↑ 4,883%

재무상황

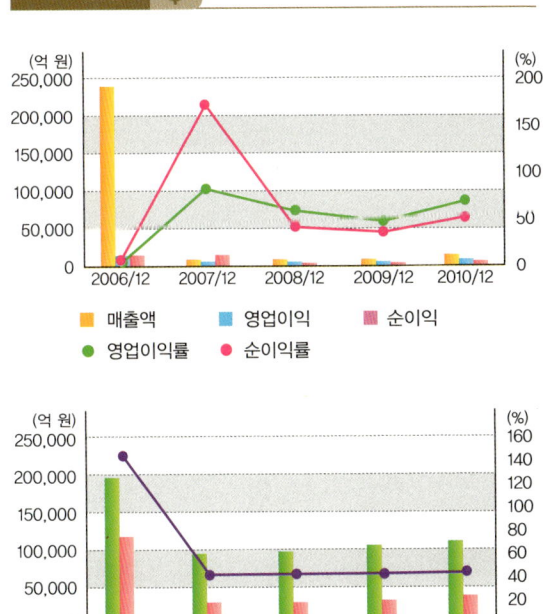

매출구성

(2010년 12월 기준)

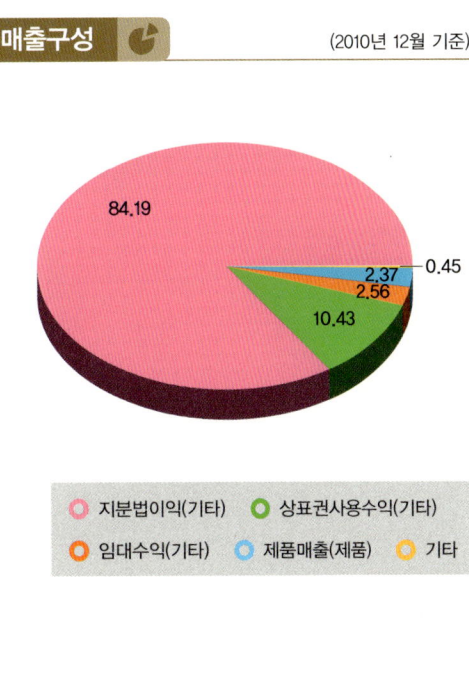

07 서비스 163

기업 소개

SK 그룹의 지주회사다. SK에너지㈜, SK텔레콤㈜, SK네트웍스㈜, 케이파워㈜, SK해운㈜, SK건설㈜, SK E&S㈜, SKC㈜의 총 8개 자회사를 거느리고 있으며, 미래성장 산업의 육성 차원에서 생명과학 사업 부문을 지주회사 내에 두고 있다.

10년간 최대 상승률

4,883%: 최저 5,890원(03년 03월) → 최고 293,500원(07년 11월)

상승의 주요 이유

- 체크 1: 대기업인가?

  〈YES〉 SK 그룹의 지주회사로서 강력한 자본력, 영업망, 유통망을 갖는다.

- 체크 2: 브랜드 가치가 높은가?

  〈YES〉 SK의 브랜드 상징성을 갖는다.

투자의 난이도

매우어려움 | 어려움 | 보통 | 쉬움 | 매우쉬움

- 체크 1: 매출구성을 이해하기 쉬운가?

  〈NO〉 SK 그룹 지주회사로 많은 자회사의 이익을 지분법평가익으로 처리하기 때문에 매출구성을 파악하기가 매우 어렵다.

(2010년 12월 기준)

자회사명	지분율(%)	장부가액(백만 원)	주요 목적사업	비고
SK에너지㈜	33.4	4,187,385	액체연료 및 관련 제품 도매업	상장
SK텔레콤㈜	23.2	2,839,269	정보통신사업	상장
SK네트웍스㈜	39.1	1,198,126	수출입, 상품 종합 도매업	상장
케이파워㈜	100.0	659,959	LNG 복합 화력발전사업	비상장
SK해운㈜	83.1	485,350	해상운송사업, 선박대여 및 용선사업	비상장
SK건설㈜	40.0	457,453	기타 토목시설물 건설업	비상장
SK E&S㈜	67.5	419,155	종합 에너지서비스사업 (도시가스사의 지주회사)	비상장
SKC㈜	42.5	301,774	마그네틱 및 광학 매체 제조업	상장

- 체크 2: 현금흐름을 파악하기 쉬운가?

  〈NO〉 지주회사의 현금흐름을 파악하기 위해서는 다양한 산업에 넓게 분포되어 있는 그룹 전체 자회사의 현금흐름을 파악해야 하는데 일반인에겐 현실적으로 불가능하다.

- 체크 3: 경기변동의 영향을 받는가?

  〈SO-SO〉 다양한 자회사에서 다각적인 사업을 영위하기 때문에 지주회사는 경기변동의 영향을 상대적으로 적게 받는다.

장기적 전망

다양한 사업을 하는 많은 자회사의 매출구성과 현금흐름을 일반 투자자가 파악하기란 불가능에 가깝다. 하지만 SK 그룹의 브랜드 네임과 SK가 거느리고 있는 각 업종의 경쟁력 있는 자회사를 평가할 때 경쟁사들보다 막강한 우위를 자치한다. 장기적 전망은 밝다고 할 수 있다.

어떻게 투자해야 하는가?

SK에 대한 투자는 SK 그룹에 대한 투자다. SK 그룹 내의 경쟁력 있는 회사들의 전망이 긍정적이므로 분산투자 원칙으로 일정 지분을 포트폴리오에 편입하길 추천한다.

> **NOTE**
>
> 〈분산투자〉 SK 그룹의 미래를 밝게 본다면 포트폴리오상 분산투자를 권한다.

041 두산 (대형주)

서비스

【 두산 그룹의 지주회사(산업A 후보) 】

• FICS Sector: 산업재
• FICS Industry Group: 자본재
• FICS Industry: 복합 산업

월간차트(이전 10년간)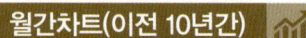

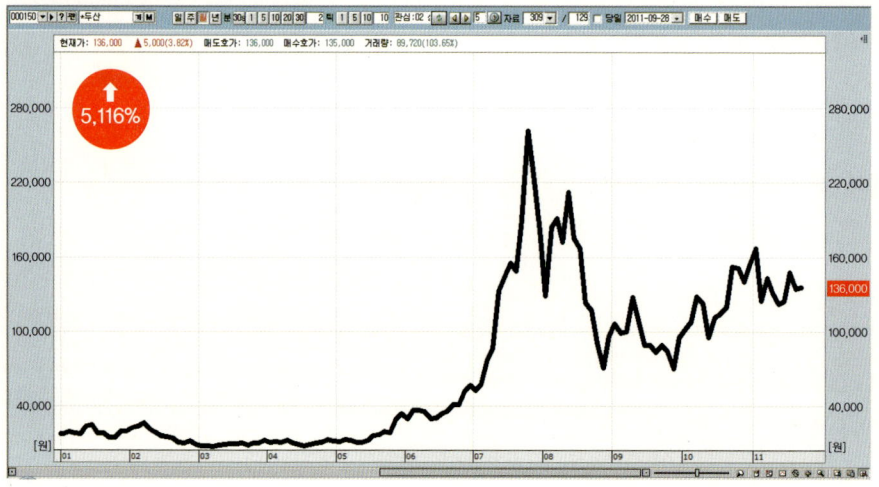

5,116%

재무상황

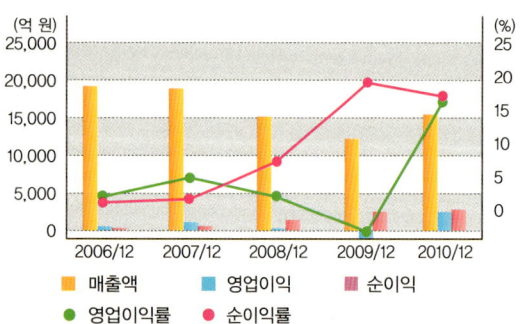

매출구성 (2010년 12월 기준)

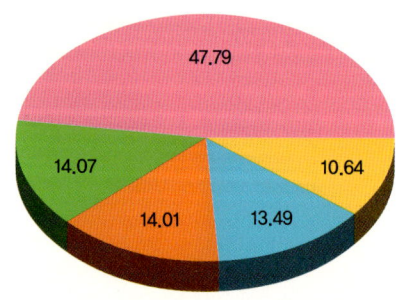

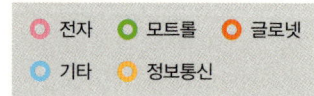

166 내공 주식투자 3

기업 소개

두산은 두산중공업 등 25개 계열사를 거느리는 두산 그룹의 모회사임과 동시에 전자BG(Business Group), 모트롤BG, 의류BG, 글로넷BU(Business Unit), 정보통신BU 등 3개 비즈니스 그룹과 2개 비즈니스 유닛의 자체 사업 부문을 영위하는 사업형 지주회사이다.

각 비즈니스 그룹과 비즈니스 유닛이 영위하는 사업 내용을 살펴보면 다음과 같다. 전자BG에서는 동박(Copper Foil), 유리섬유(Glass Fabric), 화학펄프, 페놀 수지 및 에폭시 수지 등을 원료로 하여 모든 전자 제품에 필수적으로 사용되는 인쇄회로용 동박적층판(PCB 원판)을 생산한다. 이는 고분자 화학과 전자소재 부문을 결합하여 제품을 생산하는 첨단 전자산업으로서 대규모 설비투자가 필요한 장치산업이다. 모트롤BG에서는 장비용 주행 및 선회 디바이스와 메인 펌프, 각종 밸브에 이르는 전 유압 부문 생산체계를 갖추고 있다. 그 외에도 각종 무기체계에 적용되는 방위산업용 첨단 유압부품도 생산하고 있다. 한편 의류BG는 폴로랄프로렌(Polo Ralph Lauren)과의 라이선스 계약이 2010년 12월 종료됨에 따라 영업이 중단되었다.

글로넷BU는 크게 세 부문으로 나뉜다. 물류 부문에서는 국내외 운송서비스를 제공하며 바이오 부문에서는 의약용 지질수액원료, 유아용 기능식 및 화장품에 들어가는 기능성 소재를 생산하고 상사 부문에서는 식자재와 소다회 등의 수입과 판매를 담당한다. 정보통신BU는 토털 IT서비스를 제공하는 사업부로서, 국내 및 국외에 구축되어 있는 광범위한 IT서비스 파트너 네트워크를 활용하여 전 세계 두산 계열사에 대해 IT 컨설팅 및 시스템 통합, 응용시스템 서비스, IT 인프라 서비스를 포함한 포괄적인 IT서비스를 제공한다.

2011년 3월 현재 두산이 거느린 계열사로는 ㈜두산, 두산중공업㈜, 두산인프라코어㈜, 두산건설㈜, ㈜오리콤, 두산엔진㈜ 등 6개의 상장회사와 19개의 비상장 회사를 포함하여 총 25개사가 있다.

10년간 최대 상승률

5,116%: 최저 6,000원(03년 04월) → 최고 313,000원(07년 11월)

상승의 주요 이유

- 체크 1: 대기업인가?

  〈YES〉 두산 그룹의 지주회사로서 강력한 자본력과 영업망, 유통망을 갖는다.

- 체크 2: 브랜드 가치가 높은가?

  〈YES〉 두산의 강력한 브랜드 네임을 갖는다.

투자의 난이도

- **체크 1: 매출구성을 이해하기 쉬운가?**

〈NO〉 두산은 지주회사로서 매출구성의 대부분이 지분법평가익이다. 그렇지만 다양한 사업을 하는 많은 자회사를 두고 있기 때문에 세부적인 내용을 정확히 파악하기 힘들다.

- **체크 2: 현금흐름을 파악하기 쉬운가?**

〈NO〉 지주회사의 현금흐름을 파악하기 위해서는 다양한 산업에 넓게 분포되어 있는 그룹 전체 자회사의 현금흐름을 파악해야 하는데 일반인에겐 현실적으로 불가능하다.

- **체크 3: 경기변동의 영향을 받는가?**

〈SO-SO〉 사업지주회사는 어떠한 사업 활동을 직접 영위함과 동시에 다른 회사를 지배하기 위하여 주식을 소유하는 회사이다. 두산이 영위하는 자체 사업 부문의 경기변동 영향도 큰 편이 아니고 다양한 업종의 자회사를 두고 있기에 경기변동의 영향을 상대적으로 적게 받는다.

장기적 전망

두산은 다양한 업종의 경쟁력 있는 자회들이 있고 대기업의 이미지와 브랜드 네임으로 경쟁사보다 우위에 있다. 때문에 장기적 전망이 밝다고 할 수 있다.

어떻게 투자해야 하는가?

상위 대기업 그룹에 포함되는 두산은 국내에서 영향력이 매우 크다. 두산 그룹에는 각각의 업계에서 선두 역할을 하는 경쟁력 있는 자회사들이 다수 있다. 이들의 위상을 고려하여 분산투자 원칙으로 일정 지분을 포트폴리오에 편입하는 것을 추천한다.

> **NOTE**
> 〈분산투자〉 두산 그룹의 장기적인 미래를 밝게 본다면 포트폴리오상 분산투자를 추천한다.

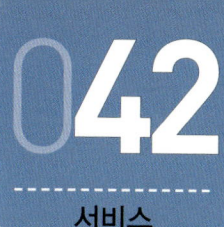

042 GS (대형주)

서비스

【 GS 그룹의 지주회사 (산업A 후보) 】

- FICS Sector: 에너지
- FICS Industry Group: 에너지
- FICS Industry: 석유 및 가스

월간차트(이전 10년간)

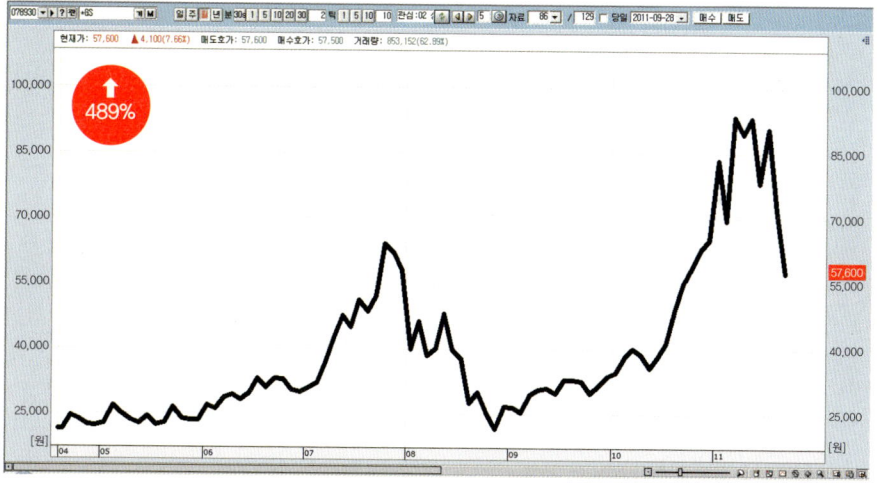

489%

재무상황

- 매출액
- 영업이익
- 순이익
- 영업이익률
- 순이익률

- 자산총계
- 부채총계
- 부채비율(우)

매출구성

(2010년 12월 기준)

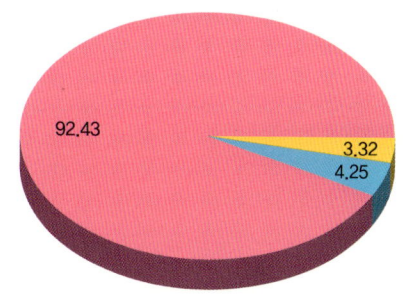

92.43
4.25
3.32

- 지분법이익(기타)
- 임대수익(기타)
- 상표권사용수익(기타)

07 서비스 **169**

기업 소개

2004년 7월 ㈜LG에서 인적 분할하여 설립된 지주회사. GS칼텍스㈜, GS홈쇼핑㈜, ㈜GS리테일, ㈜GS스포츠, GS이피에스㈜, ㈜GS글로벌을 자회사로 두고 있다. 2010년 12월 31일 기말 대차대조표상 가액 기준으로 GS가 주요 경영사항을 신고해야 하는 자회사는 GS칼텍스㈜, ㈜GS리테일 2개사다.

GS칼텍스는 세계적인 경쟁력을 갖춘 석유·석유화학 생산시설을 바탕으로 우리나라 석유 에너지의 3분의 1 이상을 공급한다. 하루 76만 배럴의 정제시설을 갖추고 있으며, 전국 3,400여 개의 주유소와 400여 개의 충전소를 통해 석유 제품을 공급하고 있다. 또한 전체 생산량의 50% 이상을 해외에 수출하고 있다.

GS리테일은 2005년 1월 LG 그룹에서 분리되었으며, 2005년 3월 ㈜LG유통에서 ㈜GS리테일로 상호를 변경하였다. 1990년 편의점사업을 시작한 이래 한국의 대표적 편의점이자 순수 국내 브랜드로서 높은 인지도를 보이고 있다. 또한 GS25와 GS수퍼마켓 위주의 사업 전개로 매출과 수익을 확대하고 있다.

10년간 최대 상승률

489%: 최저 17,800원(08년 11월) → 최고 105,000원(11년 04월)

상승의 주요 이유

- **체크 1: 대기업인가?**
  〈YES〉 GS 그룹의 지주회사로서 강력한 자본력과 영업망, 유통망을 갖는다.
- **체크 2: 브랜드 가치가 높은가?**
  〈YES〉 GS 브랜드의 상징성을 가진다.

투자의 난이도

매우어려움 | 어려움 | 보통 | 쉬움 | 매우쉬움

- **체크 1: 매출구성을 이해하기 쉬운가?**
  〈NO〉 GS 그룹의 지주회사이기 때문에 자회사들의 지분법평가익으로 매출이 발생한다. 하지만 그 세부적인 내용을 일반인이 이해하기는 매우 어렵다.
- **체크 2: 현금흐름을 파악하기 쉬운가?**
  〈NO〉 지주회사의 현금흐름을 파악하기 위해서는 다양한 산업에 넓게 분포되어 있는 그룹 전체 자회사의 현금흐름을 파악해야 하는데 일반인에겐 현실적으로 불가능하다.
- **체크 3: 경기변동의 영향을 받는가?**
  〈YES〉 GS는 지주회사이면서도 경기변동의 영향을 크게 받는다. 왜냐하면 매출구성의 많은 부분을 차지하는 근원이 GS칼텍스이기 때문이다. GS칼텍스가 영위하는 석유·석유화학사업은 경기변동과 환율변동의 영향을 크게 받는다.

장기적 전망

GS 그룹은 GS칼텍스의 에너지 매출이 큰 비중을 차지한다. 때문에 경기변동의 영향을 크게 받지만 다양한 업종의 경쟁력 있는 자회사들을 살펴볼 때 경쟁우위에 있는 그룹이라 할 수 있다. 장기적 전망은 밝다고 판단한다.

어떻게 투자해야 하는가?

GS의 매출구성을 보면 상품권 사용수익과 임대수익이 10% 미만이며 지분법평가익이 대부분을 차지하고 있다. 이는 곧 지주회사를 분석할 때는 자회사를 살펴야 한다는 의미다. GS칼텍스와 GS리테일 두 자회사만 보더라도 꾸준한 성장세를 보이고 있으므로 분산투자 원칙으로 일정 지분을 포트폴리오에 편입할 것을 추천한다.

NOTE

〈분산투자〉 GS 그룹의 장기적인 미래를 밝게 본다면 포트폴리오상 분산투자를 추천한다.

043 코오롱 (중형주)

서비스

【 코오롱 그룹의 지주회사 (산업B 후보) 】

- FICS Sector: 경기소비재
- FICS Industry Group: 내구소비재 및 의류
- FICS Industry: 섬유 및 의복

월간차트(이전 10년간)

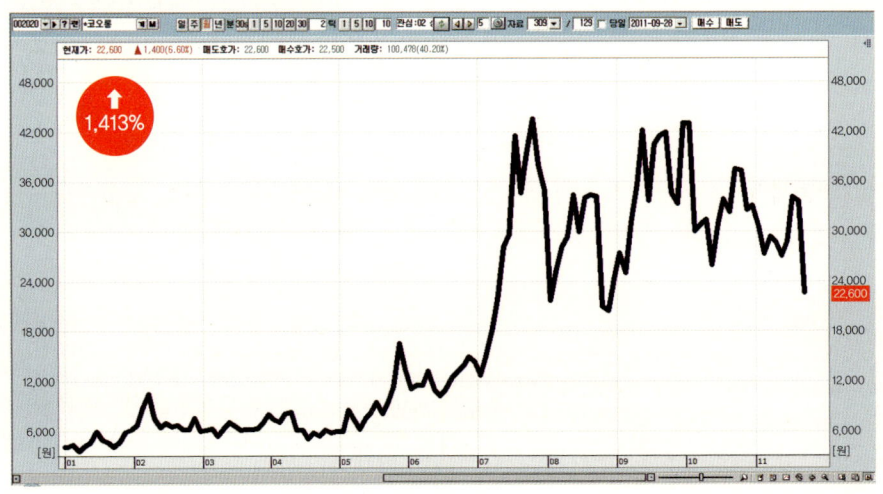

↑ 1,413%

재무상황

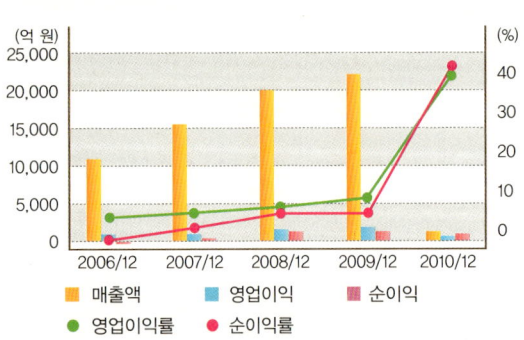

매출구성

(2010년 12월 기준)

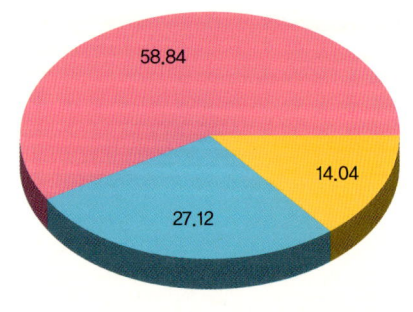

- 58.84 지분법이익
- 27.12 수입수수료
- 14.04 임대수입

172 내공 주식투자 3

기업 소개

코오롱은 2009년 12월 31일 인적 분할을 통해 신설회사인 코오롱인더스트리㈜를 설립하였다. 그때까지 영위하던 주요 사업이 코오롱인더스트리㈜로 이전되었고 제조사업 부분에서 분할되어 순수 지주회사인 코오롱으로 전환했다.

자회사로는 코오롱인더스트리㈜, ㈜환경시설관리공사, 코오롱건설㈜, 코오롱아이넷㈜, 코오롱제약㈜, 코오롱생명과학㈜, 네오뷰코오롱㈜ 등이 있다. 기타 투자 계열사로 코오롱베니트㈜가 있으며, 미국 현지 자회사로 티슈진(TissueGene,Inc)이 있다. 코오롱이 주요 경영사항 보고의무를 갖는 자회사로는 코오롱인더스트리㈜, 코오롱건설㈜, ㈜환경시설관리공사, 네오뷰코오롱㈜ 등 4개사가 있다.

코오롱의 자회사 지분율은 코오롱인더스트리 29.5%, 코오롱건설 33.5%, 환경시설공사 54.5%, 네오뷰코오롱 95.6%, 코오롱제약 45.1%, 코오롱아이넷 31.7%, 코오롱생명과학 19.6%, 코오롱베니트 20.0%, 티슈진 35.6%다.

10년간 최대 상승률

1,413%: 최저 3,240(01년 01월) → 최고 49,050(07년 11월)

상승의 주요 이유

- **체크 1: 대기업인가?**

  〈YES〉 중견 기업으로서 튼튼한 자본력과 영업망, 유통망을 가지고 있다.

투자의 난이도

- **체크 1: 매출구성을 이해하기 쉬운가?**

  〈NO〉 코오롱 그룹의 지주회사는 다양한 자회사의 이익에서 매출구성이 나오는데 각 기업의 이익을 예측하고 평가하는 것은 어려운 일이다.

- **체크 2: 현금흐름을 파악하기 쉬운가?**

  〈NO〉 지주회사의 현금흐름을 파악하기 위해서는 다양한 산업에 넓게 분포되어 있는 그룹 전체 자회사의 현금흐름을 파악해야 하는데 일반인에겐 현실적으로 불가능하다.

사업 부문	주요 제품
산업자재	타이어코드, 산업용 자재, 에어백, 헤라크론, SPB, 샤무드 등
화학	석유 수지, 하이레놀, 에폭시수지, PU·TPU, GRP관·GRP맨홀 등
필름	나일론 및 폴리에스터 필름, DFR, 광학필름 등
패션	스포츠, 아웃도어, 캐주얼의 유통 및 명품 수입·판매

- **체크 3: 경기변동의 영향을 받는가?**

  〈SO-SO〉 자회사의 사업이 다각화되어 있어 경기변동의 영향을 상대적으로 적게 받는다.

장기적 전망 | 매우밝음 | 밝음 | 보통 | 흐림 | 매우흐림

　지주회사로서 경기변동의 영향이 크지는 않지만 코오롱은 중견 그룹에 속하므로 대기업에 비해서는 취약한 편이다. 경쟁력의 우위가 확보되지 않았기 때문에 대기업과 비교해서 미래의 전망을 밝게 볼 수 없다.

어떻게 투자해야 하는가? | 적극추천 | 추천 | 중립 | 비추천 | 적극비추천

　코오롱 그룹 주요 자회사의 매출은 화학소재와 단순 제조업을 통해 발생한다. 독보적인 브랜드나 상품성을 가진 중견 기업이 아니므로 대기업과의 경쟁에서 상대적으로 취약한 편이다. 따라서 장기로 투자하기에는 위험요소가 있다고 판단한다.

> **NOTE**
> 일반인이 장기로 투자하기 위해 지주회사를 선택한다면 더 큰 그룹을 선정하는 것이 위험을 줄이는 길이다.

044 녹십자홀딩스 (중형주)

【 녹십자 그룹의 지주회사 】

서비스

- FICS Sector: 의료
- FICS Industry Group: 제약 및 바이오
- FICS Industry: 제약

월간차트(이전 10년간)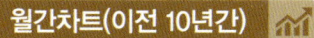

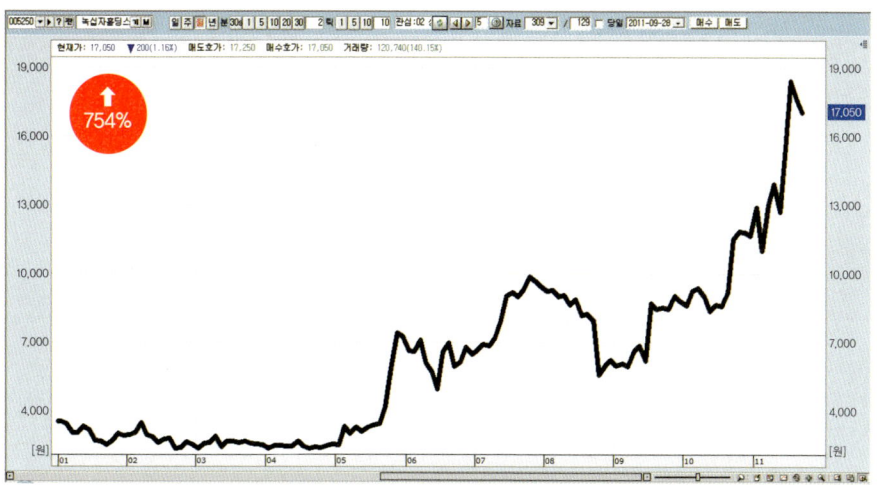

재무상황

매출구성

(2010년 12월 기준)

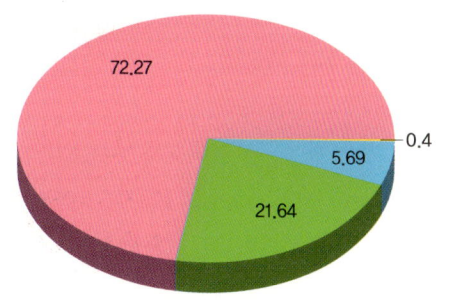

07 서비스

기업 소개

녹십자 그룹의 지주회사로 녹십자, 녹십자생명보험, GC헬스케어, 녹십자EM, 상아제약 등의 의약품과 의약외품의 제조 및 판매업을 영위하는 자회사를 거느리고 있다. 전문 의약품을 생산하는 제약 기업으로 각종 백신류 등 미생물제제와 알부민, 혈우병 치료제인 그린에이트 등 혈액 분획제제, 유로키나제 등 혈전 용해제제를 중심으로 하는 특수의약품 위주의 사업을 영위한다. GC헬스케어, 녹십자생명보험을 통해 U-헬스케어 사업도 영위하고 있다.

(2010년 12월 기준)

회사명	매출액(백만 원)	당기순이익(백만 원)
㈜녹십자	791,015	104,689
녹십자생명보험㈜	979,380	10,014
㈜녹십자헬스케어	4,268	(431)
㈜녹십자이엠	25,793	923
상아제약㈜	7,809	(52)
GCHK	1	(111)

10년간 최대 상승률

754%: 최저 2,200원(04년 12월) → 최고 18,800원(11년 08월)

상승의 주요 이유

- **체크 1: 브랜드 가치가 높은가?**

〈YES〉 녹십자의 지주회사로서 제약 업종에서 높은 브랜드 가치를 지니고 있다.

- **체크 2: 사업의 진입장벽이 높은가?**

〈YES〉 의약사업은 특수성과 고도의 전문기술력이 필요한 산업이다. 또한 일반 기업이 진출하기에는 제약이 많아 신규 사업자의 진입장벽이 높다.

투자의 난이도

- **체크 1: 매출구성을 이해하기 쉬운가?**

〈NO〉 다양한 의약품 기업을 자회사로 거느리고 있기 때문에 의약 전문가가 아닌 일반인이 정확한 매출구성을 이해하기는 쉽지 않다.

- **체크 2: 현금흐름을 파악하기 쉬운가?**

〈NO〉 지주회사의 현금흐름을 파악하기 위해서는 다양한 산업에 넓게 분포되어 있는 그룹 전체 자회사의 현금흐름을 파악해야 하는데 일반인에겐 현실적으로 불가능하다.

- **체크 3: 경기변동의 영향을 받는가?**

〈NO〉 제약산업은 기술집약적이며 다품종 소량생산이 가능한 고부가가치 산업이다. 생활필수품 성격이 강한 치료용 의약품은 경기변동에 둔감한 편으로 비교적 안정된 시장을 형성하고 있다.

장기적 전망

| 매우밝음 | 밝음 | 보통 | 흐림 | 매우흐림 |

세계 주요 국가의 의약품 매출은 지난 수년간 평균 10%대의 성장률을 기록하고 있으며 향후에도 꾸준히 증가할 것으로 예상된다. 노령인구 증가와 생활수준 향상으로 건강에 대한 관심이 지속적으로 높아지고 있기 때문이다. 여기에 새로운 치료제가 속속 개발되면서 수요 또한 새롭게 증가하고 있다. 특히 특수의약품은 일반 의약품시장에서 일어나는 치열한 경쟁이 비교적 덜하기 때문에 환경 변화에 따른 매출변동이 급격히 발생하지 않는다. 따라서 의약품업계에서 높은 브랜드 가치를 보유한 녹십자를 바탕으로 다양한 사업을 추진하고 있는 녹십자홀딩스의 미래는 밝다고 판단된다.

어떻게 투자해야 하는가?

| 적극추천 | 추천 | 중립 | 비추천 | 적극비추천 |

의료업은 사업 내용은 어렵지만 특성상 경기변동의 영향을 적게 받고 유행을 타지 않는다. 그러므로 실적을 안정적으로 예측할 수 있다. 국내 동종 업계에서 높은 브랜드 가치를 보유하고 있는 녹십자그룹의 다양한 자회사들을 살펴보면서 그 지주회사인 녹십자홀딩스에 분산투자하는 것을 추천한다.

> **NOTE**
> 〈분산투자〉 의료업에서 높은 브랜드 가치를 가진 녹십자 그룹의 장기적 성장을 밝게 본다면 포트폴리오상 분산투자를 추천한다.

045 세아홀딩스 (중형주)

서비스

【 세아 그룹의 지주회사(산업B 후보) 】

- FICS Sector: 소재
- FICS Industry Group: 소재
- FICS Industry: 금속 및 광물

월간차트(이전 10년간)

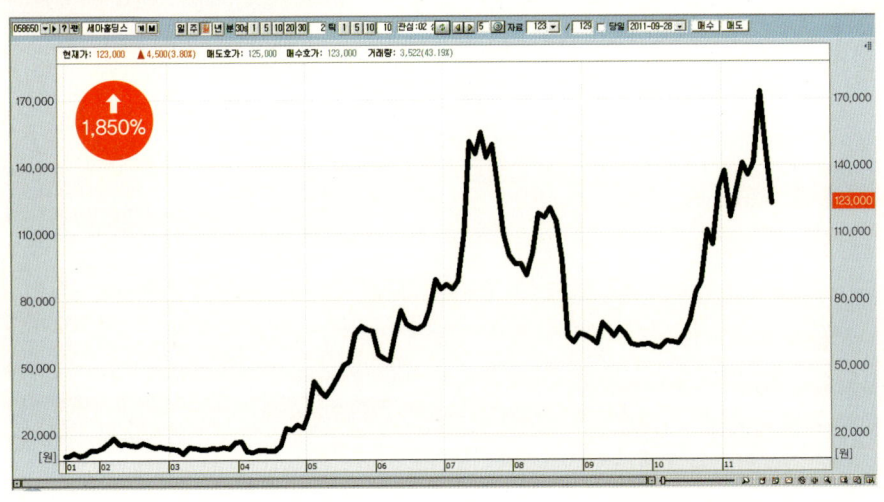

1,850%

재무상황

| 매출액 | 영업이익 | 순이익 |
| 영업이익률 | 순이익률 |

| 자산총계 | 부채총계 | 부채비율(우) |

매출구성

(2010년 12월 기준)

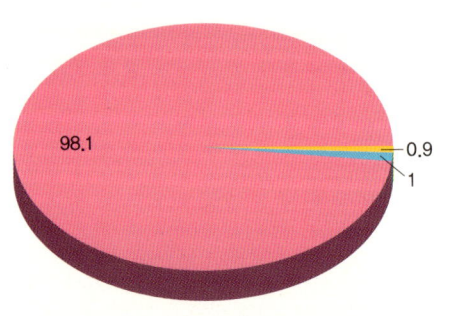

98.1 / 0.9 / 1

| 지분법이익 | 수입용역료 | 수입임대료 |

178 내공 주식투자 3

기업 소개

　세아제강의 투자 부문을 분할하여 설립된 순수 지주회사. 2010년 12월 기준 세아홀딩스를 포함하여 총 21개의 국내 계열회사를 두고 있으며 이 중 세아홀딩스를 모회사로 하는 자회사는 총 12개사이다. 그룹사 중 세아홀딩스를 포함하여 ㈜세아제강, ㈜세아베스틸은 코스피에 상장되어 있으며 나머지는 비상장회사이다.

　2010년도 12월 기준 주요 자회사는 ㈜세아베스틸, 드림라인㈜, ㈜세아특수강 등 3개사이다. 그중 세아베스틸은 총 자산에서 차지하는 비중이 40.08%이며 특수강, 철도차량용품, 형단조품, 자동차부품 등의 제조 및 판매사업을 하고 있다. 드림라인은 11.5%의 지분율에 전용회선, 초고속 인터넷, 인터넷 전화, 공용화 기지국 사업과 유무선 인터넷 포털사업을 영위한다. 그리고 세아특수강은 지분율 7.36%이며 자동차 및 전자, 기계부품, 건설, 공구 등의 소재로 널리 쓰이는 냉간압조용 선재(CHQ Wire), 마봉강(CD Bar), 스테인리스강의 생산 및 판매사업을 영위하고 있다.

10년간 최대 상승률

　1,850%: 최저 9,230원(01년 09월) → 최고 166,000원(07년 07월)

상승의 주요 이유

- **체크 1: 대기업인가?**

　〈YES〉 중견 기업인 세아 그룹의 지주회사로 튼튼한 자본력과 영업망, 유통망을 갖는다.

투자의 난이도

- **체크 1: 매출구성을 이해하기 쉬운가?**

　〈NO〉 지주회사로서 다양한 자회사로부터 얻은 지분법평가익이 매출구성을 이루기 때문에 세부 내용을 이해하기가 어렵다.

- **체크 2: 현금흐름을 파악하기 쉬운가?**

　〈NO〉 지주회사의 현금흐름을 파악하기 위해서는 다양한 산업에 넓게 분포되어 있는 그룹 전체 자회사의 현금흐름을 파악해야 하는데 일반인에겐 현실적으로 불가능하다.

- **체크 3: 경기변동의 영향을 받는가?**

　〈YES〉 세아홀딩스는 지주회사이면서도 경기변동의 영향을 크게 받는다. 그 이유는 자회사의 주요 업종이 경기변동에 민감한 철강소재이기 때문이다.

장기적 전망

지주회사로서 그룹의 형태를 튼튼하게 가지고 있지만 중견 그룹이기 때문에 대기업에 비해 상대적으로 미래에 대한 전망이 밝다고 보기 어렵다.

어떻게 투자해야 하는가?

세아 그룹은 세아베스틸이 영위하고 있는 철강산업이 주력인 그룹사다. 철강 기업에 투자하고자 한다면 규모가 더 커서 안정적인 기업을 선택하는 것이 위험을 줄이는 방법이다.

> **NOTE**
> 기업의 규모가 작으면 시장의 경쟁에서 뒤처질 소지가 있으므로 장기로 마음 편히 투자하기 위해서는 더 큰 회사를 선택하는 것이 바람직하다.

046 신세계 (대형주)

서비스

【 국내 할인마트 시장점유율 1위 기업 】

- FICS Sector: 경기소비재
- FICS Industry Group: 유통
- FICS Industry: 백화점

월간차트(이전 10년간)

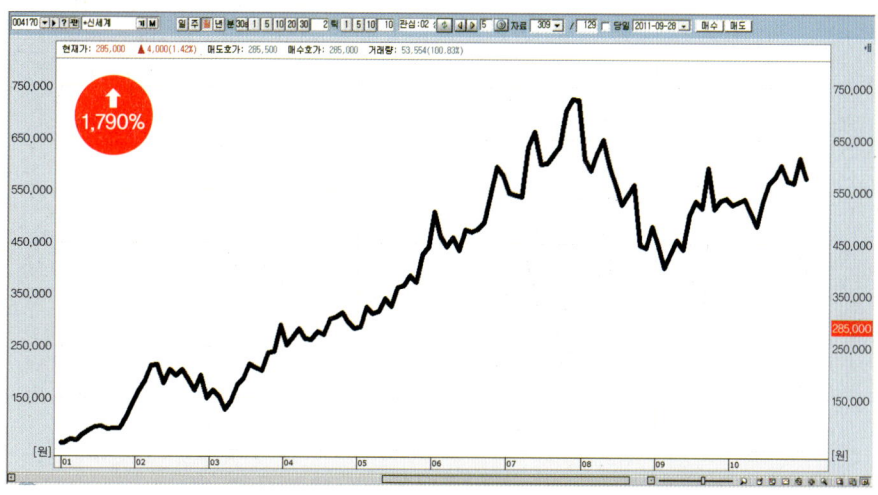

1,790%

재무상황

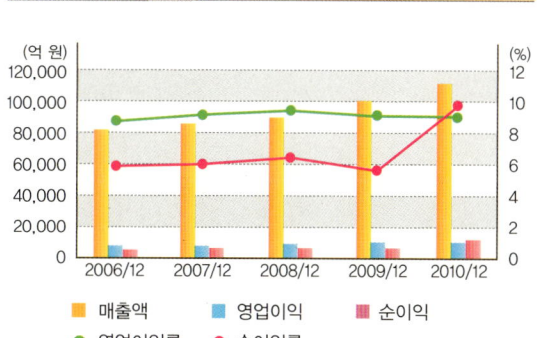

매출구성

(2010년 12월 기준)

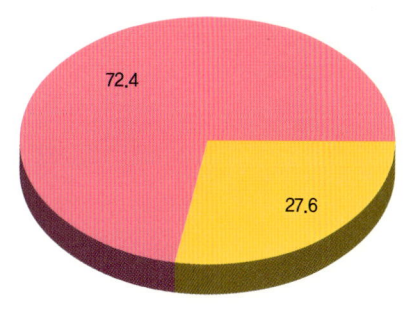

72.4
27.6

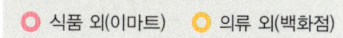
● 식품 외(이마트)　● 의류 외(백화점)

07 서비스 181

기업 소개

이마트를 보유하여 국내 할인마트 시장점유율 1위를 고수하고 있는 유통업계의 강자라 할 수 있다. 2011년 3월 현재 8개(충청점 위탁운영 포함)의 백화점 매장과 135개(안양·부천·시화점 3개의 프랜차이즈 및 ㈜광주신세계가 운영하는 광주이마트 포함)의 이마트 매장을 운영하고 있다.

10년간 최대 상승률

1,790%: 최저 41,000원(01년 01월) → 최고 775,000원(07년 11월)

상승의 주요 이유

- **체크 1: 대기업인가?**

  〈YES〉 신세계 그룹으로 강력한 자본력과 영업망, 유통망을 갖는다.

- **체크 2: 시장점유율이 높은가?**

  〈YES〉 국내 대형 할인마트는 3개사의 과점 형태로 시장이 형성되어 있다.

(2010년 말 기준)

	이마트	홈플러스	롯데마트	기타
대형마트 부문	37%	32%	17%	14%
	신세계	롯데	현대	기타
백화점 부문	20%	42%	20%	18%

- **체크 3: 사업의 진입장벽이 높은가?**

  〈YES〉 대형 유통사업으로 진입장벽이 높다.

대형마트업계의 중요한 경쟁요소는 다점포화를 통한 규모의 경제 실현 및 입지의 선점, 고객의 수요를 충족시킬 수 있는 우수한 상품에 있다. 또한 기존 기업들이 과점을 형성하고 있기 때문에 신규 사업자의 참여가 만만치 않다.

투자의 난이도

매우어려움 | 어려움 | 보통 | 쉬움 | 매우쉬움

- **체크 1: 매출구성을 이해하기 쉬운가?**

  〈YES〉 매출구성이 우리의 일상생활과 밀접한 대형 할인마트와 백화점의 상품매출로 이루어진다.

- **체크 2: 현금흐름을 파악하기 쉬운가?**

  〈YES〉 일반 투자자가 이해하기 쉬운 매출구성으로 현금흐름을 파악하기가 쉽다.

- **체크 3: 경기변동의 영향을 받는가?**

  〈SO-SO〉 대형마트의 상품구성은 의식주에 필요한 기본 생활필수품으로 다른 소매 업태에 비해 경기변동의 영향을 상대적으로 적게 받는다. 한국의 대형마트는 소비자들에게 생활필수품을 공급하여 일상 소비의 필수적인 공간으로 성장했다. 유통업의 대표적인 공간이라고 말할 정도이다. 이러한 대형마트는 대량구매, 대량소비라는 시스템으로 저렴한 가격에 상품을 공급함으로써 경기 침체기에는 경제적인 구매를 할 수 있도록 하고 물가 상승기에는 물가 안정에 기여하는 등 국가 소비경제 선순환을 주도하는 역할을 담당하고 있다.

장기적 전망

이마트와 신세계백화점을 필두로 국내 유통시장에서 과점 체제를 형성하고 있는 기업 중 하나인 신세계는 앞으로도 성장세가 가속될 것으로 예상된다. 고도의 영업력과 자본력 없이는 진입하기 어려운 시장이어서 신세계, 롯데, 현대 빅3 간의 경쟁으로 압축되어 있으며 앞으로도 이들 3사의 시장점유율은 계속 유지될 것으로 예상된다.

어떻게 투자해야 하는가?

국내 유통시장에 투자하고 싶으면 내수 유통업계 1위의 시장점유율을 기록하고 있는 신세계에 장기로 투자하길 권한다.

> **NOTE**
> 국내 유통시장의 미래를 밝게 본다면 장기로 마음 편히 투자하기에 적합한 종목이다.

047 삼성엔지니어링 (대형주)

서비스

【 삼성 그룹 계열의 글로벌 엔지니어링 기업(산업A 후보) 】

- FICS Sector: 산업재
- FICS Industry Group: 산업재
- FICS Industry: 건설

월간차트(이전 10년간)

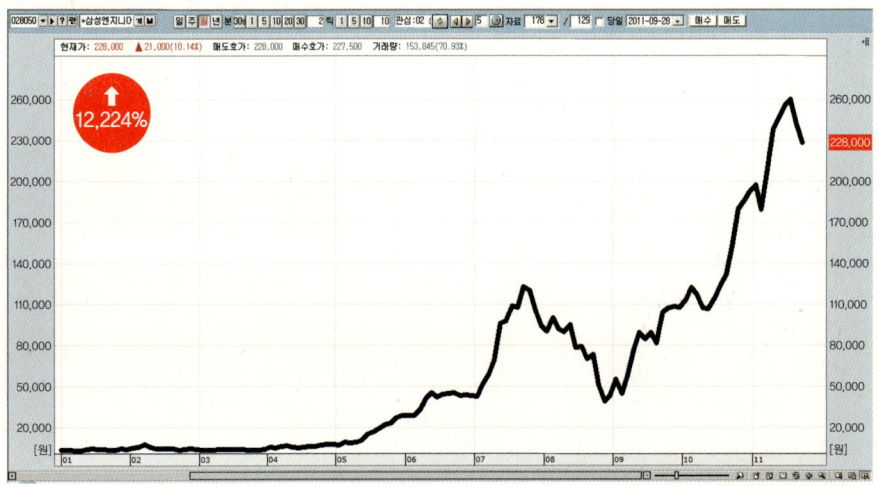

재무상황

매출구성 (2010년 12월 기준)

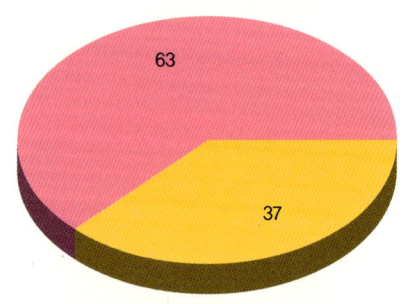

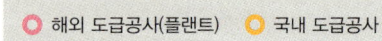

기업 소개

첨단 플랜트 사업성 분석에서부터 설계, 구매, 시공, 시운전 그리고 파이낸싱에 이르는 전 과정을 수행하는 글로벌 엔지니어링 기업이다. 엔지니어링산업은 고객이 요구하는 플랜트와 하부구조에 대해 타당성을 검토하는 것부터 시작하여 파이낸싱, 기본설계, 상세설계, 기자재 조달, 공사, 시운전 및 설비운영까지 제공하는 고도로 복잡하고 정밀한 서비스산업이다. 삼성엔지니어링이 영위하는 사업부문은 석유화학, 정유, 가스의 화공플랜트, 전기·전자, 반도체, 철도 등의 산업플랜트, 하·폐수 등의 환경플랜트이다.

각 부문을 살펴보면 화공플랜트 부문은 원유 탐사에서부터 정유·나프타분해공장을 모체로 기초유분과 관련된 유도품 공장이 계열화되어 있다. 또한 에너지·발전, 연료, 전기·전자, 자동차, 섬유, 건설, 정밀화학 등 관련 산업에 소재를 공급하는 기간산업인 동시에 기초소재산업이며 전형적인 자본, 기술집약적 장치산업이다. 대규모 생산능력과 고부가가치 제품을 생산할 수 있는 기술력을 확보하고 있다. 그리고 산업플랜트 부문은 민수 공장, 에너지·발전설비, 전기·전자 설비, 철도시스템 설비 및 특화개발사업 분야 등으로 다양하게 구성되어 있다.

환경플랜트 부문은 인간의 삶의 질에 대한 관심이 고조되면서 환경규제가 강화되고, 아울러 지속가능 성장 모델이 등장하면서 환경 관련 투자가 확대되고 있어 시장도 지속적으로 커질 전망이다. 환경시장은 용수 공급 등 환경자원 이용, 관련 기자재 제작을 포함하는 환경설비와 용역 서비스사업 등 포괄적이고 광의적으로 구분될 수 있다. 최근 추이를 보면 단순한 설비사업에서 복합화, 대형화의 시설사업으로 시장이 변화하고 있다.

10년간 최대 상승률

12,224%: 최저 2,280원(01년 01월) → 최고 251,500원(11년 04월)

상승의 주요 이유

- 체크 1: 대기업인가?

〈YES〉 삼성 그룹 계열로 강력한 자본력과 영업망, 유통망을 갖는다.

- 체크 2: 독보적 기술력을 갖췄는가?

〈YES〉 설계의 경우 독자적인 프로세스 기술의 보유 여부, 핵심 기술인력 보유 현황, 설계 품질, 상품별 프로젝트 수행 경험 등이 경쟁요소다. 이런 점들에서 삼성엔지니어링은 높은 점수를 얻고 있다.

- 체크 3: 사업의 진입장벽이 높은가?

〈YES〉 대규모 건설 플랜트사업은 기술과 자본집약적 산업이기 때문에 진입장벽이 높다.

투자의 난이도

- **체크 1: 이해할 수 있는 사업인가?**

  〈NO〉 화공플랜트, 산업플랜트, 환경플랜트 등 각 사업의 내용을 일반인이 이해하기 힘들다.

- **체크 2: 매출구성을 이해하기 쉬운가?**

  〈NO〉 대규모 건설사업인 플랜트는 개인들이 매출구성의 세부 내용을 이해하기 어렵다.

- **체크 3: 현금흐름을 파악하기 쉬운가?**

  〈NO〉 규모가 크고 어려운 사업이기 때문에 현금흐름을 파악하기가 쉽지 않다.

- **체크 4: 지속적인 기술경쟁이 일어나는가?**

  〈YES〉 기술의 영향을 크게 받는다. 따라서 지속적인 경쟁우위를 차지하기 위해서는 기술개발에 끊임없는 투자가 이루어져야 한다.

- **체크 5: 경기변동의 영향을 받는가?**

  〈YES〉 엔지니어링업은 수주 산업으로서 경제성장률, 유가, 환율, 시설투자 규모, 타 산업의 경제활동 수준 등과 긴밀하게 연계되어 있다. 또한 다른 산업에 비하여 생산, 고용, 부가가치 창출 측면에서 높은 유발 효과를 가지고 있다는 점 때문에 국가의 경제정책이나 투자 계획에 상당한 영향을 받으며 관련 법규나 정부규제 등 외적인 요인에도 민감하다.

장기적 전망

규모가 크고 어려운 사업은 장기적인 예측이 쉽지 않지만 삼성엔지니어링의 축적된 경험과 기술력은 세계적이므로 지속적으로 높은 매출을 이어갈 수 있을 것이라 판단된다. 화공플랜트시장은 산유국들의 설비 신·증설과 청정에너지 개발 추세가 확산되는 데 힘입어 지속적으로 성장할 것으로 전망된다. 특히 중동 지역에서 원료의 가격 경쟁력을 기반으로 대형 정유, 가스, 석유화학 플랜트 설비가 발주되거나 계획되고 있다.

어떻게 투자해야 하는가?

현재까지의 성장세를 볼 때 국내 대표적인 플랜트회사인 삼성엔지니어링은 투자할 만하다고 판단된다. 분산투자 원칙으로 일정 지분을 포트폴리오에 편입하기를 추천한다.

 **NOTE**

〈분산투자〉 글로벌 경쟁력이 높은 회사이지만 사업의 내용이 어렵고 경기변동의 영향을 받기 때문에 많은 비중을 장기 투자하는 것은 위험이 크다. 포트폴리오상 분산투자를 권한다.

048 웅진코웨이 (대형주)

【 웅진 그룹 계열의 환경가전 전문 기업 (산업B 후보) 】

서비스

- FICS Sector: 경기소비재
- FICS Industry Group: 내구소비재 및 의류
- FICS Industry: 내구소비재

월간차트(이전 10년간)

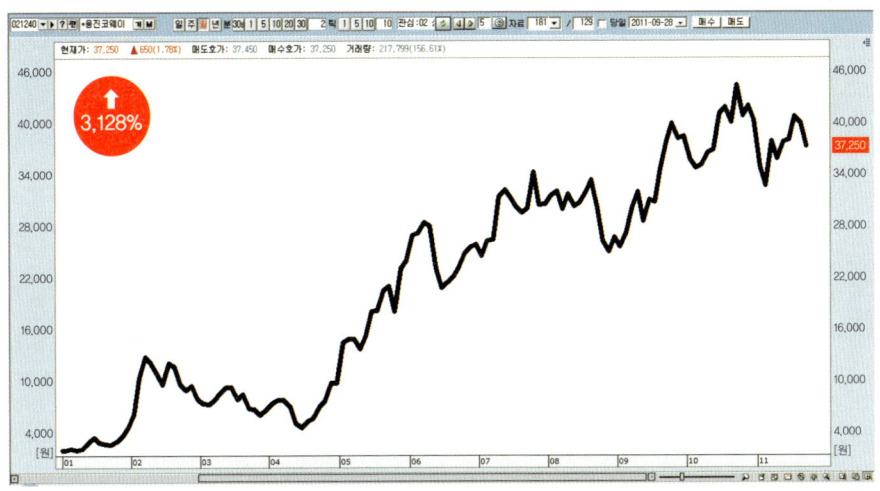

재무상황

매출구성

(2010년 12월 기준)

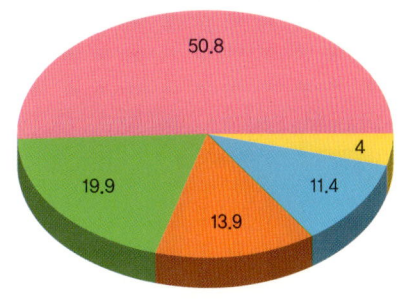

- 정수기군(렌탈)
- 정수기군 외
- 비데군(렌탈)
- 공기청정기군(렌탈)
- 연수기군(렌탈)

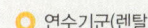

07 서비스 187

기업 소개

정수기, 공기청정기, 비데 등 환경가전 제품을 생산, 판매하는 환경가전 전문 기업으로 환경가전 제품의 대중화를 주도해왔다. 업계 최대의 생산시설과 R&D센터를 보유하고 있으며, 우수한 제품개발 역량을 확보하여 소비자의 요구에 부합하는 제품을 지속적으로 개발, 생산하고 있다. 렌탈 비지니스 개념을 업계 최초로 도입하고 서비스 전문가인 '코디(CODY)'를 통해 사후서비스(After service)가 아닌 사전서비스(Before Service)라는 차별화된 서비스를 제공해왔다. 또한 이로써 시장점유율, 고객만족도, 브랜드 인지도 등을 꾸준히 향상시켜왔으며 현재 국내 최고의 위치를 점하고 있다.

웅진코웨이의 환경가전사업 중에서도 매출구성의 50% 이상을 차지하는 것은 정수기 렌탈 부분이다. 환경산업은 1960년대 등장한 신종 산업으로 그 정의나 범위를 분류하는 체계가 아직 명확하게 정립되지 않다. 그래서 국가마다 필요에 따라 환경산업의 범위를 다르게 분류하고 있는 상황이다. 최근에는 도시화와 산업화의 진전으로 환경산업이 점차 세부 업종으로 분화되고 광범위해지는 추세를 보이고 있다. 정수기는 본래 상수도가 공급되지 않는 지역에서 지표수나 지하수를 정수할 목적으로 개발되었다. 그런데 국내에서는 1970년대 일부 소수층에 의하여 사용되다 1990년대 역삼투압과 한외여과막을 이용한 정수방식이 도입되었고 이후 생활수준이 향상되면서 정수기 사용이 증가하고 있다.

웅진코웨이는 정수기뿐 아니라 공기청정기, 비데, 연수기 등에서도 높은 시장점유율을 보이고 있다. 제품군의 특성상 필터교환 등 지속적인 유지·관리서비스가 필요하기 때문에 소비자들은 전국적인 서비스망을 구축하고 있고 브랜드 인지도가 높은 기업의 제품을 선호한다. 이런 이유로 소수의 메이저 기업이 시장점유율의 대부분을 차지하고 있다.

정수기시장	웅진코웨이 56%, 청호나이스 10%, 암웨이 7%
공기청정기시장	웅진코웨이 45%, 삼성전자 11%, LG전자 8%
비데시장	웅진코웨이 47%, 노비타 21%, 대림 10%
연수기시장	웅진코웨이 62%, 청호 11%, 린나이 4%

10년간 최대 상승률

3,128%: 최저 1,420원(01년 01월) → 최고 45,850원(10년 09월)

상승의 주요 이유

- **체크 1:** 브랜드 가치가 높은가?
  〈YES〉 웅진코웨이 자체가 인지도 높은 브랜드이다.
- **체크 2:** 시장점유율이 높은가?
  〈YES〉 정수기, 공기청정기, 비데, 연수기 제품 모두에서 경쟁사보다 압도적인 점유율을 보이고 있다.

투자의 난이도

매우어려움	어려움	보통	쉬움	매우쉬움

- **체크 1: 이해할 수 있는 사업인가?**

  〈YES〉 일상에서 사용하는 제품들과 관련된 사업이므로 이해하기 쉽다.

- **체크 2: 매출구성을 이해하기 쉬운가?**

  〈YES〉 가정에 정수기와 비데 등을 설치해주고 렌탈료를 받으면서 지속적으로 관리를 해주는 방식이다.

- **체크 3: 현금흐름을 파악하기 쉬운가?**

  〈YES〉 사업 내용과 매출구성을 이해하기 쉬워 현금흐름도 파악하기가 쉽다.

- **체크 4: 경기변동의 영향을 받는가?**

  〈SO-SO〉 매출구성의 대부분을 렌탈이 차지하고 있는 데서 알 수 있는 것처럼 렌탈사업이 주를 이루고 있다. 렌탈 방식은 소비자가 저렴한 비용으로 제품을 이용할 수 있기 때문에 경기변동에 큰 영향을 받지 않는다.

장기적 전망

매우밝음	밝음	보통	흐림	매우흐림

독보적인 브랜드 가치를 바탕으로 업계의 가격 결정력을 가지고 있으며 렌탈이 매출구성에서 50%를 넘기 때문에 안정적인 매출이 가능하다. 이러한 사업방식은 경기변동의 영향을 덜 받고 유행을 타지 않으며 갈수록 생활필수품으로 자리 잡고 있다. 3년 뒤의 매출을 안정적으로 예측할 수 있다.

어떻게 투자해야 하는가?

적극추천	추천	중립	비추천	적극비추천

웅진코웨이는 정수기시장의 독보적인 브랜드와 시장점유율을 가지고 있다. 또한 사업 내용이 쉽고 단순하여 일반인이 장기 투자하기에 적합한 종목이다.

NOTE

인지도 높은 브랜드 네임을 보유하고 있으며, 사업 내용이 쉽고 경기변동의 영향을 받지 않는다. 일반인이 장기 투자 대상으로 삼기에 적합한 종목이다.

049 제일기획 (대형주)

서비스

【 삼성 그룹 계열의 국내 1위 광고대행사 (산업B 후보) 】

- FICS Sector: 경기소비재
- FICS Industry Group: 미디어
- FICS Industry: 미디어

월간차트 (이전 10년간)

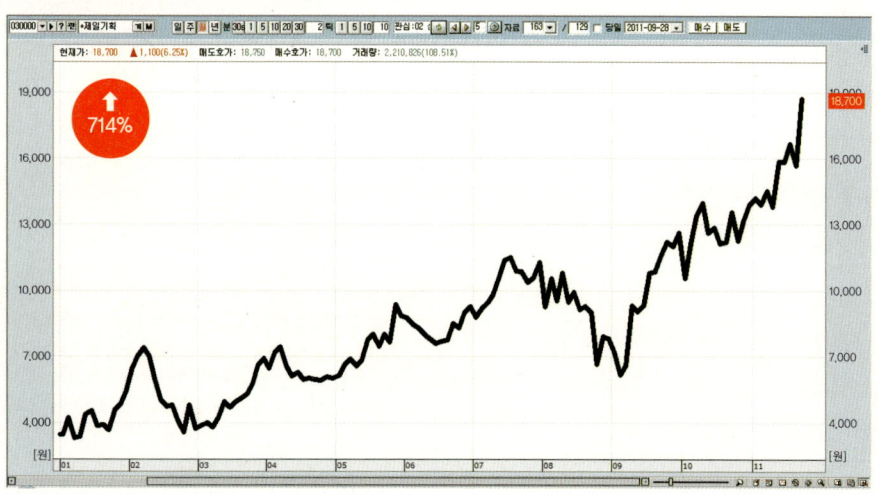

재무상황

매출구성

(2010년 12월 기준)

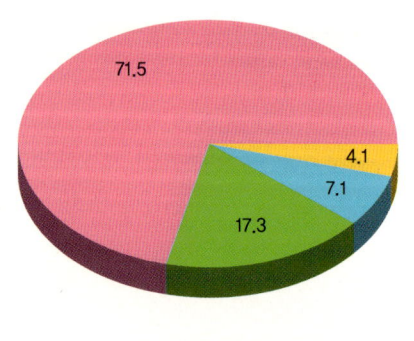

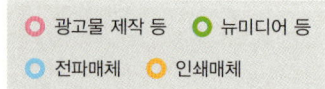

기업 소개

　삼성 그룹 계열의 국내 1위 종합광고대행사. 삼성전자를 비롯한 삼성 계열사의 광고 물량을 바탕으로 안정적인 영업기반을 갖추고 있으며, KT, CJ 그룹 등을 광고주로 확보하고 있다.

　영위하는 사업으로는 미디어서비스, 프로모션, 광고물 제작 부문이 있다.

　각 부문을 살펴보면, 미디어서비스 부문에서는 광고제작물이 각 미디어, 즉 TV, 라디오, 신문, 잡지 그리고 뉴미디어(온라인, 케이블 TV)를 통해 효과적으로 목표고객에게 도달될 수 있도록 매체계획을 수립하고 광고를 집행한다. 프로모션 부문에서는 전시회, 박람회 등의 장치·장식물을 기획 및 제작한다. 올림픽, 월드컵, 아시안게임 등과 같은 국제적인 스포츠 행사 등에서도 스폰서십을 통해 다양한 광고 및 PR활동 등 통합적인 마케팅(Holistic Marketing)을 전개하여 광고주의 파워 브랜드 구축에 중추적인 역할을 담당한다. 그리고 광고물 제작 부문에서는 각 미디어에 적합한 마케팅 전략에 기초해 광고를 제작한다.

10년간 최대 상승률

714%: 최저2,420원(01년 01월) → 최고 19,700원(11년 09월)

상승의 주요 이유

- **체크 1: 대기업인가?**
〈YES〉 삼성 그룹 계열로 강력한 자본력과 영업망, 유통망을 확보하고 있다.
- **체크 2: 브랜드 가치가 높은가?**
〈YES〉 국내 1위 광고대행사라는 상징성을 갖는다.
- **체크 3: 시장점유율이 높은가?**
〈YES〉 국내 1위의 통합마케팅 커뮤니케이션 전문가 그룹이다.
- **체크 4: 경쟁력을 갖췄는가?**
〈YES〉 시장 상황에 능동적으로 대응하고 광고주의 문제를 해결하기 위해 장기간의 시장경험과 축적된 과학적 데이터를 기반으로 한 전략을 보유하고 있다.

투자의 난이도

매우어려움 | 어려움 | 보통 | 쉬움 | 매우쉬움

- **체크 1: 이해할 수 있는 사업인가?**
〈NO〉 광고업은 사실 일반 투자자가 이해하기에 엄청나게 복잡하고 정밀한 사업이다.
- **체크 2: 매출구성을 이해하기 쉬운가?**
〈NO〉 매출구성은 복잡하지 않지만 그 세부적인 내용을 이해하기는 힘들다.

- **체크 3: 현금흐름을 파악하기 쉬운가?**

  〈NO〉 광고는 아이디어 상품으로서 상품과 가격을 일괄적으로 측정할 수 없다. 사업 내용도 어렵기 때문에 현금흐름을 파악하거나 예측하기가 힘들다.

- **체크 4: 경기변동의 영향을 받는가?**

  〈YES〉 광고사업은 경기변동의 영향을 크게 받는다. 제일기획은 광고업을 주요 사업으로 하고 있으며 광고주의 니즈에 적합한 미디어서비스, 프로모션, 광고물 제작 등 통합적인 광고서비스를 제공하고 있다. 그런데 광고는 경기변동에 대해 탄력도가 높은 분야이다. 경기 호황시 광고시장은 급격하게 성장하지만 침체기가 다가오면 기업에서 무엇보다 먼저 줄이는 것이 광고비다.

장기적 전망

일반인들로서는 광고사업의 구체적인 내용은 이해하기 어렵지만 업계 1등이라는 프리미엄이 주어진다. 특히나 삼성 계열사로서 그룹의 지원을 받고 있는 광고대행 기업이므로 경쟁사에 비해 가격 결정력을 가지고 있으며 지속적으로 확장할 수 있다. 하지만 내수시장에 한계가 있기 때문에 매출액이 안정적이긴 하지만 높은 성장도 어렵다고 볼 수 있다.

어떻게 투자해야 하는가?

광고산업에 관심이 있는 투자자들에게 가장 적합한 종목이다. 일반인은 국내 1위의 광고대행사에 분산투자한다는 생각으로 매수하길 추천한다. 하지만 현재 상황으로도 국내 시장점유율이 매우 높기 때문에 장기적으로 크게 성장하기는 힘들다고 판단된다.

> **NOTE**
>
> 〈분산투자〉 광고업에 대한 미래의 전망을 밝게 본다면 업계 1위인 제일기획에 포트폴리오상 분산투자를 권한다. 다만, 내수 시장의 한계를 고려할 필요가 있다.

050 엔씨소프트 (대형주)

【 국내 1위의 게임소프트웨어 기업(산업A 후보) 】

서비스

- FICS Sector: IT
- FICS Industry Group: 소프트웨어
- FICS Industry: 게임소프트웨어

월간차트(이전 10년간)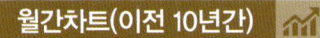

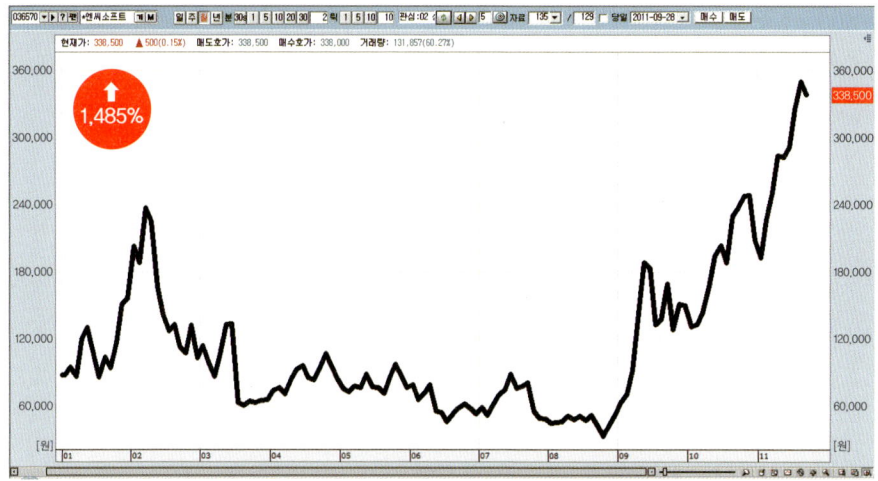

1,485%

재무상황

■ 매출액 ■ 영업이익 ■ 순이익
● 영업이익률 ● 순이익률

■ 자산총계 ■ 부채총계 ● 부채비율(우)

매출구성

(2010년 12월 기준)

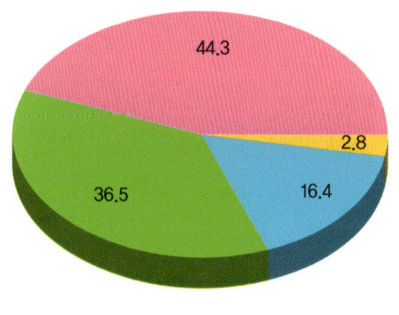

44.3 / 36.5 / 16.4 / 2.8

● 아이온 ● 리니지 ● 리니지II ● 기타

기업 소개

리니지, 리니지II, 길드워, 아이온 등을 개발한 온라인게임 전문 기업이다. 국내 게임시장 점유율 1위를 차지하는 등 국내외에서 높은 브랜드 인지도를 보유하고 있다.

대표적인 소프트웨어를 살펴보면, 먼저 리니지는 2년여의 개발기간과 10개월의 공개 베타 테스트를 거쳐 1998년 9월에 상용화된 게임이다. 1년에 약 2~3차례씩 대형 업데이트를 시행하고 있으며 현재까지 약 20개의 에피소드 등을 제공했다.

리니지 II는 리니지의 후속판 풀3D게임으로 2003년 10월에 상용화되었다. 리니지와 마찬가지로 1년에 약 2~3차례씩 대형 업데이트를 시행하고 있으며, 2010년 12월에 16번째 업데이트인 '하이파이브 Part 4'가 완료되었다. 2004년에 대만, 일본, 미국 등 해외 시장에서도 서비스를 시작했다.

아이온은 리니지, 리니지II에 이어 개발된 풀3D게임으로 2008년 11월에 상용화되었다. 상용화 이후 2011년 상반기까지 국내 PC방 점유율 1위를 차지하며 지속적으로 좋은 반응을 얻고 있다. 이 게임은 2009년 4월에 중국 상용화를 하였으며, 2009년 7월 일본, 대만을 포함한 아시아 시장과 2009년 9월 미국, 유럽 등 서구 시장에 진출했고 2009년 12월에는 러시아에 진출했다.

10년간 최대 상승률

1,485%: 최저 22,900원(08년 10월) → 최고 299,000원(11년 08월)

상승의 주요 이유

- **체크 1: 브랜드 가치가 높은가?**
  〈YES〉 리니지, 리니지II, 아이온 등 인기 높은 게임소프트웨어가 있다.
- **체크 2: 시장점유율이 높은가?**
  〈YES〉 아이온의 점유율은 16.61%를 기록하고 있고, 리니지, 리니지II의 점유율까지 합할 경우 23.18%에 달한다.

투자의 난이도

- **체크 1: 매출구성을 이해하기 쉬운가?**
  〈YES〉 각각의 게임 이용료가 매출구성을 차지하므로 일반인도 이해하기 쉽다.
- **체크 2: 현금흐름을 파악하기 쉬운가?**
  〈YES〉 매출구성을 쉽게 이해할 수 있으므로 현금흐름을 파악하기가 쉽다.

- 체크 3: 경기변동의 영향을 받는가?

〈SO-SO〉 게임소프트업은 경기변동의 영향보다는 유저들 간의 유행과 인기에 크게 영향을 받는다.

장기적 전망

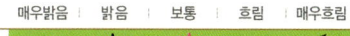

게임산업은 인터넷 보급률의 증가와 IT기술의 급속한 발전에 힘입어 국내뿐만 아니라 해외에서도 급속하게 성장하고 있는 산업이다. 특히 사회·문화의 인프라가 인터넷을 중심으로 발전하면서 개인주의 지향의 생활문화가 급속히 보급되고 있고 기능성 게임, 특히 교육용 게임의 개발과 보급이 늘어나고 있다. 이로 인해 휴식과 놀이 그리고 교육을 게임을 통해 즐기려는 방향으로 변화해가고 있다. 하지만 게임업은 유행에 따라 심한 변덕을 부릴 수 있는 기호 산업이기 때문에 미래를 점치기가 매우 어렵다. 또한 끝없는 업데이트와 신규개발이 중요하다. 긍정적인 면보다는 막중한 과제가 많은 분야이므로 장기적 전망은 '보통'이라고 판단한다.

어떻게 투자해야 하는가?

게임산업은 대중의 인기와 유행에 민감하게 반응하기 때문에 미래의 매출을 안정적으로 예상할 수 없다. 장기 투자에 어려운 산업이다. 하지만 엔씨소프트는 업계 1위라는 프리미엄이 있고 시장점유율 또한 높다는 강점이 있다. 게임산업의 미래를 밝게 본다면 분산투자 원칙으로 일정 지분을 포트폴리오에 편입하길 바란다.

> **NOTE**
> 〈분산투자〉 게임산업의 전망을 밝게 본다면 포트폴리오상 분산투자하길 바란다. 다만, 많은 비중을 투자하는 것은 바람직하지 않다.

051 신세계푸드 (중형주)

서비스

【 신세계 그룹 계열의 대표적 외식 기업 】

- FICS Sector: 경기소비재
- FICS Industry Group: 소비자서비스
- FICS Industry: 호텔 및 레저

월간차트(이전 10년간)

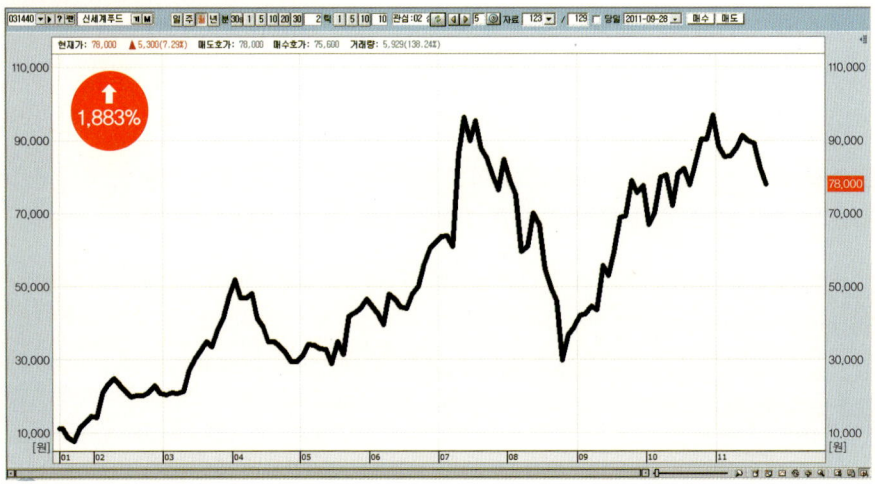

1,883%

재무상황

매출액 / 영업이익 / 순이익 / 영업이익률 / 순이익률

자산총계 / 부채총계 / 부채비율(우)

매출구성

(2010년 12월 기준)

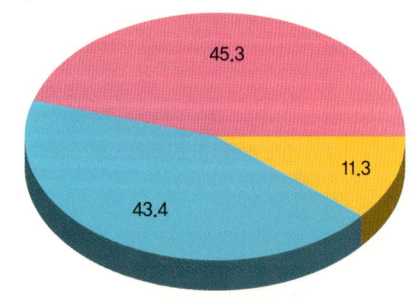

45.3 / 43.4 / 11.3

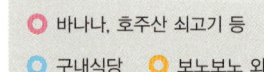

- 바나나, 호주산 쇠고기 등
- 구내식당
- 보노보노 외

196 내공 주식투자 3

기업 소개

신세계 그룹 계열사로 위탁급식, 식자재유통, 식자재가공, 외식사업을 영위한다. 2010년 6월 '피지워터'로 프리미엄 생수시장에도 진출했다.

매출 비율 43.4%를 차지하고 있는 단체급식사업 부문에서는 산업체, 학교, 오피스 등의 구내식당을 위탁운영한다. 계약에 의해 단체급식회사 인력과 식자재를 조달하여 조리 과정을 거쳐 구내식당 이용자에게 식사를 제공하는 형태다. 식자재 유통사업 부문은 매출 비율 45.3%를 차지하며 바나나, 호주산 쇠고기 등을 포함한다. 이마트 등 할인점에 납품하고 있는 과일류 및 수산물 등도 있으며 이천1공장과 2공장, 오산공장에서 생산되는 양념육 등의 제품을 할인점 및 일반 식품거래처에 납품한다. 그리고 외식사업 부문은 매출 비율 11.3%를 차지하며 일정 금액만 계산하면 회, 초밥, 캘리포니아롤 등 100여 가지의 씨푸드 중심 음식을 제공받을 수 있는 패밀리 레스토랑으로 서울에서 5개 점포를 운영 중이다.

10년간 최대 상승률

1,883%: 최저 5,530원(01년 09월) → 최고 109,700원(07년 08월)

상승의 주요 이유

- **체크 1: 대기업인가?**
  〈YES〉 신세계 계열로 강력한 자본력, 유통망, 영업망을 가진다.

투자의 난이도

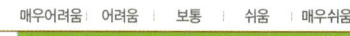

- **체크 1: 매출구성을 이해하기 쉬운가?**
  〈YES〉 단체급식과 다양한 식품 유통산업을 영위하므로 일반인도 매출구성을 쉽게 이해할 수 있다.
- **체크 2: 경기변동의 영향을 받는가?**
  〈SO-SO〉 일반적으로 경기가 어려워지면 소비자는 고가의 외식을 줄이고 품질이 좋고 저렴한 급식을 더 많이 이용하기 때문에 단체급식업은 불황 시 경기 방어적인 특성을 가지고 있다.

장기적 전망

내수 영업만으로는 성장에 한계가 있기 때문에 세계적인 기업으로 거듭나지 않는 이상 중장기적 상승은 제한적이라고 판단된다. 단체급식시장은 성숙 단계에 와 있고 식자재 가격, 인건비 등의 원가가 지속적으로 상승하여 수익성이 낮아지고 있다. 더욱이 경기불안으로 인한 비용절감 압박과 동종 업계

간 수주경쟁 심화는 향후 계약조건을 불리하게 만들 가능성이 높아 사업장 확장만을 통해 과거와 같은 높은 외형 성장률과 수익성을 달성하기는 어려운 상황이다. 이에 따라 각 단체급식 기업들은 물량과 수익성을 기반으로 외식, 식품가공, 식자재 유통업 등으로 사업 확장을 꾀하고 있으며 급식과 외식을 결합한 새로운 모델을 개발하는 등 수익성 다변화를 모색하고 있다.

어떻게 투자해야 하는가?

적극추천 | 추천 | 중립 | 비추천 | 적극비추천

신세계푸드는 단체급식 영업망이 안정적이기는 하지만 내수시장의 규모가 작고 경쟁이 매우 치열한 사업을 영위하고 있다. 그리고 음식을 다루는 사업이기 때문에 언제 위생사고와 같은 불의의 사고가 발생할지 모르기 때문에 '비추천'으로 판단한다.

> **NOTE**
> 내수 단체급식업은 경쟁이 매우 치열하고 시장이 성숙 단계에 이르러 이후 성장은 한계적이라 할 수 있다. 따라서 일반인이 장기로 마음 편히 투자하기에는 위험이 크다.

이주영의 주식 칼럼 5

부의 흐름을 따르라! ❶

대한민국 부의 중심 산업(산업A)이 될 수 있는 업종과 대표 종목은 다음과 같다. 글로벌 시장에서 우리나라를 대표하여 경쟁하고 있으므로 국내 상황보다 글로벌 경기변동의 영향을 고려하여야 한다.

전자, 통신, 반도체

TV, 가전	전기, 전선, 전자부품	디스플레이	휴대폰
삼성전자(A) 웅진코웨이(B)	LS산전(B)	삼성전자(A)	삼성전자(A)
통신서비스	**반도체**	**반도체장비, 재료**	
삼성테크윈(A)	삼성전자(A)	세방전지(B)	

화학, 에너지

정유, 석유화학	에너지	제약	화학섬유
LG화학(A) 호남석유(A) 제일모직(B) OCI(B) 삼성정밀화학(C) 대한유화(B) SKC(C) 한국쉘석유(C)	S-OIL(A)	SK케미칼(C) 녹십자 동아제약 한올바이오파마 유한양행	태광산업(C)

자동차, 운송

자동차	자동차부품, 타이어	해운	항공	택배
현대차(A) 기아차(A)	현대모비스(B) S&T중공업(C) 모토닉(C) 한국타이어(A) 넥센타이어(C) 한라공조(B)	현대상선(B)	대한항공(B)	대한통운(B)

건설, 기계, 중공업

건설	건설자재, 가구	조선
현대건설(A) GS건설(A) 대림산업(A) 삼성엔지니어링(A)	KCC(B)	현대중공업(A) 삼성중공업(A)
기계, 중장비, 플랜트	**철강**	**비철금속**
두산중공업(A) 두산인프라코어(A)	POSCO(A) 현대제철(A) 현대하이스코(B) 동국제강(B) 세아베스틸(B) 세아제강(C)	고려아연(B) 영풍(B)

※《내공 주식투자 1: 실전편》'코스피 부의 흐름도' 참조.

08 운수창고

【 최대 상승률(이전 10년간) 2,100%: 최저 204포인트(01년 09월) → 최고 4490포인트(07년 10월) 】

월간차트(이전 10년간)

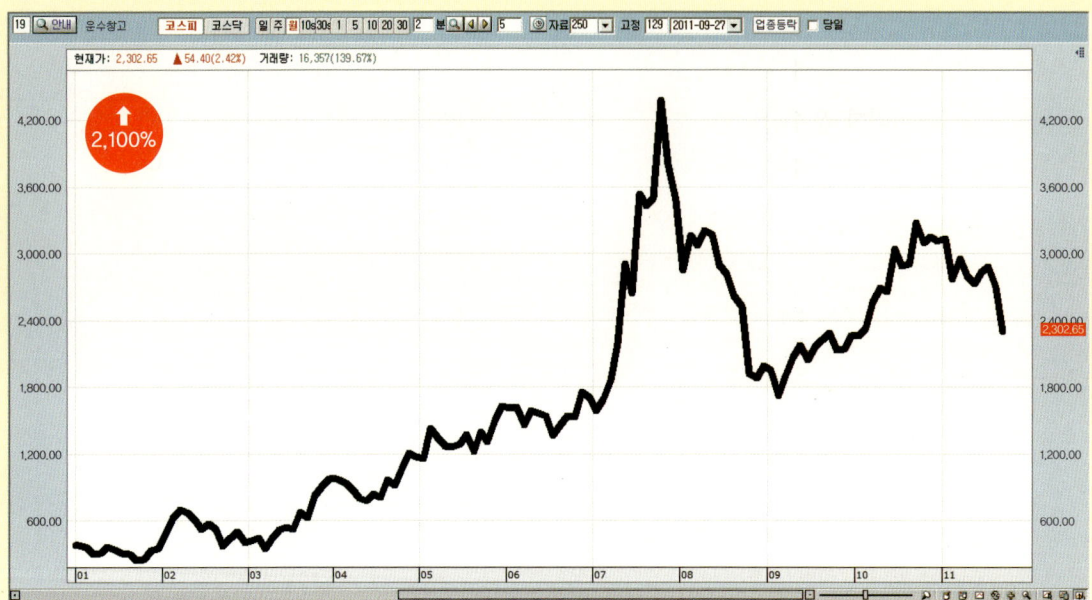

해당 종목

KCTC	KSS해운	STX팬오션	국보	글로비스	대한통운 ★B
대한항공 ★B	대한해운	동방	동양고속	봉신	세방 ★C
아시아나항공	천일고속	한국공항	한솔CSN	한익스프레스	한진
한진해운	현대상선 ★B	흥아해운			

업종 둘러보기

코스피에서 운수창고업종으로 분류되는 21개의 종목을 제시했다. 운수의 사전적 정의는 '운송이나 운반보다 큰 규모로 사람을 태워 나르거나 물건을 실어 나름'이다. 이러한 운수산업은 경기변동의 영향을 크게 받고 항공을 제외한 해상과 육상사업의 경우에는 경쟁도 매우 치열하다.

하지만 운수산업은 유통산업과 마찬가지로 규모의 경제가 통한다. 운송이나 운반을 할 때는 소량으로 할 때보다 대량으로 실어 나르는 것이 가격 경쟁력이 높기 때문이다. 이러한 산업의 구조로 운수창고업종은 대기업이 높은 점유율을 점하고 있으며 일부 산업은 과점적 시장을 형성하고 있다. 투자자는 이러한 산업구조를 파악하고 장기적으로 높은 점유율을 유지할 수 있는 종목에 투자하는 것이 바람직하다.

이 업종에서는 산업B 후보로서 대한항공, 대한통운, 현대상선의 분석 내용과 산업C 후보로 세방을 제시하였다.

052 대한항공 (대형주)

운수창고

【 국제선 항공 화물 부문 세계 1위 항공사 (산업B 후보) 】

- FICS Sector: 산업재
- FICS Industry Group: 운송
- FICS Industry: 항공운수

월간차트(이전 10년간)

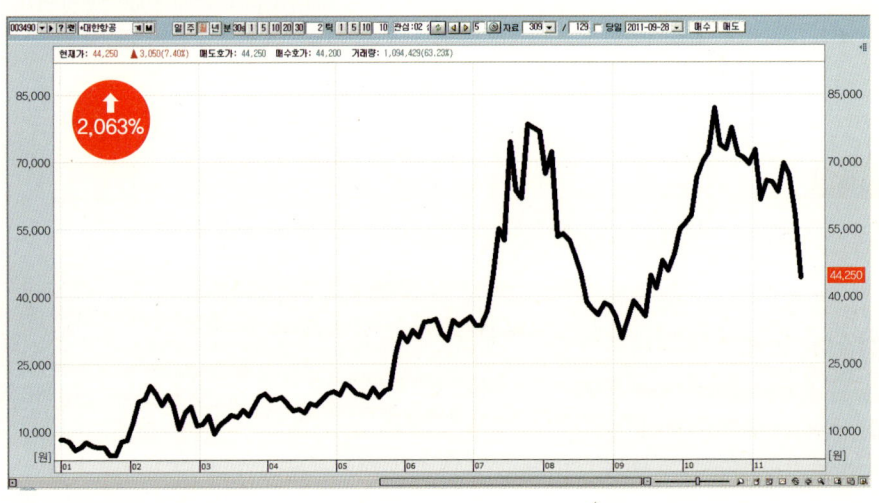

↑ 2,063%

재무상황

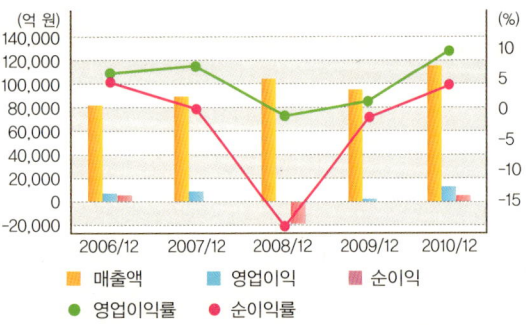

매출구성

(2010년 12월 기준)

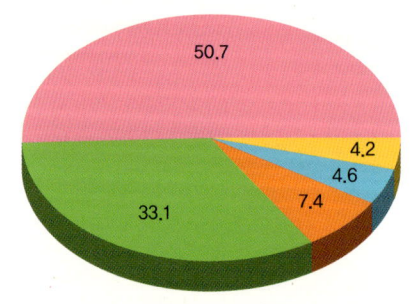

- 50.7
- 33.1
- 7.4
- 4.6
- 4.2

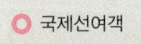 국제선여객   화물
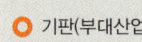 기판(부대산업) 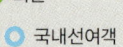 국내선여객
기타 등

202 내공 주식투자 3

기업 소개

2010년도 말 기준 국내외 39개국 113개 도시에 여객 및 화물 정기노선을 개설하여 고객의 편익을 증진하는 항공 운송업에 주력하고 있다. 이러한 항공 운송사업과 더불어 항공기 부품 제작, 정비, 위성체 등을 연구·개발하는 항공우주사업 및 기내식 제조사업, 기내 면세품 판매사업, 호텔사업 등의 관련 사업을 통해 시너지를 높이고 있다.

10년간 최대 상승률

2,063%: 최저 4,110원(01년 09월) → 최고 88,900원(07년 11월)

상승의 주요 이유

- **체크 1: 시장점유율이 높은가?**

〈YES〉 국내 항공사는 대한항공과 아시아나항공이 과점하고 있다. 1사 기준으로 볼 때 그중 대한항공이 여객과 화물 수송 점유율에서 선두를 달리고 있다.

(2010년 기준)

구분	국제여객 수송 점유율(%)	국제화물 수송 점유율(%)
대한항공	38.5	36.8
아시아나	25.7	18.8
기타 외국 항공사	35.8	44.4

- **체크 2: 사업의 진입장벽이 높은가?**

〈YES〉 항공업은 초기 시설투자에 대규모 자본이 필요한 장치산업이다.

투자의 난이도

매우어려움 | 어려움 | 보통 | 쉬움 | 매우쉬움

- **체크 1: 매출구성을 이해하기 쉬운가?**

〈YES〉 대부분의 매출구성이 국내외 여객과 화물 운송으로 이루어지므로 일반인도 쉽게 이해할 수 있다.

(2010년 12월 기준 매출구성)

구분	주요 사업 내용	매출 비율(%)
항공운송	국내선 여객	4.6
	국제선 여객	50.7
	화물	33.1
	기판	7.4
기타	기타 등	4.2

- **체크 2: 현금흐름을 파악하기 쉬운가?**

〈YES〉 매출구성의 세부 내용을 이해하기 쉽기 때문에 현금흐름을 파악하기도 어렵지 않다.

- **체크 3: 경기변동의 영향을 받는가?**

〈SO-SO〉 항공사업은 계절에 따라 수요의 편차가 크며 항공수요의 특성상 사회, 경제적 환경에 따라 민감하게 반응한다. 또한 유가변동에 큰 영향을 받는다. 그렇지만 항공업을 영위하기 위해서는 초기에 대규모 자본이 소요되므로 진입장벽이 매우 높다. 따라서 공급 탄력성이 적다. 그리고 철도 등 다른 교통수단에 비해 역사는 짧지만 고속·장거리 수송에서 경쟁우위를 갖고 있으며 글로벌화의 가속화로 수요는 갈수록 증가할 수밖에 없다. 이러한 점들을 고려할 때 대한항공이 받는 전체적인 경기변동 영향은 '보통'이라고 판단된다.

장기적 전망

매우밝음 | 밝음 | 보통 | 흐림 | 매우흐림

현재 국내 항공업은 대한항공과 아시아나항공이 과점하고 있다. 항공사업은 규모의 사업이기 때문에 진입장벽이 높아 경쟁사가 쉽게 생겨날 수 없다. 대한항공의 영업이익에서 최대 변수는 유가의 등락에 있지만 유가가 상승하더라도 결국은 운행 요금에 반영되어 소비자에게 전가할 수 있다. 적극적인 글로벌 전략과 해외여행의 증가로 장기적 전망은 밝다고 할 수 있다.

어떻게 투자해야 하는가?

적극추천 | 추천 | 중립 | 비추천 | 적극비추천

국내외 여객과 화물 운송을 과점하는 국내 1위 항공사로서 대한항공은 장기적으로 상승할 가능성이 매우 높다. 단기간은 유가와 경기변동의 영향에 민감하지만 장기적으로는 국내 최대 항공사로서 상승을 의심할 필요는 없는 것 같다.

> **NOTE**
>
> 〈분산투자〉 국내 1위 항공 기업으로 일반인이 장기로 투자하기에 쉬운 사업을 영위한다. 하지만 단기적으로 유가와 경기의 변동에 따라 큰 영향을 받으므로 많은 비중을 편입하기보다 포트폴리오상 분산투자를 추천한다.

053 대한통운 (중형주)

운수창고

【 금호아시아나 그룹 계열의 국내 최대 종합물류 기업 (산업B 후보) 】

- FICS Sector: 산업재
- FICS Industry Group: 운송
- FICS Industry: 육상운수

월간차트 (이전 10년간)

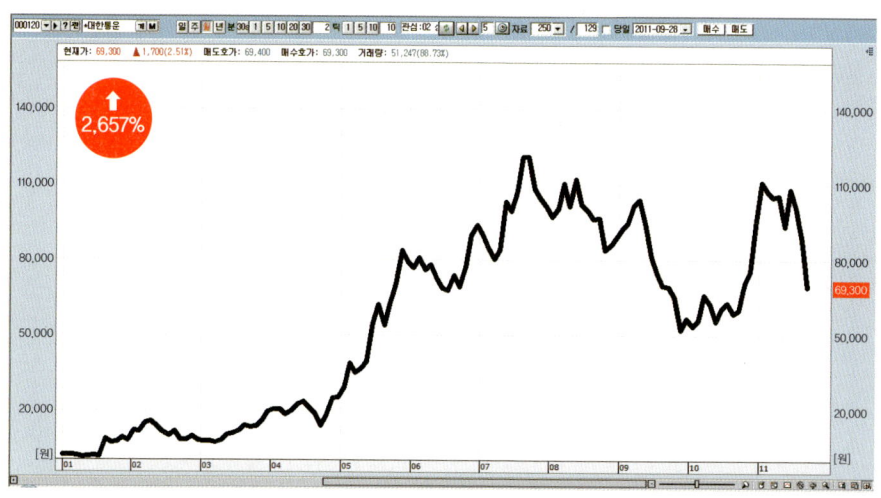

2,657%

재무상황

매출구성

(2010년 12월 기준)

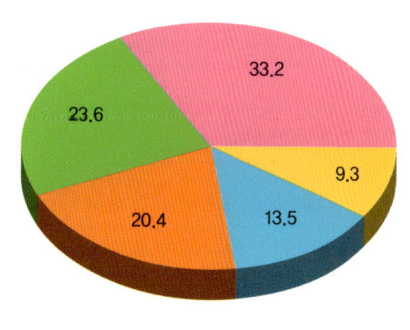

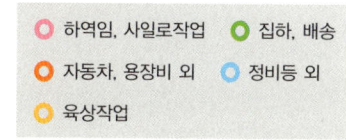

08 운수창고 **205**

기업 소개

금호아시아나 그룹의 계열사로 육상·해상 운송, 항만하역, 택배사업 등을 영위하는 국내 최대의 종합물류 기업이다.

10년간 최대 상승률

2,657%: 최저 5,530원(01년 09월) → 최고 152,500원(11년 06월)

상승의 주요 이유

- **체크 1: 브랜드 가치가 높은가?**
  〈YES〉 국내 최대의 종합물류 기업으로 높은 브랜드 가치와 경쟁력을 보유하고 있다.
- **체크 2: 사업의 진입장벽이 높은가?**
  〈YES〉 해운업은 대규모 시설투자가 필요한 장치산업이므로 신규 시장 참여의 진입장벽이 높다.

투자의 난이도

매우어려움 | 어려움 | 보통 | 쉬움 | 매우쉬움

- **체크 1: 매출구성을 이해하기 쉬운가?**
  〈YES〉 대부분의 매출구성이 육상, 해상 운송사업의 매출로 이루어진다.
- **체크 2: 경기변동의 영향을 받는가?**
  〈SO-SO〉 물류사업은 경기변동의 영향을 받는 편이다. 하지만 대한통운은 육상, 해상, 해운, 택배 등 워낙 다양한 범위의 물류업을 영위하므로 큰 영향을 받지 않는다. 전체적으로 볼 때 '보통'이라고 판단한다.

(2010년 12월 기준 매출구성)

사업 부문	매출 유형	품목	주요 상품 등	매출 비율(%)
육운사업	철도영업	화차 외 비료,	양회 등	0.7
	육상작업	육상작업	비료, 양회 등	9.3
	수송영업	자동차, 용장비 외	철강류 외	20.4
	보관영업	창고보관	양곡, 산물작업	1.7
해운사업	항만하역	하역임, 사일로작업	산물, 석탄 등	33.2
	해운영업	선박관리, 용역	양곡, 산물작업	1.3
택배영업	집하, 배송(용역)	집하, 배송	제품집하배송	23.6
부수영업	중기영업	기타 중기 외	철강, 잡화 등	3.0
	정비영업	정비	정비수입	0.5
	기타영업	유류판매 외	일반판매 외	6.2
	해외사업	운반(용역)	용역(인력공급)	0.1

장기적 전망

매우밝음 | 밝음 | 보통 | 흐림 | 매우흐림

물류업은 현재 업계의 과도한 경쟁으로 운임이 하락하고 있는 반면, 유가와 인건비 등 운송 원가는 상승하는 딜레마를 겪고 있다. 또한 높은 부가가치 창출 역량이 부족한 단순 물류 중심의 서비스 구조가 개선되지 않고 있다. 이에 따라 수익성은 하락하는데 이를 타개할 방안을 찾지 못해 투자 여력이 부족하여 다시금 서비스 품질에 부정적 영향을 주고 있다. 물류는 생활 전반에 매우 중요한 사업이므로 갈수록 시장은 확대될 것이다. 또한 이미 시장을 선점한 브랜드를 신규 브랜드가 따라잡기는 힘든 사업이다. 그렇지만 전체적으로 볼 때 대한통운의 장기적 전망을 밝다고만 볼 수 없다.

어떻게 투자해야 하는가?

적극추천 | 추천 | 중립 | 비추천 | 적극비추천

물류업이 겪고 있는 최근의 경쟁력 하락 상황은 경쟁사의 난립에 있다. 그러한 상황에서도 대한통운은 선도 기업으로서의 지위를 유지하며 기득권을 누리고 있다. 하지만 보다 획기적인 국면 전환이 이뤄지지 않는다면 적극적인 투자 대상으로 보기에는 무리가 있다고 판단된다.

> **NOTE**
> 〈분산투자〉 국내 최대의 종합물류 기업이지만 경쟁이 치열한 업종이기 때문에 많은 비중을 장기로 투자하는 것은 위험이 크다. 포트폴리오상 분산투자를 추천한다.

054 운수창고

현대상선 (대형주)
【 현대 그룹의 실질적인 지주회사(산업B 후보) 】

- FICS Sector: 산업재
- FICS Industry Group: 운송
- FICS Industry: 해상운수

월간차트(이전 10년간)

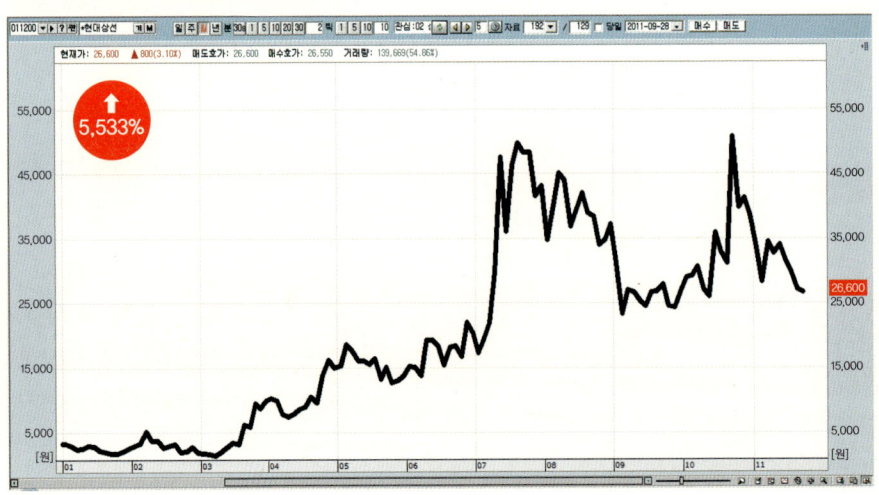

재무상황

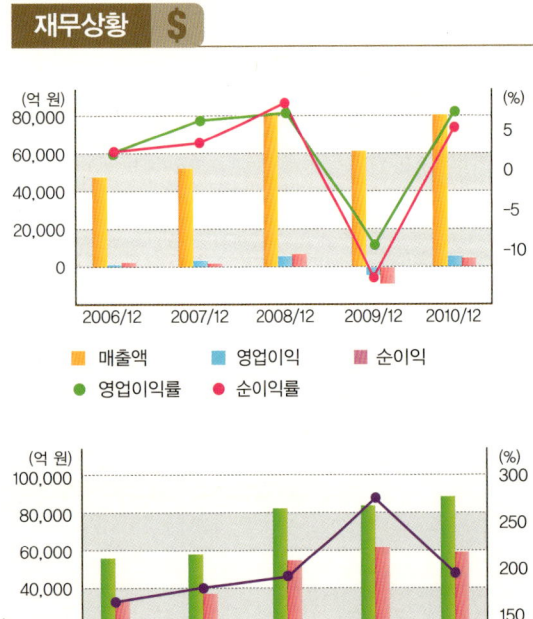

매출구성 (2010년 12월 기준)

기업 소개

현대 그룹 계열의 종합해운사다. 국내 대표적인 컨테이너 선사로 컨테이너선, 벌크선(LNG · LPG 선, 유조선) 등을 운영한다. 주요 매출처로는 POSCO, 한국전력, 한국가스공사, 글로비스 등이 있다. 해운업은 선박 확보에 대규모 자금이 투하되는 자본집약적 산업이며, 조선업과 연관성이 높고 타 산업에도 파급효과가 크다.

10년간 최대 상승률

5,533%: 최저 1,065원(03년 03월) → 최고 60,000원(07년 05월)

상승의 주요 이유

- **체크 1: 대기업인가?**
  〈YES〉 현대 그룹 계열로 강력한 자본력, 영업망, 유통망을 갖는다.
- **체크 2: 사업의 진입장벽이 높은가?**
  〈YES〉 종합해운업은 초기 투자에 많은 자본이 필요하기 때문에 높은 진입장벽을 갖는다.

투자의 난이도

- **체크 1: 매출구성을 이해하기 쉬운가?**
  〈YES〉 종합해운 기업으로 컨테이너선과 벌크선의 운송료가 매출구성의 대부분을 이룬다.
- **체크 2: 현금흐름을 파악하기 쉬운가?**
  〈YES〉 운송사업이기 때문에 매출구성이 단순하여 현금흐름을 파악하기도 어렵지 않다.
- **체크 3: 경기변동의 영향을 받는가?**
  〈YES〉 크게 받는다. 해운업은 선박을 이용하여 화물을 원하는 시간에 필요한 장소로 수송하는 서비스산업으로 전 세계를 사업 무대로 한다. 따라서 글로벌 경기변동에 큰 영향을 받을 수밖에 없다. 그 외에 유가변동에도 민감하며 계절적 요인도 작용한다.

장기적 전망

현대 그룹의 계열사로 안정적인 매출처가 확보되어 있다. 종합해운업은 높은 진입장벽을 가지므로 이미 자리를 잡은 기업이 기득권을 누릴 수 있는 업종이다. 하지만 동시에 특별한 경우를 제외하고는 선사 간 완전경쟁이 이루어지는 산업이다. 따라서 서비스의 차별화 및 다양화, 진보된 전산시스템의 운영 등으로 경쟁력을 높이기 위해 지속적으로 노력해야 한다. 더욱이 최근 주요 매출처에서 직접 대형 운송사를 인수하려는 움직임이 보이고 있어 장기적 전망이 긍정적이지 않다.

어떻게 투자해야 하는가?

해운업은 세계 경기와 외부 환경의 영향을 크게 받기 때문에 변동성이 매우 크다. 따라서 일반인이 마음 편히 장기 투자하기에는 어려운 업종이다. 하지만 현대상선이 국내 산업에서 차지하는 비중이 크고 국내 상위의 대형 종합해운사라는 점을 고려하여 분산투자 원칙으로 일정 지분을 포트폴리오에 편입할 것을 권한다.

> **NOTE**
> 〈분산투자〉 종합해운업에 투자하고 싶다면 포트폴리오상 분산투자하는 것을 권한다.

055 세방 (중형주)

운수창고

【 국내 항만하역 선두 기업(산업C 후보) 】

- FICS Sector: 산업재
- FICS Industry Group: 운송
- FICS Industry: 운송인프라

월간차트(이전 10년간)

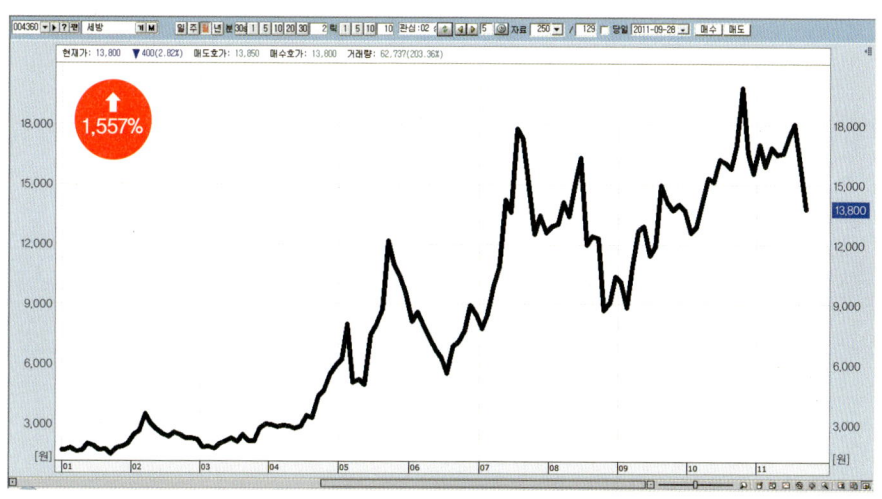

1,557%

재무상황

매출구성

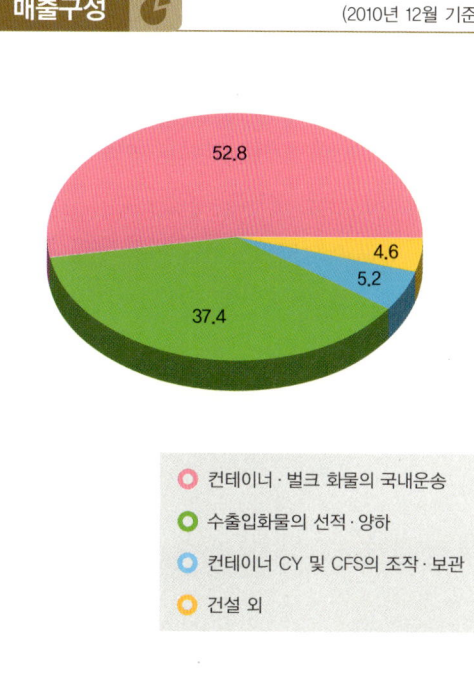

(2010년 12월 기준)

- 컨테이너·벌크 화물의 국내운송 52.8
- 수출입화물의 선적·양하 37.4
- 컨테이너 CY 및 CFS의 조작·보관 5.2
- 건설 외 4.6

08 운수창고 211

기업 소개

종합 물류업을 영위하는 중견 기업으로 부산과 광양을 중심으로 물류사업의 영역을 확대해나가고 있다. 사업 영역은 항만하역과 화물운송의 두 부문이 있다. 특히 항만하역 부문에서는 업계 선두주자라고 할 수 있다. 항만하역은 항만에서 행하는 선박 및 선화관계의 하역을 총칭하며, 수출입 컨테이너와 일반화물 및 초대형 화물의 하역서비스를 제공하고 있다. 화물운송 부문에서는 전국 주요 항만과 내륙의 거점을 이용하여 컨테이너 화물운송과 산업의 기초원료나 중간재 등의 벌크 화물운송사업을 하고 있다.

10년간 최대 상승률

1,557%: 최저 1,225원(01년 09월) → 최고 20,300원(10년 10월)

상승의 주요 이유

- **체크 1:** 사업의 진입장벽이 높은가?

  〈YES〉 항만사업은 대규모 자본이 필요한 장치산업이다.

투자의 난이도

매우어려움 | 어려움 | 보통 | 쉬움 | 매우쉬움

- **체크 1:** 매출구성을 이해하기 쉬운가?

  〈YES〉 종합물류업을 영위하고 있기에 매출구성을 이해하기가 비교적 쉽다.

- **체크 2:** 현금흐름을 파악하기 쉬운가?

  〈YES〉 사업 내용과 매출구성이 단순하여 현금흐름을 파악하기가 어렵지 않다.

- **체크 3:** 경기변동의 영향을 받는가?

  〈YES〉 크게 받는다. 종합물류업은 외부 요인, 국내 경기, 특정 산업의 영향을 받아 경기에 민감하게 반응한다.

사업 부문	목적사업	주요 제품	매출 비율 (%)
운송	화물자동차 운송사업 철도 운송사업 화물 부정기항로 사업 화물자동차 운송주선사업	컨테이너 및 벌크 화물의 국내 운송	52.8
항만 하역	항만하역사업 부두운영사업	수출입 화물의 선적 · 양하	37.4
CY · CFS	화물보관업	컨테이너 및 내장화물의 조작 및 보관	5.2
건설	종합건설업 전기공사업 전기통신공사업 소방설비공사업 주택의 신축매매 및 임대업	아파트 신축 · 재건축 공사 도로 및 곡물창고 신축공사	
기타 용역	부동산 매매 및 임대업 자동차 및 중기 정비사업 건설기계 대여업 항만 및 일반시설의 유지관리사업 항만 · 선박 · 해운에 관련된 사업 시스템컨설팅, 시스템 구축, 설비 자원관리 및 유지보수 등 시스템 통합 및 판매유통 소프트웨어의 개발생산 및 판매유통	부동산 임대, 복합운송주선 중량특수작업	4.6

장기적 전망

| 매우밝음 | 밝음 | 보통 | 흐림 | 매우흐림 |

중견 그룹의 종합물류 기업으로서 대기업과 끊임없이 경쟁을 벌여야 하는 위치에 있으므로 장기적 전망은 '보통'이라 하겠다.

어떻게 투자해야 하는가?

| 적극추천 | 추천 | 중립 | 비추천 | 적극비추천 |

경쟁이 치열하고 규모의 경제가 통하는 물류산업에서는 상징화된 브랜드와 이미지보다 가격 경쟁력이 매우 중요하다. 이와 같이 규모의 경제가 통하는 산업에서 중소형 기업을 장기 투자 대상으로 삼는 것은 대형 기업에 투자하는 것보다 위험이 높다.

> **NOTE**
> 물류업에 대한 장기 투자는 중소기업보다는 대형 기업을 선정하는 것이 위험을 줄이는 방법이다.

09 유통

【 최대 상승률(이전 10년간) 483%: 최저 113포인트(01년 01월) → 최고 659포인트(07년 11월) 】

월간차트(이전 10년간)

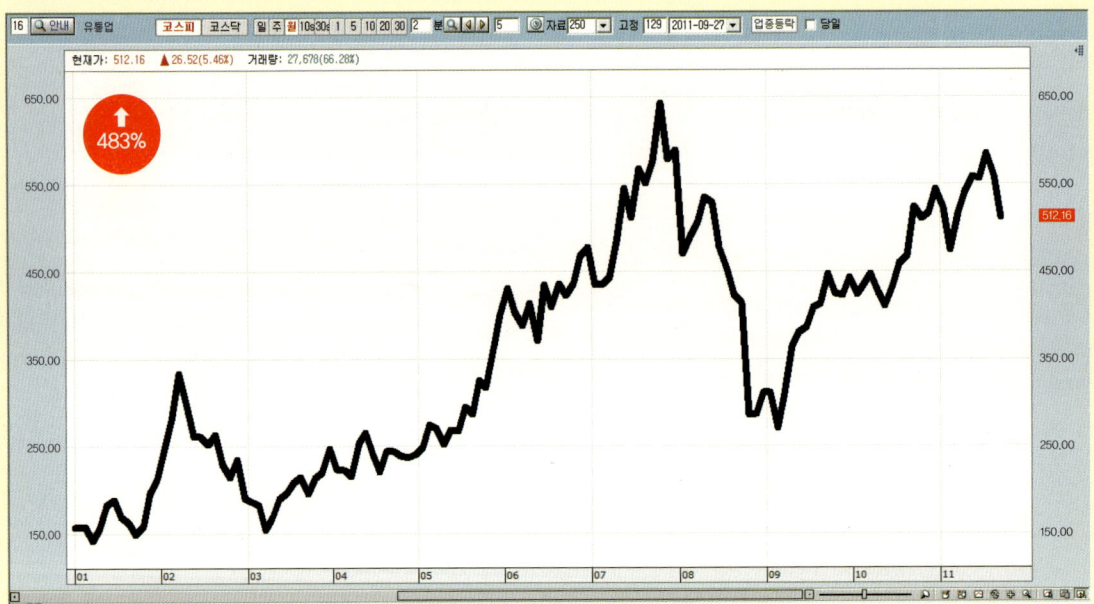

해당 종목

E1	GS글로벌	LG상사 ★B	LS네트웍스	SG세계물산	SK가스
SK네트웍스	STX	고려포리머	광주신세계	국동	글로스텍
남성	대구백화점	대성 산업	대성합동지주	대우인터내셔널 ★B	대우차판매
로엔케이	롯데미도파	롯데쇼핑	모나미	삼성물산 ★A	삼영무역
삼영홀딩스	세우글로벌	세이브존I&C	신성통상	신세계 ★내수산업	신흥
아이마켓코리아	아티스	영원무역	와이비로드	우리들생명과학	윌비스
유니퀘스트	이화 산업	인큐브테크	코아스웰	한국화장품	한샘
한창	한화타임월드	현대DSF	현대그린푸드 ★내수산업	현대백화점 ★내수산업	현대상사 ★B
현대홈쇼핑	혜인	호텔신라 ★내수산업	휠라코리아		

업종 둘러보기

코스피에서 유통업으로 분류된 52개의 종목이다. 유통의 사전적 정의는 '상품이나 재화가 생산자에서 소비자, 수요자에 도달하기까지 여러 단계에서 교환되고 분배되는 활동'을 뜻한다. 우리가 사용하고 있는 대부분의 제품이 바로 이 유통이라는 과정을 통해 우리에게까지 온다. 여러 일상용품과 어느 시골에서 길러낸 채소나 과일은 물론이고 국경을 넘어 먼 나라의 상품과 농산물도 유통을 거쳐 우리가 접하고 소비할 수 있는 것이다.

유통업은 크게 국가 간 수출입을 담당하는 종합무역산업과 내수시장의 유통을 담당하는 대형마트, 백화점, 편의점 그리고 기타 부분으로 구분할 수 있다. 상품을 직접 제조 또는 생산하지 않고 수입이나 수출 또는 내수 유통을 담당하기 때문에 대개 주도적인 위치의 산업A보다는 그로써 파생되는 산업B나 C가 된다.

그리고 내수 부분의 유통업은 내수산업과 관련도가 높고, 종합무역업은 자원과 각종 제품의 수출입을 담당하기 때문에 세계 경기변동의 영향을 크게 받는다. 최근 대형 무역 기업들은 단순히 자원을 수입하는 것만 아니라 현지에서 직접 원자재를 채굴하거나 생산하는 일도 하고 있다.

종합무역업은 상품을 유통시키는 것이기 때문에 브랜드의 상징성과 서비스보다는 가격 경쟁력이 중요하다. 때문에 규모의 경제를 실현할 수 있는 대량 체제가 유리하다. 소량으로 운반하는 것보다는 대량으로 운반하는 것이 비용을 줄일 수 있기 때문이다. 따라서 일부 자본력이 강력한 대기업이 과점적인 형태로 존재하는 산업이다.

내수 부분의 유통 기업도 대기업이 막강한 자본력과 유통망, 영업력으로 독식하고 있는 실정이다. 백화점과 대형마트, 편의점사업까지 과점을 형성하고 있다. 백화점 부문은 신세계, 롯데, 현대의 빅3가 과점을 이루고 있고 대형마트는 이마트와 홈플러스, 롯데마트가 시장점유율 대부분을 차지한다.

유통업에 투자하고자 한다면 가장 먼저 이와 같은 산업구조를 파악하고 있는 것이 좋다. 물론 규모가 작고 소자본으로도 혁신적인 유통방식을 내세워 성공하는 기업들도 존재한다. 하지만 안정적인 투자를 바란다면 기존의 유통산업에서 독점적 위치를 차지하는 기업을 선택하는 것이 바람직하다. 종합상사와 백화점, 내수 부문에서 대표적인 8개사를 분석해보자.

056 LG상사 (중형주)

유통

【 LG 그룹 계열의 대표적 종합상사 (산업B 후보) 】

- FICS Sector: 산업재
- FICS Industry Group: 자본재
- FICS Industry: 무역

월간차트(이전 10년간)

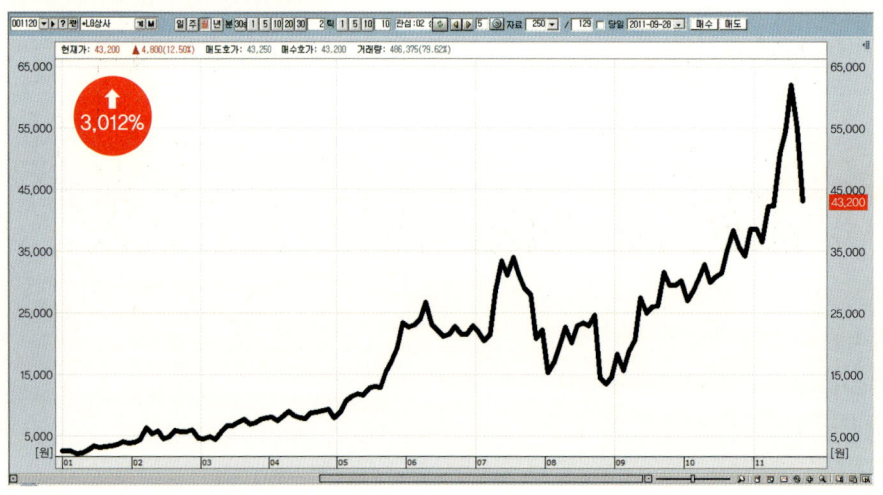

3,012%

재무상황

- 매출액
- 영업이익
- 순이익
- 영업이익률
- 순이익률

- 자산총계
- 부채총계
- 부채비율(우)

매출구성

(2010년 12월 기준)

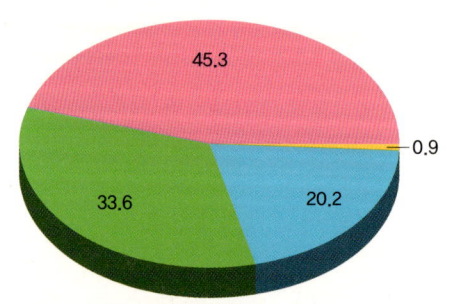

- 45.3
- 33.6
- 20.2
- 0.9

- 원유/가스, 석탄/비철/철강/Plant수주 등
- 수지/유화, 철강 등
- 기계/전기/전자 부품, 헬기 등
- 상용차, 와인, 디지털카메라 등

216 내공 주식투자 3

기업 소개

LG 그룹 계열의 종합무역상사이다. 자원·원자재 부문, 산업재1 부문, 산업재2 부문, 수입유통 부문 등 4개 사업 영역이 있다. 자원·원자재 부문에는 석유, 석탄·비철, 프로젝트, 그린에너지 등의 사업부가 있으며, 산업재1 부문은 솔루션, 전자, 전자SCM, 항공 등의 사업부가 있고 산업재2 부문은 수지, 유화 등의 사업부를 두고 있다. 수입유통 부문에는 수송, 픽스딕스(광학·디지털기기 및 액세서리), 와인 등의 사업부가 있다.

오만 부카(Bukha) 유전의 콘덴세이트 생산, 카타르 LNG개발, 베트남 11-2광구 가스전 개발, 인도네시아 MPP유연탄광 등 자원개발 투자사업도 지속적으로 추진하고 있다.

10년간 최대 상승률

3,012%: 최저 2,050원(01년 04월) → 최고 63,800원(11년 07월)

상승의 주요 이유

- **체크 1:** 대기업인가?

  〈YES〉 LG 그룹 계열사로 강력한 자본력, 영업망, 유통망을 가지고 있다.

- **체크 2:** 사업의 진입장벽이 높은가?

  〈YES〉 무역업에는 대규모 자본이 투입되는 인프라 구축이 선행되어야 할 뿐 아니라 정부의 허가도 필요하기 때문에 높은 진입장벽을 갖는다.

투자의 난이도

- **체크 1:** 매출구성을 이해하기 쉬운가?

  〈NO〉 4개의 사업 부문 중 매출 비율이 가장 높은 곳은 산업재1, 2 부문이다. 그다음이 자원·원자재로 이 세 부문이 매출의 거의 대부분을 차지한다. 따라서 일상적으로 접할 수 있는 용품이 아니기 때문에 일반인이 세부 품목에 대해 이해하기는 어렵다.

- **체크 2:** 현금흐름을 파악하기 쉬운가?

  〈NO〉 무역의 규모가 매우 크고 품목별 가격이 일괄적이지 않기 때문에 현금흐름을 파악하기가 어렵다.

- **체크 3:** 경기변동의 영향을 받는가?

  〈YES〉 크게 받는다. 무역업의 특성상 국내 경기변동뿐만 아니라 국제 원자재 동향 및 환율변동에 많은 영향을 받는다. 다만 종합상사는 제조업에 비해 고정 설비자산이 적고, 기능 및 조직 면에서도 다각화, 유연화되어 있으므로 이러한 변화에는 비교적 신속하고 융통성 있게 대처할 수 있다.

장기적 전망

　최근 몇 년 새 급부상한 중국, 인도 등 신흥국들이 세계 시장에서 차지하는 위치는 과거 어느 때보다 중요한 경쟁변수로 자리 잡고 있다. 시장의 판도가 재편되면서 경쟁도 점점 더 치열해지고 있다. 이러한 점들을 고려하고서도 LG상사의 장기적 전망은 밝다고 판단한다. 그 이유는 규모의 경제가 통하는 종합무역업에서 LG상사가 현재 점하고 있는 위치는 독보적인 것이며 앞으로의 성장을 지속할 수 있을 정도로 탄탄하다고 보기 때문이다.

어떻게 투자해야 하는가?

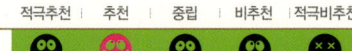

　LG상사는 매출 규모가 5조 원에 달하는 국내 대표적인 종합무역상사이다. 국내 가공수출무역을 주도하고 있으며 신규 투자도 적극적으로 진행하고 있기에 장기투자 종목으로 추천할 만하다. 다만 경기변동의 영향을 많이 받기 때문에 많은 비중을 투자하는 것은 위험을 높이는 일이다.

> **NOTE**
> 〈분산투자〉 종합상사는 세계 경기변동의 영향을 크게 받기 때문에 많은 비중을 장기로 투자하는 것은 위험이 크다. 포트폴리오 상 분산투자를 추천한다.

057 삼성물산 (대형주)

유통

【 삼성 그룹 계열의 종합상사(산업A 후보) 】

- FICS Sector: 산업재
- FICS Industry Group: 자본재
- FICS Industry: 무역

월간차트(이전 10년간)

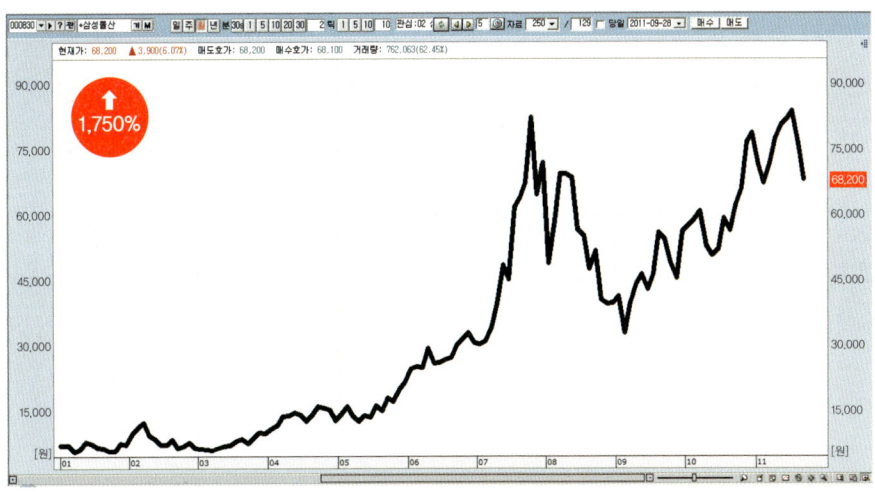

↑ 1,750%

재무상황

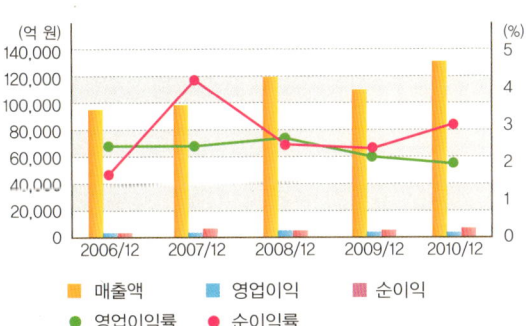

- 매출액
- 영업이익
- 순이익
- 영업이익률
- 순이익률

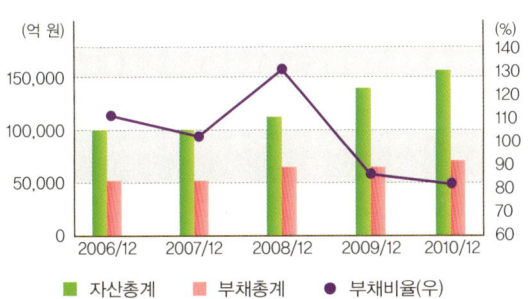

- 자산총계
- 부채총계
- 부채비율(우)

매출구성

(2010년 12월 기준)

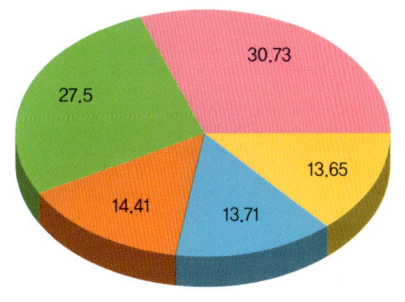

- 30.73
- 27.5
- 14.41
- 13.71
- 13.65

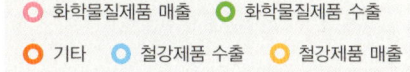

- 화학물질제품 매출
- 화학물질제품 수출
- 기타
- 철강제품 수출
- 철강제품 매출

09 유통 219

기업 소개

　삼성 그룹 계열로 종합상사와 건설업을 겸하는 기업이다. 사업 영역은 크게 건설업과 도소매업으로 나눌 수 있다.

　건설업 부문에서는 국내외의 건축, 토목, 플랜트, 주택 분야의 사업을 영위한다. 또한 원전 시공 기술을 보유하고 있는 몇 안 되는 국내 건설사 중 하나로 원자력발전 해외 수출 1호인 아랍에미리트(UAE) 원자력발전소 시공에 참여했다. 건설업은 발주자로부터 주문을 받아 구조물, 건축물을 완성하여 인도하는 수주 산업이자 주택 및 빌딩의 건축, 사회간접자본의 형성, 국토개발 등 실물자본의 구축을 담당하는 서비스산업이다. 또한 노동·자본·기술 등의 생산요소를 유기적으로 결합하여 시설물을 완성하는 종합 산업으로 타 산업에 비해 생산·고용 유발 효과 및 부가가치 창출 효과가 크다.

　도소매업 부문에서는 자원개발, 철강, 화학, 전자재료, 섬유 등 다양한 방면에서 무역을 하고 있다. 에너지·환경, 산업소재, 물자기계 분야를 중심으로 전 세계 45개국 96개에 달하는 해외 거점을 두고 활발한 사업을 전개하고 있다. 철강, 금속, 전자, 화학 등 산업소재와 관련된 분야에서 트레이딩과 투자를 통한 운영사업을 전개하고 있다. 석유·가스광구의 탐사·개발·생산 등의 사업에 참여하고 있으며, 신재생에너지사업 등 미래 유망 사업을 중심으로 성장동력이 될 신사업을 추진하고 있다.

10년간 최대 상승률

1,750%: 최저 5,000원(01년 01월) → 최고 92,500원(11년 07월)

상승의 주요 이유

- **체크 1:** 대기업인가?

　〈YES〉 삼성 그룹 계열의 종합무역상사로 건설업을 겸하고 있다. 강력한 자본력과 영업망, 유통망을 확보하고 있다.

- **체크 2:** 사업의 진입장벽이 높은가?

　〈YES〉 대규모 무역상사와 공공 부문 건설업은 진입장벽이 높다.

투자의 난이도

매우어려움 | 어려움 | 보통 | 쉬움 | 매우쉬움

- **체크 1:** 매출구성을 이해하기 쉬운가?

　〈NO〉 무역상사와 건설업이 합쳐져 있기 때문에 일반인은 정확한 매출구성을 이해하기가 매우 힘들다.

- **체크 2:** 현금흐름을 파악하기 쉬운가?

　〈NO〉 어려운 매출구성으로 현금흐름을 파악하기가 쉽지 않다.

- **체크 3: 경기변동의 영향을 받는가?**

  〈YES〉 삼성물산이 영위하고 있는 종합무역업과 건설업은 둘 다 경기변동의 영향을 크게 받는 분야이다. 그 사업 범위가 국내에만 한정되어 있지 않기 때문에 세계 경제의 동향에 민감하다.

장기적 전망

삼성 계열의 종합무역상사와 건설업을 겸하고 있는 삼성물산은 동종 업계에서 높은 경쟁 우위를 차지하고 있다. 현금흐름을 파악하기가 어렵기 때문에 3년 뒤 회사의 매출을 정확하게 예측할 수는 없지만 국내에서 큰 비중을 차지하고 있는 산업을 겸하고 있으므로 전망이 밝다고 판단한다.

어떻게 투자해야 하는가?

삼성 그룹의 종합상사 겸 건설사인 삼성물산은 장기적으로 꾸준히 성장할 것으로 전망되어 투자 종목으로 추천한다. 다만 종합무역과 건설업은 경기변동의 영향을 크게 받는다는 보수적인 관점도 유지하기를 바란다.

> **NOTE**
> 〈분산투자〉 종합무역업과 건설업은 세계 경기변동의 영향을 크게 받기 때문에 많은 비중을 장기로 투자하는 것은 위험이 크다. 포트폴리오상 분산투자를 권한다.

058 대우인터내셔널 (대형주)
유통
【 POSCO 계열의 종합상사 (산업B 후보) 】

- FICS Sector: 산업재
- FICS Industry Group: 자본재
- FICS Industry: 무역

월간차트(이전 10년간)

재무상황

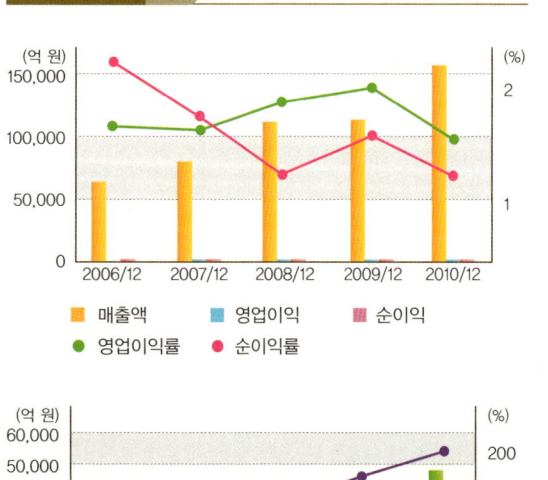

매출구성

(2010년 12월 기준)

- 철강, 금속 등(무역)
- 부산공장, 자동차SEAT, 원단 등(제조)
- 마산대우백화점(유통)

기업 소개

미국, 중국, 일본, 독일, 인도네시아 등에 해외 법인을 두고 무역, 생산, 판매, 유통, 자원개발 등의 사업을 영위하는 종합무역상사이다. 회사의 사업구조는 철강, 금속, 자동차부품, 기계류, 물자자원 등의 수출입거래를 주 사업으로 영위하는 무역 부문과 자동차 내장재용, 생활 산업용 등 고기능 섬유 제품을 생산하는 부산공장의 제조 부문, 대우백화점을 운영하는 유통 부문 등 3개 사업 부문으로 구성되어 있는데 사업구조상 무역 부문의 비중이 절대적이다.

대우인터내셔널은 국내 회사에서 단순히 무역업을 진행하는 것뿐 아니라 현지에 직접 무역을 위한 법인을 설치하고 있으며 광물자원의 개발도 하고 있다. 무역 부문이 전체 매출액의 약 98%를 점유하고 있으며, 제조 및 유통 부문이 나머지에 해당한다. 무역 부문 중에서도 철강·금속 관련 매출이 전체 매출액의 약 60%를 차지하고 있으며, 화학 및 에너지·물자 관련 매출이 약 25%다. 지역별로는 중국을 포함한 아시아 및 아중동 지역이 67%, 러시아를 포함한 유럽이 13%를 차지하여 이들 지역에서 약 80%를 점유하고 있으며, 그 외 북미 지역이 7%, 중남미 지역이 6% 수준이다.

10년간 최대 상승률

4,041%: 최저 1,200원(01년 04월) → 최고 49,700원(07년 05월)

상승의 주요 이유

- 체크 1: 대기업인가?

  〈YES〉 POSCO 계열의 종합상사로서 강력한 자본력, 유통망, 영업망을 확보하고 있다.

- 체크 2: 사업의 진입장벽이 높은가?

  〈YES〉 대규모 종합무역상사로서 인프라와 세계적인 유통망을 갖추고 있다. 신규 참여자로서는 진입장벽이 높은 사업이다.

투자의 난이도

- 체크 1: 매출구성을 이해하기 쉬운가?

  〈NO〉 매출구성의 대부분을 차지하는 무역 부문의 세부 내용은 철강, 금속, 화학, 에너지, 물자 등이다. 이들을 구체적으로 이해하기는 어렵다.

- 체크 2: 현금흐름을 파악하기 쉬운가?

  〈NO〉 매출이 세계적으로 일어나기 때문에 현금흐름을 파악하기가 쉽지 않다.

- 체크 3: 경기변동의 영향을 받는가?

  〈YES〉 크게 받는다. 종합상사는 폭넓은 상품군을 바탕으로 소속 기업 집단의 중심이자 국가적인 수출 창구이기도 하다. 사업 특성상 국제 환율, 철강·금속 등 원자재 가격 등에 대한 국제 경제지표의 변동 및 세계 경기흐름이 큰 영업 변수가 된다. 특히 환율, 원자재 및 곡물 가격의 급등락은 종합상사 매출에 직접적인 영향을 준다.

장기적 전망

 POSCO 계열의 종합상사로서 높은 경쟁우위를 차지하고 있으며 세계 곳곳에 현지 법인이 설립되어 있고 자원개발이 활발하기 때문에 장기적 전망은 밝다. 과거 외환위기로 인한 그룹 분리와 기업의 체질개선 과정을 거치면서 신규 투자를 통한 사업 확장보다는 부실 계열사 정리와 자산매각 등을 통해 경영정상화에 초점이 맞추어져 있었다. 이에 따라 주력사업의 내실화에 집중함으로써 상대적으로 변동성이 크지 않은 삼국 간 무역거래의 비중이 경쟁사 대비 높게 나타나고 있다. 또한 비교적 조기에 투자한 해외 자원개발에 대한 성과가 점진적으로 가시화되면서 수익구조의 다변화를 통한 미래 성장 동력이 확보되고 있다.

어떻게 투자해야 하는가?

 매출 규모로 10조 원이 넘는 국내 대규모 종합무역상사이다. 종합무역업은 경기변동의 영향을 크게 받기 때문에 많은 비중을 장기로 투자하기에는 위험이 크다. 하지만 국내 산업에서 차지하는 높은 비중을 고려했을 때 종합무역업에 투자하고 싶다면 대우인터내셔널을 추천할 만하다.

>  **NOTE**
>
> 〈분산투자〉 국내 대규모 종합무역상사로서 수출입 창구의 역할을 담당하고 있으며 국내 산업에서의 비중도 크다. 하지만 세계 경기변동의 영향을 크게 받기 때문에 많은 비중을 장기로 투자하는 것은 위험하다. 따라서 포트폴리오상 분산투자를 권한다.

059 현대상사 (중형주)

【 현대중공업 계열의 대형 종합상사 (산업B 후보) 】

- FICS Sector: 산업재
- FICS Industry Group: 자본재
- FICS Industry: 무역

월간차트(이전 10년간)

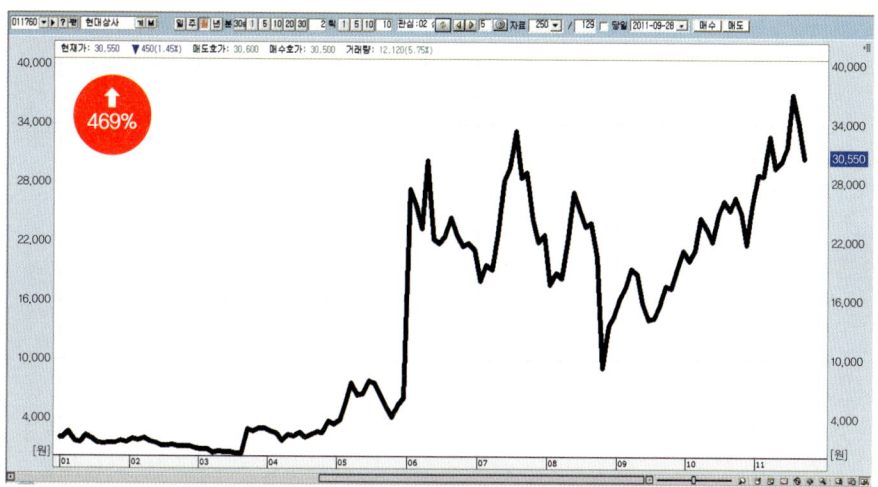

재무상황

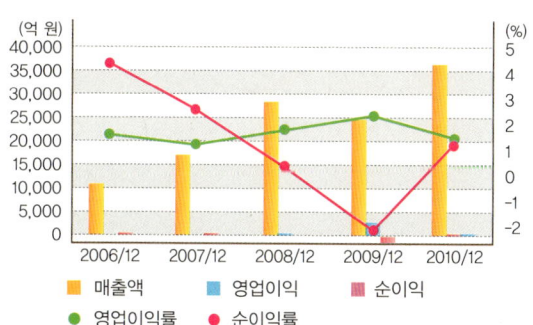

매출구성

(2010년 12월 기준)

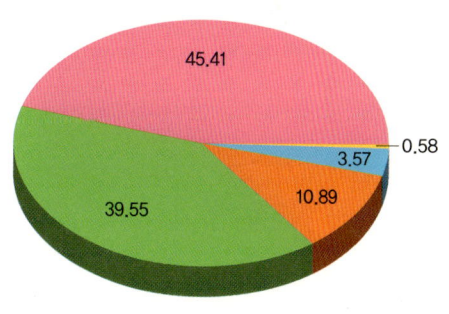

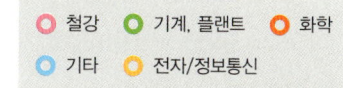

09 유통

기업 소개

현대중공업 계열의 종합무역업을 영위하는 기업이다. 사업 부문은 기계·플랜트(자동차, 선박 및 중소형 플랜트 등), 철강(강판, 강관, 형강 제품 및 스테인리스 제품 등), 화학(석유, 석유화학 제품 및 벙커링), 전자·정보통신(전자 제품의 직수출 및 브랜드 로열티), 기타(자원 및 상품)의 총 5개로 구성되어 있다.

각 사업 부문의 특성을 살펴보면, 먼저 기계·플랜트 부문은 기계·플랜트 수요 산업인 건설업과 자동차, 조선, 기계 등의 제조업에 직접적인 영향을 받으며 수요 산업의 경기에 연동되는 특징이 있다. 철강 부문은 자동차, 조선, 건설, 가전, 기계 등의 산업과 밀접한 관계를 가지고 있으며 경기변동 측면에서 볼 때 소비는 탄력적이지만 생산은 비탄력적인 특성이 있다. 화학 부문은 건설업과 자동차, 조선, 전자, 기계 등의 제조업에 직접적인 영향을 받으며, 전자·정보통신 부문은 고부가가치의 기술 집약적 산업으로 기술과 더불어 막대한 개발비 및 설비투자가 필요하여 진입장벽이 높다. 기타 산업은 자원개발과 상품 및 신재생에너지 등으로 구성되어 있으며 경기변동에 민감하다.

10년간 최대 상승률

469%: 최저 6,870(08년 10월) → 최고 39,100(11년 07월)

상승의 주요 이유

- **체크 1:** 대기업인가?

  〈YES〉 현대중공업 계열사로 강력한 자본력과 유통망, 영업망을 가진다.

- **체크 2:** 경쟁력을 갖췄는가?

  〈YES〉 현지 법인 6개사와 해외 지사 26개를 통한 글로벌 네트워크를 구축하여 지역별로 차별화된 마케팅과 서비스를 펼치고 있다.

- **체크 3:** 사업의 진입장벽이 높은가?

  〈YES〉 현대상사가 영위하는 각 사업은 자본, 기술력, 네트워크가 필요한 분야로 진입장벽이 높다.

투자의 난이도

매우어려움 | 어려움 | 보통 | 쉬움 | 매우쉬움

- **체크 1:** 매출구성을 이해하기 쉬운가?

  〈SO-SO〉 종합무역업, 즉 수입과 수출을 통해 매출이 발생하며 세부적인 품목까지는 이해하기 힘들지만 매출구성이 단순하다.

- **체크 2:** 현금흐름을 파악하기 쉬운가?

  〈SO-SO〉 수입과 수출에 의하여 현금흐름을 창출한다.

- **체크 3: 경기변동의 영향을 받는가?**

〈YES〉 크게 받는다. 자동차, 철강, 플랜트 등의 수출입 대행과 수입상품의 국내 판매 그리고 유전개발 등의 사업을 하고 있다. 각 사업 부문이 모두 경기변동에 민감하며 사업 무대가 전 세계이기 때문에 환율변동에도 큰 영향을 받는다.

장기적 전망

현대중공업 계열의 종합상사로서 동종 업계에서 높은 경쟁우위를 차지하고 있다. 현대중공업 계열사의 무역 창구 역할을 담당하기 때문에 안정적인 매출 증가를 전망할 수 있다.

어떻게 투자해야 하는가?

현재 확보하고 있는 높은 경쟁력과 업력으로 지속적인 성장이 가능하다고 전망된다. 하지만 종합무역업은 경기변동의 영향을 크게 받으므로 많은 비중을 투자하기에는 위험이 따른다. 따라서 분산투자 원칙으로 일정 지분을 포트폴리오에 편입할 것을 추천한다.

> **NOTE**
> 〈분산투자〉 세계 경기변동의 영향을 크게 받는 사업을 영위하므로 위험관리를 위해서 포트폴리오상 분산투자를 추천한다.

060 호텔신라 (중형주)

유통

【 국내 대표적인 면세점·호텔 기업 】

- FICS Sector: 경기소비재
- FICS Industry Group: 소비자서비스
- FICS Industry: 호텔 및 레저

월간차트(이전 10년간)

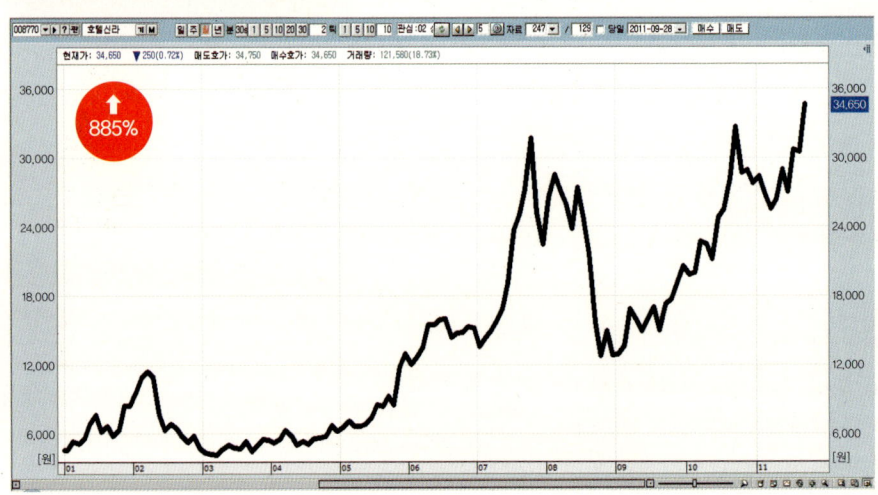

재무상황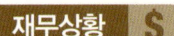

매출구성

(2010년 12월 기준)

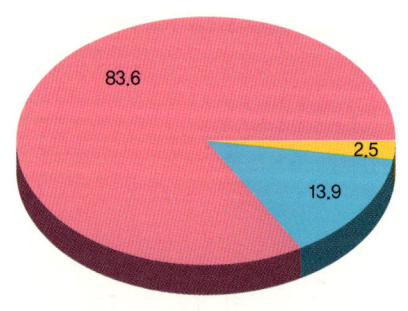

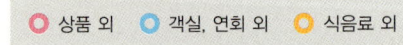

기업 소개

삼성 그룹 계열사로 관광호텔(서울신라호텔, 제주신라호텔), 면세점(서울본점, 인천공항점, 김포공항점, 제주점, 대구공항점, 청주공항점, 인터넷점), 외식업장(탑클라우드, 아티제) 등을 운영한다.

각 사업 부문의 특성을 보면, 먼저 면세점은 외국 관광객 및 내국인 해외 출국자를 대상으로 외국의 유명 브랜드 상품 및 토산품을 면세로 판매한다. 명품 브랜드를 선호하는 일본 관광객과 최근 증가하고 있는 중국인 관광객이 주 고객층이다. 관광호텔 부문은 경제가 발전하면서 국제적인 교류가 증가한 데 발맞춰 성장한 대표적인 서비스업종의 하나이다. 굴뚝 없는 산업이라는 별칭으로 불릴 정도로 고부가가치를 창출하는 산업이자 고용 효과가 큰 산업에 속한다. 외식업장 부문에서는 레스토랑(탑클라우드)과 카페(아티제)를 운영하고 있다. 주 5일 근무의 확산, 맞벌이 부부의 증가로 외식에 대한 수요가 꾸준히 증가하고 있다. 과거 이 분야에는 개인에 의한 소규모 창업이 많았으나 현재는 풍부한 자금과 브랜드 파워를 바탕으로 한 대기업의 진출이 증가하는 추세이다.

10년간 최대 상승률

885%: 최저 3,740원(03년 03월) → 최고 36,850원(07년 10월)

상승의 주요 이유

- **체크 1: 대기업인가?**
  〈YES〉 삼성 그룹의 계열사로 강력한 자본력, 영업망, 유통망을 자랑한다.
- **체크 2: 사업의 진입장벽이 높은가?**
  〈YES〉 호텔과 면세점사업은 초기 시설투자에 대규모 자본이 소요되며 브랜드의 인지도도 중요한 요소가 되므로 진입장벽이 높다.

투자의 난이도

매우어려움 | 어려움 | 보통 | 쉬움 | 매우쉬움

- **체크 1: 매출구성을 이해하기 쉬운가?**
  〈YES〉 면세점의 상품과 호텔의 객실 요금이 매출구성의 대부분을 차지한다.
- **체크 2: 현금흐름을 파악하기 쉬운가?**
  〈YES〉 매출구성을 이해하기 쉬우므로 현금흐름을 파악하기도 쉽다.
- **체크 3: 경기변동의 영향을 받는가?**
  〈SO-SO〉 비교적 적게 받는다. 호텔신라는 2008년 업계 최대 규모의 인천공항 면세점 개장을 비롯해 2010년 청주와 대구공항 등의 면세점을 개장해 운영하고 있다. 또한 서울신라호텔과 제주신라호텔을 통해 국내 호텔산업을 선도하고 있으며 외식사업, 스포츠·레저사업, 여행사업 등의 생활레저

사업을 영위하고 있다. 그중에서도 매출구성의 대부분은 면세점을 통한 상품의 판매로 이루어지고 있다. 최근 명품의 판매실적을 보면 경기 침체기에도 두 자릿수의 성장률을 지속했을 정도로 경기변동에 큰 영향을 받지 않는다.

장기적 전망

호텔신라의 각 사업 부문은 인지도 높은 브랜드 네임을 갖추고 있고 진입장벽이 높아 신규 경쟁자가 출현할 가능성은 적지만 내수에 한정되어 있기 때문에 폭발적인 상승세는 어렵다. 따라서 장기적 전망은 '보통'이라고 판단한다.

어떻게 투자해야 하는가?

가파른 상승은 일어나기 힘들지만 호텔신라가 차지하는 시장에서의 독보적 지위와 상징적 브랜드의 가치를 고려할 때 꾸준한 매출 증가는 가능하다고 본다. 이런 점에서 호텔과 면세점 기업에 투자하고 싶다면 호텔신라를 긍정적으로 바라볼 것을 추천한다.

> **NOTE**
>
> 〈분산투자〉 호텔신라는 상징적 브랜드 네임과 과점적 사업의 형태 그리고 쉬운 사업 내용으로 일반인이 장기로 마음 편히 투자할 수 있는 종목이다. 포트폴리오상 분산투자할 것을 추천한다.

061 현대백화점 (대형주)
【 국내 시장점유율 2위의 백화점 】

유통

- FICS Sector: 경기소비재
- FICS Industry Group: 유통
- FICS Industry: 백화점

월간차트(이전 10년간)

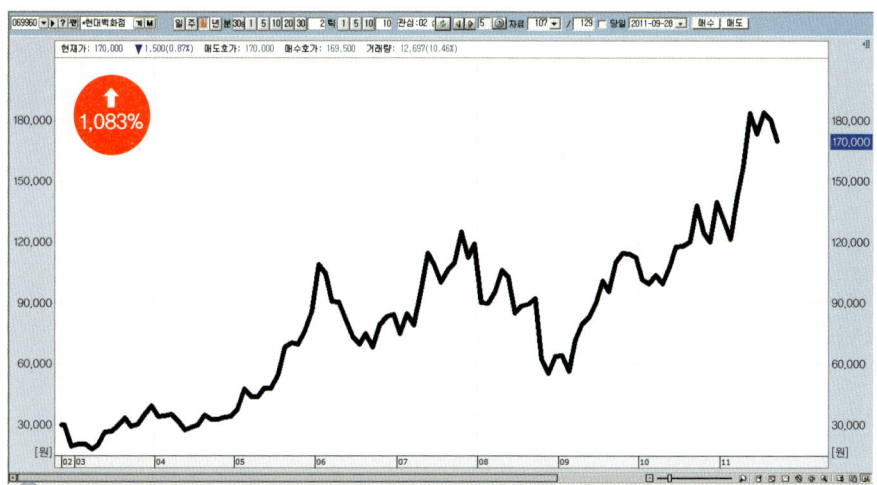

1,083%

재무상황

매출구성

(2010년 12월 기준)

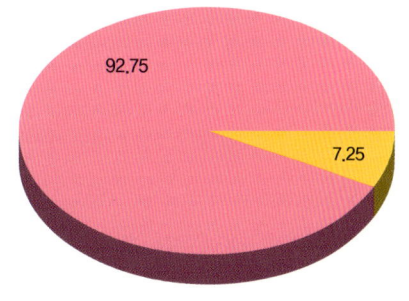

09 유통   231

기업 소개

업계 2위(시장점유율 24%)의 백화점 기업이다. 압구정본점을 비롯하여 서울지역과 일산, 울산, 부산 등에 총 13개의 점포를 운영하고 있다. 2015년에 광교점과 안산점을 개점할 예정이다. 고급 브랜드 이미지로 경기 침체기에도 양호한 영업이익을 달성하는 등 안정적인 사업구조를 보유하고 있다.

10년간 최대 상승률

1,083%: 최저 15,300원(03년 03월) → 최고 181,000원(11년 05월)

상승의 주요 이유

- **체크 1: 브랜드 가치가 높은가?**
  〈YES〉 현대백화점이라는 높은 브랜드 가치를 가지고 있다.
- **체크 2: 사업의 진입장벽이 높은가?**

   〈YES〉 초기 사업진출에 대규모 자본이 필요하며 과점이 형성되어 있어 진입장벽이 높다. 우리나라 유통산업 발전법에서는 백화점을 '매장면적 3,000평방미터가 넘는 종합물품판매점'으로 정의하고 있다. 적정 부지의 매입과 건축을 위해서는 수도권의 경우 3,000억 원 이상의 자금이 소요되는 것으로 전문가들은 보고 있다. 이는 출점 초기 대규모 자본이 투입되어야 한다는 것을 의미하므로 후발 기업에게는 상당한 진입장벽으로 작용한다.

투자의 난이도

- **체크 1: 매출구성을 이해하기 쉬운가?**
  〈YES〉 우리가 쉽게 볼 수 있는 상품의 매출이 매출구성의 대부분을 차지하고 있다.
- **체크 2: 현금흐름을 파악하기 쉬운가?**
  〈YES〉 친근하고 쉬운 매출구성으로 현금흐름을 파악하기가 쉽다.
- **체크 3: 경기변동의 영향을 받는가?**

   〈YES〉 국내 2위의 백화점 기업이다. 백화점은 최종 소비자를 대상으로 하고 있어 소비자 성향과 밀접한 연관이 있다. 백화점의 주요 상품이 패션 및 소비재이기 때문에 경기변동에 상대적으로 민감하다.

장기적 전망

매우밝음 | 밝음 | 보통 | 흐림 | 매우흐림

국내 백화점업계는 현대, 롯데, 신세계 등 상위 3개사가 과점을 형성하고 있어 신규 참여자로서는 진입장벽이 매우 높다. 현대백화점은 업계 2위의 위치를 차지하고 있으며 앞으로도 지속적인 매출 신장이 이루어질 것으로 기대된다.

어떻게 투자해야 하는가?

적극추천 | 추천 | 중립 | 비추천 | 적극비추천

내수 유통업인 백화점에 투자하고 싶다면 포트폴리오의 일정 부분으로 현대백화점을 편입할 것을 추천한다.

> **NOTE**
> 〈분산투자〉 백화점산업의 미래를 밝게 본다면 이 종목을 선정하여 포트폴리오상 분산투자하길 권한다.

062 현대그린푸드 (중형주)

유통

【 현대백화점 그룹의 지주회사이자 단체급식 기업 】

- FICS Sector: 경기소비재
- FICS Industry Group: 유통
- FICS Industry: 도소매

월간차트(이전 10년간)

재무상황

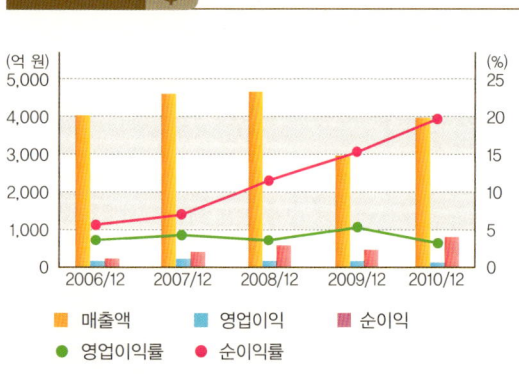

매출구성

(2010년 12월 기준)

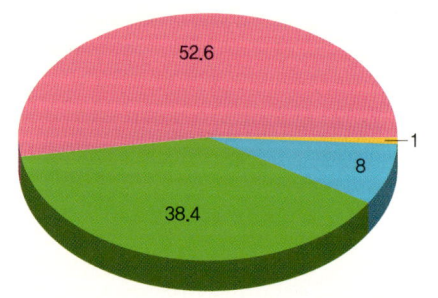

○ 단체급식 ○ 직거래
○ IT서비스 ○ 임대

234 내공 주식투자 3

기업 소개

현대백화점 그룹의 사업지주회사이다. 식자재 구매 대행, 단체급식 및 외식사업, 시스템통합(SI)·구축 서비스의 개발, 임대 및 판매업 등을 주요 사업으로 하고 있다. 2010년 단체급식업을 영위하는 현대푸드시스템을 인수했다.

단체급식은 식품위생법에 따라 학교, 산업체, 병원 등에서 비상업적인 목적으로 운영되었으나, 1990년대부터 본격적으로 위탁급식의 형태가 등장하면서 단체급식도 영리를 목적으로 하는 사업형태로 변화하게 되었다. 또한 소득증대와 생활수준의 향상, 여성의 사회 참여 비율 증가에 따라 외식에 대한 의존도가 높아졌고, 2000년대에 들어와서는 학교뿐만 아니라 공장 및 병원, 기업 등의 급식시장이 급격히 성장하였다.

10년간 최대 상승률

3,403%: 최저 528(01년 01월) → 최고 18,500원(11년 08월)

상승의 주요 이유

- **체크 1: 대기업인가?**
  〈YES〉 현대백화점 그룹의 지주회사로 강력한 자본력, 영업망, 유통망을 가진다.

투자의 난이도

- **체크 1: 매출구성을 이해하기 쉬운가?**

〈YES〉 이해하기 쉽다. 매출형태를 식재사업, 푸드서비스사업, 기타사업으로 구분할 수 있는데 그중 가장 많은 비중을 차지하는 것이 푸드서비스사업의 단체급식으로 50%를 넘는다. 식재사업 부문의 약 38%를 합하면 이 두 사업이 매출구성의 대부분을 이룸을 알 수 있다.

(2010년 12월 기준 매출구성)

사업 부문	구분	비율
푸드서비스사업	단체급식	52.6
식재사업	직거래	38.4
기타사업	임대	1.0
	IT서비스	8.0

- **체크 2: 현금흐름을 파악하기 쉬운가?**

〈YES〉 일반인이 쉽게 이해할 수 있는 친근한 사업을 영위하므로 현금흐름 파악이 쉽다.

- **체크 3: 경기변동의 영향을 받는가?**

〈SO-SO〉 단체급식업은 산업체, 병원, 학교, 기숙사, 관공서 등에서 특정 다수인을 대상으로 계속적인 식사를 제공하는 사업으로 경기변동에 다소 영향을 받는다. 그리고 식재 유통사업은 유통경로에 따라 약간의 차이가 있으나 기본적으로 경기 및 사회 전반에 걸친 경기 흐름의 영향을 많이 받지 않고 불황에 강한 분야다. 현대그린푸드 전체적으로 볼 때는 경기변동의 영향이 상대적으로 큰 식당으로의 유통경로보다는 단체급식으로의 비율이 훨씬 크기에 경기변동의 영향은 적은 편이다.

장기적 전망

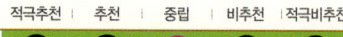

　현대백화점 그룹의 지주회사로서 다른 경쟁사들보다 경쟁우위를 차지하고 있다. 그렇지만 여전히 국내 단체급식시장에는 약 4천여 개의 크고 작은 사업자들이 경쟁하고 있으며 시장이 성숙기 초입 단계에 접어들었기 때문에 장기적 전망이 밝다고는 할 수 없다.

어떻게 투자해야 하는가?

　국내 단체급식 기업은 사업 범위가 내수시장으로 한정되어 성장이 제한적이고 경쟁이 매우 치열하다. 또한 중소형 급식 기업은 예상치 못한 외부적 요인에 큰 영향을 받을 가능성도 있다. 따라서 많은 비중을 장기 투자하기에는 위험이 크다.

> **NOTE**
>
> 급식산업은 내수시장으로 국한되어 성장성이 제한적이고 업계 간 경쟁이 치열하다. 현대그린푸드는 현대백화점 그룹의 지주회사로서 경쟁사보다 우위를 차지하고는 있지만 장기 투자에는 위험요소가 있다. 급식산업에 투자하고 싶다면 과점을 형성하고 있는 업계 상위 종목에 투자하는 것이 위험을 줄일 수 있는 방법이다.

> 이주영의 주식 칼럼 6

부의 흐름을 따르라! ❷

부의 중심에 있는 산업이 성장할 때 그와 연관된 산업(산업B, 산업C)도 따라서 성장한다. 따라서 부의 중심에 있는 종목을 찾았다면 연관 산업을 찾아 포트폴리오를 구성한다.

유통, 상사

백화점, 할인마트 등	외식	상사
신세계	신세계푸드 현대그린푸드	LG상사(B) 삼성물산(A) 대우인터내셔널(B) 현대상사(B)

생활용품

음식료	제과, 라면	의류	생활용품
빙그레 오뚜기 삼양사 롯데삼강 남양유업 롯데칠성	오리온 롯데제과	한섬	LG생활건강

미디어, 교육, 레저

광고	게임	여행, 호텔
제일기획	엔씨소프트	호텔신라

금융

증권	은행	지주회사	보험
대우증권 삼성증권 키움증권	기업은행	신한지주 한국금융지주	삼성화재 현대해상 LIG손해보험 코리안리

※ 《내공 주식투자 1: 실전편》 '코스피 부의 흐름도' 참조.

10 음식료

【 최대 상승률(이전 10년간) 458%: 최저 607포인트(01년 01월) → 최고 3392포인트(07년 11월) 】

월간차트(이전 10년간)

해당 종목 $

CJ씨푸드	CJ제일제당	MH에탄올	고려산업	남양유업	농심
대상	대한제당	대한제분	동아원	동원F&B	롯데삼강
롯데제과	롯데칠성	마니커	무학	보해양조	빙그레
사조대림	사조해표	삼립식품	삼양사	삼양식품	삼양제넥스
샘표식품	서울식품	선진지주	오뚜기	오리온	우성사료
조흥	진로	크라운제과	팜스코	하이트맥주	한성기업

업종 둘러보기

코스피에서 음식료업으로 분류된 36개의 종목을 제시했다. 음식료업은 일반 투자자에게 가장 친근하고 쉬운 사업이다. 때문에 다른 산업에 비해 투자 종목을 스스로 판단해서 선정하기 쉽다.

음식료업은 필수소비재산업으로 경기변동의 영향을 받지 않는다. 또한 매출구성을 이루는 상품이 일상생활과 밀접하게 관련되어 있어 분석하기도 매우 쉽다. 제과업, 가공식품, 우유, 음료, 빙과류 등 우리가 흔히 접하는 각각의 음식료 중에서 독보적인 인지도를 보유한 브랜드를 고르면 되는 아주 간편한 방법이다. 그것이 대체로 높은 시장점유율을 차지하는 기업이기 때문이다. 이러한 기업들을 찾아 비교, 분석한다면 일반 투자자들도 장기로 투자할 종목을 무난히 선정할 수 있을 것이다.

하지만 음식료업은 진입장벽이 낮다는 점을 반드시 감안해야 한다. 다른 산업에 비해 시장에 진입하기가 매우 쉽다는 점 때문에 경쟁이 매우 치열하다. 그러므로 장기적인 관점에서 브랜드의 상징성과 안정적인 매출을 지속할 수 있을지 판단해야 한다. 진입장벽이 낮으면서도 일부 대기업이 시장을 장악하고 과점을 형성하고 있기 때문에 규모가 작거나 신규로 진출한 기업은 고전을 면치 못한다.

혹시 분석 결과 매력이 있으면서도 확신을 가질 수 없거든 가까운 마트에 가서 실제 해당 기업의 상표가 붙은 여러 제품을 보면서 생각을 가다듬어보기 바란다. 음식료업종은 우리 일상생활에서 쉽게 접할 수 있는 상품이 대부분이므로 다른 업종보다 그렇게 하기가 수월하다. 만지거나 볼 수 있는 실체가 있고 직접 누릴 수 있는 서비스 상품이라면 실제로 경험해보는 것도 아주 좋은 방법이다. 단순히 소비자로서가 아니라 투자자로서 그 기업의 생산물을 대할 때는 자세와 기분이 상당히 다를 것이다.

이제부터 음식료업종에서 대표적인 10개사를 분석해보자.

063 오리온 (대형주)
음식료
【 제과 전문 기업 】

- FICS Sector: 필수소비재
- FICS Industry Group: 음식료 및 담배
- FICS Industry: 식료품

월간차트(이전 10년간)

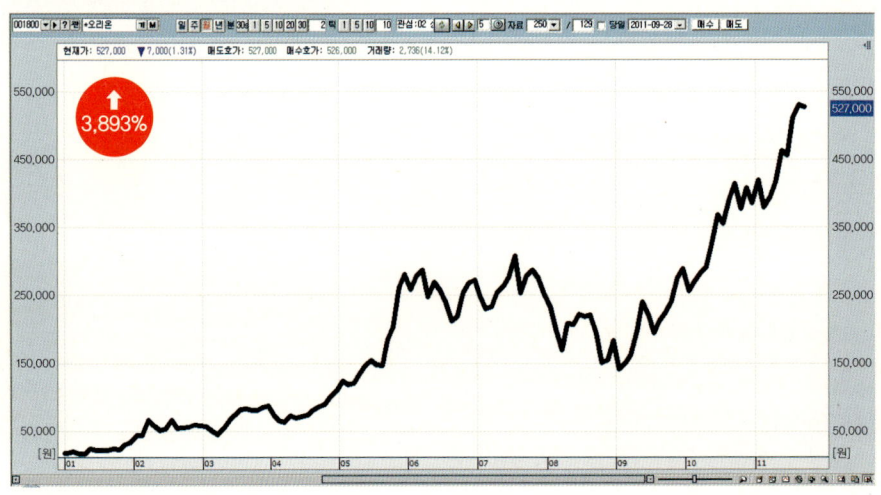

재무상황

매출구성

(2010년 12월 기준)

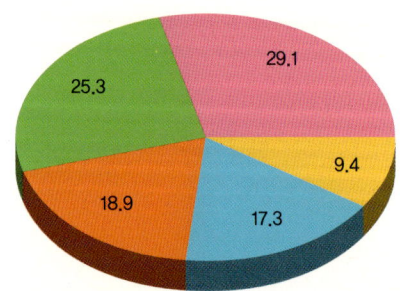

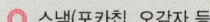
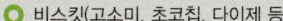

- 스낵(포카칩, 오감자 등)
- 비스킷(고소미, 초코칩, 다이제 등)
- 기타(초코송이, 자일리톨, 통아몬드 등)
- 파이(초코파이, 케익 오뜨 등)
- 기타(웨하스, 카라멜, 미쯔 등) 외

기업 소개

비스킷, 파이, 껌, 초콜릿 등 과자류 전문 기업이다. 익산 및 청주공장에서 생산하여 국내외에 판매하며 해외 법인을 통한 생산·판매를 병행하고 있다. 해외는 주로 중국, 러시아, 베트남 등에 집중하고 있다. 주요 제품으로는 초코파이, 초코칩 쿠키, 다이제, 고래밥, 고소미 등이 있다. 2010년 외식사업부인 F&B사업부(마켓오)를 신설하여 4개 매장을 운영 중이다.

제과산업은 국내 소비자들의 독특한 기호와 고급과자를 중심으로 한 선진 기업이 증가하면서 신제품 개발 능력이 경쟁력 요인으로 작용하고 있다. 최근 제과 기업들은 제품의 고급화, 기능성화를 바탕으로 수익성 제고를 추구하고 있다. 외식사업은 생산과 판매가 같이 이루어지는 서비스산업이며 특히 규모의 경제와 표준화가 가능한 프랜차이즈산업으로 고객만족의 가치를 추구하는 가치판매 산업이라고 할 수 있다.

10년간 최대 상승률

3,893%: 최저 14,400원(01년 04월) → 최고 575,000원(11년 08월)

상승의 주요 이유

- **체크 1: 대기업인가?**
  〈YES〉 중견 그룹 기업으로 높은 자본력과 영업망, 유통망을 갖추고 있다.
- **체크 2: 브랜드 가치가 높은가?**
  〈YES〉 초코파이, 고래밥, 오징어땅콩, 초코송이 등 인기 높은 브랜드를 다수 가지고 있다.
- **체크 3: 가격 결정력이 있는가?**
  〈YES〉 업계 상위 기업으로서 가격 결정력을 가진다.
- **체크 4: 사업의 진입장벽이 높은가?**
  〈YES〉 제과산업은 대규모 설비투자가 요구되는 장치산업으로 규모의 경제가 작용하여 높은 진입장벽을 형성하고 있다. 국내 시장에는 현재 3,500여 개의 기업이 난립하고 있지만 상위 4개사가 시장의 대부분을 점유하고 있다.

투자의 난이도

매우어려움 | 어려움 | 보통 | 쉬움 | 매우쉬움

- **체크 1: 이해할 수 있는 사업인가?**
  〈YES〉 다양한 과자류를 생산, 판매하는 사업으로 누구나 이해할 수 있다.
- **체크 2: 매출구성을 이해하기 쉬운가?**
  〈YES〉 각종 제과 제품이 매출구성을 이룬다.

- **체크 3: 현금흐름을 파악하기 쉬운가?**

  〈YES〉 쉬운 매출구성으로 현금흐름을 파악하기가 쉽다.

- **체크 4: 경기변동의 영향을 받는가?**

  〈NO〉 제과산업은 대체적으로 경기변동에 민감하지 않은 전통 산업에 속한다. 그런데 최근 패스트푸드를 비롯한 외식산업 등이 급성장하면서 제과산업의 성장률이 영향을 받고 있다.

장기적 전망

인지도 높은 브랜드가 많고 소비자의 입맛에 익숙한 많은 제품을 가지고 있으므로 오리온은 지속적으로 시장점유율을 확장해나갈 것이다. 또한 경기변동의 영향을 받지 않으므로 꾸준히 성장할 수 있다.

어떻게 투자해야 하는가?

상징적인 브랜드를 가지고 있으며 사업의 내용이 쉽다. 경기변동의 영향이 미미하고 지속적인 상승이 가능하므로 일반인이 장기로 투자하기에 적합한 종목이다.

> **NOTE**
>
> 상징적인 브랜드가 있고 사업의 내용을 이해하기 쉬우며 경기변동의 영향을 받지 않는다. 일반인이 장기로 마음 편히 투자하기 쉬운 종목이다.

064 빙그레 (중형주)
음식료
【 빙과·유음료 기업 】

- FICS Sector: 필수소비재
- FICS Industry Group: 음식료 및 담배
- FICS Industry: 식료품

월간차트(이전 10년간)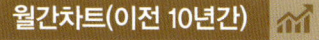

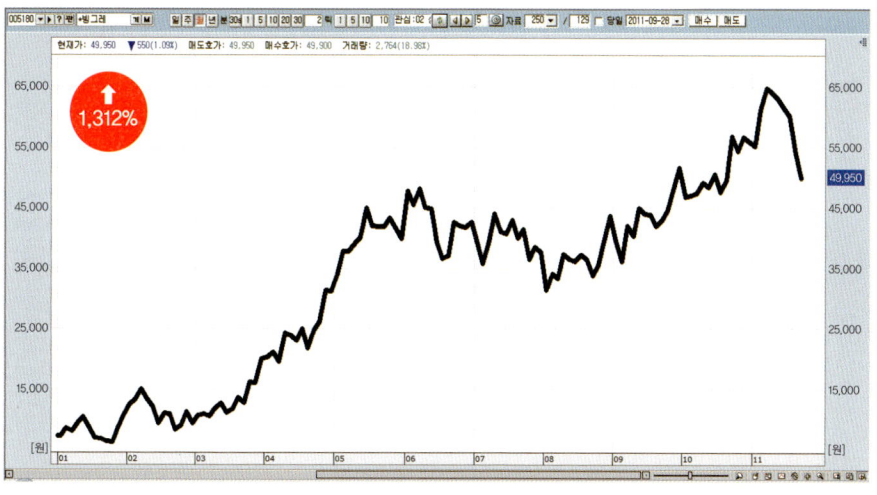

재무상황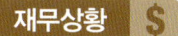

매출구성

(2010년 12월 기준)

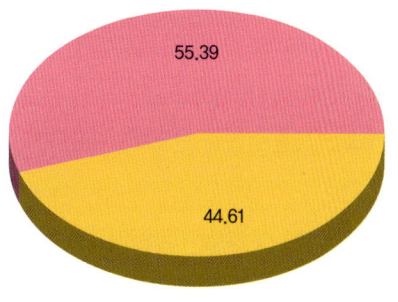

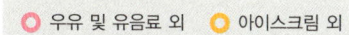

10 음식료 **243**

기업 소개

아이스크림과 유음료사업을 영위하고 있는 기업으로 냉장사업과 냉동사업, 기타로 이루어진 사업 부문을 두고 있다. 냉장사업 부문의 주요 제품으로는 바나나맛우유, 요플레 등이 있고, 냉동사업 부문의 주요 제품으로는 더위사냥, 투게더, 메타콘, 메로나, 프리미엄 아이스크림 브랜드인 끌레도르 등이 있다.

10년간 최대 상승률

1,312%: 최저 4,800원(01년 01월) → 최고 67,800원(11년 04월)

상승의 주요 이유

- **체크 1: 브랜드 가치가 높은가?**

〈YES〉 바나나맛우유와 투게더, 더위사냥 등 인지도 높은 브랜드를 다수 보유하고 있다.

- **체크 2: 사업의 진입장벽이 높은가?**

〈YES〉 상위 대형 기업 위주로 과점이 형성되고 있다.

구분	경쟁 형태	주요 기업	진입장벽	경쟁요인
아이스크림	과점	롯데제과 롯데삼강 해태제과 빙그레	시장지배적	영업조직, 광고, 품질
우유	자유경쟁	서울우유 매일유업 남양유업 빙그레	원재료 확보	기업이미지, 품질
농후발효유	자유경쟁	남양유업 매일유업 빙그레	원재료 확보	품질, 광고

투자의 난이도

매우어려움 | 어려움 | 보통 | 쉬움 | 매우쉬움

- **체크 1: 이해할 수 있는 사업인가?**

〈YES〉 이해하기 쉽다.

- **체크 2: 매출구성을 이해하기 쉬운가?**

〈YES〉 우유 및 유제품과 아이스크림이 매출구성을 이루므로 이해하기 쉽다.

- **체크 3: 현금흐름을 파악하기 쉬운가?**

〈YES〉 쉬운 매출구성으로 현금흐름을 파악하기가 쉽다.

- **체크 4: 경기변동의 영향을 받는가?**

〈NO〉 적게 받는다. 경제의 기반이 되는 각종 유관 산업에 커다란 파급효과를 미치는 식품산업의 특성상 다른 제조업에 비해 경기변동에 비탄력적이다.

장기적 전망

매우밝음 | 밝음 | 보통 | 흐림 | 매우흐림

빙그레는 제품군별로 상징적인 여러 브랜드를 가지고 있다. 또한 높은 시장점유율을 차지하고 있으며 경기변동의 영향을 적게 받는다.

어떻게 투자해야 하는가?

적극추천 | 추천 | 중립 | 비추천 | 적극비추천

사업 내용이 쉽고 경기변동의 영향이 미미하지만 기업 규모가 상대적으로 작은 중형주라는 약점이 있다. 음식료업에 투자하고자 한다면 보다 규모가 큰 대형주를 선택하는 것이 위험을 줄이는 방법이다.

> **NOTE**
> 빙그레의 브랜드 네임도 음식업에서는 상징적이긴 하지만 더 큰 기업에 장기로 투자하는 것이 바람직하다.

065 오뚜기 (중형주)

음식료

【 국내 대표적인 종합식품 기업 】

- FICS Sector: 필수소비재
- FICS Industry Group: 음식료 및 담배
- FICS Industry: 식료품

월간차트(이전 10년간)

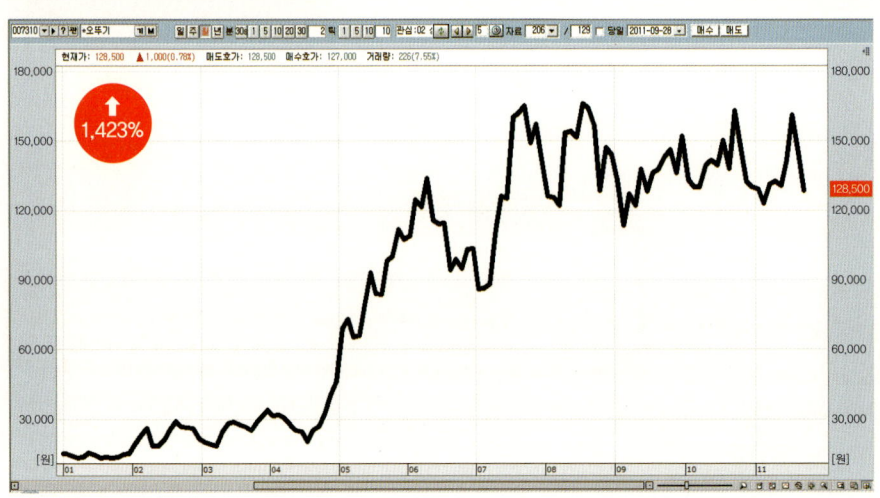

재무상황

매출구성 (2010년 12월 기준)

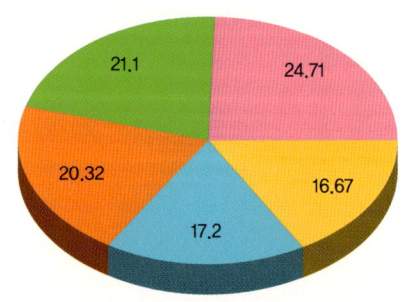

면류 / 기타 / 조미식품류 외 / 소스류 / 유지류

246 내공 주식투자 3

기업 소개

오뚜기카레로 유명한 종합식품 기업이다. 각종 조미식품, 냉동식품, 레토르트식품, 라면 등을 생산, 판매한다. 특히 카레, 마요네즈, 케첩 등 다수의 품목에서 시장점유율 1위를 점하고 있다.

오뚜기의 매출은 내수와 수출로 구분된다. 내수는 할인점을 비롯하여 백화점, 편의점, 슈퍼마켓, 대리점 등 다양한 경로를 통하여 이루어지며, 러시아를 비롯하여 미국, 중국, 일본 등 여러 나라에 수출하고 있다.

식품산업은 가공, 저장, 수송, 판매를 통하여 식량원인 농수산물을 소비자가 원하는 형태로 원하는 시기에 공급함으로써 고객만족도를 높이고 농수산 부문의 소득을 유발하므로 산업 전반에 파급효과가 크다. 또한 그 자체 생산 활동으로써도 고용 효과 및 부가가치가 창출된다.

10년간 최대 상승률

1,423%: 최저 11,550원(01년 07월) → 최고 176,000원(07년 09월)

상승의 주요 이유

- 체크 1: 브랜드 가치가 높은가?

  〈YES〉 많은 브랜드를 가지고 있고 대중의 꾸준한 사랑을 받고 있다.

- 체크 2: 가격 결정력이 있는가?

  〈YES〉 일등 기업으로서 가격 결정력을 가진다.

투자의 난이도

매우어려움 | 어려움 | 보통 | 쉬움 | 매우쉬움

- 체크 1: 이해할 수 있는 사업인가?

  〈YES〉 누구나 쉽게 알 수 있는 사업을 영위한다.

- 체크 2: 매출구성을 이해하기 쉬운가?

  〈YES〉 각종 식품의 매출이 주요 매출구성을 이룬다.

- 체크 3: 현금흐름을 파악하기 쉬운가?

  〈YES〉 쉬운 매출구성으로 현금흐름을 파악하기가 쉽다.

- 체크 4: 경기변동의 영향을 받는가?

  〈NO〉 식품 전문 기업으로 필수소비재를 생산하기 때문에 경기변동의 영향을 거의 받지 않는다.

장기적 전망

매우밝음 | 밝음 | 보통 | 흐림 | 매우흐림

식품산업의 선도 기업으로서 상징적인 브랜드와 가격 결정력을 갖고 있으며 영위하는 사업이 경기 변동의 영향을 받지 않기 때문에 앞으로도 지속적으로 성장할 것이라 판단된다. 환경적인 측면을 보면 국민소득의 증가, 산업화, 국제화에 따라 식품 소비 패턴도 변화하고 있다. 이에 따라 가공식품의 소비 및 외식 비중이 급속히 증가하고 있으며, 외식산업의 급성장과 함께 식품산업의 고성장도 기대되고 있다. 조미식품 수요가 증가함에 따라 경쟁사 등이 시장에 가세하여 점진적으로 경쟁이 가속화될 것으로 예상되지만 현재 높은 시장점유율을 유지하고 있는 오뚜기의 위치가 흔들릴 것으로는 보이지 않는다.

어떻게 투자해야 하는가?

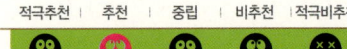
적극추천 | 추천 | 중립 | 비추천 | 적극비추천

종합식품 제조 기업으로서 높은 브랜드 가치를 보유하고 있으며 업계 1위라는 프리미엄을 누리고 있다. 가공식품에 투자하고 싶다면 분산투자 원칙에 따라 일정 지분을 포트폴리오에 편입하길 권한다.

> **NOTE**
>
> 종합식품업계의 상위 기업으로 높은 브랜드 가치를 지니고 있다. 종합식품은 사업 내용이 쉽고 경기변동의 영향을 받지 않기에 일반인이 장기적으로 마음 놓고 투자하기에 쉬운 종목이다. 하지만 진입장벽이 낮아 업계 간 경쟁이 매우 치열하다. 때문에 많은 비중을 투자하기보다는 포트폴리오상 분산투자를 하면 위험을 더욱 줄일 수 있다.

롯데제과 (대형주)

【 롯데 그룹 계열의 국내 1위 제과 기업 】

음식료

- FICS Sector: 필수소비재
- FICS Industry Group: 음식료 및 담배
- FICS Industry: 식료품

월간차트(이전 10년간)

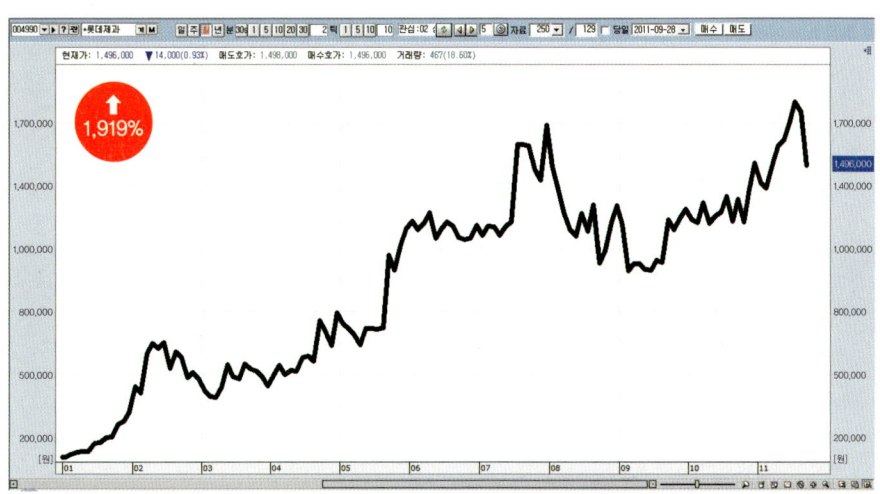

재무상황

매출구성

(2010년 12월 기준)

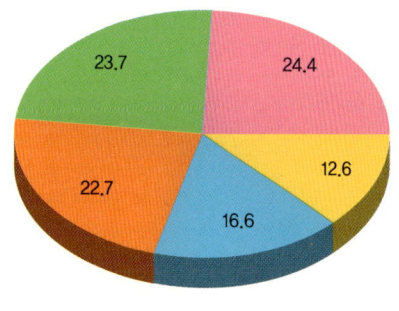

10 음식료   249

기업 소개

롯데 그룹 계열의 국내 1위 제과 기업. 껌(자일리톨, 후라보노), 캔디(애니타임, 목캔디), 비스킷(카스타드, 마가렛트), 초콜릿(빼빼로, 가나), 빙과 제품(옥동자, 주물러) 등을 생산, 판매하고 있다.

영위하는 사업을 부문별로 보면 건과류 제조 및 판매, 빙과류 제조 및 판매, 기타로 구분할 수 있다. 먼저 건과류 부문에서는 캔디, 비스킷, 초콜릿, 파이, 스낵 등의 과자류 제품을 생산하여 판매한다. 자일리톨, 가나 등 소비자들에게 널리 알려진 주력 제품을 중심으로 다양한 종류의 제품을 갖추고 있다. 빙과류 부문에서는 바, 콘, 컵 등의 빙과류 제품을 생산, 판매한다. 설레임, 월드콘, 스크류바 등 다수의 인기 제품이 있다. 1998년부터 프리미엄 아이스크림사업에 진출하여 '나뚜루'라는 브랜드의 아이스크림 판매 전문점 체인사업을 운영하고 있다. 기타 부문에서는 건강식품사업을 통해 건강·기능식품 제품군인 '헬스원'과 홍삼 제품 등을 제조, 가공, 판매하고 있다.

또한 해외 시장 개척에 지속적인 노력을 기울여 중국, 러시아를 포함한 60여 개국에 껌, 캔디, 비스킷, 초콜릿 등의 제과 및 빙과류 제품을 수출하고 있다.

10년간 최대 상승률

1,919%: 최저 94,500원(01년 01월) → 최고 1,908,000원(11년 07월)

상승의 주요 이유

- **체크 1: 대기업인가?**

  〈YES〉 롯데 그룹 계열사로 막강한 자본력과 영업망, 유통망을 확보하고 있다.

- **체크 2: 브랜드 가치가 높은가?**

  〈YES〉 롯데제과라는 브랜드 네임과 인기 높은 다수의 과자 브랜드를 보유하고 있다. 특히 껌과 초콜릿 분야에서는 자일리톨, 가나와 같은 강력한 브랜드로 시장을 선도하고 있다.

- **체크 3: 가격 결정력이 있는가?**

  〈YES〉 업계 1위 기업으로서 가격 결정력을 갖는다.

투자의 난이도

매우어려움 | 어려움 | 보통 | 쉬움 | 매우쉬움

- **체크 1: 이해할 수 있는 사업인가?**

  〈YES〉 제과업은 누구나 이해할 수 있는 사업이다.

- **체크 2: 매출구성을 이해하기 쉬운가?**

  〈YES〉 제과류 매출이 직접적인 매출구성이 된다.

- **체크 3: 현금흐름을 파악하기 쉬운가?**

  〈YES〉 쉬운 매출구성으로 현금흐름을 파악하기 쉽다.

- **체크 4: 경기변동의 영향을 받는가?**

  〈NO〉 필수소비재 생산 기업으로서 경기변동의 영향을 거의 받지 않는다. 제과산업은 비교적 폭넓은 소비계층을 가진 전형적인 소비재산업이다. 현재 국내 제과시장에서는 국내외의 여러 경쟁사가 경합을 벌이고 있으나 국내 소비자의 기호에 맞춘 제품 연구와 설비 투자, 영업력에서의 강점을 기반으로 대형 4사가 주도하고 있다.

장기적 전망

음식료산업은 경기변동의 영향을 크게 받지 않고 사업모델이 매우 단순하므로 일반인이 투자하기에 매우 쉬운 업종이다. 하지만 식품의 다양화와 인구 증가세 감소의 영향으로 성장이 둔화되고 있다. 여기에 외국 제과 브랜드 및 외식 기업와의 경쟁, 원자재 가격 상승 등으로 경영 여건이 악화되고 있는 실정이다. 그런 상황을 고려하고 보더라도 롯데 계열의 국내 대표적인 제과 기업으로서 롯데제과는 안정적으로 성장할 것으로 판단된다.

어떻게 투자해야 하는가?

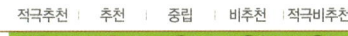

롯데제과는 높은 브랜드 가치를 지닌 다양하고 많은 상품을 보유하고 있다. 이에 따라 높은 점유율을 가지고 있고 매출이 안정적이다. 일반 투자자 입장에서 볼 때 사업 내용이 쉽고 상품을 비교, 분석하기도 수월하기 때문에 장기로 마음 놓고 투자할 수 있다. 제과 기업에 투자하고 싶다면 롯데제과를 추천한다. 다만 음식료업은 진입장벽이 낮기 때문에 경쟁이 매우 치열하다는 점을 잊지 말기 바란다.

> **NOTE**
>
> 업계 상위 기업이며 인지도 높은 브랜드를 가지고 있다. 또한 대기업의 계열사로 타사보다 경쟁우위를 차지하고 있는 롯데제과는 일반인이 장기로 투자하기에 적합한 종목이다.

067 삼양사 (중형주)

음식료

【 삼양 계열의 실질적 지주회사 】

• FICS Sector: 필수소비재
• FICS Industry Group: 음식료 및 담배
• FICS Industry: 식료품

월간차트(이전 10년간)

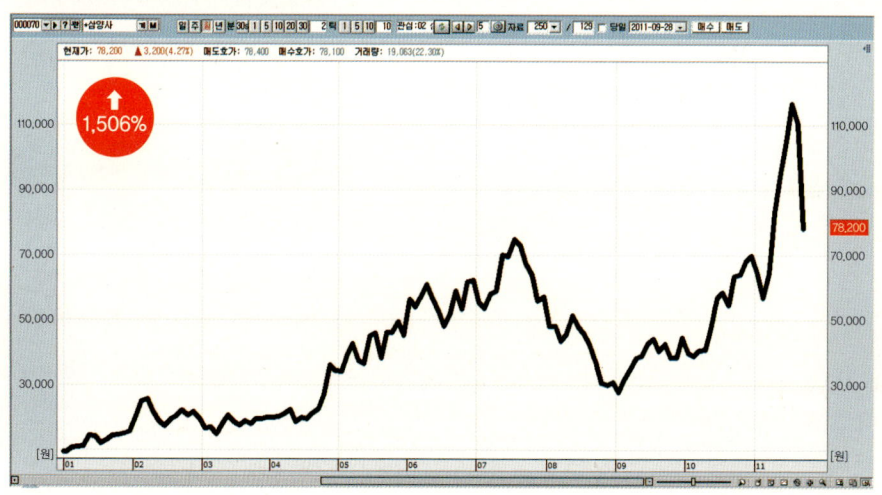

재무상황

매출구성

(2010년 12월 기준)

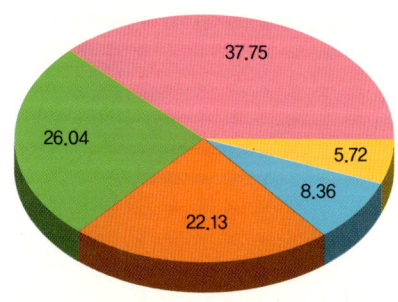

- 설탕, 밀가루 식용유 외
- 엔지니어링 플라스틱, PET BOTTLE, 이온교환수지
- 기타
- 양계, 양돈, 축우
- 고강력사, 스펀본드, 지오그리드

기업 소개

삼양 계열의 실질적 지주회사로 제당, 사료, 정밀화학, 산업자재용 섬유, 의약 사업 등을 영위하는 식품, 화학 기업이다.

먼저 식품 부문에서는 설탕, 식용유지의 제조·가공 및 판매업과 곡물류 가공 및 판매업을 영위하며 주요 제품으로는 정백당과 식용유, 밀가루 등이 있다. 사료 부문에서는 사료의 제조·가공 및 판매업을 영위하며 배합사료가 주요 제품이다. 화학 부문에서는 합성수지 제품, 산업용 플라스틱 및 기타 플라스틱의 제조·가공 및 판매업을 영위하며 주요 제품으로는 이온수지, PET 용기 등이 있다. 산업용 자재인 화학섬유사와 패치 의약품을 제조, 판매하는 기타 사업 부문이 있다.

10년간 최대 상승률

1,506%: 최저 7,780원(01년 01월) → 최고 125,000원(11년 07월)

상승의 주요 이유

- **체크 1:** 필수적인 상품인가?

  〈YES〉 설탕과 식용유 등 필수소비재의 가공, 판매업을 영위하면서 꾸준히 성장해왔다.

투자의 난이도

- **체크 1:** 매출구성을 이해하기 쉬운가?

  〈NO〉 매출구성이 다각화되어 있기 때문에 한눈에 파악하기가 쉽지 않다.

- **체크 2:** 현금흐름을 파악하기 쉬운가?

  〈NO〉 매출구성을 이해하기 어렵기 때문에 현금흐름을 파악하기가 쉽지 않다.

(2010년 12월 기준 매출구성)

사업 부문	품목	구체적 용도	주요 상표 등	매출 비율(%)
식품	설탕, 밀가루, 식용유 외	청량음료, 제과, 제빵, 빙과류	큐원	37.75
화학	엔지니어링 플라스틱 PET 용기 이온교환수지	자동차, 전기전자 제품 내열병, 내압병, 상압병 수처리	TRIBIT TRIREX TRILITE	26.04
사료	양계, 양돈, 축우	가축용 사료	㈜삼양사 배합사료	8.36
산자	고강력사, 스펀본드, 지오그리드	타포린, 로프, 안전벨트 농업용, 산업용, 위생용 옹벽 보강용 토목섬유	TRIRON TRIBON TRIGRID	5.72
기타	기타			22.13

- **체크 3:** 경기변동의 영향을 받는가?

  〈SO-SO〉 사업이 다각화되어 있으며 식품화학이 큰 비중을 차지하는 기업으로서 경기변동의 영향을 적게 받는다.

장기적 전망

음식료업의 중형주로 강력한 경쟁사의 도전을 받으며 외부 환경에 취약하다. 또한 사업의 다각화로 음식료업의 매출 비중이 상대적으로 줄어들었으며 정확한 사업의 목표를 파악하기가 힘들다.

어떻게 투자해야 하는가?

독보적인 브랜드와 상품이 대형 경쟁사들보다 적고 주요 품목인 설탕과 밀가루, 식용류의 매출 비중도 전체로 봤을 때는 크지 않다. 사업의 다각화를 꾀하고 있지만 일반 투자자들에겐 이것이 위험요소가 될 수도 있다. 과거의 삼양사를 생각하여 식품 기업으로만 인식하기 때문이다. 삼양사에 투자하고자 한다면 다각화된 사업 분야에 대한 정확한 이해를 바탕으로 하길 권한다.

> **NOTE**
>
> 삼양사는 최근 사업의 다각화로 음식업의 매출 비중이 축소되었다. 만약 음식료업에 투자하고 싶다면 더 규모가 크고 이 업종에 집중하고 있는 기업을 선택하는 것이 위험을 줄이는 방법이다.

068 롯데삼강 (중형주)

음식료

【 롯데 그룹 계열의 유지·빙과류 기업 】

- FICS Sector: 필수소비재
- FICS Industry Group: 음식료 및 담배
- FICS Industry: 식료품

월간차트(이전 10년간)

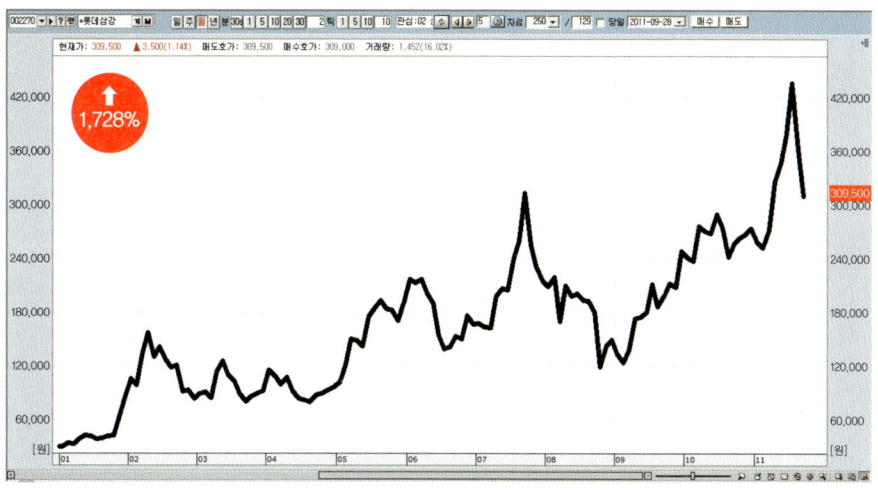

재무상황

매출구성

(2010년 12월 기준)

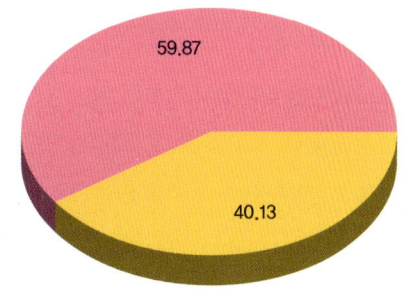

○ 유지류(상품 및 제품)
○ 빙과류(상품 및 제품)

10 음식료 255

기업 소개

빙과, 유지, 식품사업을 영위하는 롯데 그룹 계열사이다. 2010년 10월 파스퇴르유업을 인수하여 유제품시장에도 진출했다.

10년간 최대 상승률

1,728%: 최저 24,550원(01년 01월) → 최고 449,000원(11년 08월)

상승의 주요 이유

- **체크 1: 대기업인가?**

  〈YES〉 롯데 그룹의 계열사로서 강력한 자본력과 영업망, 유통망을 가지고 있다.

- **체크 2: 사업의 진입장벽이 높은가?**

  〈YES〉 유지시장은 초기 투자비용이 큰 장치산업으로 높은 진입장벽이 존재한다. 그리고 빙과시장은 국내 4대 빙과 기업의 유통망이 건실히 구축되어 신규 기업이 진입하기에는 어렵다. 하지만 최근 들어 기능성과 고급화를 내세운 외국 기업이 국내에 진출하면서 극심한 경쟁 상태에 돌입했다.

투자의 난이도

- **체크 1: 매출구성을 이해하기 쉬운가?**

  〈YES〉 유지류와 빙과류를 생산하는 기업이기 때문에 매출구성을 이해하기가 아주 쉬우며 매출구성도 아주 단순하다.

(2010년 12월 기준 매출구성)

사업 부문	품 목	주요 상표 등	매출 비율(%)
음식료품	유지식품	그랜드 마아가린 등	59.87
제조업	빙과 등	구구콘, 빠삐코 등	40.13

- **체크 2: 현금흐름을 파악하기 쉬운가?**

  〈YES〉 매출구성의 각 내용을 누구나 이해할 수 있으므로 현금흐름을 파악하기도 쉽다.

- **체크 3: 경기변동의 영향을 받는가?**

  〈SO-SO〉 유지류와 빙과류는 필수소비재에 속하기 때문에 경기변동의 영향을 적게 받는다. 국민의 식생활개선 및 윤택한 생활을 목적으로 하는 식품가공산업은 국내 경기변동에는 비교적 영향을 적게 받는다. 그렇지만 원재료의 수입의존도가 높기 때문에 세계 경기 및 환율, 국제 원재료 수급상황에 민감하게 반응하는 특징이 있다. 전통적으로 경기변동에 비탄력적인 소비재산업에 속했지만 갈수록 그 성격이 변하고 있다. 소비자의 소득수준이 높아지고 기호가 변화하는 등의 요인과 환율 및 국제 원자재 가격, 계절적 요인 등 경기변동 외적인 환경요인이 영향을 미친다.

장기적 전망

롯데 그룹은 막강한 자본력과 노하우를 바탕으로 음식료업을 선도하고 있다. 유지류와 빙과류 사업은 생산만큼 영업망 확보도 중요한데 롯데삼강은 계열사로 롯데백화점과 롯데마트를 확보하고 있기 때문에 성장세를 지속할 수 있는 조건을 갖춘 셈이다. 이와 같은 강력한 영업망과 유통망이 있기 때문에 경쟁사를 압도할 수 있고 가격 결정력을 가질 수 있다.

어떻게 투자해야 하는가?

업계 상위 기업이며 상징적인 브랜드의 제품을 가지고 있다. 사업 내용이 쉽고 현금흐름을 파악하기가 쉬우며 장기간 상승이 예상되므로 일반인이 손쉽게 장기 투자할 수 있는 종목이다.

> **NOTE**
>
> 롯데 그룹의 계열사로 경쟁사보다 월등한 경쟁우위를 차지하고 있다. 일반인이 장기로 마음 편히 투자하기에 적합한 종목이다.

069 크라운제과 (소형주)

음식료

【 제과·제빵 전문 기업 】

- FICS Sector: 필수소비재
- FICS Industry Group: 음식료 및 담배
- FICS Industry: 식료품

월간차트(이전 10년간)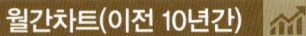

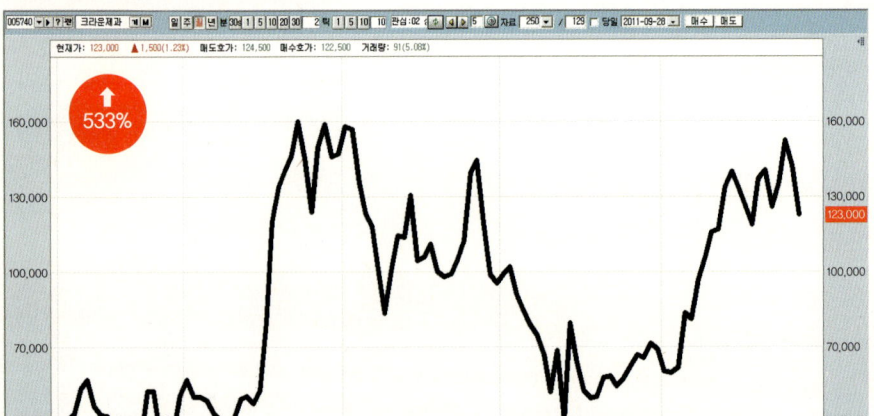

재무상황

매출구성

(2010년 12월 기준)

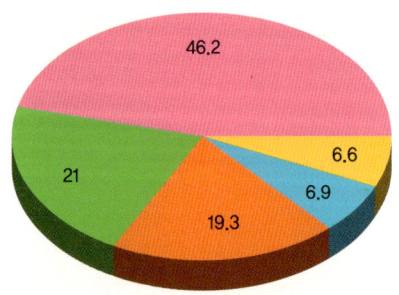

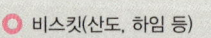 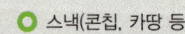
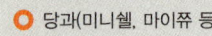 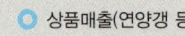

● 비스킷(산도, 하임 등)   ● 스낵(콘칩, 카땅 등)
● 당과(미니쉘, 마이쮸 등)   ● 상품매출(연양갱 등)
● 용역매출 외

기업 소개

비스킷(산도, 땅콩샌드 등), 웨하스(하임, 버터와플 등), 캔디류(비단박하, 마이쮸 등), 초코렛(빅파이, 미니쉘 등), 스낵(콘칩, 카망 등) 등의 각종 과자류를 생산, 판매하는 기업이다. 해태제과, 크라운베이커리 등을 계열사로 보유하고 있다.

10년간 최대 상승률

533%: 최저 28,400원(08년 10월) → 최고 180,000원(06년 01월)

상승의 주요 이유

- **체크 1: 브랜드 가치가 높은가?**

〈YES〉 인지도 높은 브랜드의 상품을 보유하고 있으며 안정적인 영업망을 통해 지속해서 브랜드 관리를 하고 있다.

- **체크 2: 사업의 진입장벽이 높은가?**

〈YES〉 제과산업은 장치산업으로 규모의 경제가 통하는 분야이므로 높은 진입장벽을 형성하고 있다. 특히 크라운제과, 해태제과, 오리온, 롯데제과 등 빅4사가 시장을 장악하고 있어 신규 참여가 쉽지 않다.

투자의 난이도

- **체크 1: 매출구성을 이해하기 쉬운가?**

〈YES〉 누구라도 알 수 있는 과자류가 매출구성을 이룬다.

- **체크 2: 경기변동의 영향을 받는가?**

〈SO-SO〉 제과산업은 다양한 소비계층을 가진 전형적인 소비재산업으로 다른 산업에 비해 경기변동에 의한 영향은 높지 않다. 다만 주요 원재료의 대부분을 수입에 의존하고 있어 환율변동 및 국제 원재료 가격의 변화에 민감한 특성을 가지고 있다. 제과산업은 최근 제품의 고급화, 고부가가치화, 기능성화 및 안전성 강화를 통해 수익성을 향상하고자 노력하고 있다. 이에 따라 고객 기호에 맞는 신제품의 개발 및 웰빙 제품의 생산이 중요한 과제가 되고 있다.

장기적 전망

크라운제과가 보유한 여러 강점에도 불구하고 회사의 규모가 상대적으로 작기 때문에 규모가 더 큰 기업과의 경쟁에서 우위를 차지하기가 힘들다. 이런 점들을 고려할 때 장기적 전망은 '보통'이라고 판단한다.

어떻게 투자해야 하는가?

| 적극추천 | 추천 | 중립 | 비추천 | 적극비추천 |

규모의 경제가 통하는 제과업종에서 일반인이 마음 편히 투자하기에는 규모가 더 큰 기업을 선정하는 것이 위험을 줄이는 방법이다.

> **NOTE**
> 제과업종에 장기 투자하고자 한다면 보다 규모가 큰 기업 중에서 분석하여 선택하는 것이 바람직하다.

070 남양유업 (중형주)

음식료

【 조제분유 시장점유율 1위, 유가공 시장점유율 2위 기업 】

- FICS Sector: 필수소비재
- FICS Industry Group: 음식료 및 담배
- FICS Industry: 식료품

월간차트(이전 10년간)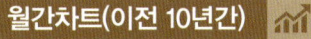

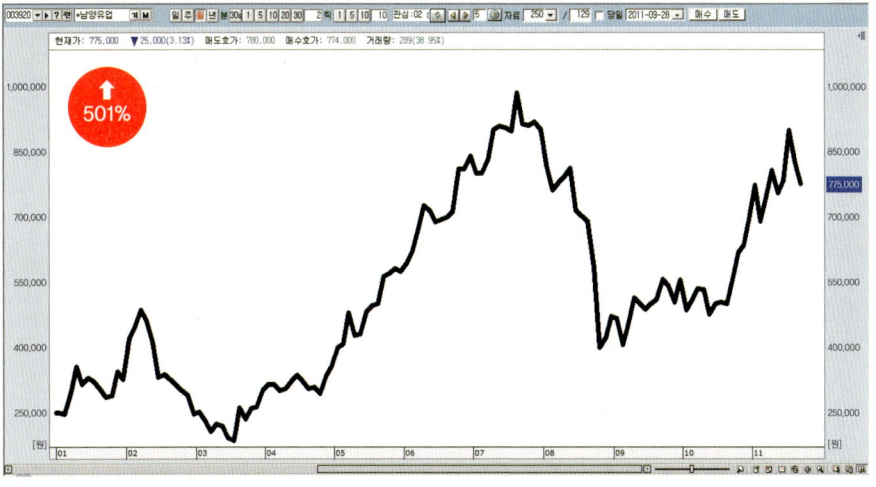

재무상황

매출구성

(2010년 12월 기준)

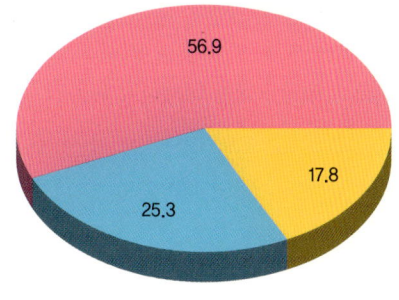

- 맛있는GT 우유 외
- 몸이가벼워지는시간17차 외
- XO FIVE STAR 외

10 음식료 261

기업 소개

　분유, 시유, 발효유, 치즈 등 유가공 제품 및 음료 제품 등을 생산, 판매하고 있다. 2010년 1월 분유업계 최초로 카자흐스탄 소아과의사협회 공식인증을 획득했다.

　유가공업은 낙농가에서 생산된 원유를 살균 처리하여 단순 포장한 백색 우유와 이를 다시 농축, 발효, 건조, 가미 등 다양한 방법으로 2차 가공한 유제품을 생산, 판매하는 사업이다. 예상치 못한 가축의 전염병이 발생하는 경우 등에는 우유 사육 두수의 탄력적인 조절이 어려워 원유의 구조적인 수급 불균형이 발생할 수 있다. 낙농제조업은 또한 전형적인 내수산업으로 보존기간이 짧은 특성을 지니고 있으며, 소비자의 식품에 대한 안전성과 유해성에 대한 관심이 고조되면서 품질관리의 중요성이 부각되고 있다.

　국내 유가공업계에는 남양유업을 포함하여 한국유가공협회 회원사 10개사, 서울우유협동조합 등 유가공조합 9개사가 있으며, 모든 기업이 완전경쟁 체제에서 사업을 영위하고 있다.

10년간 최대 상승률

501%: 최저 174,500원(03년 07월) → 최고 1,050,000원(06년 11월)

상승의 주요 이유

- **체크 1: 브랜드 가치가 높은가?**

　〈YES〉 국내 대표적인 우유 제조 기업이다.

투자의 난이도

- **체크 1: 매출구성을 이해하기 쉬운가?**

　〈YES〉 주요 매출이 우유와 유지식품 그리고 음료를 통해 이루어진다.

- **체크 2: 경기변동의 영향을 받는가?**

　〈SO-SO〉 적게 받는다. 전형적 내수산업인 유가공업은 경기변동보다는 계절, 사회여론 및 위생 안전성요인 등에 따라 생산과 소비가 불균형을 이룰 수 있다.

장기적 전망

　국내 우유 및 유제품시장은 성숙 단계에 이르러 성장성이 정체되고 있다. 반면 소비자의 소득수준이 높아지고 건강에 대한 관심이 고조되면서 기능성 웰빙 유제품 및 유제품 대체음료를 선호하는 추세가 나타나고 있다. 따라서 각 기업에서는 이와 같은 소비자 트렌드에 맞추어 연구개발 및 설비투자에 나설 것이다. 남양유업은 강력한 브랜드 네임을 보유하고 있지만 날로 경쟁이 치열해지는 업계 상황을 볼 때 장기적 전망이 밝다고 보긴 어렵다.

어떻게 투자해야 하는가?

적극추천 | 추천 | 중립 | 비추천 | 적극비추천

남양유업은 높은 브랜드 가치와 시장점유율을 보유한 유가공 기업이다. 때문에 지속적으로 안정적인 매출을 올릴 수 있다고 예상되지만 해당 업계가 완전경쟁시장인데다 경쟁이 날로 심화되고 있기에 장기 투자 종목으로 추천하기에는 부족함이 있다.

> **NOTE**
>
> 남양유업은 영위하는 사업의 내용도 쉽고 높은 브랜드 가치를 보유하고 있다. 또한 경기변동의 영향도 받지 않기 때문에 일반인이 장기 투자를 하기엔 쉬운 종목이지만 업계 간 경쟁이 매우 치열하다. 우유는 맛이나 질이 크게 차이가 나지 않는다는 점에서 치열한 경쟁은 주가 상승을 억누르는 중요한 요소가 된다. 그러므로 이렇게 경쟁이 치열한 산업에 많은 비중을 투자하는 것은 위험을 높이는 일이다.

071 롯데칠성 (중형주)
음식료
【 롯데 그룹 계열의 음료 1위 기업 】

- FICS Sector: 필수소비재
- FICS Industry Group: 음식료 및 담배
- FICS Industry: 음료

월간차트(이전 10년간)

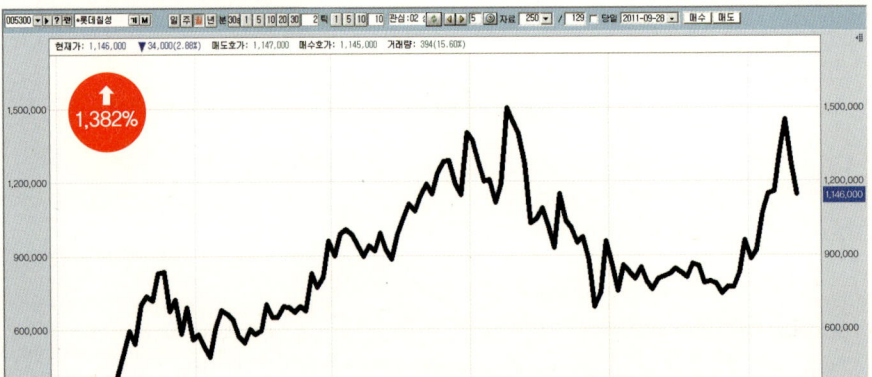

1,382%

재무상황

매출구성

(2010년 12월 기준)

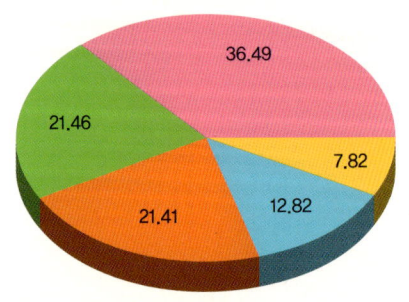

- 탄산음료 36.49
- 먹는샘물 외 21.46
- 주스 21.41
- 커피 12.82
- 주류 7.82

기업 소개

롯데 그룹 계열의 국내 음료시장 1위 기업이다. 주요 매출 품목과 상표로는 탄산음료(칠성사이다), 주스(델몬트오렌지), 커피(레쓰비), 주류(스카치블루), 생수(아이시스), 다류(실론티) 등이 있다. 높은 자산가치를 보유하고 있으며 처음처럼(소주)으로 유명한 롯데주류(구 두산주류) 지분을 100% 보유하고 있다.

10년간 최대 상승률

1,382%: 최저 112,000원(01년 02월) → 최고 1,660,000원(07년 07월)

상승의 주요 이유

- **체크 1: 대기업인가?**
  〈YES〉 롯데 그룹의 계열사로 강력한 자본력, 영업망, 유통망을 갖는다.
- **체크 2: 시장점유율이 높은가?**
  〈YES〉 탄산음료 47%, 주스 52%, 생수 18%, 커피 39%의 시장점유율을 보이고 있다.

투자의 난이도

- **체크 1: 매출구성을 이해하기 쉬운가?**
  〈YES〉 매출구성을 이루는 대부분 제품이 일상에서 접하는 음료로 이뤄져 있으므로 이해하기 쉽다.
- **체크 2: 경기변동의 영향을 받는가?**
  〈SO-SO〉 음료산업은 타 산업에 비해 경기변동에 의한 영향이 비교적 적다. 하지만 원재료의 수입의존도가 높아 환율, 국제 원자재 가격의 변화에 민감하게 반응하는 특성을 보이기도 한다. 또한 하절기보다 동절기의 매출이 감소하는 등 주로 계절적 요인에 의해 매출변동을 보인다.

장기적 전망

음료시장은 진입장벽이 낮아 신규 진입이 용이한 편이다. 제약업이나 유가공업을 영위하던 기업의 음료시장 진출이 확대되었으며 이러한 추세는 계속될 것으로 보인다. 국내 음료시장은 성숙기에 접어들어 그 성장이 정체되는 경향을 보이고 있기 때문에 국외 시장을 통해 새로운 판로를 개척하는 것이 하나의 탈출구가 될 것으로 보인다. 한편 LG생활건강이 2007년 음료업계 2위 기업 코카콜라를 인수한 이후, 2010년 하반기 음료업계 3위인 해태음료를 인수하면서 경쟁이 심화되고 있다. 더욱이 대형 유통 기업이 시장을 장악하면서 발언권이 세져 납품 기업에 납품가 인하와 저가 기획 제품 등을 요구하는 일이 빈번해져 음료업계에 또 다른 위협요소가 되고 있다. 이러한 점들을 전체적으로 고려할 때도 롯데칠성은 인지도 높은 브랜드를 가진 다양한 상품으로 높은 시장점유율을 유지하고 있기에 지속적인 성장이 가능할 것으로 판단된다.

어떻게 투자해야 하는가?

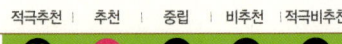

음료시장은 진입장벽이 낮아 경쟁이 매우 치열하다. 하지만 롯데칠성은 롯데 그룹 계열사로 강력한 자본력과 영업망, 유통망을 갖추고 있어 타사보다 경쟁우위에 있으며 독보적인 브랜드를 가진 상품으로 높은 시장점유율을 가진다. 때문에 지속적인 성장이 가능할 것으로 보기 때문 장기 투자 종목으로 추천한다.

> **NOTE**
> 〈분산투자〉 칠성 사이다와 레쓰비 등의 상징적인 브랜드를 지닌 다양한 상품을 가지고 있고 높은 시장점유율을 자랑한다. 하지만 경쟁이 매우 치열하기 때문에 많은 비중을 두기보다는 포트폴리오상 분산투자를 하는 것이 위험을 최소화하는 방법이다.

이주영의 주식 칼럼 7

전통 산업을 사랑했던 워런 버핏

워런 버핏은 1999년의 연례보고서에 다음과 같이 썼다.

"사회적 관점에서 볼 때 신기술 또는 첨단기술은 매우 유익한 것이다. 그렇지만 우리는 기업들이 10년, 20년 또는 30년 후 어디까지 어떻게 발전해나갈 것인지 일반적인 방법으로 예측 가능한 기업을 찾으려고 노력하고 있다. 즉, 변화로부터 별로 영향을 받지 않는 기업을 찾고 있다. 투자자의 상황에서 볼 때 변화는 기회와 비교하면 위험요소를 더 많이 내포한다. 이는 오늘날 대부분 사람이 기업을 바라보는 관점과는 많이 다르다. 몇 가지 예외는 있겠지만, 우리는 보통 변화를 거듭하는 기업이 큰돈을 벌 수 있다고 생각하지는 않는다. 우리는 현재 우리에게 고수익을 안겨다주는 기업들의 돈 버는 방법이 그대로 이어지고, 우리가 미래에 더 많은 돈을 벌 수 있도록 변화가 나타나지 않기를 희망한다."

※《내공 주식투자 2: 철학편》'버핏의 금언과 투자철학' 중에서.

 의약품

【 최대 상승률(이전 10년간) 567%: 최저 777포인트(01년 01월) → 최고 5185포인트(07년 11월) 】

월간차트(이전 10년간)

해당 종목 $

LG생명과학	광동제약	국제약품	근화제약	**녹십자**	대웅제약
대원제약	동성제약	**동아제약**	동화약품	명문제약	보령제약
부광약품	삼성제약	삼일제약	삼진제약	슈넬생명과학	신풍제약
알앤엘바이오	영진약품	오리엔트바이오	우리들제약	유나이티드제약	유유제약
유한양행	이연제약	일동제약	일성신약	일양약품	제일약품
종근당	종근당바이오	중외제약	태평양제약	한독약품	한미약품
한미홀딩스	한올바이오파마	현대약품	환인제약		

업종 둘러보기

코스피에서 의약품업종으로 분류된 40개의 종목을 제시했다. 제약산업은 성격상 국민 보건과 관련되어 있기에 엄격한 제도적 규제 아래 관리된다. 또한 높은 기술력과 전문 의학지식이 필요한 산업이기 때문에 진입장벽이 높다. 대신 경기변동의 영향을 거의 받지 않으므로 기존의 대형 제약 기업은 안정적인 매출을 창출할 수 있다.

그래서 일반 투자자가 중장기적으로 마음 편히 투자하기에 매우 적합한 업종으로 볼 수 있다. 하지만 의약품은 성격상 공공성과 복지성을 띠기 때문에 정부의 통제와 제약을 많이 받는다는 점을 고려해야 한다. 예를 들어 의약품 가격은 의료보험과 밀접한 관계를 가지기 때문에 가격이 정부 주도하에 적절하게 통제된다. 의약품의 허가와 보험 약가 등재뿐만이 아니라 생산, 유통, 판매에 이르기까지 타 산업에 비해 그 과정이 매우 엄격하게 관리되고 있다.

이러한 의약품업의 미래 성장동력이자 제약기업의 흥망을 결정하는 것은 신약이다. 제약산업은 신물질 신약의 개발을 위해서 10년 이상의 시간과 최소 5,000억 원 이상의 비용이 투자되어야 하는 기술 및 지식집약적인 산업이다. 그렇지만 일단 신물질 신약을 개발하면 특허에 의해 독점기간을 인정받을 수 있다. 이에 따라 개발비용과 기간을 보상받고 수익을 창출할 수 있다.

이 점에 대해 한 가지 주의사항을 일러두고 싶은데, 주식시장에서 과도하게 반응하는 임상 통과 공시에 대한 것이다. 어떤 기업이 신약 개발에 성공했고 임상실험에도 통과했다는 공시가 나오면 단기 투자자들이 집중적으로 매수하면서 주가가 단기간 급등하는데 과도한 반응인 경우가 많다. 대부분 주가가 제자리로 돌아오는 것만 봐도 알 수 있다. 신약의 임상에도 몇 번의 단계가 있고 실제 판매용으로 생산에 들어가기까지는 또 몇 년의 시간이 흘러야 할 수도 있다. 물론 그중에는 획기적인 신약을 개발했으며 머지않아 양산 체제에 들어가는 기업도 없진 않다.

하지만 제약산업은 실패와 대박의 기회가 공존하는 곳임을 명심하고 자칫 소문이나 과장된 정보로 투기의 길에 발을 들여놓지 않기를 바랄 뿐이다. 신약의 경우는 특히 전문 지식이 필요하기 때문에 개발 과정에 대한 정확한 정보와 이해가 필수이다. 국내 의약품업종을 대표하는 기업 중 4개사를 분석하면서 어떤 점을 중점적으로 살펴야 할지 알아보자.

072 녹십자 (중형주)

의약품

【 특수의약품 전문 제약 기업 】

- FICS Sector: 의료
- FICS Industry Group: 제약 및 바이오
- FICS Industry: 제약

월간차트(이전 10년간)

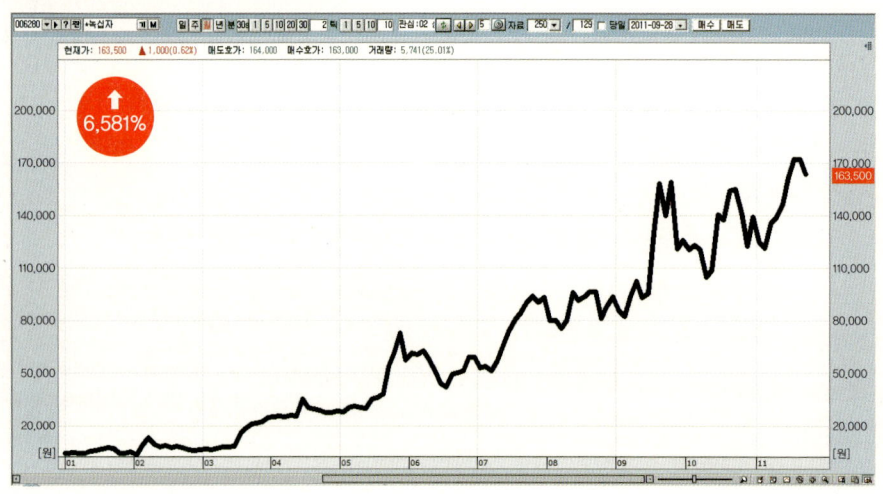

재무상황

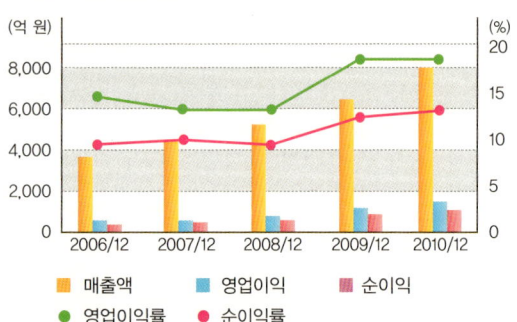

매출구성

(2010년 12월 기준)

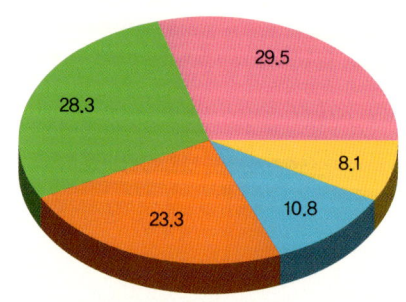

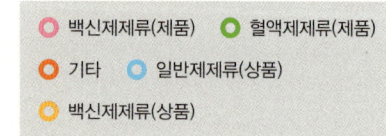

270 내공 주식투자 3

기업 소개

지주회사 체제로 되어 있는 녹십자 내에서 의약품에 대한 연구·개발, 제조, 판매 등 실질적 사업을 맡고 있는 대표적 자회사다. 전문 의약품에서부터 일반 의약품에 이르기까지 폭넓은 제품 라인을 갖추고 있다. 국내 최초로 AIDS 진단시약과 인플루엔자 감염증 치료제를 개발했으며 다수의 바이오시밀러에 대한 임상을 진행하는 등 바이오의약품 분야에서 차별화된 노하우와 경쟁력을 확보하고 있다. 매출구성에서는 백신 제품과 혈액 관련 제품이 대부분을 차지하고 있으며, 제대혈은행인 라이프라인을 보유하고 있다.

제약산업은 기술집약적, 연구개발투자형의 고부가가치 산업이며 전형적인 내수산업으로 약 300여 개의 제약회사가 경쟁하고 있다. 시장개방의 영향으로 세계 선진 제약사들과도 경쟁이 불가피하다. 특히 오리지널 제품으로 무장한 다국적 제약사는 의약분업을 계기로 공격적 마케팅에 나서면서 국내 시장점유율을 급격히 높여왔다. 이와 같은 환경 변화에 대응하기 위해서는 기술개발 능력을 키워야 한다.

10년간 최대 상승률

6,581%: 최저 3,300원(02년 01월) → 최고 220,500원(09년 08월)

상승의 주요 이유

- **체크 1: 브랜드 가치가 높은가?**

〈YES〉 인지도 높은 브랜드를 가지고 있는 의약 기업으로서 백신 제품과 혈액 관련 제품에서 독보적인 지위에 있다.

- **체크 2: 가격 결정력이 있는가?**

〈YES〉 업계 선도 기업으로서 가격 결정력을 갖는다.

- **체크 3: 사업의 진입장벽이 높은가?**

〈YES〉 제약업의 진입장벽을 높게 만드는 요인은 무엇보다 약사법 등 법적인 문제다. 인간의 생명과 건강에 직접적으로 영향을 미치는 산업이기 때문에 생산, 품질관리 및 유통 과정에서 타 업종보다 많은 규제가 뒤따른다.

투자의 난이도

매우어려움 | 어려움 | 보통 | 쉬움 | 매우쉬움

- **체크 1: 매출구성을 이해하기 쉬운가?**

〈SO-SO〉 백신과 혈액 관련 제품이 매출구성의 대부분을 차지하고 있다.

- **체크 2: 현금흐름을 파악하기 쉬운가?**

〈SO-SO〉 단일 제품의 의약품이 매출구성을 이루므로 현금흐름을 파악하기가 어렵지 않다.

- **체크 3: 경기변동의 영향을 받는가?**

〈NO〉 제약산업은 타 산업에 비해 전반적으로 경기변동의 영향을 적게 받는다. 다만 일반 의약품의 경우는 전문 의약품보다는 경기변동에 다소 연관성을 갖는다.

(2010년 12월 기준 매출구성)

사업부문	매출유형	품목	구체적 용도	주요 상표 등	매출비율(%)
의약품 제조 및 판매	제품	혈액제제류	알부민 상실, 면역결핍, 혈액응고제 등	알부민, 그린모노 외	28.3
		OTC류	외염소염진통제, 소화제 등	제놀, 백초, 오겔 외	5.2
		일반제제류	뇌혈전증 등	유로키나제, 노보린 외	3.2
		백신제제류	질병예방	독감백신, 수두박스 외	29.5
	상품	일반제제류	고지혈증 등	리피딜슈프라 외	10.8
		혈액제제류	혈액응고제 등	리컴비네이션 외	6.6
		백신제제류	질병예방	헤파박스 외	8.1
		진단시약류	간염, 임신진단 등	HBV, HCV 외	3.3
		OTC류	아토피 치료 외	탈스 외	1.5
		혈액백류	혈액주머니 등	혈액백, 수혈set 외	2.4

장기적 전망

매우밝음 | 밝음 | 보통 | 흐림 | 매우흐림

녹십자는 국내에서 높은 브랜드 가치를 보유한 의약품 기업이다. 시장을 선도하는 기술력으로 가격결정력을 가질 수 있으며 경기변동의 영향을 거의 받지 않는다. 또한 의약품 제조 기업이라는 전문성을 바탕으로 장기적 전망도 매우 밝다고 판단한다.

어떻게 투자해야 하는가?

적극추천 | 추천 | 중립 | 비추천 | 적극비추천

사업 내용이 이해하기 쉽고 경기를 타지 않는다. 브랜드의 상징성을 갖는 의약품회사는 일반인이 장기로 마음 편히 투자하기에 알맞다. 하지만 제약업은 공공성을 띠기 때문에 정부의 의료정책에 따라 영향을 받는다는 보수적인 관점도 유지하기를 바란다.

> **NOTE**
>
> 녹십자는 의약품 기업으로서 고도의 전문성을 보유하고 있으며 인지도 높은 브랜드를 갖고 있다. 더욱이 공공성과 복지성을 띠기에 일반인이 장기로 투자하기에 안정적이다. 다만 이러한 공공성 때문에 정부 정책의 영향력이 작용한다는 보수적인 관점도 필요하다.

073 동아제약 (중형주)

의약품

【 박카스로 유명한 국내 1위 제약 기업 】

- FICS Sector: 의료
- FICS Industry Group: 제약 및 바이오
- FICS Industry: 제약

월간차트(이전 10년간)

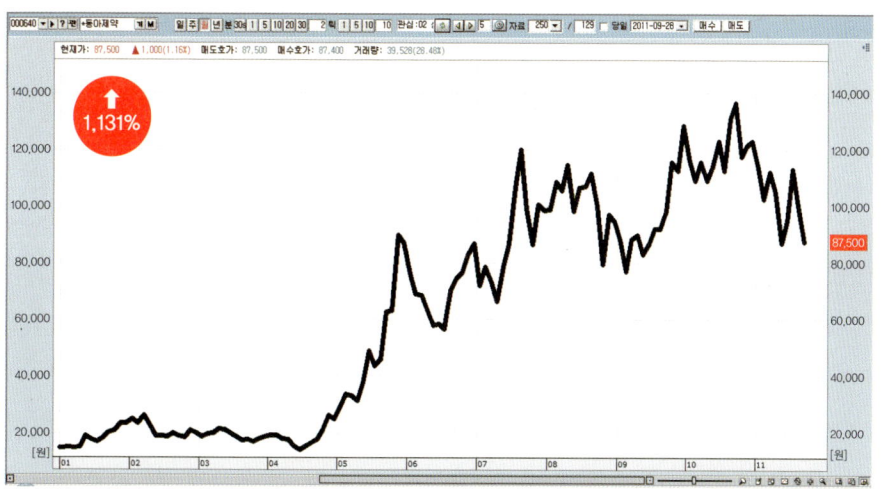

1,131%

재무상황

매출구성

(2010년 12월 기준)

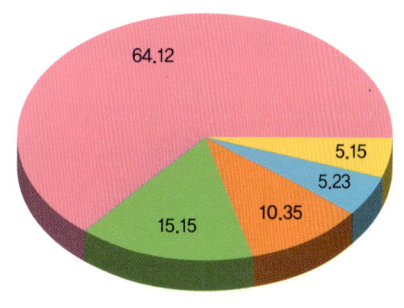

11 의약품 273

기업 소개

동아쏘시오 계열사로 국내 1위 제약 기업이다. 박카스, 판피린 등의 일반 의약품 및 스티렌, 오팔몬, 플라비톨 등 전문 의약품의 제조, 판매사업을 영위한다. 스티렌, 자이데나 등의 성공적인 개발로 연구개발 능력을 널리 인정받고 있으며, 연구개발 경쟁력 강화를 위해 지속적으로 투자 규모를 확대해가고 있다. 천연물 신약인 위장관운동촉진제 DA-9701은 국내에서 임상3상을 끝내 신약허가 신청을 하였으며, 자가개발 신약인 발기부전증 치료제 자이데나 및 옥사졸리디논계 항생제인 DA-7218은 미국에서 임상3상이 진행 중이다.

10년간 최대 상승률

1,131%: 최저 11,900원(01년 01월) → 최고 146,500원(10년 09월)

상승의 주요 이유

- **체크 1: 브랜드 가치가 높은가?**
  〈YES〉 국내 1위 제약 기업이다.
- **체크 2: 경쟁력을 갖췄는가?**
  〈YES〉 자가개발 의약품, 바이오시밀러, 제네릭, 도입의약품 등 다양한 제품 포트폴리오를 보유하고 있으며 다수의 블록버스터 제품을 바탕으로 시장지배력을 강화해나가고 있다. 또한 일반 의약품인 박카스는 뛰어난 현금 창출력을 보유하고 있으며 회사의 성장에 큰 기여를 하고 있다.
- **체크 3: 가격 결정력이 있는가?**
  〈YES〉 업계 1위 기업으로서 높은 가격 결정력을 가진다.
- **체크 4: 사업의 진입장벽이 높은가?**
  〈YES〉 정밀화학공업의 일종인 제약산업은 신약개발을 위한 연구에서부터 원료 및 완제의약품의 생산과 판매 등 모든 과정을 포괄하는 첨단 부가가치 산업으로 기술집약도가 높기 때문에 일반 기업이 쉽게 시장에 뛰어들지 못한다.

투자의 난이도

매우어려움 | 어려움 | **보통** | 쉬움 | 매우쉬움

- **체크 1: 매출구성을 이해하기 쉬운가?**
  〈SO-SO〉 다양한 의약품을 제조, 판매하는 사업을 영위한다.
- **체크 2: 현금흐름을 파악하기 쉬운가?**
  〈SO-SO〉 제약품으로 매출구성이 이루어지기 때문에 현금흐름을 파악하기가 어렵지는 않다.

- **체크 3: 경기변동의 영향을 받는가?**

〈NO〉 제약산업은 타 산업에 비해 경기변동에 비탄력적이다. 일반 의약품은 경기변동과 계절적 요인에 다소 영향을 받는 편이나 전문 의약품의 경우는 영향 없이 안정적인 성장을 하고 있다.

장기적 전망

동아제약은 박카스로 대중에게 널리 알려진 국내 1위 제약 기업이다. 제약 기업은 성격상 정부의 통제와 관리가 엄격해서 진입장벽이 높다. 또한 높은 기술력이 요구되는 산업이기 때문에 전문 의약품일 경우 안정적인 매출을 창출할 수 있다. 의약품 기업은 높은 인지도와 브랜드의 상품을 보유하고 있다면 안정적으로 성장할 수 있는 발판이 있다고 볼 수 있다.

어떻게 투자해야 하는가?

제약주에 장기 투자하고 싶다면 박카스로 널리 알려진 국내 1위 기업 동아제약을 분산투자 원칙으로 포트폴리오에 편입하길 추천한다.

> **NOTE**
> 상징적인 브랜드와 상품을 가지고 있는 대형 의약품 기업은 일반인이 장기 투자하기에 쉽다. 하지만 의약품은 공공적 성격상 정부의 통제와 관리를 받는다는 것을 꼭 짚고 넘어가길 바란다.

074 유한양행 (대형주)
의약품
【 업계 상위 제약 기업 】

- FICS Sector: 의료
- FICS Industry Group: 제약 및 바이오
- FICS Industry: 제약

월간차트(이전 10년간)

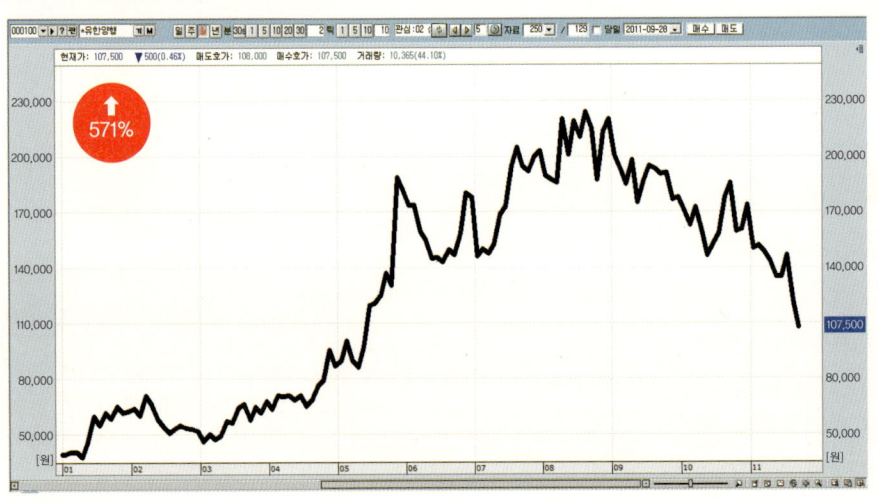

재무상황

매출구성

(2010년 12월 기준)

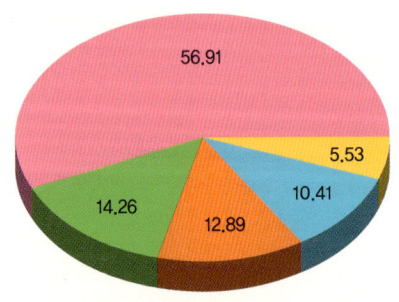

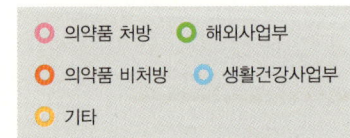

276 내공 주식투자 3

기업 소개

　높은 브랜드 인지도를 보유하고 있는 업계 상위 제약 기업이다. 의약품, 식음료품, 생활용품, 동물약품, 화장품 등의 사업을 영위하며 해외 수출과 부동산 매매업도 하고 있다. 널리 알려진 브랜드를 보면 의약품 부문의 레바넥스, 삐콤C, 아토르바, 보글리코스 등과 생활용품 부문의 유한락스, 암앤해머, 아름다운 주방세제 등이 있다.

10년간 최대 상승률

571%: 최저 35,950원(01년 04월) → 최고 241,500원(09년 04월)

상승의 주요 이유

- 체크 1: 브랜드 가치가 높은가?

　〈YES〉 유한락스와 삐콤C 등의 상징성 있는 브랜드를 보유하고 있다.

- 체크 2: 가격 결정력이 있는가?

　〈YES〉 인지도 높은 브랜드 네임으로 가격 결정력을 가진다.

투자의 난이도

- 체크 1: 이해할 수 있는 사업인가?

　〈NO〉 의약품, 식음료, 생활용품, 동물약품 등 사업 영역이 다각화되어 한눈에 파악하기 어렵다.

- 체크 2: 매출구성을 이해하기 쉬운가?

　〈NO〉 여러 사업 부문에서 다양한 품목으로 매출구성이 이뤄지기 때문에 이해하기가 쉽지 않다.

- 체크 3: 현금흐름을 파악하기 쉬운가?

　〈NO〉 다양한 매출구성으로 인해서 현금흐름을 파악하기가 쉽지 않다.

- 체크 4: 경기변동의 영향을 받는가?

　〈NO〉 의약품은 기능상 전문 의약품과 일반 의약품으로 대별된다. 전문 의약품은 일반 경기변동이나 계절적 요소에 상관없이 매출이 일정하지만, 일반 의약품은 경기변동에 어느 정도 반응한다. 하지만 전체적으로 볼 때 의약품업종은 경기변동의 영향을 거의 받지 않는다.

장기적 전망

　사업이 다각화됨으로써 안정적인 매출을 이룰 수 있지만 독보적인 상품이나 브랜드를 형성하기가 어렵기 때문에 더 성장하기 위해서는 공격적으로 투자를 해야 하는 실정이다. 즉, 안정적인 매출은 가

능하지만 높은 상승세를 기대하기는 어렵다고 판단된다.

어떻게 투자해야 하는가?

적극추천 | 추천 | **중립** | 비추천 | 적극비추천

제약 기업이면서도 사업구성이 다각화되어 있기 때문에 전문 기업으로서의 집중력은 떨어질 수 있다. 만약 의약품업종에 투자하고 싶다면 해당 분야에 매출이 집중되어 있는 기업을 선택해 장기로 투자하기 바란다.

> **NOTE**
> 포트폴리오상 장기 투자 업종으로 의약품업종을 찾고 있다면 제약업에 집중하고 있는 대형 기업에 투자하길 권한다.

이주영의 주식 칼럼 8

대형주에 투자하는 것이 정답일까?

독자들은 이제 코스피의 업종과 대표 종목에 대한 그림을 폭넓게 그릴 수 있게 되었을 것이다. 이 책에서는 모든 업종의 잘나가는 대표 종목을 엄격하게 선정하여 분석해두었기 때문이다. 하지만 '주식시장에는 수많은 종목이 있고 훌륭한 중소형주도 많은데, 지나치게 대형주 위주로만 구성된 것은 아닌가?' 하는 질문을 던질 수도 있겠다.

그렇지만 내가 일부러 대형주만을 고집하고 대기업 중에서 골라낸 것은 아니라는 점을 이야기하고 싶다. 앞서도 말했다시피 이 책에서 종목을 선정할 때 가장 중요하게 본 것은 이전 10년 동안 시장 평균을 넘어서는 상승률을 보였는가 하는 점이었다. 그러다 보니 결과적으로 대부분 종목이 대형주였다. 안타깝게도, 이전 10년간 시장 평균을 훨씬 능가하면서 상승한 중소형주는 극히 드물었다.

이는 한편으로 우리나라 산업 구조의 한계라고도 할 수 있다. 구조 자체가 대기업 중심으로 짜여 있고 우량한 중소기업이라 해도 대개는 대기업에 목매는 납품업체 수준을 벗어나지 못한다. 때문에 당연히 완성품 기업에 비해 약자의 위치에 있을 수밖에 없다. 이런 구조는 산업상 격동이 발생하지 않는 한 아마도 계속될 것이다. 그리고 이것은 장기 투자 대상으로 대형주를 중심에 둘 수밖에 없는 이유이기도 하다.

12 금융

【 최대 상승률(이전 10년간) 359%: 최저 163포인트(03년 03월) → 최고 749포인트(07년 07월) 】

월간차트(이전 10년간)

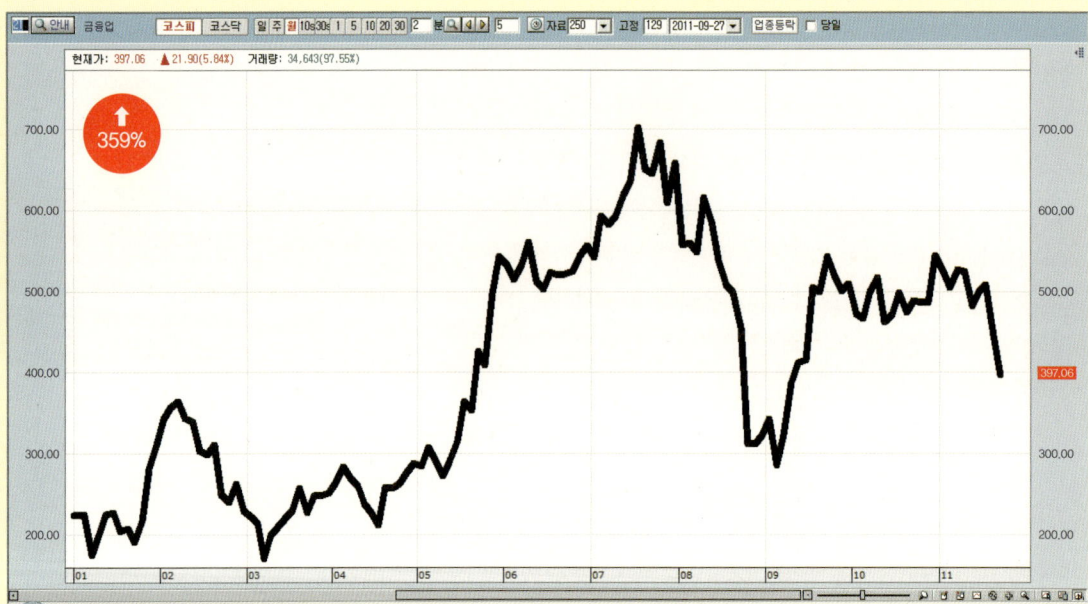

해당 종목

HMC투자증권	KB금융	KTB투자증권	LIG손해보험	NH투자증권	SK증권
골든브릿지증권	교보증권	그린손해보험	금호종금	기업은행	DGB금융지주
대신증권	대우증권	대한생명	동부증권	동부화재	동양밸류스팩
동양생명	동양종금증권	롯데손해보험	맥쿼리인프라	메리츠종금증권	메리츠화재
미래에셋증권	부국증권	BS금융지주	삼성생명	삼성증권	삼성카드
삼성화재	서울저축은행	솔로몬저축은행	신영증권	신한지주	아주캐피탈
외환은행	우리금융	우리투자증권	우리파이낸셜	유진투자증권	유화증권
전북은행	제일저축은행	제주은행	진흥저축은행	코리안리	키움증권

하나금융지주	한국개발금융	**한국금융지주**	한국저축은행	한양증권	한화손해보험
한화증권	현대증권	현대해상	흥국화재		

업종 둘러보기

금융업은 증권, 자산운용, 은행, 카드, 생명보험, 손해보험, 저축은행 등의 부문으로 크게 나눌 수 있다. 금융산업은 자본주의 체제에서 화폐의 가치를 만들어내고 본원통화를 통해 신용을 창조한다. 때문에 금융업은 우리의 일상생활과 산업 전반에 매우 중요한 영향을 미친다. 금융산업의 건선성과 발전을 통해 자본주의 체제는 더욱 안전해지고 공고해진다. 만약 그 반대일 경우 자본주의 체제는 혼돈에 빠져들고 최악의 경우 체제 자체가 붕괴될 수도 있다.

금융시스템은 종이화폐, 즉 우리가 쉽게 말하는 '돈'이 보는 것을 해결해주는 자본주의 체제를 만들어내는 데 핵심적인 역할을 한다. 금융산업의 영향력이 어느 정도인지는 자산의 규모만 봤을 때 전체 상장회사의 1위부터 5위까지 모두 금융지주회사가 차지한다는 것만 봐도 알 수 있다.

2009년부터 시행된 자본시장통합법으로 금융산업은 어느 때보다 심하게 요동치고 있다. 금융지주회사가 설립되고 업계 간 M&A를 통한 대형화가 가속화되었으며 진입장벽이 낮아지면서 경쟁이 점점 심해지고 있다. 자본시장통합법을 시행한 핵심적인 목표는 우리나라도 경쟁력 있는 글로벌 대형 금융투자은행을 만들겠다는 것이었다. 그 실제적인 예가 신한금융지주, KB금융지주, 우리금융지주, BS금융지주 등 금융지주회사들이다. 여기서 알 수 있는 사실은 금융산업도 규모의 경제가 실현되고 있다는 것이다. 작은 회사보다는 큰 회사가 시장을 독식하는 체제가 형성되고 있다.

금융산업은 사회 전반에 광범위한 영향력을 미치므로 사업 내용이 매우 어렵다. 종이에 불과한 돈에 가치를 만들고 유통시키기 위해 많은 법적 장치와 절차가 따르는데 그 역할을 담당하는 하나의 축이 금융산업이기 때문이다. 그러므로 전문가가 아닌 일반 투자자가 금융산업의 매출과 상품을 정확하게 이해하고 파악하기란 현실적으로 불가능하다.

하지만 대형 금융지주회사는 자산의 규모가 압도적이고 자본주의 체제에서 엄청난 영향력을 가지고 있다. 장기적인 관점에서 금융산업에 투자하고 싶다면 일반 투자자들은 업계 상위 기업을 선택하는 것이 위험을 줄이며 수익을 쉽게 얻을 수 있는 길이다.

075 신한지주 (대형주)
【 금융지주회사 】

- FICS Sector: 금융
- FICS Industry Group: 은행
- FICS Industry: 상업은행

월간차트(이전 10년간)

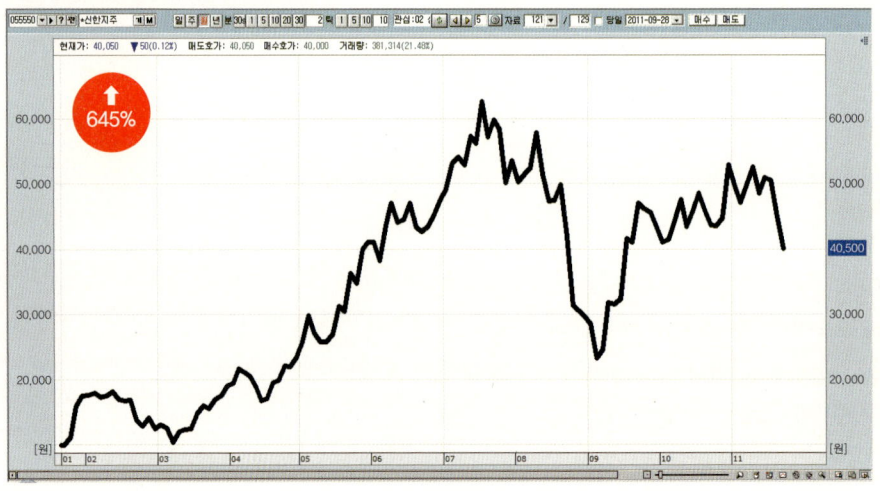

재무상황

기업 소개

2001년 9월에 설립되었다. ㈜신한은행, 신한증권㈜, 신한캐피탈㈜ 및 신한비엔피파리바투자신탁운용㈜의 주주로부터 주식을 이전받았다. 주요 사업목적은 금융업을 영위하는 회사 등에 대한 지배·경영관리, 종속회사에 대한 자금지원 등이다. 주요 자회사로는 은행업 부문에 신한은행이 있고, 신용카드업에 신한카드, 금융투자업에 신한금융투자회사, 생명보험업에 신한생명보험회사 등이 있다. 2011년 3월 31일을 기준으로 33개의 계열회사를 두고 있다.

10년간 최대 상승률

645%: 최저 9,050원(03년 03월) → 최고 67,500원(07년 07월)

상승의 주요 이유

- **체크 1: 대기업인가?**
  〈YES〉 종합 금융지주회사로 막강한 자본력과 영업망, 유통망을 가진다.
- **체크 2: 사업의 진입장벽이 높은가?**
  〈YES〉 금융지주회사로서 허가를 받기 위해서는 많은 자본금이 필요하고 정부의 등록과 규제가 심하기 때문에 진입장벽이 높다.

투자의 난이도

- **체크 1: 매출구성을 이해하기 쉬운가?**
  〈NO〉 신한지주에 속해 있는 많은 자회사의 실적을 파악해야 매출구성을 이해할 수 있지만 쉬운 일이 아니다.
- **체크 2: 현금흐름을 파악하기 쉬운가?**
  〈NO〉 많은 금융 자회사의 현금흐름을 일일이 파악하는 것은 거의 불가능하다.
- **체크 3: 경기변동의 영향을 받는가?**
  〈YES〉 금융지주회사로서 금융업에 관련한 대부분의 산업을 총괄하고 있다. 금융업은 세계의 경기와 내수시장의 경기변동에 크게 영향을 받는다.

장기적 전망

자본주의 체제의 중심이 되는 금융산업의 모든 업종을 거느리고 있는 신한지주의 장기적 전망은 밝다. 자본주의 체제에서는 어떠한 상황에서도 수익 내는 구조를 만들어낼 수 있는 산업이 종합 금융산

업이다. 하지만 다양한 자회사와 계열사를 거느리기 때문에 정확한 사업 내용을 파악할 수 없다는 것이 가장 큰 단점이다. 더불어 경기변동의 영향을 매우 크게 받고 사업의 구조가 복잡하다는 점도 있다.

어떻게 투자해야 하는가?

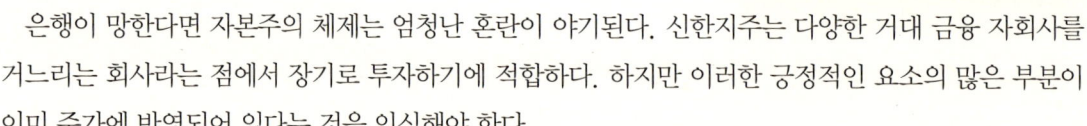

은행이 망한다면 자본주의 체제는 엄청난 혼란이 야기된다. 신한지주는 다양한 거대 금융 자회사를 거느리는 회사라는 점에서 장기로 투자하기에 적합하다. 하지만 이러한 긍정적인 요소의 많은 부분이 이미 주가에 반영되어 있다는 것을 인식해야 한다.

금융업은 어떠한 상품을 개발하거나 판매하는 것이 아니라 돈 자체를 다루기 때문에 법률적 구조와 회계 절차 등이 매우 복잡하고 전방위적 산업에 영향을 받기 때문에 정확하게 미래를 예측, 전망할 수 없다. 더구나 신용화폐가 금융산업에 광범위하게 퍼져 있기 때문에 일반인은 순자산과 부채의 차이점조차 정확히 파악할 수 없다.

사업 자체는 매우 어렵지만 종합 금융지주회사의 강력한 파워를 생각하며 포트폴리오상 분산투자할 것을 추천한다.

> **NOTE**
> 〈분산투자〉 산업 전반에 미치는 영향력을 봤을 때 대형 금융지주회사는 개인이 장기로 투자하기에 적합한 종목이다.

076 한국금융지주 (대형주)
【 금융지주회사 】

- FICS Sector: 금융
- FICS Industry Group: 증권
- FICS Industry: 증권

월간차트 (이전 10년간)

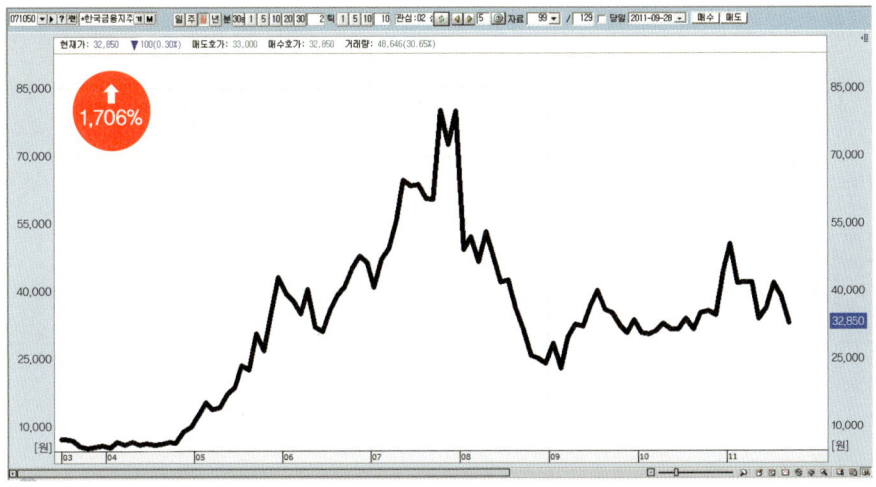

1,706%

재무상황

■ 매출액　■ 영업이익　■ 순이익
● 영업이익률　● 순이익률

■ 자산총계　■ 부채총계　● 부채비율(우)

기업 소개

한국금융지주는 국내 유일의 금융투자업 중심 지주회사이다. 자회사 중 한국투자증권은 주력 자회사로서 투자매매업, 투자중개업, 신탁업, 투자일임업, 투자자문업 등의 금융투자업을 영위하고 있다. 그리고 자산운용업을 영위하는 한국투자운용지주는 한국투자신탁운용과 한국투자밸류자산운용, 홍콩 현지 운용 법인인 한국투자운용, 아주유한공사로 구성되어 있다.

금융투자업은 진입장벽이 낮고 경기변동에도 민감하다. 자본시장법의 시행으로 다수의 신규 증권사가 진출하였으며, 업종 간 업무 장벽이 점차 사라짐에 따라 타 금융권과의 경쟁도 더욱 치열해질 것이다. 기존의 경쟁이 주로 위탁매매 수수료율 인하를 통한 시장점유율 확대를 목표로 이루어진 외형 경쟁이었다면, 향후에는 고객의 니즈에 맞는 차별화된 금융서비스 및 다양한 금융상품의 제공, 적시성 있는 투자정보 제공 및 투자기회 발굴, 고객 자산 수익률의 극대화 및 고객기반 확대 등으로 금융업 전반에 걸친 무한경쟁이 전개될 것이다.

10년간 최대 상승률

1,706%: 최저 4,950원(03년 10월) → 최고 89,400원(07년 11월)

상승의 주요 이유

- 체크 1: 경쟁력을 갖췄는가?

〈YES〉 한국금융지주는 국내 유일의 금융투자업 중심 지주회사로서 다양한 전략적 채널을 보유하고 있으며, 업계 최고의 역량을 보유한 투자금융 계열사들을 자회사로 두고 있다.

투자의 난이도

매우어려움 | 어려움 | 보통 | 쉬움 | 매우쉬움

- 체크 1: 매출구성을 이해하기 쉬운가?

〈NO〉 증권업, 증권관리, 자산운용, 저축은행 등이 주요 자회사의 사업 내용이다. 이러한 자회사로부터의 배당금 수익이 주 수입원인데 일반인이 세부 내용을 이해하기란 불가능하다.

- 체크 2: 현금흐름을 파악하기 쉬운가?

〈NO〉 금융산업에서 발생하는 현금흐름은 일반 투자자가 파악하기 어렵다.

- 체크 3: 경기변동의 영향을 받는가?

〈YES〉 크게 받는다. 금융투자산업은 자본의 증권화를 통하여 기업에 자금을 공급하고 일반 투자자들에게는 투자 수단을 제공한다. 주식시장은 크게 발행시장과 유통시장으로 나뉘며 두 시장은 서로 유기적으로 연결되어 있다. 이러한 주식시장에는 경제 요인뿐만 아니라 정치, 경제, 사회, 문화, 국제 관계, 자연재해 등이 다양하게 영향을 미치고 있다. 더욱이 세계 시장이 하나로 연결되어 있어서 이제는 한 국가에서 발생하는 악재가 다른 나라 또는 전 세계로 영향을 미친다. 이러한 이유로 금융산업은 경기변동의 영향을 크게 받는다.

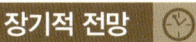 

금융투자산업은 진입장벽이 낮기 때문에 경쟁이 매우 치열하다. 또한 투자라는 일의 성격상 미래를 장담할 수 없다. 하지만 한국금융지주가 점하고 있는 업계에서의 위상을 봤을 때 비관할 정도는 아니고, 전체적으로 '보통'이라고 판단된다.

업계에서 높은 위치를 차지하고 있는 금융투자 지주회사이지만 투자산업 자체가 미래를 장담할 수 없는 산업이므로 일반인은 보수적인 관점을 유지하는 것이 위험을 줄이는 길이다.

NOTE

중장기적으로 위험이 클 수 있는 산업이므로 보수적인 관점을 유지하길 권한다.

13 은행

【 최대 상승률(이전 10년간) 341%: 최저 95포인트(01년 04월) → 최고 415포인트(07년 07월) 】

월간차트(이전 10년간)

해당 종목

| 기업은행 | 외환은행 | 전북은행 | 제주은행 |

업종 둘러보기

현재 코스피 은행업종에는 앞에 제시한 4종목이 있다. 은행들이 최근 지주회사로 변신하면서 은행업종에서 제외되고 금융업으로 바뀌었다. 우리에게 친근한 국민은행은 KB금융지주, 신한은행은 신한금융지주, 우리은행은 우리금융지주, 부산은행은 BS금융지주 등으로 전환되었다.

이렇듯 은행업에는 대형화의 바람이 불면서 점차 종합 금융업으로 변화해가고 있다. 규모가 작은 은행은 항상 대형 은행의 견제를 받을 수밖에 없다. 따라서 M&A를 통해서 대형 금융회사에 흡수·통합될 가능성이 크다.

은행업에 투자하기 위해서는 이 업종에서도 규모의 경제가 강력히 적용되고 있다는 점을 가장 먼저 인식해야 한다. 그러므로 장기적인 관점에서 투자를 하기 위해서는 중소형 은행보다는 대형 은행을 선택하는 것이 현명하다.

077 기업은행 (대형주)
은행
【 중소기업 지원 특수은행 】

• FICS Sector: 금융
• FICS Industry Group: 은행
• FICS Industry: 상업은행

월간차트(이전 10년간)

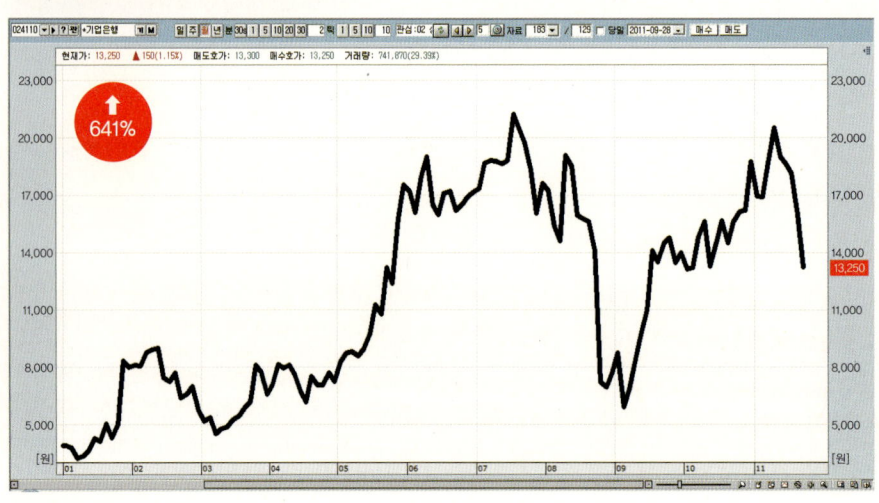

641%

재무상황

기업 소개

중소기업은행법에 의거하여 중소기업자에 대한 효율적인 신용제도를 확립함으로써 자주적인 경제활동을 원활히 하고 경제적 지위의 향상을 도모함을 목적으로 1961년에 설립되었다. 그리고 경제 발전에 필요한 재원을 공급자로부터 조달하여 수출 및 제조업 등의 산업 경제활동 주체에게 배분하는 자금중개기능 등을 통해 경제성장에 기여해왔다. 외환위기 이후 대형화, 겸업화가 진행되는 가운데 지속적인 구조조정 노력을 통하여 수익성이 크게 향상되었으나, 글로벌 금융위기 사태로 건전성 관리, 예금조달 역량이 주요한 경쟁력으로 대두되고 있다.

자회사로 ㈜아이비케이캐피탈, ㈜아이비케이시스템, 아이비케이신용정보㈜, 아이비케이자산운용㈜, 아이비케이연금보험㈜가 있다. 이들은 각각 여신전문금융, 시스템통합(SI), 신용정보업, 금융투자업, 보험업 등을 영위하고 있다.

10년간 최대 상승률

641%: 최저 3,110원(01년 03월) → 최고 23,050원(07년 07월)

상승의 주요 이유

- **체크 1: 독보적인가?**
〈YES〉 중소기업의 지원을 위해 설립된 특수은행이다.

투자의 난이도

매우어려움 | 어려움 | 보통 | 쉬움 | 매우쉬움

- **체크 1: 이해할 수 있는 사업인가?**
〈NO〉 주요 자회사의 사업 부문을 보더라도 금융산업에서 전문적인 분야로 특화되어 있어 일반인이 쉽게 이해할 수 없다.
- **체크 2: 경기변동의 영향을 받는가?**
〈YES〉 은행업은 세계 경기와 국내 경기변동의 영향을 크게 받는다.

장기적 전망

매우밝음 | 밝음 | 보통 | 흐림 | 매우흐림

본격적인 가격 경쟁이 가시화되면서 은행업도 규모의 경제가 작용하는 산업으로 변모되어가고 있다. 이에 따라 은행들은 M&A 등 대형화를 위한 다각적인 노력을 전개하고 있다. 어떤 면에서 이는 규모가 큰 기업에게는 오히려 덩치를 더욱 키울 수 있는 발판이 되었다. 기업은행 역시 덩치 큰 은행으로서 장기적 전망은 밝다고 할 수 있다.

어떻게 투자해야 하는가?

금융업은 사업 내용이 어렵고 경기변동의 영향을 크게 받기 때문에 투자하기에 어려운 업종이다. 특히 자본시장통합법 시행 이후에는 규모의 경제가 더욱 중요해졌다. 금융산업에서 일반인이 중장기적으로 마음 편히 투자하기 위해서는 대형 기업을 선택하는 것이 바람직하다. 기업은행은 장기적 전망이 긍정적이므로 장기 투자에 적합한 종목으로 추천할 만하다.

> **NOTE**
>
> 〈분산투자〉 자본시장통합법으로 대형 은행은 덩치를 더욱 키우고 규모의 경제를 통해 높은 이익을 취할 수 있는 여건을 마련해가고 있다. 일반인은 업계 상위의 대형 은행에 투자하는 것이 위험을 줄이는 방법이다. 다만 사업 내용이 어렵고 경기변동의 영향을 크게 받기 때문에 많은 비중을 투자하는 것보다 분산투자하길 권한다.

이주영의 주식 칼럼 9

무조건 수익 내는 업종 분류 주식투자법

❶ 인플레이션주 → 풍요의 시대에 함께 풍요를 누리기 위한 투자
❷ 유틸리티주(경기방어주) → 심리적 안정을 갖기 위한 투자
❸ 경기순환주 → 경기확장 구간에 투기를 막기 위한 투자
❹ 경영자주 → 대박의 환상과 신기술의 희망에 대한 투자

나는 각 업종을 성격에 따라 위와 같이 네 가지로 분류한다. 독자들도 포트폴리오를 구성하는 실전 단계에서 이를 참고할 수 있을 것이다. 자신의 투자 성향에 따라 비중을 조절하여 경기변동과 인플레이션에 확실히 대응할 수 있도록 하자.

※ 《내공 주식투자 2: 철학편》 '업종을 분류하는 네 가지 기준' 참조.

14 보험

【 최대 상승률(이전 10년간) 1,288%: 최저 1853포인트(01년 01월) → 최고 25737포인트(07년 11월) 】

월간차트(이전 10년간)

해당 종목

LIG손해보험	그린손해보험	대한생명	동부화재	동양생명	롯데손해보험
메리츠화재	삼성생명	삼성화재	코리안리	한화손해보험	현대해상
흥국화재					

업종 둘러보기

보험업은 사람의 생사에 관하여 약정한 급여의 제공을 약속하거나 우연한 사고로 인하여 발생하는 손해의 보상을 약속하고 금전을 수수하는 것 등을 업으로 하는 것으로, 생명보험업, 손해보험업, 제3보험업으로 구분한다. 손해보험은 다시 일반 손해보험과 장기 손해보험으로, 일반 손해보험은 자동차보험, 화재보험, 해상보험, 보증보험 등으로 구분한다.

손해보험산업은 보험의 공공성으로 인해 정부 규제가 많고, 자동차보험과 장기상해보험 등 가계성 보험 상품이 차지하는 비율이 높아 주로 국내 시장에 의존하는 내수산업으로서의 성격을 지니고 있다. 또한 주요 수익창출원인 자산운용 부문의 성과와 수입보험료의 상당 부분을 차지하는 장기 보험의 수익이 금리와 주식시장 동향에 상당 부분 영향을 받는다. 보다 구체적으로 말하자면 경기 흐름을 뒤따라가는 경기 후행적 특성이 강하다.

보험업은 성격상 국민경제에 미치는 영향력이 매우 크고 부실화되면 국민들이 입는 피해가 막심하다. 그러므로 법인을 설립하는 데에는 정부의 많은 규제가 작용한다. 또한 초기에 대규모의 자본금이 필요하므로 진입장벽이 매우 높다.

보험업은 소수의 회사가 높은 점유율을 가지는 과점적인 형태의 산업이다. 따라서 보험산업을 장기적 투자의 관점에서 보자면 과점하는 기업을 먼저 파악하고 그중에서도 가장 높은 점유율을 차지하는 기업을 선택하는 것이 가장 빠르고 바람직한 방법이다.

078 삼성화재 (대형주)

【 삼성 그룹 계열의 시장점유율 1위 보험사 】

보험

- FICS Sector: 금융
- FICS Industry Group: 보험
- FICS Industry: 보험

월간차트(이전 10년간)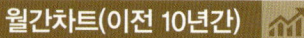

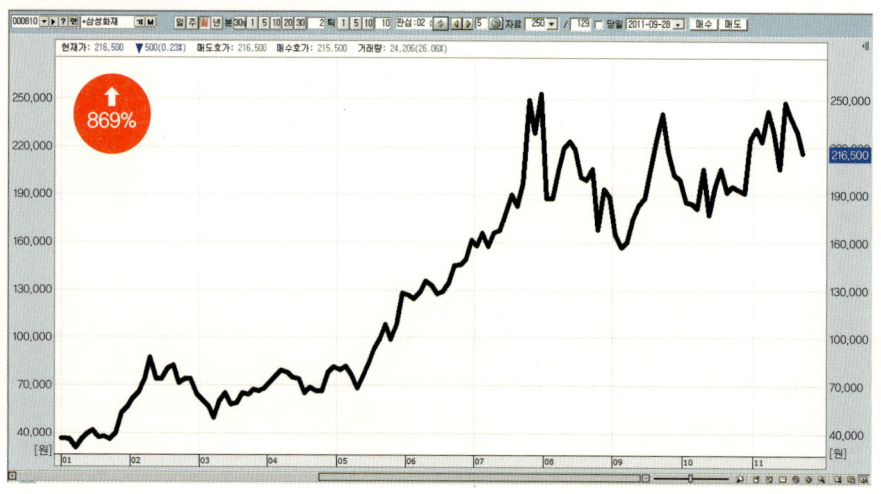

↑ 869%

재무상황

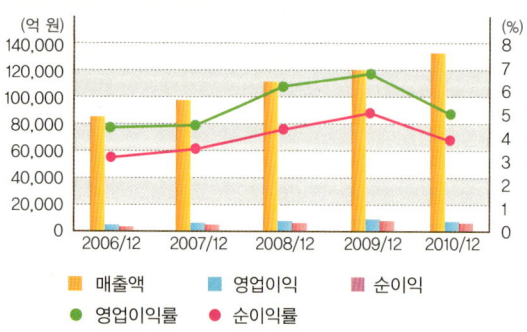

- 매출액
- 영업이익
- 순이익
- 영업이익률
- 순이익률

- 자산총계
- 부채총계
- 부채비율(우)

매출구성

(2010년 3월 기준)

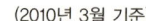

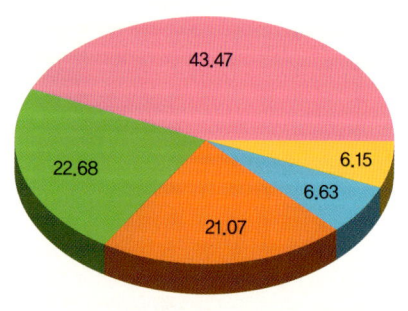

- 43.47
- 22.68
- 21.07
- 6.63
- 6.15

- 장기보험
- 자동차보험
- 해상보험 외
- 특종보험
- 개인연금

기업 소개

삼성 그룹 계열사로 업계 1위의 손해보험사이다. 화재, 해상, 자동차, 상해, 배상책임, 장기손해보험 등 1,000여 종의 손해보험상품을 취급하고 있고, 개인연금, 퇴직연금도 판매하고 있다. 또한 보험영업에서 축적된 자금을 활용하여 국가 기간산업과 일반 기업활동을 위한 투자영업 활동도 영위한다. 종속회사로서 중국, 베트남, 인도네시아 등에 단독 또는 합작법인을 설립하여 해외 영업을 전개하고 있다.

10년간 최대 상승률

869%: 최저 27,500원(01년 01월) → 최고 266,500원(07년 12월)

상승의 주요 이유

- **체크 1:** 대기업인가?

  〈YES〉 삼성 그룹 계열로 강력한 자본력, 영업망, 유통망을 갖는다.

- **체크 2:** 사업의 진입장벽이 높은가?

  〈YES〉 보험업은 회사를 설립하는 데 대규모의 자본금이 필요하고 정부의 각종 규제로 인해 진입장벽이 높다.

투자의 난이도

- **체크 1:** 매출구성을 이해하기 쉬운가?

  〈NO〉 일반, 장기, 자동차보험 등으로 이루어져 있는데 각각의 매출구성을 이해하기는 힘들다.

- **체크 2:** 현금흐름을 파악하기 쉬운가?

  〈NO〉 매출구성이 어려우므로 개인들은 정확한 현금흐름을 파악할 수 없다.

- **체크 3:** 경기변동의 영향을 받는가?

  〈SO-SO〉 손해보험은 우연한 사고로 인하여 발생한 재산상, 신체상 손해를 실제 손해액만큼 보장하는 보험이다. 이에 손해보험사는 각종 산업 및 개인에게 발생할 수 있는 리스크를 보장하는 것을 목표로 다양한 상품을 개발하여 판매하고 있다. 이러한 보험업의 특성상 경기변동의 영향을 크게 받지 않는다.

장기적 전망

매우밝음	밝음	보통	흐림	매우흐림
★	☀	⛅	☁	⚡

삼성 계열사의 국내 점유율 1위 보험 기업으로서 장기적 전망이 밝다고 판단된다. 높은 점유율을 바탕으로 계속해서 시장을 선점해나갈 것이다.

어떻게 투자해야 하는가?

적극추천	추천	중립	비추천	적극비추천

보험업은 성격상 수요자들의 안전성에 대한 선호도가 높아서 소수의 대형 보험사가 시장에서 과점을 형성하고 있다. 중장기적으로 상위 업계의 강세는 지속될 것이며 그중에서도 업계 1위의 점유율을 기록하고 있는 삼성화재의 성장세는 더욱 강해질 것이다. 장기적으로 보험업에 투자하고 싶다면 분산투자 원칙으로 포트폴리오에 편입할 것을 추천한다.

> **NOTE**
> 장기적인 관점에서 보험업에 투자하고 싶다면 업계 1위의 위치를 점하는 삼성화재에 분산투자할 것을 추천한다.

079 현대해상 (대형주)

보험

【 시장점유율 2위의 손해보험사 】

- FICS Sector: 금융
- FICS Industry Group: 보험
- FICS Industry: 보험

월간차트(이전 10년간)

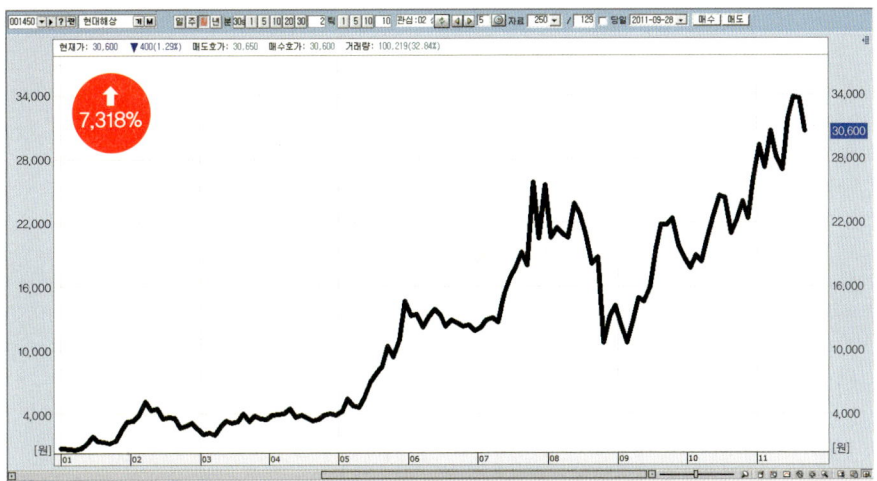

재무상황

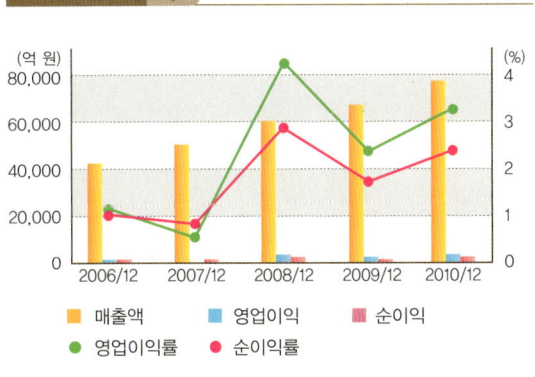

매출구성

(2010년 3월 기준)

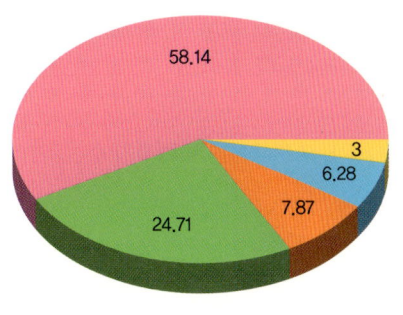

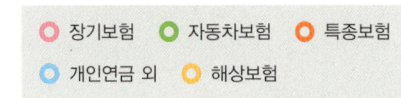

14 보험 299

기업 소개

업계 상위권 손해보험회사이다. 보험업법 및 관계법령에 의해 손해보험업, 제3보험업, 기타보험업 등의 사업을 영위하고 있으며, 허용되는 범위 내의 자산운용, 겸영가능업무 및 부수업무를 수행하고 있다.

손해보험업계에서는 2010년 12월 현재 총 30개 보험사가 경쟁하고 있다. 삼성화재, 현대해상, 동부화재, LIG손해보험 등 13개의 국내 보험사와 차티스, 악사, 에이스 등 9개의 외자계 보험사가 원수보험업과 재보험업을 영위하고 있으며, 코리안리, 뮤닉 리, 스위스 리, 동경해상 등 8개사는 재보험업을 전업으로 영위하고 있다.

10년간 최대 상승률

7,318%: 최저 490원(01년 01월) → 최고 36,350원(11년 07월)

상승의 주요 이유

- **체크 1: 시장점유율이 높은가?**

〈YES〉 현대해상은 삼성화재의 뒤를 이어 업계 2위의 점유율을 보이고 있다.

(2010년 3분기 기준)

구분	삼성화재	현대해상	동부화재	LIG 손해보험	메리츠화재
점유율(%)	26.8	16.1	14.9	13.9	8.2

- **체크 2: 사업의 진입장벽이 높은가?**

〈YES〉 보험업은 법인 설립 시 많은 자본금이 필요하고 정부의 규제가 따르는 산업이므로 진입장벽이 높다.

투자의 난이도

매우어려움 | 어려움 | 보통 | 쉬움 | 매우쉬움

- **체크 1: 매출구성을 이해하기 쉬운가?**

〈NO〉 다양한 손해보험을 판매하며 보험금으로 투자를 하고 있다. 이러한 금융상품은 구조가 복잡하고 개인이 파악하기가 쉽지 않다.

- **체크 2: 현금흐름을 파악하기 쉬운가?**

〈NO〉 어려운 매출구성으로 현금흐름을 파악하기가 힘들다.

- **체크 3: 경기변동의 영향을 받는가?**

〈SO-SO〉 손해보험업은 특성상 공적 성격이 있어 감독당국의 엄격한 규제를 받고 있다. 타 업종에 비해 실손 보장에 대한 의무적 성격이 높아 일반적으로 경기에 덜 민감하고 후행하는 특성이 있다. 자동차보험 등 일부 상품의 경우 집중호우나 폭설 등이 단기적으로 보험영업의 손익에 영향을 미치기도 하며, 투자영업의 경우는 금융환경의 영향을 받는다.

장기적 전망

매우밝음	밝음	보통	흐림	매우흐림
★	☀	🌸	☁	⚡

손해보험 2위 기업으로서 1위를 추월할 수 있는 경쟁우위를 확보할 수 있느냐가 관건이다. 하지만 그 격차가 쉽게 좁혀질 것 같지 않다.

어떻게 투자해야 하는가?

적극추천	추천	중립	비추천	적극비추천

보험업은 상위 5개 기업의 과점 산업이며 내수산업이기 때문에 치열한 경쟁이 예상된다. 그리고 새로운 성장동력을 찾기가 쉽지 않기 때문에 중장기적으로 장밋빛 미래를 전망할 수 없다. 하지만 업계 2위 기업으로서 높은 시장점유율을 지니기 때문에 보험업에 투자하고 싶다면 분산투자 원칙에 따라 일정 지분을 포트폴리오에 편입할 것을 권한다.

> **NOTE**
> 〈분산투자〉 일반인의 장기 투자 관점에서는 업계 1위의 기업을 선택하는 것이 위험을 낮추는 가장 쉬운 방법이다. 하지만 2위 기업을 선택해서 분산투자하는 것도 나쁘지 않다.

080 LIG손해보험 (중형주)

보험

【 LIG 그룹 계열의 종합손해보험회사 】

- FICS Sector: 금융
- FICS Industry Group: 보험
- FICS Industry: 보험

월간차트(이전 10년간)

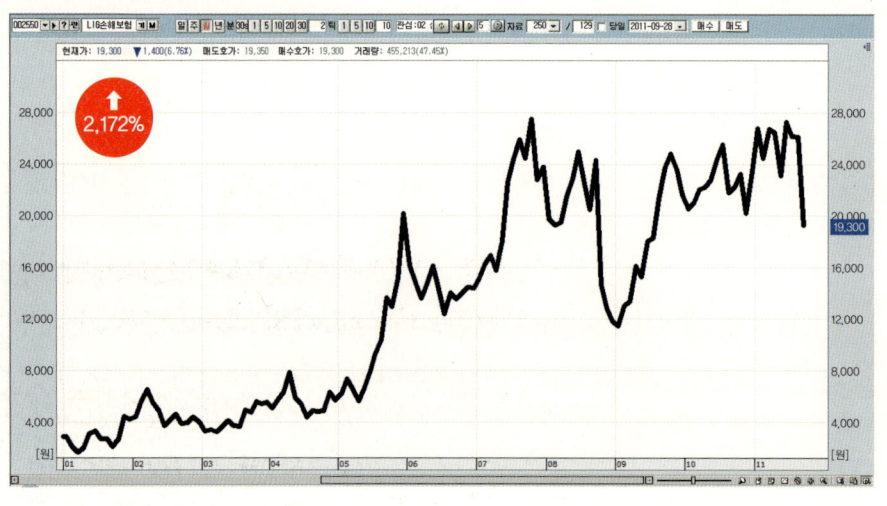

재무상황

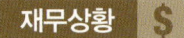

매출구성

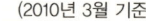

(2010년 3월 기준)

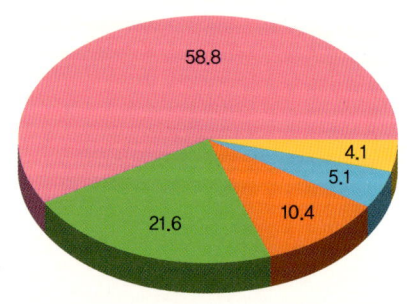

302 내공 주식투자 3

기업 소개

LIG 그룹 계열의 시장점유율 상위권 종합손해보험회사이다. 화재, 해상, 자동차, 특종, 장기, 개인연금, 해외원보험 등의 보험업을 영위한다. 손해보험 및 겸영 가능한 보험 종목의 계약 체결과 계약의 보험료 거수 및 보험금 지급을 주요 업무로 한다. 그리고 이와 함께 보험회사가 영위할 수 있도록 허용된 자산운용 등의 겸영업무와 손해사정 등의 부수업무를 하고 있다.

10년간 최대 상승률

2,172%: 최저 1,360원(01년 01월) → 최고 30,900원(07년 11월)

상승의 주요 이유

- **체크 1: 시장점유율이 높은가?**

〈YES〉 제시된 표에서 볼 수 있는 것처럼 국내 13개 원수보험사 중 상위 4사가 70% 이상의 시장점유율을 차지하고 있다.

(2010년 3분기 기준)

구분	삼성화재	현대해상	동부화재	LIG 손해보험	메리츠 화재
점유율(%)	26.8	16.1	14.9	13.9	8.2

투자의 난이도

- **체크 1: 매출구성을 이해하기 쉬운가?**

〈NO〉 다양한 보험이 매출구성을 이루는데 일반인은 그 세부적인 내용을 이해하기가 힘들다.

- **체크 2: 경기변동의 영향을 받는가?**

〈SO-SO〉 보험업은 대체로 경기변동의 영향을 적게 받는다.

장기적 전망

손해보험업계에는 2010년 12월 현재 13개의 국내 원수보험사(2개의 외국계 포함), 1개의 보증보험 전업사(서울보증)와 8개의 외국계 원수보험사 등 총 22개의 원수보험사가 있으며, 8개의 전업 재보험사(코리안리 및 7개의 외국계 재보험사)를 포함하여 총 30개사의 손해보험사가 있다.

그리고 국내 보험업계는 상위 기업들이 과점 체제를 형성하고 있다. LIG손해보험 또한 그중 하나의 기업으로서 높은 점유율을 지니고 있다. 하지만 최근 업종 내에서의 경쟁이 치열해지고 있기 때문에 미래를 낙관할 수만은 없다.

어떻게 투자해야 하는가?

적극추천 | 추천 | 중립 | 비추천 | 적극비추천

업계 상위 기업으로서 안정적인 매출은 가능하지만 성장여력은 많지 않다고 판단된다. 또한 2위 기업이기 때문에 1위 기업보다는 상대적으로 안정성이 떨어진다. 하지만 보험업에 중장기적으로 투자하고 싶다면 포트폴리오상 분산투자는 추천할 만하다.

> **NOTE**
> 보험업 상위 과점 기업으로서 중장기 관점으로 포트폴리오상 분산투자는 추천할 만하다.

081 코리안리 (중형주)

【 국내 유일의 전업 재보험회사 】

- FICS Sector: 금융
- FICS Industry Group: 보험
- FICS Industry: 보험

월간차트(이전 10년간)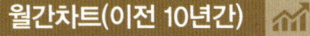

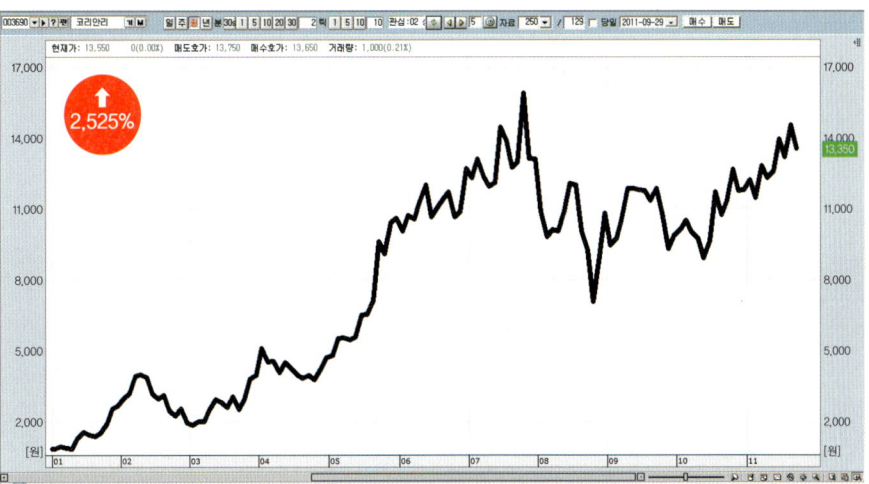

재무상황

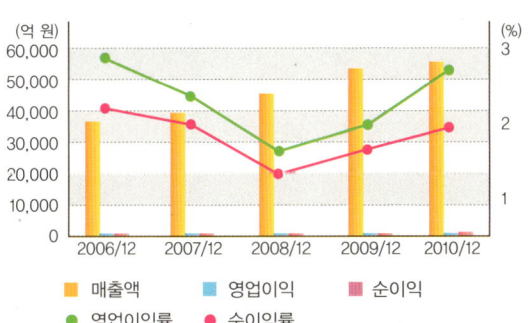

매출구성

(2010년 3월 기준)

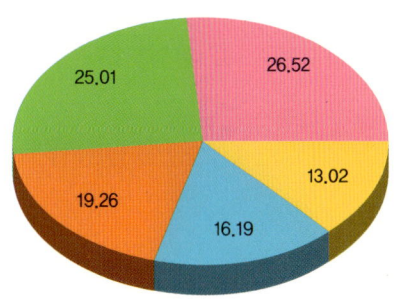

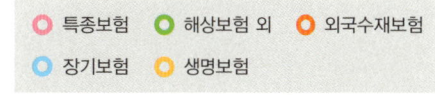

14 보험

기업 소개

국내 유일의 전업 재보험회사. 재보험이란 보험회사가 인수한 계약의 일부를 다른 보험회사가 인수하는 것으로 '보험을 위한 보험'이다. 즉, 보험이 개인이나 기업이 불의의 사고로 입게 되는 경제적 손실을 보상해주는 제도라면 재보험은 보험회사의 보상책임을 분담해주는 제도이다.

보험회사는 위험의 규모 대비 자사가 부담할 수 있는 책임한도액을 정하고 그 한도액을 초과하는 부분은 재보험을 통하여 다른 보험회사에 보상책임을 전가시킴으로 경영의 안정성을 확보하고 있다. 또한 제한된 담보력에도 불구하고 다른 보험회사와 분담함으로써 안심하고 거대 위험을 인수할 수 있으며 사업을 확장할 수 있을 뿐만 아니라, 보험회사가 보험금 지급불능 상태에 놓이게 되더라도 보험계약자 또는 피보험자는 재보험자가 인수한 책임에 대하여는 보험사고 발생 시 보험금을 지급받을 수 있다.

10년간 최대 상승률

2,525%: 최저 640원(01년 01월) → 최고 16,800원(07년 10월)

상승의 주요 이유

- **체크 1: 독보적인 기업인가?**
  〈YES〉 국내 유일의 전업 재보험회사이다.

투자의 난이도

- **체크 1: 매출구성을 이해하기 쉬운가?**
  〈NO〉 '보험을 위한 보험'회사로서 다양한 보험상품이 있는데 일반인이 이해하기는 무척 어렵다.
- **체크 2: 경기변동의 영향을 받는가?**
  〈SO-SO〉 재보험산업은 기업성 보험의 비중이 높아 가계성 보험 위주의 원수보험시장보다는 경기변동에의 민감도가 상대적으로 낮다.

장기적 전망

국내 유일의 재보험사라는 희소성을 갖는 보험회사이다. 재보험이라는 사업의 성격상 진입장벽이 매우 높기 때문에 장기적으로 봤을 때 꾸준히 상승할 가능성이 매우 높다.

어떻게 투자해야 하는가?

적극추천 | 추천 | 중립 | 비추천 | 적극비추천

진입장벽이 높고 사업이 희소성을 지니지만 매출구성을 이해하기가 매우 어렵기 때문에 개인들은 투자하기 어려운 주식이다. 하지만 재보험에 관해서 투자하고 싶다면 감당할 수 있는 비중으로 포트폴리오에 편입하는 것도 권할 만하다.

> **NOTE**
> 재보험사업의 전망을 밝게 본다면 중장기 관점으로 포트폴리오 상 분산투자를 권한다.

15 증권

【 최대 상승률(이전 10년간) 623%: 최저 722포인트(04년 07월) → 최고 5224포인트(07년 07월) 】

월간차트(이전 10년간)

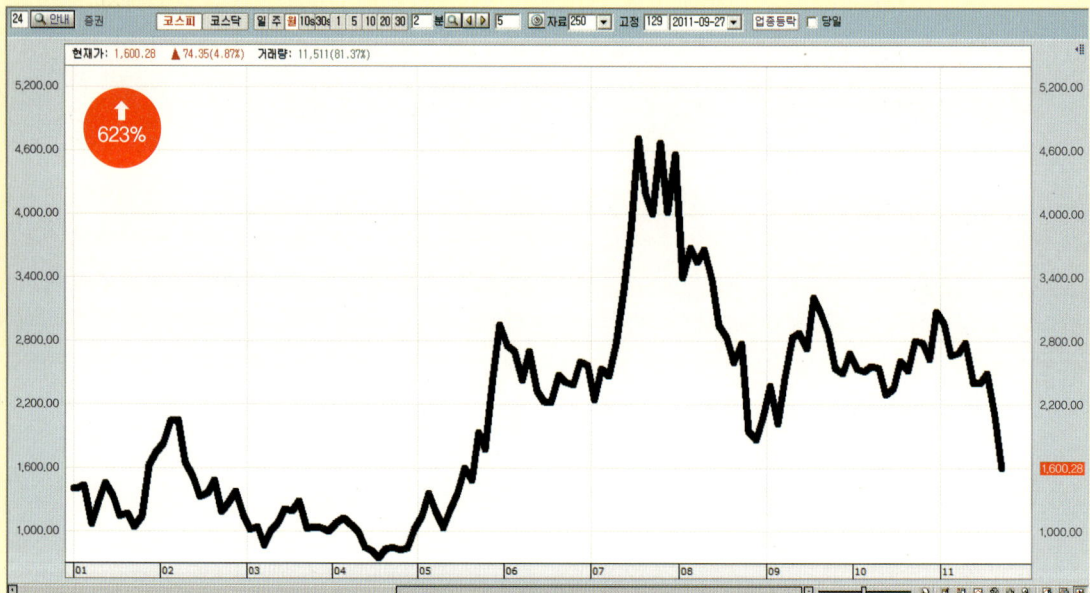

해당 종목

HMC투자증권	KTB투자증권	NH투자증권	SK증권	골든브릿지증권	교보증권
대신증권	대우증권 ★C	동부증권	동양종금증권	메리츠종금증권	미래에셋증권
부국증권	삼성증권 ★C	신영증권	우리투자증권	유진투자증권	유화증권
키움증권 ★C	한양증권	한화증권	현대증권		

업종 둘러보기

증권업은 자본시장통합법으로 진입장벽이 낮아져서 경쟁이 무척 치열해지고 있다. 대형 금융지주회사의 펀드판매와 운용사의 난립 그리고 온라인 증권사의 활성화로 수익성이 악화되고 있다.

증권업에 투자하고 싶다면 상위의 대형 증권사에 분산투자 원칙으로 일정 비중을 포트폴리오에 편입하기를 권한다.

증권업은 산업의 성격상 국가 경제를 이끌어가는 산업A에 속하기보다 그 산업군의 성장 과정에서 파생되는 산업C가 될 가능성이 높다.

여기서는 국내 대표적인 증권사 3개를 분석하여 제시하도록 하겠다.

082 대우증권 (대형주)

증권

【 산업은행 계열의 국내 대표적 증권사(산업C 후보) 】

- FICS Sector: 금융
- FICS Industry Group: 증권
- FICS Industry: 증권

월간차트(이전 10년간)

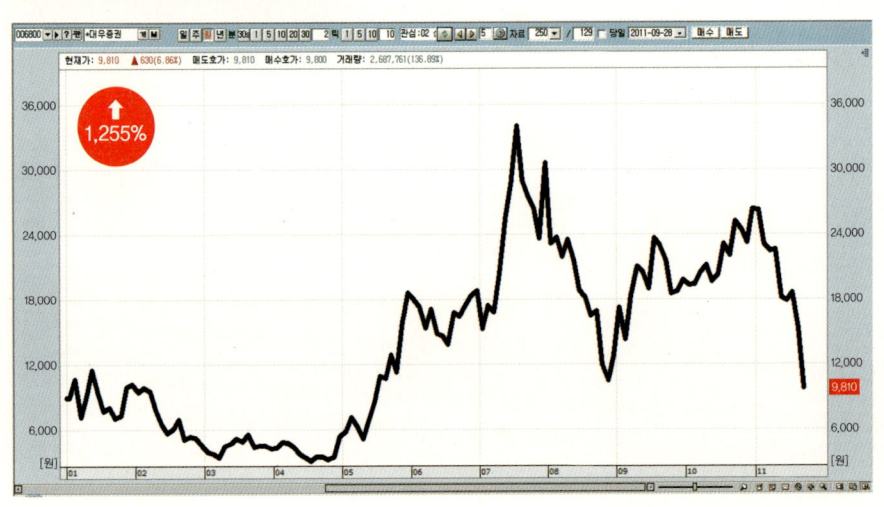

재무상황

매출구성 (2010년 3월 기준)

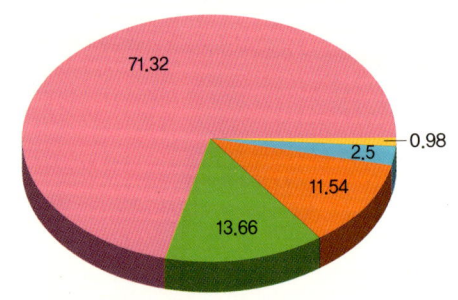

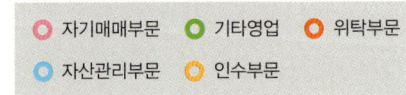

기업 소개

산은금융지주의 계열사로 위탁영업(Brokerage), 기업금융 영업(IB), 자산관리 영업(WM) 등을 주요 사업으로 하는 업계 상위 증권사이다. 금융투자업자로서 자본시장과 금융투자업에 관한 법률 제6조에 의한 투자매매업, 투자중개업, 투자자문업, 투자일임업, 신탁업을 영위하고 있다.

금융투자업은 주식시장을 통하여 기업과 자금의 공급자인 가계를 직접 연결시켜 기업으로 하여금 장기 사업자금의 조달을 가능케 하며, 개인에게는 주식과 채권을 포함한 금융자산에 대한 투자 기회를 제공하고, 사회적으로는 재산 및 소득의 재분배에도 기여하는 것을 기본으로 하는 산업이다. 또한 자본주의 경제 운용의 모태가 되며 경제 규모가 커지고 발전할수록 증시를 통한 직접 금융의 비중이 커진다. 이로써 제반 산업의 안정적인 성장을 뒷받침하여 국가 경제의 발전에 큰 상승효과를 가져오는 역할을 하게 된다.

10년간 최대 상승률

1,255%: 최저 2,800원(03년 03월) → 최고 37,950원(07년 07월)

상승의 주요 이유

- **체크 1: 브랜드 가치가 높은가?**

  〈YES〉 대우증권은 중개업 부문 수익점유율 1위, 랩(Wrap) 잔고 부문 1위, ABS 및 ELS 발행시장 점유율 1위 등 거의 전 영업 부문에서 업계 리더로서의 위치를 점하고 있다.

- **체크 2: 시장점유율이 높은가?**

  〈YES〉 대표적인 증권사들의 수탁수수료를 비교할 때 근소한 차이지만 업계 1위를 기록하고 있다.

(2010. 4. 1~2010. 9. 30)

구분	점유율(%)
대우증권	8.93
삼성증권	8.32
우리투자증권	7.70
현대증권	7.26
대신증권	5.17

투자의 난이도

매우어려움 | 어려움 | 보통 | 쉬움 | 매우쉬움

- **체크 1: 매출구성을 이해하기 쉬운가?**

  〈NO〉 매출구성 중 자기매매에서 높은 매출을 만들고 있다는 점을 알 수 있기는 하지만 그 외 세부적인 내용은 이해하기 힘들다.

- **체크 2: 경기변동의 영향을 받는가?**

  〈YES〉 금융투자업은 경기 확장기에는 종합주가지수 상승에

영업 종류	제 42기 3분기(백만 원)
위탁 부문	327,057
인수 부문	26,808
자산관리 부문	97,685
자기매매 부문	1,758,429
기타영업	530,910
영업수익 합계	2,740,888

따라 수익 증대를 이룰 수 있는 반면 경기 침체기에는 수익 창출이 둔화되는 등 경기변동에 직접적인 영향을 받는다.

장기적 전망

금융투자업은 경기와 시장 환경의 영향을 많이 받는 산업이기 때문에 환경에 따라 수익의 변동이 심한 편이다. 더욱이 금융투자업의 진입장벽이 낮아져서 경쟁이 더욱 치열해지고 있다. 때문에 장기적 전망을 밝게 볼 수는 없다.

어떻게 투자해야 하는가?

증권업은 경기변동의 영향을 매우 크게 받는 산업이기 때문에 개인들이 장기 투자하기가 힘들다. 특히 주식시장이 침체될 때는 주식중개수수료가 큰 수익원인 증권회사로서는 직격탄을 맞기 때문이다.

> **NOTE**
> 여러 위험요소가 있기는 하지만 대우증권이 우리나라 대표적인 증권사임은 분명하다. 증권업에 투자하고 싶다면 포트폴리오상 분산투자를 권한다.

083 증권

삼성증권 (대형주)
【 삼성 그룹 계열의 대형 증권사 (산업C 후보) 】

• FICS Sector: 금융
• FICS Industry Group: 증권
• FICS Industry: 증권

월간차트(이전 10년간)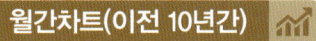

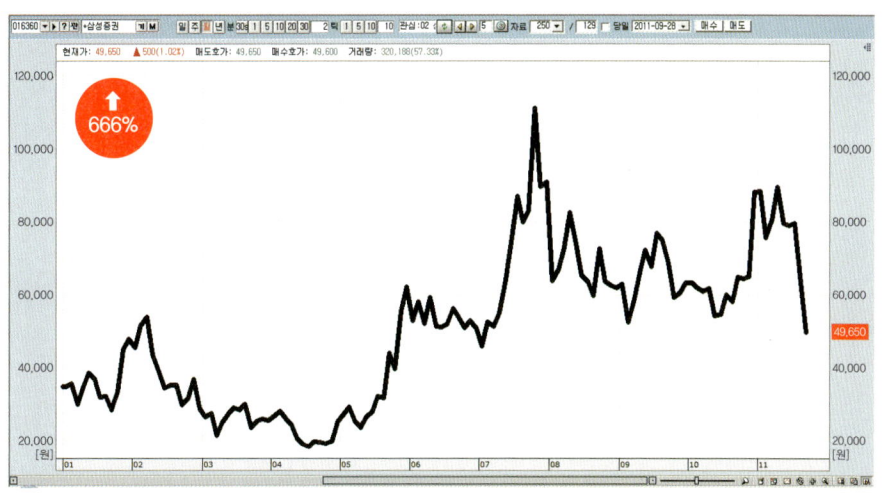

재무상황

매출구성 (2010년 3월 기준)

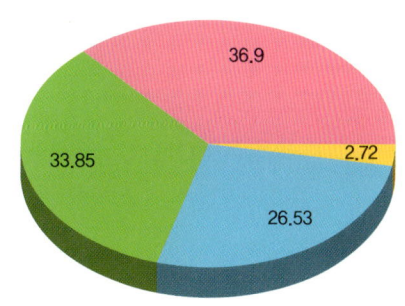

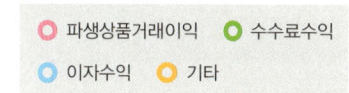

15 증권 313

기업 소개

삼성 그룹 계열의 업계 상위 증권사이다. 위탁매매, 자산관리, 투자자문, 기업금융 등의 다양한 금융서비스를 제공하고 있으며, 삼성 계열사와의 시너지 효과를 누린다는 강점을 보유하고 있다.

10년간 최대 상승률

666%: 최저 15,650원(04년 07월) → 최고 120,000원(07년 11월)

상승의 주요 이유

- **체크 1:** 대기업인가?

  〈YES〉 삼성 계열의 증권회사로서 강력한 자본력, 영업망, 유통망을 갖는다.

- **체크 2:** 시장점유율이 높은가?

  〈YES〉 증권업계 상위 기업으로서 높은 시장점유율을 가진다. 제시한 표는 대표적 증권사별 지분증권 수탁수수료의 시장점유율이다. 삼성증권과 1, 2위를 다투고 있다.

(2010. 4. 1~2010. 9. 30)

구분	점유율(%)
대우증권	8.93
삼성증권	8.32
우리투자증권	7.70
현대증권	7.26
대신증권	5.17

투자의 난이도

매우어려움 | 어려움 | 보통 | 쉬움 | 매우쉬움

- **체크 1:** 매출구성을 이해하기 쉬운가?

  〈NO〉 증권사 매출구성의 세부적인 내용을 일반인이 이해하기는 힘들다.

- **체크 2:** 경기변동의 영향을 받는가?

  〈YES〉 증권업은 국가의 경제상황은 물론 정치, 사회, 문화 등 경제 외적 변수에도 많은 영향을 받는다. 뿐만 아니라 국제 금융시장의 동향에도 민감하게 반응하는 업종이다.

(2010년 3월 기준)

구분	매출액(단위: 백만 원)
수수료수익	564,241
유가증권평가 및 처분이익	410,119
파생상품거래이익	413,759
이자수익	415,084
대출채권평가 및 처분이익	2,202
외환거래이익	40,963
기타의 영업수익	52,474
합계	1,898,842

장기적 전망

매우밝음 | 밝음 | 보통 | 흐림 | 매우흐림

최근 증권산업은 낮은 진입장벽과 갈수록 낮아지고 있는 위탁수수료율 등으로 극심한 경쟁 상태에 놓여 있다. 간접투자상품 운용 및 판매 제한의 완화, 방카슈랑스의 도입, 증권회사의 집합투자업 및 신탁업 겸업 허용 등 업종 간 업무장벽이 사라지면서 국내 동종 업계의 기업 간에는 물론 외국 기업들과도 경쟁을 하고 있다. 이러한 상황이 갈수록 더 심해질 것으로 보이기 때문에 장기적 전망이 긍정적이지는 않다.

어떻게 투자해야 하는가?

적극추천 | 추천 | 중립 | 비추천 | 적극비추천

금융투자업은 경기변동의 영향을 매우 크게 받고 계속해서 진입장벽이 낮아지는 상황이기 때문에 장기 투자에 위험이 큰 산업이다. 그래서 투자 판단은 '중립'이라고 내렸다. 그럼에도 삼성증권은 업계 상위 기업이라는 프리미엄이 있으므로 증권업에 투자하고 싶다면 포트폴리오상 분산투자가 가능하다고 생각한다.

> **NOTE**
>
> 증권업은 경기변동뿐 아니라 대부분의 외부 환경에 민감하게 반응하므로 일반인이 장기로 투자하기에는 어려운 업종이다. 다만 업계 상위 기업에 포트폴리오상 일정 지분을 편입하는 것은 가능해 보인다.

084 키움증권 (대형주)
증권
【 위탁매매 시장점유율 1위 증권사(산업C 후보) 】

• FICS Sector: 금융
• FICS Industry Group: 증권
• FICS Industry: 증권

월간차트(이전 10년간)

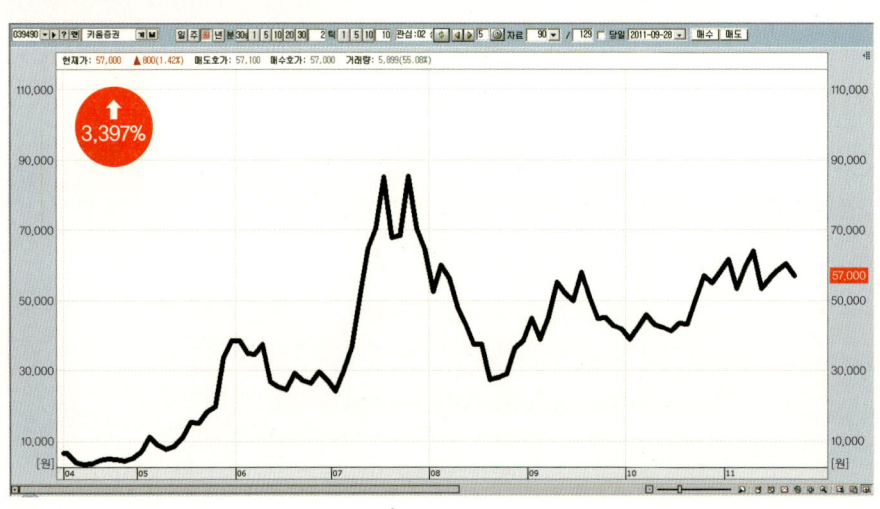

재무상황

매출구성 (2010년 3월 기준)

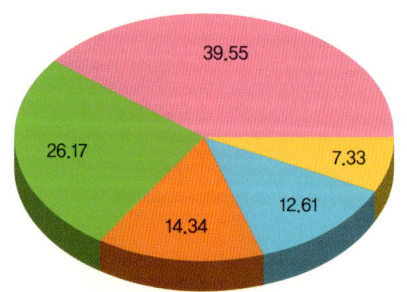

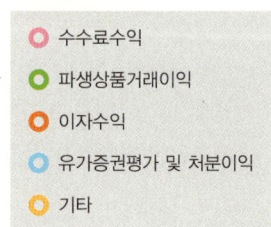

316 내공 주식투자 3

기업 소개

국내 최초의 온라인 증권사로 파격적인 수수료율을 제시하며 사업을 시작했다. 저비용 사업구조와 온라인 고객을 기반으로 주식위탁매매 시장점유율 1위를 유지하고 있다.

10년간 최대 상승률

3,397%: 최저 3,185원(04년 06월) → 최고 111,400원(07년 06월)

상승의 주요 이유

- **체크 1: 경쟁력을 갖췄는가?**

〈YES〉 대형 증권사의 비효율적 영업구조를 제거하고 주식중개시장에 역량을 집중하여 단기간에 시장점유율을 높였다.

- **체크 2: 시장점유율이 높은가?**

〈YES〉 급변하는 시장상황과 치열한 경쟁 속에서도 안정적인 시스템과 온라인에 특화된 효과적 마케팅을 강점으로 현재 주식중개시장에서 시장점유율 1위를 유지하고 있다.

투자의 난이도

매우어려움 | 어려움 | 보통 | 쉬움 | 매우쉬움

- **체크 1: 매출구성을 이해하기 쉬운가?**

〈NO〉 증권사 매출구성의 세부적인 내용을 일반인이 이해하기는 힘들다.

- **체크 2: 경기변동의 영향을 받는가?**

〈YES〉 금융투자업은 국가 경제상황은 물론 정치, 사회, 문화, 경세동향 등 여타 다양한 변수에도 많은 영향을 받을 뿐 아니라 해외 시장의 동향에도 민감하게 반응하는 특성을 지니고 있다.

(2010년 제3분기 기준)

영업 종류	금액(단위: 백만 원)
수수료수익	126,435
이자수익	67,464
배당금(분배금)수익	330
단기매매증권매매이익	61,549
단기매매증권평가이익	4,964
파생상품거래이익	90,099
기타영업수익	33,608
영업수익 합계	384,449

장기적 전망

매우밝음 | 밝음 | 보통 | 흐림 | 매우흐림

금융권의 경쟁은 갈수록 더욱 심화될 전망이다. 따라서 사업다각화를 통해 안정적인 이익창출 방안을 마련하고 차별화된 서비스를 제공하는 증권사로서 입지를 다지는 것이 경쟁력 확보에 중요한 과제라고 할 수 있다. 업계 자체의 상황에 더해 키움증권이 갖고 있는 온라인 증권사로서의 한계를 고려하면 장기적 전망을 '보통'이라고 할 수 있다.

어떻게 투자해야 하는가?

적극추천 | 추천 | 중립 | 비추천 | 적극비추천

키움증권은 국내 최초의 온라인 증권사라는 차별화된 사업모델을 가지고 있다. 그렇지만 국내 주식시장은 이미 포화상태에 직면에 있고 진입장벽이 낮아져서 경쟁이 매우 치열해지고 있다. 온라인 증권사만이 가지는 경쟁력 있는 수수료로 안정된 매출을 예상할 수는 있겠으나 높은 성장률을 기대할 수는 없을 것 같다. 증권업에 장기 투자하고 싶다면 규모가 더 큰 대형 증권사를 선택하길 권한다.

> **NOTE**
> 갈수록 규모의 경제가 작용하는 증권업에 투자할 때는 중소기업보다 규모가 더 큰 증권사를 선택하는 것이 위험을 줄이는 방법이다.

이주영의 주식 칼럼 10

투자 과정에서 반드시 지켜야 할
여섯 가지 원칙

❶ 가장 중요한 것은 주식시장에 참여하는 모든 기관과 세력, 심지어 국가 그리고 개인들은 수익만을 위해 싸우고 있다는 점을 잊지 않는 것이다.

❷ 시장을 초과해서 지속적으로 수익을 낼 수 있는 방법이나 기술은 애초에 존재하지 않는다. 단, 시장을 이길 수는 없지만 시장을 이용해서 부자가 되는 방법을 선택할 수는 있다. 최선의 선택이 바로 인플레이션을 이용한 투자다.

❸ 기업의 질적, 양적 요소를 분석해서 인플레이션을 이용할 수 있는지 판단한다.

❹ PER과 PBR을 이용해 과거와 현재의 가격 그리고 미래 가격의 적정성을 따져본다. 현재의 주가가 과거의 이익과 순자산과 비교해 얼마의 평가를 받으며, 앞으로는 어떻게 평가받을 것인지 생각한다.

❺ 인플레이션주를 중심으로 삼고 자신의 투자성향에 따라 유틸리티주, 경기순환주, 경영자주를 배분하여 포트폴리오를 구성한다.

❻ 매수와 매도시점을 판단하는 기준은 다음과 같다. 인플레이션주는 평생 투자한다고 생각하고 매수한다(지금 체제에서 화폐가치는 지속적으로 하락한다. 즉, 인플레이션은 필연적이다). 유틸리티주(경기방어주) 또한 매도시점을 정할 필요가 없다. 경기순환주는 시장의 심리와 반대로 매매한다. 경영자주는 경영자의 꿈과 희망에 투자한다고 생각하고 매매한다.

※《내공 주식투자 2: 철학편》'효율적인 포트폴리오 짜기' 참조.

비금속광물

【 최대 상승률(이전 10년간) 294%: 최저 371포인트(01년 01월) → 최고 1463포인트(07년 10월) 】

월간차트(이전 10년간)

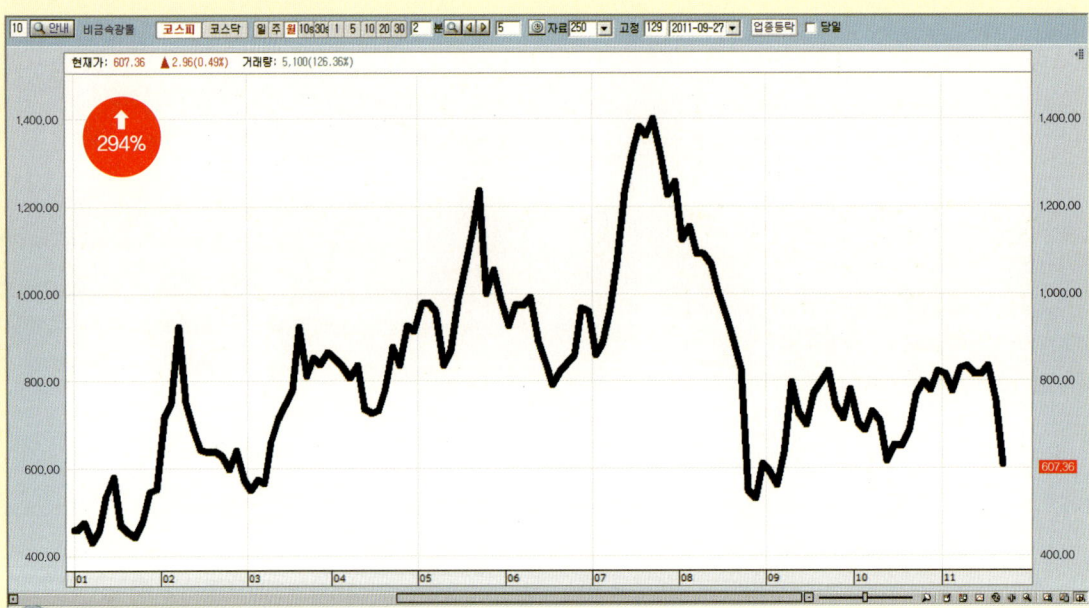

해당 종목

금비	대림B&Co	동양메이저	백광소재	벽산	부산 산업
삼광유리 ★C	성신양회	쌍용머티리얼	쌍용양회	아세아시멘트	아이에스동서
아인스	유니온	일신석재	전기초자	제일연마	조선내화 ★C
한국내화	한국석유	한국유리	한일시멘트	현대시멘트	

업종 둘러보기

비금속광물은 점점 사양산업의 길로 접어들고 있다. 실제로 업종의 상승률만 봐도 코스피 평균 상승률의 절반도 따라가지 못하고 있다. 이렇게 된 가장 큰 이유는 값싼 중국산이 시장을 확대해가고 있고 국내 원자재의 수급이 불균형 상태에 있기 때문이다.

비금속광물은 독보적인 브랜드와 상품이 아니라 철강이나 건설업의 파생 산업이기 때문에 가격 경쟁력이 매우 중요한 요소이다. 그렇지만 최근 중국 등의 후발국에게 가격 경쟁력에서도 밀리면서 점점 입지가 좁아지고 있다.

업종에 비해 월등한 상승률을 보인 2개의 기업을 분석해보도록 하자.

085 삼광유리 (중형주)

비금속광물

【 OCI 계열의 중간재 제조 기업 (산업C 후보) 】

- FICS Sector: 소재
- FICS Industry Group: 소재
- FICS Industry: 용기 및 포장

월간차트(이전 10년간)

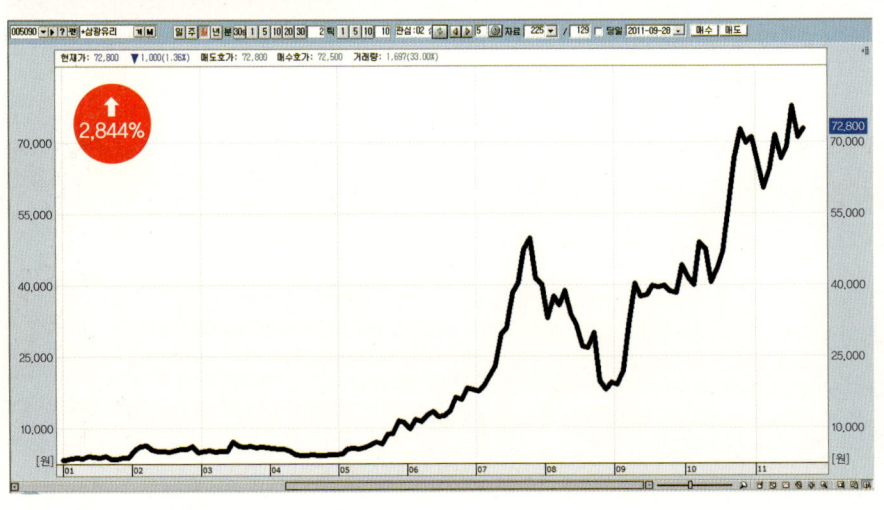

재무상황

매출구성 (2010년 12월 기준)

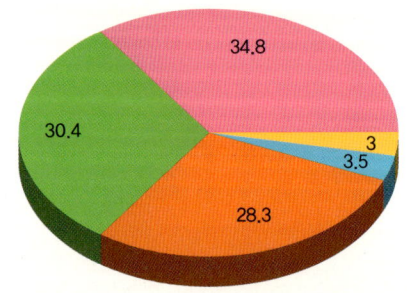

- 유리부문 식기 등(Glasslock) 34.8
- 캔부문 2PC캔 30.4
- 유리부문 일반병 28.3
- 캔부문 3PC캔 3.5
- 기타 3

기업 소개

OCI의 계열사로 유리 소재의 용기와 캔을 제조하는 기업이다.

유리사업 부문에서는 음료 및 주류용 백색병, 갈색병, 녹색병 그리고 강화유리 밀폐용기(글라스락) 및 일반 유리식기를 제조, 판매한다. 주로 음료·주류·제약회사·화장품 기업 등에 제품을 공급한다. 현재 국내에는 이와 같은 사업을 영위하는 기업이 삼광유리를 포함하여 테크팩솔루션, 금비 등 8개가 있다. 그리고 캔사업 부문에서는 음료 및 주류용 알루미늄 캔과 스틸 캔을 제조, 판매한다. 국내제관산업 전체로 볼 때 국내에서 연간 소비되는 캔은 약 50억 개에 이른다. 각 사업 부문은 음료 및 주류 시장의 경기와 밀접한 관련이 있다.

10년간 최대 상승률

2,844%: 최저 2,815원(01년 09월) → 최고 82,900원(11년 08월)

상승의 주요 이유

- **체크 1: 대기업인가?**

  〈YES〉 OCI 계열사로 강력한 자본력, 영업망, 유통망을 갖는다.

- **체크 2: 사업의 진입장벽이 높은가?**

  〈YES〉 초기 시설투자에 대규모 자금이 드는 장치산업이다.

투자의 난이도

- **체크 1: 매출구성을 이해하기 쉬운가?**

  〈YES〉 유리병과 캔으로 매출구성이 이루어져 있다.

- **체크 2: 현금흐름을 파악하기 쉬운가?**

  〈YES〉 쉬운 매출구성으로 현금흐름을 파악하기가 쉽다.

- **체크 3: 경기변동의 영향을 받는가?**

  〈SO-SO〉 유리사업과 캔사업은 필수소비재의 중간재산업으로서 경기변동의 영향을 적게 받는다.

장기적 전망

삼광유리 제품의 직접적인 소비자는 음료회사, 주류회사, 제약회사 등이다. 영위하는 사업 자체는 경기변동의 영향권에 있지 않지만 관련 산업의 경기에는 영향을 받는다. 또한 가장 중요한 경쟁력 요인이 가격이기 때문에 동종 기업 간 치열한 경쟁을 벌여야 한다. 이와 같은 제반의 상황을 보면 장기적 전망은 '흐림'으로 판단된다.

어떻게 투자해야 하는가?

절대적인 경쟁력 요소가 제품의 품질이 아니라 가격이라는 것은 박리다매의 고충이 계속될 것임을 시사한다. 이렇게 치열한 경쟁 속에 있는 중소기업에 장기적으로 투자하는 것은 위험이 높다.

> **NOTE**
> 경쟁이 치열한 후방 산업을 영위하고 있는 기업에 장기적으로 투자하는 것은 위험하다.

086 조선내화 (중형주)

비금속광물

【 국내 종합 내화물 1위 기업(산업C 후보) 】

- FICS Sector: 소재
- FICS Industry Group: 소재
- FICS Industry: 금속 및 광물

월간차트(이전 10년간)

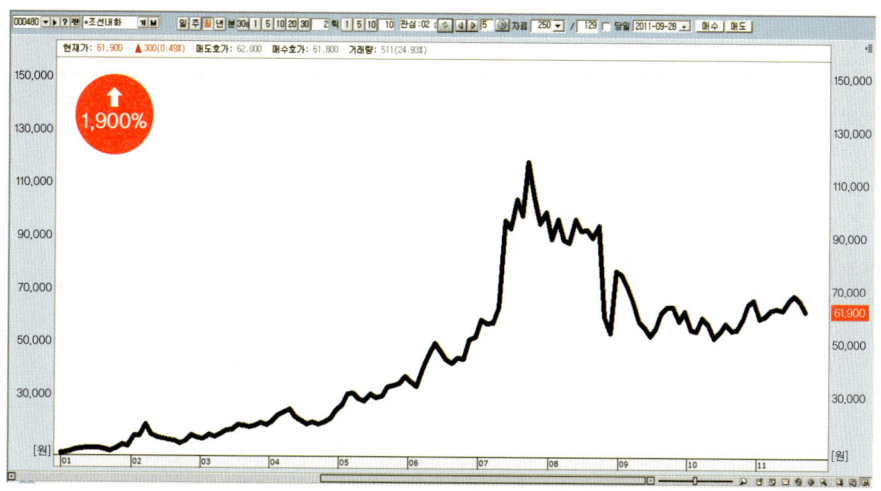

재무상황

매출구성

(2010년 12월 기준)

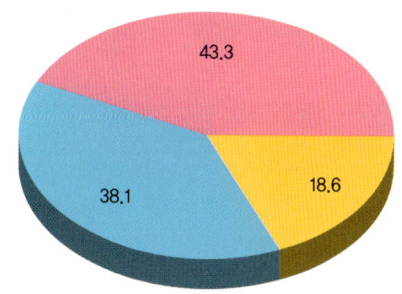

- 부정형
- 정형
- 상품(MECHA 외)

16 비금속광물 325

기업 소개

국내외 제철, 제강, 유리, 시멘트 및 기타 요로용 내화물을 제조, 판매하고 있으며, 내화물 구입 및 판매 사업을 한다. 내화물은 고온에서 용해되지 않고 고열에 견디는 무기재료로 고온의 열처리를 필요로 하는 공업, 특히 제철, 제강 등 중화학 공업과 불가분의 관계에 있는 기간재이다.

국내 내화물산업은 1990년대 중반 이후 수요 산업인 제철, 제강 등 중화학공업의 양적 팽창이 중단됨에 따라 수요가 정체되었을 뿐만 아니라 중국 등 후발국으로부터 저가의 내화물 수입이 증가되어 어려움에 직면하였다.

10년간 최대 상승률

1,900%: 최저 7,550원(01년 01월) → 최고 151,000원(07년 10월)

상승의 주요 이유

- **체크 1: 시장점유율이 높은가?**

  〈YES〉 국내 제일의 종합 내화물 제조 기업이다.

구분(연도)	2009년	2008년	2007년
점유율(%)	37.5	34.4	41.7

- **체크 2: 사업의 진입장벽이 높은가?**

  〈YES〉 내화물은 장치산업으로서 상당한 기술력과 자본이 소요된다. 뿐만 아니라 수요처에서는 안전조업을 위해 엄격한 품질과 기술력을 요구하므로 일반 소비재산업에 비해 후발 기업의 신규 진입이 쉽지 않다.

투자의 난이도

매우어려움 | 어려움 | 보통 | 쉬움 | 매우쉬움

- **체크 1: 매출구성을 이해하기 쉬운가?**

  〈YES〉 매출구성이 단순하며 내화물이 제품의 대부분을 차지하고 있다.

(2010년 12월 기준 매출구성)

사업 부문	품 목	구체적 용도	주요 상표 등	매출 비율(%)
내화연화	정형	산업용 로 축조	N1-1외	38.1
	부정형	산업용 로 축조	SK-34 몰탈 외	43.3
	MECHA 외	구동장치		18.6

- **체크 2: 현금흐름을 파악하기 쉬운가?**

  〈YES〉 사업구조가 내화물로 집중되어 있으므로 현금흐름을 파악하기가 쉽다.

- **체크 3: 경기변동의 영향을 받는가?**

  〈NO〉 거의 받지 않는다. 내화물산업은 중화학공업에 대한 매출 비중이 절대적이며 특히 제철, 제강에 대한 비중이 70% 이상이다. 따라서 국내외 철강 경기에 영향을 받는데 그 경기변동의 속도나 폭은 일반 소비재에 비해 크지 않으며 계절적 요인에 의한 경기변동은 거의 없다.

장기적 전망

매우밝음 | 밝음 | 보통 | 흐림 | 매우흐림

우리나라의 중화학공업 발달과 함께 성장한 국내 제일의 종합 내화물 제조 기업이다. 제품은 포항제철을 비롯한 제철·제강, 시멘트, 유리화학공업 등의 산업에 속한 기업에 필수 부자재로 공급된다. 하지만 최근 내화물시장은 철강산업의 양적 팽창이 중단됨에 따라 수요가 급감하면서 공급이 정체되고 있다. 장기적인 전망도 밝지는 않다고 판단된다.

어떻게 투자해야 하는가?

적극추천 | 추천 | 중립 | 비추천 | 적극비추천

철강산업의 필수 재료로 사용되는 내화물은 양적 성장이 정체되고 있고 값싼 중국산이 대거 유입되면서 당분간 고전을 면치 못할 것으로 판단된다.

> **NOTE**
> 중국의 저가 상품으로 경쟁력이 크게 떨어지고 있다. 장기 투자 시 위험부담이 크다.

섬유의복

【 최대 하락률(이전 10년간) −486%: 최고 381포인트(02년 05월) → 최저 65포인트(04년 08월) 】

월간차트(이전 10년간)

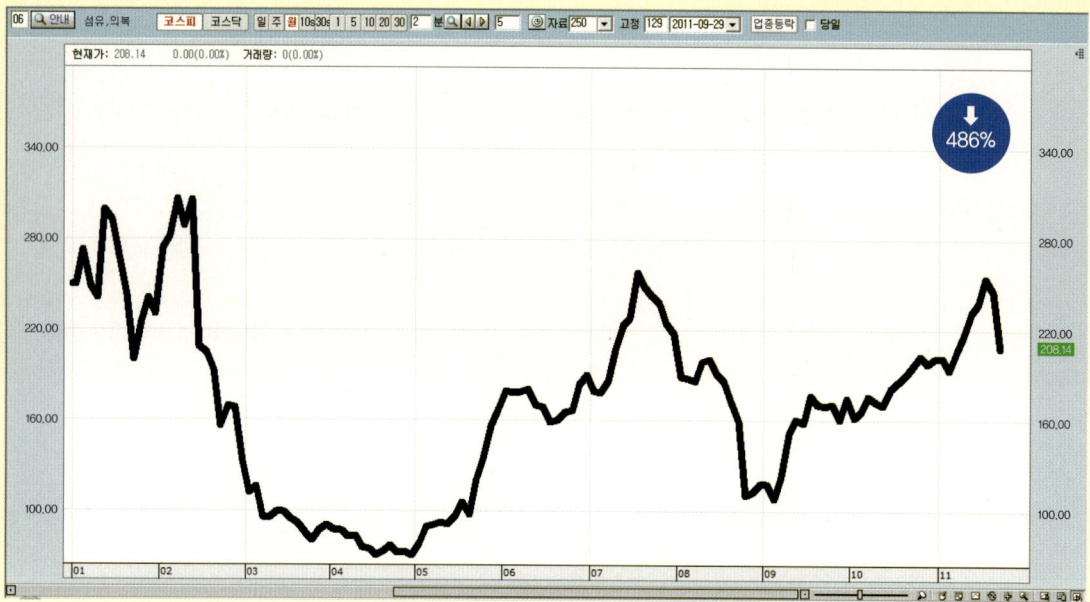

해당 종목

BYC	F&F	LG패션	SG충남방적	VGX인터	경방
남영비비안	대한방직	대현	동일방직 ★C	방림	베이직하우스
성안	신영와코루	신원	쌍방울트라이	아비스타	에리트베이직
에프씨비투웰브	웅진케미칼	원림	인디에프	일신방직	일정실업
전방	진도	캠브리지코오롱	케이비물산	태평양물산	한섬 ★B
한세실업					

업종 둘러보기

의류업은 타 산업에 비해 초기 투자자본이 많이 소요되지 않아 진입장벽이 낮다. 그래서 수많은 중소기업이 난립하여 경쟁이 치열하다. 특히 여성복시장에서의 경쟁이 매우 치열하다. 의류산업에는 여성복, 남성복, 아동복, 스포츠의류, 속옷, 패션잡화 등의 시장이 있다. 이 시장에서는 기업보다 브랜드 인지도가 매출에 큰 영향을 미친다. 그 외 소득수준과 경기동향, 소비심리에 직접적인 영향을 받으며 특히 남성복 시장은 경기변동의 영향을 크게 받는다.

섬유산업은 노동집약적 산업으로 값싼 중국산 제품에 경쟁력을 급격하게 잃어가고 있다. 이 때문에 최근 대형 섬유 기업들은 화학소재로 업종을 변경하고 있는 추세이다.

결론적으로 섬유산업은 점점 사양산업의 길로 접어들고 있다. 실제로 주식시장의 업종 지수 또한 과거에 비해 급격하게 하락하고 있다. 이러한 업종에 투자하는 것은 위험을 자초하는 일이다.

여기서는 업종을 대표할 만한 2개의 기업을 분석해보자.

087 한섬 (중형주)

섬유의복

【 여성 의류 전문 기업 (산업B 후보) 】

- FICS Sector: 경기소비재
- FICS Industry Group: 내구소비재 및 의류
- FICS Industry: 섬유 및 복

월간차트 (이전 10년간)

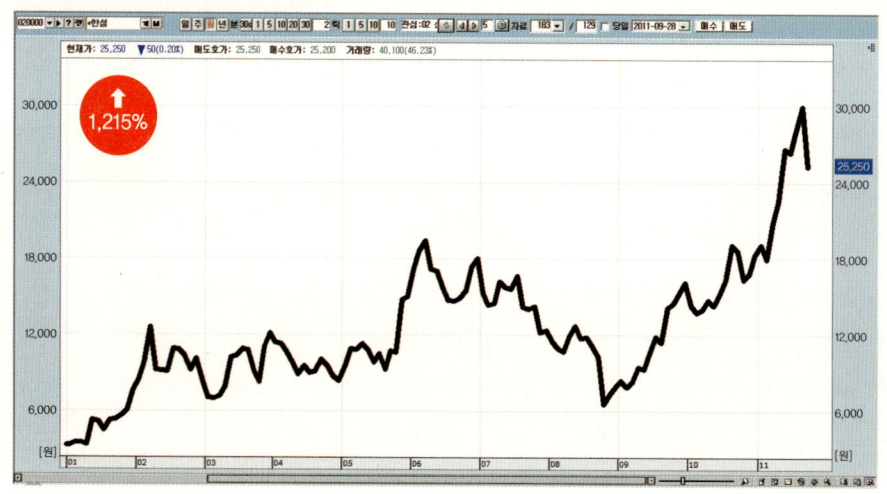

재무상황

매출구성

(2010년 12월 기준)

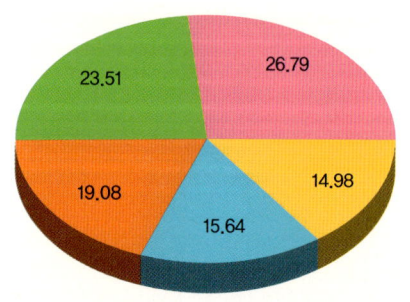

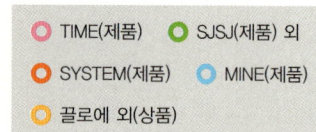

- TIME(제품)
- SJSJ(제품) 외
- SYSTEM(제품)
- MINE(제품)
- 끌로에 외(상품)

기업 소개

의류, 구두 및 장신구의 제조와 도소매업 및 수탁판매업을 영위하는 기업이다. 대표적인 브랜드로 MINE(마인), SYSTEM(시스템), TIME(타임), SJSJ 등이 있다.

국내 의류산업의 경쟁요소는 크게 세 가지로 볼 수 있다. 첫째 확고하게 인식되어 있는 브랜드 이미지를 통해 유발되는 소비자의 충성도를 제고시킬 수 있는 브랜드력, 둘째 기술과 지식이 기반이 되어 고부가가치를 창출할 수 있는 디자인 능력, 마지막으로 주요 백화점 등 핵심 상권을 구축할 수 있는 유통 능력이다.

브랜드 명	주요 영업지역	주요 고객층
SYSTEM	대도시 중심지역 (백화점, 대리점, 직영점)	20대 대학생 혹은 영마인드의 자유직 여성
MINE		20대 대학생 및 영커리어층 여성
TIME		20~30대의 전문직을 가진 고소득층 여성
SJSJ		21~23세 대학생을 핵심 타겟으로 귀엽고 사랑스러운 이미지를 추구하는 여성
TIME HOMME		25~35세의 남성으로 전문직, 예술, 문화, 패션 업계 종사자
SYSTEM HOMME		20대 패션에 관심 많은 대학생, 자유분방한 라이프스타일의 전문직 종사자
랑방컬렉션		20대 중반~30대 중반의 패션 얼리 어댑터

국내 패션산업은 저가 대량생산 체제의 섬유산업 단계에서 기술과 지식집약형 고부가가치 산업으로 변모해가고 있다. 과거 대규모 자본을 필요로 하는 장치산업이었던 점에 비해, 현대의 패션산업은 소자본으로도 기업화가 가능하지만 제품의 기획 및 디자인의 질에 따라서 고부가가치를 창출할 수 있는 기술, 지식집약형 산업이다. 패션산업은 선진국형 문화창조 산업으로 빠르게 변모하고 있으며, 소득수준이 향상됨에 따라 소비자의 라이프스타일을 표현하는 수단으로써 문화를 창조하는 한 축을 담당하고 있다.

10년간 최대 상승률

1,215%: 최저 2,470원(01년 01월) → 최고 32,500원(11년 08월)

상승의 주요 이유

- 체크 1: 브랜드 가치가 높은가?

〈YES〉 주요 고객층별로 인기 있는 브랜드를 갖추고 있다.

투자의 난이도

- **체크 1: 매출구성을 이해하기 쉬운가?**

〈YES〉 브랜드를 중심으로 한 의류가 모든 매출 구성을 차지한다.

- **체크 2: 경기변동의 영향을 받는가?**

〈YES〉 의류산업은 그 특성상 경제성장과 경기 상황에 민감하게 반응한다.

(2010년 12월 기준 매출구성)

매출 유형	품목	주요 상표 등	매출 비율(%)
제품	의복류	SYSTEM	19.08
		SJSJ 외	23.51
		MINE	15.64
		TIME	26.79
상품	의복류	끌로에 외	14.98

장기적 전망

의류업은 경기에 민감하고 대중의 유행에 큰 영향을 받기 때문에 매출을 안정적으로 예상하기가 쉽지 않다. 또한 진입장벽이 낮아 경쟁이 매우 치열한 산업이다. 한섬은 상징성 있는 브랜드를 보유하고 있지만 그 파워가 언제까지 지속될지 장담할 수 없다. 장기적 전망은 '보통'이라고 본다.

어떻게 투자해야 하는가?

국내 의류 기업으로서는 매우 가치 높은 브랜드를 가지고 있지만 일반인이 중장기로 마음 편히 투자하기에는 위험이 크다. 패션산업은 경쟁이 매우 치열하고 유행에 민감하기 때문이다.

하지만 성공적인 브랜드를 보유한 한섬에 대한 관심이 있다면 포트폴리오상 분산투자를 하는 것도 가능하다고 생각한다.

 NOTE

한섬의 브랜드에 높은 가치를 준다면 포트폴리오상 분산투자를 권한다.

088 동일방직 (소형주)

【 섬유 제품 전문 기업(산업C 후보) 】

섬유의복

- FICS Sector: 경기소비재
- FICS Industry Group: 내구소비재 및 의류
- FICS Industry: 섬유 및 의복

월간차트(이전 10년간)

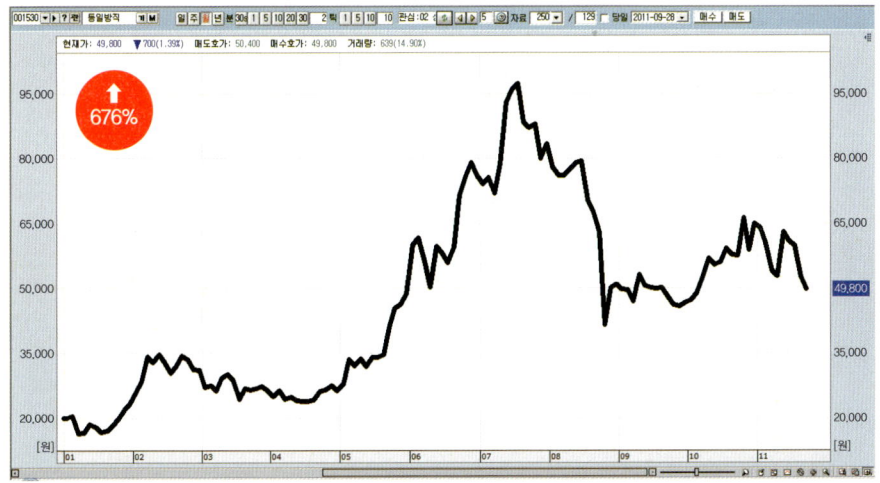

재무상황

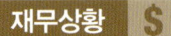

매출구성

(2010년 12월 기준)

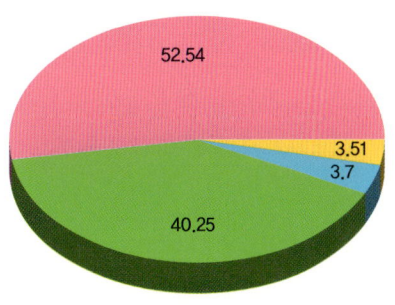

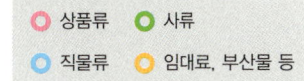

17 섬유의복 333

기업 소개

 섬유 제품의 제조, 가공 및 판매를 주요 사업으로 하고 있다. 섬유산업은 모든 분야 중 가장 먼저 산업화된 분야로 다른 제조업에 비해 노동집약적이면서도 자본집약적인 성격을 동시에 가지고 있다. 특히 면방적산업은 우리나라의 산업근대화가 시작된 분야로 과거 1960~70년대 수출을 주도했다. 그러나 1980년대 후반부터는 지속적인 인력난, 임금 상승 및 수입품의 증가 등으로 경영난이 가중되고 있다.

 이에 업계에서는 설비자동화, 기술혁신을 통하여 노동집약적인 성격을 줄여가며 고부가가치 제품을 개발하고 구조조정을 통해 비용절감에 나서는 등 경쟁력을 높이기 위해 방안을 찾고 있다.

10년간 최대 상승률

676%: 최저 13,000원(01년 01월) → 최고 101,000원(07년 06월)

투자의 난이도

매우어려움 | 어려움 | 보통 | 쉬움 | 매우쉬움

- **체크 1: 매출구성을 이해하기 쉬운가?**
<YES> 매출구성이 단순하다. 섬유 제품이 대부분이다.

- **체크 2: 경기변동의 영향을 받는가?**
<YES> 크게 받는다. 섬유산업은 소비자의 수요동향 및 패션·의류업계의 트렌드와 밀접한 관련이 있다. 동일방직의 기본 품목인 면사는 주기적, 반복적 소비 패턴이 유지되고 있으며, 최근 새로이 개발되는 기능성 소재 등의 수요가 증가하는 추세이다. 따라서 다양한 소비자의 요구에 부합하기 위하여 부가가치가 높은 제품을 개발하는 데 노력을 기울여야 한다.

(2010년 12월 기준 매출구성)

사업 부문	품목	구체적 용도	매출 비율(%)
섬유 제품 제조	사류	니트, 제직용	40.25
	직물류	셔츠, 점퍼, 바지	3.70
	상품류	편직물 등	52.54
	임대료, 부산물 등	임대, 기타판매용	3.51

장기적 전망

매우밝음 | 밝음 | 보통 | 흐림 | 매우흐림

 섬유산업은 대체적으로 값이 싼 중국산과의 가격 경쟁에서 밀리고 있으며 장기적 전망도 불투명하다.

어떻게 투자해야 하는가?

적극추천 | 추천 | 중립 | 비추천 | 적극비추천

진입장벽이 낮고 노동집약적인 섬유산업은 값싼 노동력을 바탕으로 한 중국의 저가 제품에 고전을 면치 못하고 있다. 장기 투자하기엔 매우 위험이 크다.

> **NOTE**
> 섬유산업은 진입장벽이 낮고 경쟁이 치열하며, 소재산업으로서 상품의 상징성이 없으므로 투자에 위험이 크다.

18 기타 업종

전기가스업

【 최대 상승률(이전 10년간) 190%: 최저 511포인트(03년 01월) → 최고 1486포인트(07년 07월) 】

월간차트(이전 10년간)

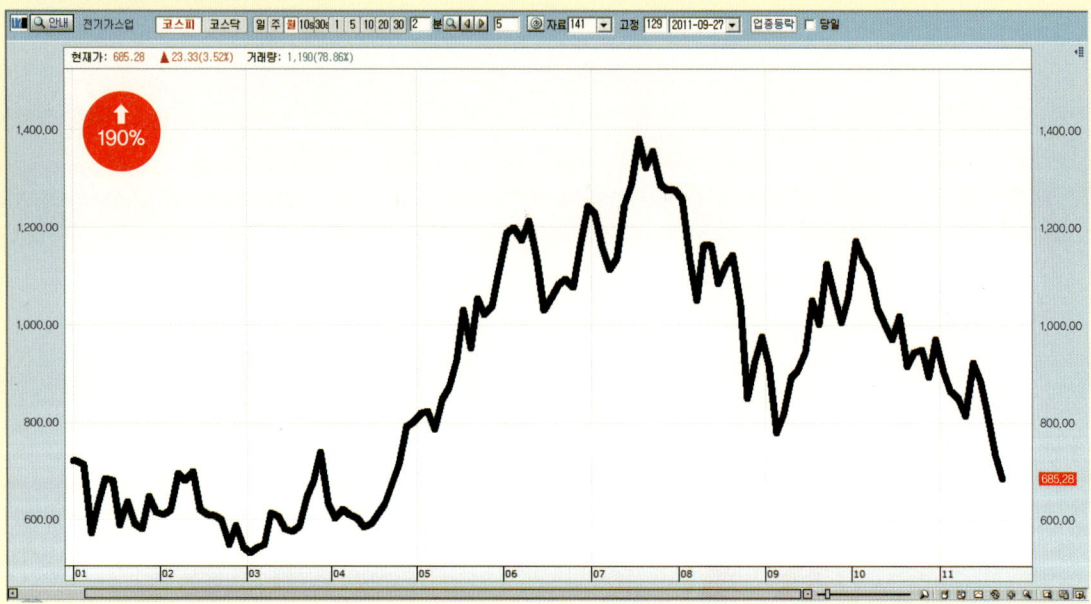

해당 종목

경남에너지	인천도시가스	부산가스	지역난방공사	대한가스	삼천리
한국전력	예스코	경동가스	대구도시가스	서울가스	한국가스공사

의료정밀

【 최대 상승률(이전 10년간) 1,635%: 최저 131포인트(01년 09월) → 최고 2273포인트(09년 09월) 】

월간차트(이전 10년간)

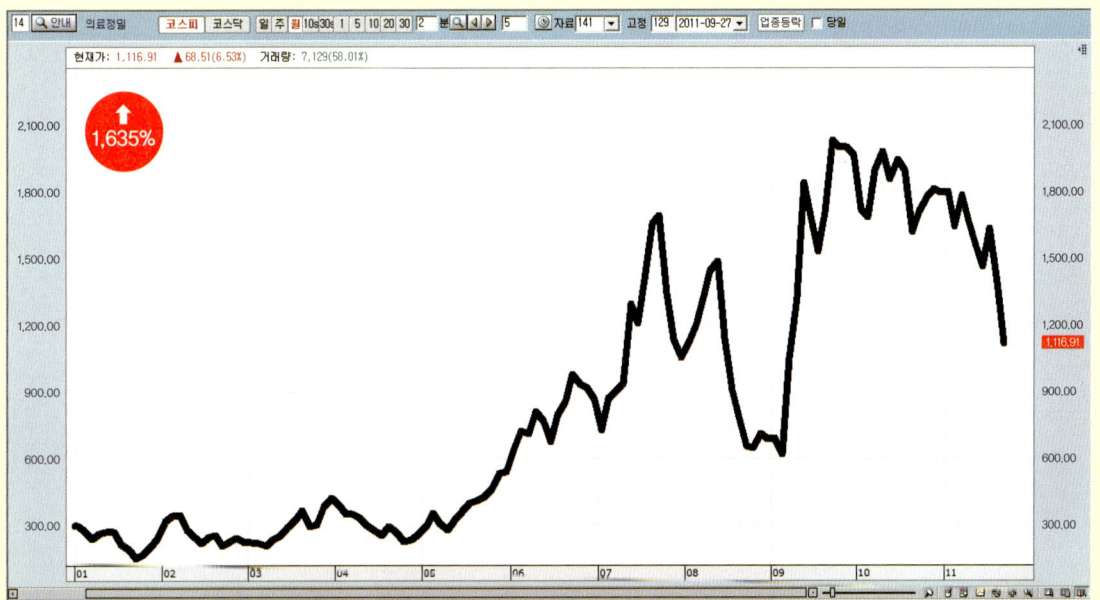

해당 종목

| 디아이 | 미래 산업 | 삼양옵틱스 | 우진 | 케이씨텍 |

종이목재

【 최대 상승률(이전 10년간) 247%: 최저 144포인트(04년 06월) → 최고 500포인트(07년 09월) 】

월간차트(이전 10년간)

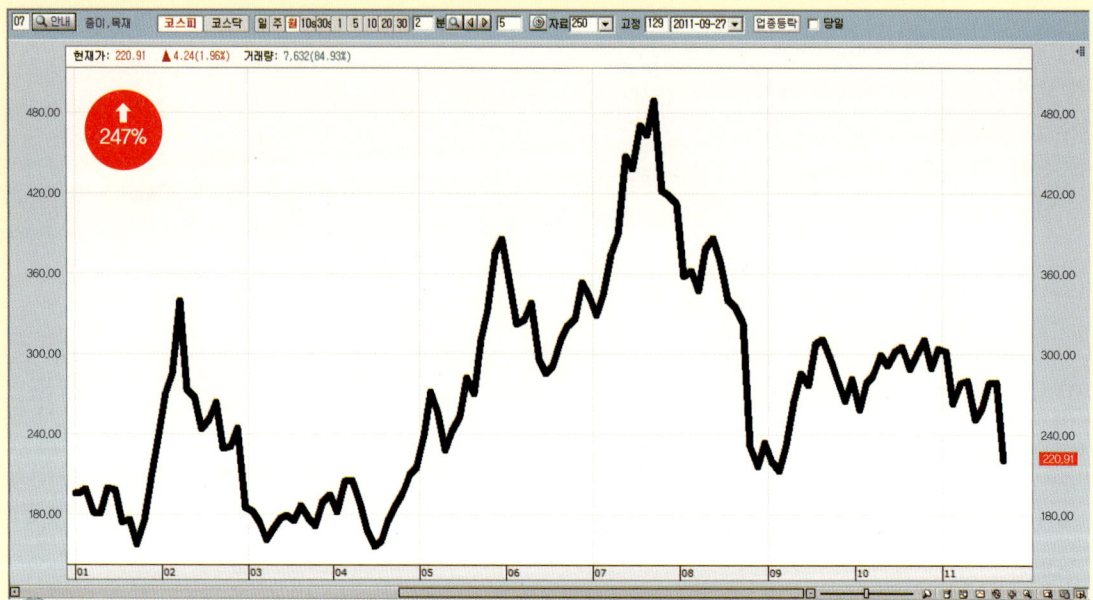

해당 종목

세하	태림포장	한솔홈데코	동일제지	이건 산업	대영포장
신풍제지	아세아제지	무림페이퍼	무림P&P	한창제지	한국제지
영풍제지	삼정펄프	아트원제지	선창 산업	수출포장	페이퍼코리아
신대양제지	KGP	한솔제지	모나리자	깨끗한나라	아세아페이퍼텍

통신

【 최대 하락률(이전 10년간) −92%: 최저 220포인트(11년 08월) → 최고 535포인트(01년 01월) 】

월간차트(이전 10년간)

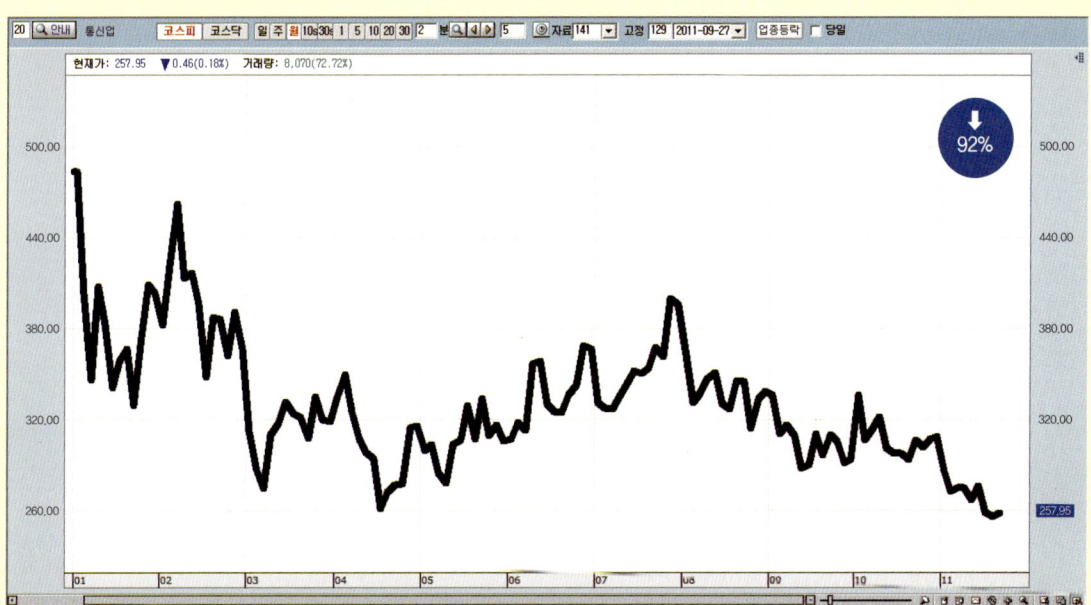

해당 종목

| KT | SK텔레콤 | LG유플러스 |

| 에필로그 |

"성공적인 투자를 위해서"

"나의 투자 기준은 무엇인가?"
주식 투자자라면 스스로에게 가장 먼저 던져야 하는 질문이다.
살면서 우리는 아주 사소한 일에도 기준을 가지고 있다. 좋은 것과 나쁜 것, 해야 할 것과 하지 말아야 할 것, 또는 적어도 내가 좋아하는 것과 싫어하는 것이라는 은연중의 감정이라도 몸에 배어 있다. 그렇지 않다면 수시로 부딪치는 수많은 선택의 갈림길 때문에 아무것도 못하고 하루해가 지고 말 것이다.
그런데 사실 이래도 그만 저래도 그만인 일상의 자질구레한 일에는 기준이 있으면서도 주식을 매수하거나 매도하는 일에는 전혀 그렇지 못한 사람들이 많다. 이들은 자신의 기준이 없기 때문에 늘 시장의 눈치를 본다. 그래서 군중이 우르르 몰려가는 방향으로 휩쓸려 가서 함께 행동하고, 방향을 틀면 또 우르르 몰려가길 반복한다. 그렇게 해서 수익을 내면 '운이 좋은 것'이고 손실을 보면 '재수가 없는 것'이라고 생각해버린다. 그렇지만 절대 그래선 안 된다!
많은 사람들이 주식시장에 넘쳐나는 돈을 보고 일확천금을 노리며 뛰어들지만 주식시장은 결코 만만한 곳이 아니다. 자본주의의 꽃이자 심장부라는 별칭은 그냥 붙은 게 아니다. 주식시장은 세계 최고의 두뇌들이 모여 만들었고, 자본주의 체제를 유지·발전시키기 위해 최첨단의 시스템으로 돌아가는 곳이다. 그리고 이로 말미암아 기업은 생산과 신규 투자의 여력을 확보하고 국가와 세계 경제의 핏줄이 흐르며 인류가 진보할 수 있는 것이다.
사실 나는 글재주가 뛰어나진 못해서 내가 생각하는 바를 재미나게 전달하지는 못한다. 하지만 내가 꼭 전달해야겠다고 마음먹은 메시지는 정확히 알고 있다. 바로 주식투자에는 자신만의 기준이 있어야 한다는 것이다. 숱한 시행착오 속에서 그야말로 뼈아프게 느꼈고, 그 벽을 넘어서고 나서야 투자의 새로운 차원에 도달할 수 있었기 때문이다.
나는 '내공 주식투자' 시리즈 제3권인 이 책의 제목을 '종목편'이라고 정했다. 우리 주식시장에 상장되어 있는 수많은 종목들을 분석해서 '이 종목에 투자하면 된다'고 찍어주는 것이 목적이 아니다. 진짜 목적은 이전 1, 2권을 통해서 수없이 반복했던 '투자의 기준'에 대해서 더욱 구체적이고 직접적으로 제시하는 것이다.
이 책을 쓰기 위해 나는 가장 먼저 우리나라 주식시장에 상장되어 있는 전 종목을 분석했다. 차트를 몇 번씩 검색하고 각 기업의 홈페이지를 수도 없이 드나들었으며 애널리스트들이 내놓은 분석 자료를 참고했다. 그리고 각 기업의 사업보고서도 빼놓지 않고 읽었다. 사업보고서는 기업마다 A4 용지 100쪽을 가볍게 넘어간다. 200쪽 가까이 되는 회사도 허다하다. 분량으로만 따지자면 한 종목으로 책 한 권을 만들 정도로 방대한 자료들이었다.

그다음으로 내가 한 일은 나의 기준으로 투자 대상을 선정하는 것이었다.

먼저 다음 표를 봐주기 바란다. 1960년대부터 최근인 2009년까지 우리나라 10대 수출 상품 목록이다.

시대별 10대 수출 상품 (단위: %)

순위	1961		1970		1980	
1	철광석	13.0	섬유류	40.8	의류	16.0
2	중석	2.6	합판	11.0	철강판	5.4
3	생사	6.7	가발	10.8	신발	5.2
4	무연탄	5.8	철광석	5.9	선박	3.6
5	오징어	5.6	전자제품	3.5	음향기기	3.4
6	활선어	4.5	과자제품	2.3	인조장섬유직물	3.2
7	흑연	4.2	신발	2.1	고무제품	2.9
8	합판	3.3	연초 및 동 제품	1.6	목재류	2.8
9	미곡	3.3	철강제품	1.5	영상기기	2.6
10	돈모	3.0	금속제품	1.5	반도체	2.5
합계		62.0		81.1		47.6
순위	1990		2000		2009	
1	의류	11.7	반도체	15.1	선박해양구조물 및 부품	12.4
2	반도체	7.0	컴퓨터	8.5	반도체	8.5
3	신발	6.6	자동차	7.7	무선통신기기	8.5
4	영상기기	5.6	석유제품	5.3	평판디스플레이 및 센서	7.0
5	선박	4.4	선박	4.9	자동차	7.0
6	컴퓨터	3.9	무선통신기기	4.6	석유제품	6.3
7	음향기기	3.8	합성수지	2.9	합성수지	3.6
8	철강판	3.8	철강판	2.8	철강판	3.3
9	인조장섬유직물	3.6	의류	2.7	자동차부품	3.2
10	자동차	3.0	영상기기	2.1	컴퓨터	2.2
합계		53.4		56.6		62.2

자료: 한국무역협회 국제무역연구원, 《주요 무역동향지표》, 2010.

표를 보면 시간의 흐름에 따라 우리나라 산업이 얼마나 역동적으로 변화해왔는지를 한눈에 알 수 있다. 1960대에는 무연탄, 오징어, 흑연과 같은 물품이 주요 수출 상품이었다. 시기별로 비중이 높은 상품들을 보면, 섬유류·의류가 중심이 되었다가 반도체, 컴퓨터에 자리를 넘겨줬고 2009년에 이르면 선박해양구조물 및 부품이 1위로 올라섰다. 수십 년 동안 외화를 벌어들였던 섬유나 의류는 이제 아예 목록에서 사라지고 말았다.

그렇다면 10년 뒤에는 어떤 산업이 우리나라를 대표할까? 마지막 목록 안에 있는 상품일 수도 있고 아직 태동 단계에 있는 신산업일 수도 있다. 이를 알아내는 것이 주식투자에 성공하는 핵심이다. 다시 말해 주식투자로 떼돈을 버는 방법이다. 10년 뒤 성장해 있을 신산업에 진중히 투자할 수 있다면 투자 원본의 1,000배가 넘는 가치를 갖게 될 테니까.

최근 주목받고 있는 신산업으로는 태양광, 풍력발전, 스마트그리드, 2차전지, 그린카, LED·OLED·AMOLED, 바이오시밀러, U-헬스케어·의료기기 등이 있다. 하지만 미래를 어떻게 확실히 알 수 있겠는가? 그 때문에 우리는 지나친 희망과 기대를 품기도 하며, 급격히 성장하고 있는 산업을 제대로 평가하지 못해 투자 기회를 놓치기도 한다.

나는 2010년에 들어서면서 구체적인 업종과 종목 선정을 시작했다. 그런데 그동안에도 수많은 변화가 있었다. 먼저 신세계가 백화점과 이마트 부문으로 사업 분할을 하였고, 대부분의 지방은행이 지주회사로 재상장되었으며, 제약업계에서는 리베이트 사건이 발생했다. 그 외에도 크고 작은 일들이 수시로 일어나 주가에 영향을 미쳤다.

그런 과정들을 거쳐 최종적으로 95종목을 선정했다. 그리고 그다음 작업으로, 각 종목에 대해 '적극추천, 추천, 중립, 비추천, 적극비추천'이라는 5단계 척도로 표시했다. 종목에 대해 공개적으로 이야기한다는 것은 생각보다 부담이 큰 일이어서 나는 몇 번이나 원점에서 판단하길 반복했다. 그렇게 얻은 결론이지만 주식시장의 크고 작은 변동이란 사람의 힘으로 어쩔 수 있는 것이 아니므로 아마 이 중에는 어느 날 갑자기 예상치 못한 공시를 내보내는 기업이 있을 수도 있다. 그렇지만 중요한 것은 그게 아니다. 내가 이 책을 통해 이야기하고 싶었던 것, 실전적으로 제시한 투자의 기준을 보고 그 방법을 익히는 게 중요하다.

나는 어떤 근거를 가지고 최종 결론에 이르렀는지를 하나의 틀을 만들어 설명했다. 종목에 들어가기 전에 업종 분석부터 시작했다. 이전 10년간 최대 상승률은 어느 정도인지를 통해 해당 업종이 성장산업인지 사양산업인지를 확인했다. 업종 내에는 어떤 종목들이 있는지를 살피면서 업종별로 우리나라 산업을 주도할 산업A 후보, 그로부터 파생되는 산업B와 산업C 후보를 선정했다. 그리고 전체적인 업황을 설명했다.

그런 다음 종목으로 들어가서는 간략한 기업 소개와 이전 10년간 최대 상승률과 상승의 주요 이유를 먼저 알아봤다. 상승의 주요 이유는 현재진행형인 경우가 많았다. 그런 다음 투자 대상으로 적합한

지를 보는 항목으로 투자의 난이도와 장기적 전망을 5단계 척도로 제시하고 이유를 설명했다. 마지막으로 나의 투자 의견을 5단계 척도로 제시하면서 유의사항을 추가했다.

이것은 다분히 나의 기준이기 때문에 모든 투자자에게 적합하지는 않을 것이다. 그렇지만 투자 대상을 선정하고 포트폴리오에 편입할 것인가 여부를 결정하는 데에는 이와 같은 판단 과정들이 필요하다는 것은 충분히 알 수 있을 것이다. 부디 독자 여러분이 이 책을 통해 얻는 것이 '아하, 이 종목'이 아니라 '아하, 이렇게 분석하면 되는구나'가 되기를 진심으로 바란다.

그리고 또 한 가지만 더 이야기하고 싶다. 주식은 고위험으로 분류되는 투자 대상이다. 그래서 나는 많은 종목에서 분산투자하라는 말을 몇 번이나 강조해두었다. 그것이 일반 투자자로서는 가장 현명한 자기보호책이기 때문이다. 과거의 통계와 자료를 분석해서 국가의 '부'의 규모를 측정하고, 주요 수출품과 관련 기업을 파악해서 어디가 1등, 어디가 2등, 어디는 꼴등이라고 등수를 매기는 것은 식은 죽 먹기다. 하지만 미래에도 현재의 등수가 그대로 유지될지를 어떻게 알겠는가? 현재 국가의 '부'에서 막대한 비중을 차지하는 IT, 자동차, 조선, 화학, 건설, 중공업 등의 산업은 앞으로 10년 후 어떤 모습일까? 그것은 누구도 알 수 없다.

시대에 따라 역동하는 인류의 문명 그리고 그에 따라 발전하거나 쇠퇴하는 산업의 흐름, 그곳에서 찬란하게 발전하는 우리의 역사. 이것에 대한 통찰이 바로 주식투자의 묘미가 아닐까 생각한다. 하지만 현실적으로 주식투자에서는 이렇게 느긋하게 묘미 운운하게 되지가 않는다. 예측할 수 없는 미래 때문에 큰 위험에 노출되지 않을까 하여 가슴을 졸이는 것이 인지상정이다. 따라서 차라리 예측할 수 없다면 각 업종에서 최고의 종목을 선택하여 분산투자하는 것이 최선이다.

그건 너무나 뻔한 소리 아니냐고 말하는 사람도 혹시 있을지 모른다. 그런데 실제 해보면 이것도 간단한 일이 아님을 알게 될 것이다. 아마도 어떤 업종에 투자할지를 선택하는 첫 단계에서부터 막막함을 느끼게 될 것이다. 이 책에서 단순히 분류해놓은 업종만 해도 20개가 넘는다. 하지만 이것은 편의상 아주 간략하게 분류해놓은 것이다. 예를 들어 운수장비업종에 완성차, 자동차부품, 중공업, 중공업부품 등을 한데 묶었는데 이것을 세부적으로 나누면 순식간에 4개의 업종이 된다. 화학의 경우도 마찬가지다. 이 책에서는 단순히 화학으로 분류했지만 에너지산업과 소재산업으로 분류해서 정유업, 가스업, 기초소재, 화학섬유, 정밀화학업 등으로 분류할 수 있다. 이렇게 하다 보면 업종만 해도 100개가 넘어간다. 그러니 코스피, 코스닥에 상장되어 있는 약 2,000개의 종목에서 개별 기업을 선정하는 것뿐만 아니라 크게 분류한 22개의 업종에서 5개의 업종을 선택하는 것도 실전 투자에서는 결코 만만한 일이 아니다.

그리고 5개의 업종을 선택하였다면 업종에 대한 경기변동의 영향, 진입장벽, 그 외 많은 경쟁요소와 장기적 전망을 분석하여 각 업종에 어느 정도의 비율로 투자할 것인지를 정한다.

알 수 없는 미래를 예측해야 하는 실전 주식투자에서 위험을 줄이고 안정적으로 투자하기 위해서 분산투자는 매우 중요한 역할을 한다. 종목만을 생각하면서 분산투자를 결정하지 말고 먼저 산업과 업종을 살펴본 뒤 업종별 투자 비율을 정해야 한다. 그다음이 종목인데, 해당 업종에서 가장 규모가 크고 경쟁력이 있다고 판단되는 기업에 투자해야 한다.

"주식투자의 핵심은 미래를 예측하는 일이다."

투자의 성공은 미래를 읽어내는 통찰력이 중심이 된다. 그렇기 때문에 주식투자가 어려운 것이다. 인류의 문명은 나날이 발전하고 있으며 역동하는 우리의 역사와 열정의 흐름에 따라 주식시장도 요동치기 때문이다.

미래는 어떤 산업이 더욱 발전할 것인가?
미래는 어떤 산업이 꾸준히 안정적으로 성장할 것인가?
미래는 어떤 산업이 인간을 더욱 풍요롭게 해줄 것인가?
미래는 어떤 산업이 대한민국의 '부'를 이끌어갈 것인가?

이에 대해 고민하는 것이 바로 주식투자라 하겠다.

★★★ 특별부록 ★★★

100만 원으로 도전하는
유망 중소형주

이 특별 부록에는 최소 300%, 최대 6,000%의 상승률을 보인 11개 중소형주를 담았습니다. 본 책과 마찬가지로 재무상황, 매출구성, 브랜드 가치, 가격 결정력, 사업의 진입장벽 등을 기준으로 종목을 분석하였습니다. 장기적으로 보았을 때 대형주보다는 다소 위험성이 있지만, 업계 내에서 확고한 위치를 점하고 있는 유망 기업임엔 분명합니다. 자신의 투자 성향에 따라 편입 비중을 조절한다면 적은 금액으로 높은 수익을 거둘 수 있을 것입니다.

001 전기전자

세방전지 (중형주)
【 국내 축전지 시장점유율 1위 기업 (산업B 후보) 】

- FICS Sector: 경기소비재
- FICS Industry Group: 자동차 및 부품
- FICS Industry: 자동차부품

월간차트(이전 10년간)

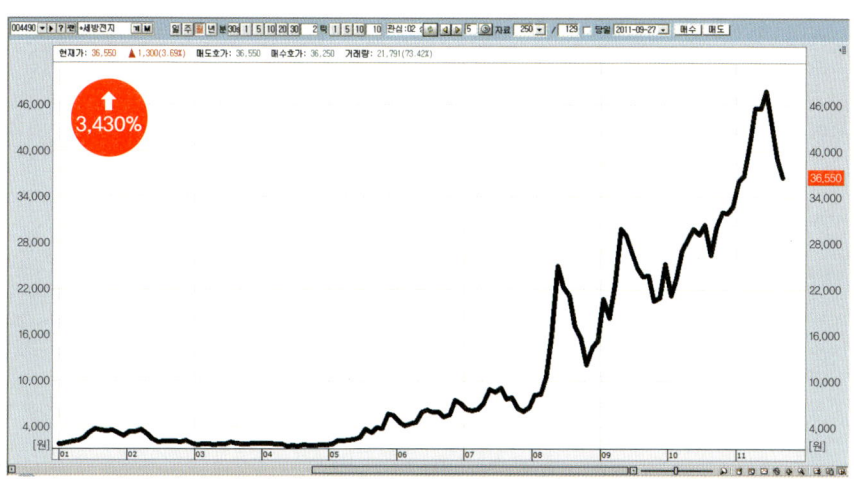

3,430%

재무상황

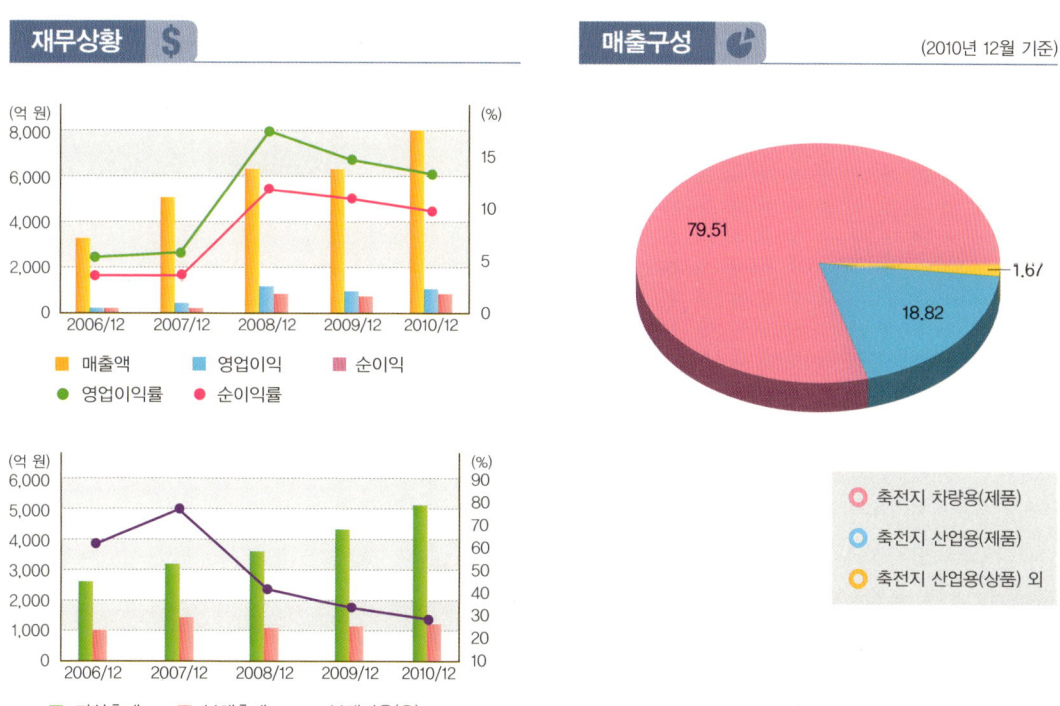

매출구성 (2010년 12월 기준)

- 79.51 축전지 차량용(제품)
- 18.82 축전지 산업용(제품)
- 1.67 축전지 산업용(상품) 외

100만 원으로 도전하는 유망 중소형주

기업 소개

회사 이름보다는 '로케트 밧데리'라는 브랜드로 더 친숙한 축전지 기업이다. 주요 제품으로는 차량용, 산업용, 오토바이용 축전지가 있다. 특히 하이브리드카에 이용되는 동사의 니켈수소전지는 기존 국내 제품의 5분의 1 크기로 시장에서 경쟁력을 갖추고 있다.

10년간 최대 상승률

3,430%: 최저 1,405원(04년 05월) → 최고 49,600원(11년 04월)

상승의 주요 이유

- **체크 1:** 브랜드 가치가 높은가?

  〈YES〉 로케트 밧데리라는 인지도 높은 브랜드를 갖추고 있다.

- **체크 2:** 가격 결정력이 있는가?

  〈YES〉 업계 선도 기업으로서 가격 결정력을 가질 수 있다.

- **체크 3:** 사업의 진입장벽이 높은가?

  〈YES〉 국내 축전지산업은 연간 1조 9천억 원 규모에 달한다(2010년 12월 말 기준). 국내 축전지 기업은 10여 개가 있으며 제시한 표와 같이 4대 메이커가 시장의 94%를 차지하고 있는 과점 체제이다.

(2010년 12월 말 기준)

기업명	점유율(%)
세방전지	41.6
성우오토모티브	12.4
아트라스비엑스	23.1
델코	16.9

투자의 난이도

매우어려움 | 어려움 | 보통 | 쉬움 | 매우쉬움

- **체크 1:** 이해할 수 있는 사업인가?

  〈YES〉 단순하지만 안정적인 사업모델을 가지고 있으며 일반인도 쉽게 이해할 수 있는 사업 내용이다.

- **체크 2:** 매출구성을 이해하기 쉬운가?

  〈YES〉 축전지가 얼마나 팔렸는지 살피면 되므로 매출구성을 이해하기가 매우 쉽다.

- **체크 3:** 현금흐름을 파악하기 쉬운가?

  〈YES〉 매출구성을 이해하기 쉽기 때문에 현금흐름을 파악하는 것도 쉽다.

- **체크 4:** 경기변동의 영향을 받는가?

  〈NO〉 경기변동의 영향을 적게 받는다. 각종 기계와 장치, 자동차의 축전지를 생산하는 기업으로 축전지는 소모품이기 때문이다.

장기적 전망

매우밝음 | 밝음 | 보통 | 흐림 | 매우흐림

세방전지는 상징적인 브랜드 네임을 확보하여 지속적으로 성장해왔다. 과점 체제를 형성하고 있는 축전지시장에서도 현격하게 높은 비중으로 시장점유율 1위를 차지하고 있기에 가격 결정력도 갖고 있다. 또한 축전지는 국내 제반 산업의 성장과 함께 지속적인 성장이 가능한 산업이고 소모품이기 때문에 매출이 안정적이며 유행을 타지 않는다. 장기적인 전망이 밝다.

어떻게 투자해야 하는가?

적극추천 | 추천 | 중립 | 비추천 | 적극비추천

투자 종목으로 추천한다. 사업의 내용이 쉽고 소모품으로서 경기변동의 영향을 적게 받는다. 또한 높은 시장점유율을 보이기 때문에 가격 결정력을 가질 수 있다. 대형주는 아니지만 일반인이 장기로 투자하기에 알맞은 종목이다.

> **NOTE**
> 중형주이면서도 장기 투자할 수 있는 상징적 브랜드를 가지고 있는 종목이다. 국내 산업에서 대기업군에 포함되지 않으면서 장기 투자할 수 있는 소수의 가치 있는 종목이다. 이러한 독보적인 브랜드를 가진 중소기업을 스스로 찾아 먼저 투자할 수 있다면 큰 성공을 거둘 것이다.

002 한국쉘석유 (중형주)

화학

【 로열더치쉘 그룹의 윤활유 주력 기업 (산업C 후보) 】

- FICS Sector: 소재
- FICS Industry Group: 소재
- FICS Industry: 화학

월간차트(이전 10년간)

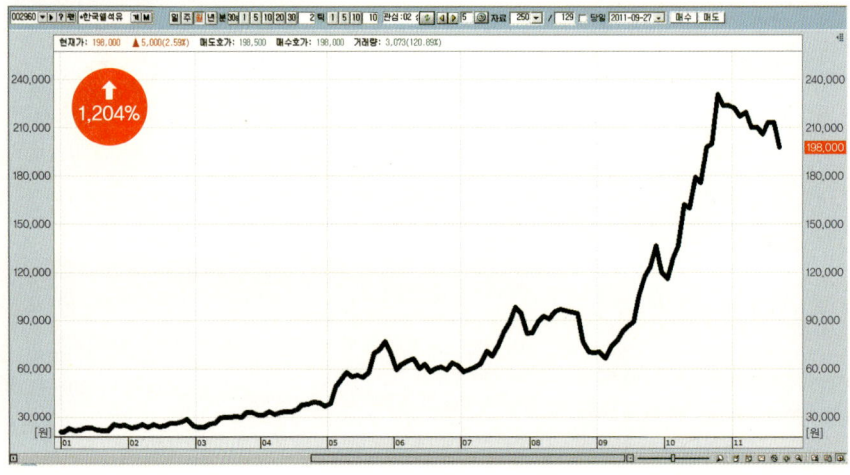

↑ 1,204%

재무상황

- 매출액
- 영업이익
- 순이익
- 영업이익률
- 순이익률

- 자산총계
- 부채총계
- 부채비율(우)

매출구성 (2010년 12월 기준)

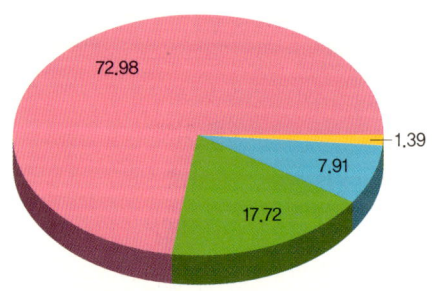

- 윤활유(제품) 72.98
- 윤활유, 그리스(상품) 17.72
- 그리스(제품) 7.91
- 기타 1.39

6 내공 주식투자 3

기업 소개

세계적인 에너지 기업이면서 윤활유 부문에서 세계 1위인 로열더취쉘 그룹의 국내 투자법인이다. 윤활유 제조 및 판매를 주력으로 하며 그리스, 기타 석유류 제품과 관련 제품의 제조, 조합, 배정 및 판매사업을 영위한다.

윤활유를 사용하는 가장 큰 목적은 기계의 마찰 면에 생기는 마찰력을 줄이거나 마찰열을 분산시켜 기계 등의 손상을 막아주는 데 있다. 또 다른 목적으로는 기계를 작동함으로써 발생하는 열을 냉각시키는 냉각작용, 밀봉작용, 방청 작용 등이 있다. 윤활유를 금속 면에 넣음으로써 타버리거나 마모되는 것을 방지할 수 있으며 동력의 소비를 적게 하여 효율도 좋게 하는 장점도 있다. 윤활유의 용도는 크게 산업용, 자동차용, 선박용, 특수용으로 구분할 수 있으며 대부분의 금속 및 기계에서 사용된다고 보면 된다.

10년간 최대 상승률

1,204%: 최저 19,050원(01년 09월) → 최고 248,500원(10년 12월)

상승의 주요 이유

- **체크 1: 대기업인가?**
  〈YES〉 윤활유 부분의 세계적인 기업 로열더치쉘 그룹의 국내 투자법인이다.
- **체크 2: 브랜드 가치가 높은가?**
  〈YES〉 로열더치쉘이라는 세계적인 브랜드를 갖는다.

투자의 난이도

- **체크 1: 매출구성을 이해하기 쉬운가?**
  〈YES〉 윤활유와 그리스를 생산하는 기업이다.
- **체크 2: 현금흐름을 파악하기 쉬운가?**
  〈YES〉 매출구성의 단순함으로 현금흐름 파악이 쉬운 편이다.
- **체크 3: 경기변동의 영향을 받는가?**
  〈SO-SO〉 윤활유는 특성상 일정 기간 사용하면 교체해야 하는 소모성 제품이기 때문에 경기변동의 영향을 상대적으로 적게 받는다. 대신 관련 산업과 상관관계가 높은데 윤활유시장의 큰 부분을 차지하는 자동차산업과 제조업의 경기에 영향을 받는다.

장기적 전망

매우밝음 | 밝음 | 보통 | 흐림 | 매우흐림

윤활유시장은 완전경쟁 상태이며 생산 기업이 난립함으로써 공급 초과 상태에 있다. 따라서 품질, 브랜드 이미지, 고객만족을 위한 서비스 차별화로 고정고객을 확보함으로써 경쟁력을 높여야 한다. 이런 점에서 장기적 전망은 '보통'이라고 하겠다.

어떻게 투자해야 하는가?

적극추천 | 추천 | 중립 | 비추천 | 적극비추천

모기업은 세계적으로 브랜드 인지도를 가지고 있지만 국내 투자법인의 규모는 큰 편이 아니다. 규모가 작은 회사는 외부 환경에 민감하고 마음 편하게 투자할 수 있는 조건이 미흡하기 때문에 장기로 투자하기는 쉽지 않다. 화학업종에 투자하고자 한다면 규모가 더 큰 기업을 선택하는 것이 안정적이니 보수적인 관점에서 결정하는 것이 좋다. 다만 브랜드가 세계적인 인지도를 확보하고 있다는 점과 소모성 제품이기에 소비가 꾸준히 발생한다는 점은 긍정적이다.

> **NOTE**
> 세계적 브랜드의 계열사이지만 국내 산업에서 차지하는 비중과 영향력이 적다는 점은 유념하자.

화학

넥센타이어 (중형주)
【 넥센 그룹 계열의 타이어 전문 기업(산업C 후보) 】

- FICS Sector: 경기소비재
- FICS Industry Group: 자동차 및 부품
- FICS Industry: 자동차부품

월간차트(이전 10년간)

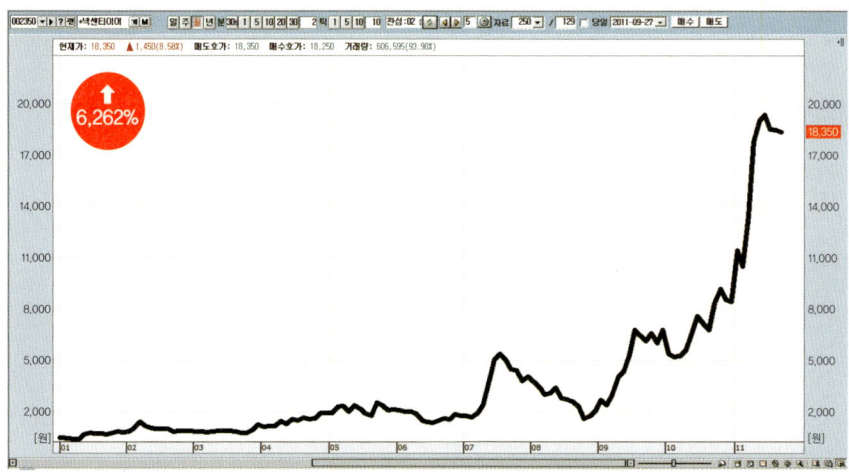

↑ 6,262%

재무상황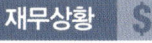

■ 매출액 ■ 영업이익 ■ 순이익
● 영업이익률 ● 순이익률

■ 자산총계 ■ 부채총계 ● 부채비율(우)

매출구성   (2010년 12월 기준)

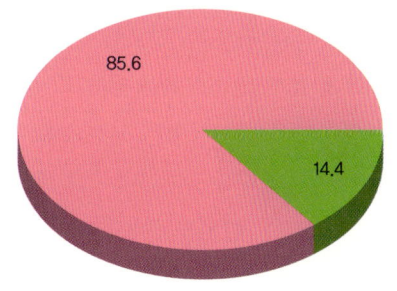

85.6
14.4

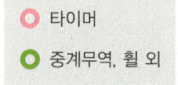

○ 타이머
○ 중계무역, 휠 외

100만 원으로 도전하는 유망 중소형주 **9**

기업 소개

넥센 그룹 계열의 국내 상위 타이어 제조 및 판매 기업이다. 1942년 설립되었으며 2000년 사명을 우성타이어에서 현재와 같이 변경했다. 넥센타이어의 승용차 타이어 시장점유율은 내수시장에서 20%를 차지하며 한국타이어, 금호타이어와 함께 과점을 형성하고 있다.

10년간 최대 상승률

6,262%: 최저 345원(01년 04월) → 최고 18,850원(11년 04월)

상승의 주요 이유

- 체크 1: 브랜드 가치가 높은가?

〈YES〉 1956년에 국내 최초로 승용차 타이어를 생산한 기업으로 꾸준한 기술개발 속에 브랜드 인지도를 높이고 있다.

- 체크 2: 사업의 진입장벽이 높은가?

〈YES〉 타이어산업은 대규모 설비가 필요한 장치산업이므로 진입장벽이 높다.

투자의 난이도

- 체크 1: 매출구성을 이해하기 쉬운가?

〈YES〉 매출구성이 단순하다. 대부분이 타이어 제품이다.

- 체크 2: 현금흐름을 파악하기 쉬운가?

〈YES〉 단순한 매출구성으로 현금흐름을 파악하기가 비교적 쉽다.

- 체크 3: 경기변동의 영향을 받는가?

〈SO-SO〉 타이어산업은 원재료를 가공하여 타이어를 제조, 유통하는 산업으로 자본집약적, 노동집약적, 기술집약적 장치산업이다. 원재료의 해외 의존도가 높아 환율변동과 해외 시장 변화에 민감하다. 그렇지만 국내 자동차시장의 성장과 중국 수요의 증가로 성장세가 높아지고 있다. 또한 타이어는 당연히 차량 등록 대수와 상관관계가 있다. 신차 타이어시장보다 교환 타이어시장이 커서 전체적으로 경기변동의 영향은 적다.

장기적 전망

타이어업계는 경쟁이 치열하므로 계속해서 살아남기 위해서는 경쟁우위 확보를 위한 다각적인 노력과 경영 혁신이 필요하다. 3년 뒤 주가를 예측하기 어려운 기업이지만 경쟁력 확보를 위한 노력이 진행되고 있는지를 지속적으로 살펴보고 개선이 이뤄지고 있다고 판단된다면 투자해볼 만하다.

어떻게 투자해야 하는가?

적극추천 | 추천 | 중립 | 비추천 | 적극비추천

규모의 경제와 가격 경쟁력이 필요한 타이어산업에서 3위 기업인 넥센타이어가 한국타이어와 금호타이어와의 경쟁에서 우위를 차지하기란 쉽지 않다. 그러나 최근 품질 혁신과 브랜드 가치 향상에 노력을 기울이며 높은 성장세를 보이고 있다는 점은 눈여겨봐야 할 지점이다. 이러한 성장세와 시장점유율을 볼 때는 긍정적이라 하겠지만 업계 전반적으로 볼 때 후발국이 신규 경쟁사로 진입하고 있으며 미쉐린, 굿이어 등 수입 타이어와 한국산 타이어 간 경쟁도 심화되고 있다는 점을 감안하기 바란다.

 NOTE

점유율 3위의 기업은 장기 투자 대상으로 삼기에 1위 기업보다 상대적으로 위험이 있다. 하지만 경쟁력 확보를 위한 개선 노력이 가시화된다면 분산투자 관점에서 접근할 수 있다.

004 모토닉 (중형주)

운수장비

【 자동차용 LPI시스템 등을 생산하는 부품 기업(산업C 후보) 】

- FICS Sector: 경기소비재
- FICS Industry Group: 자동차 및 부품
- FICS Industry: 자동차부품

월간차트(이전 10년간)

↑ 1,339%

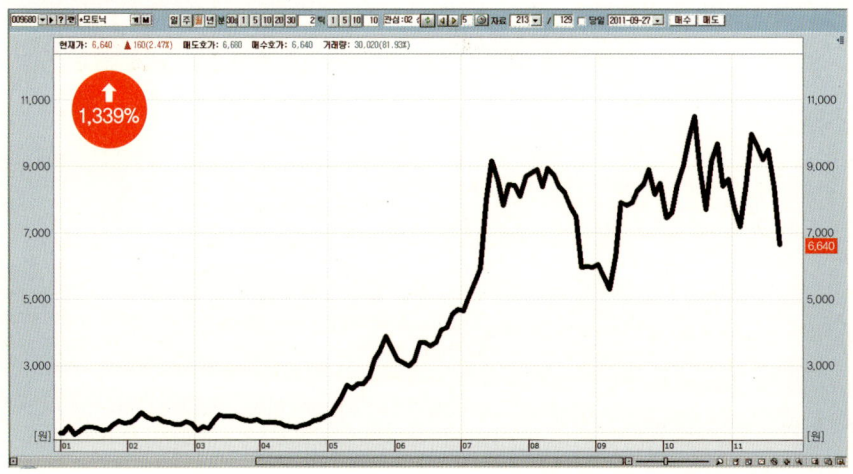

재무상황

매출구성 (2010년 12월 기준)

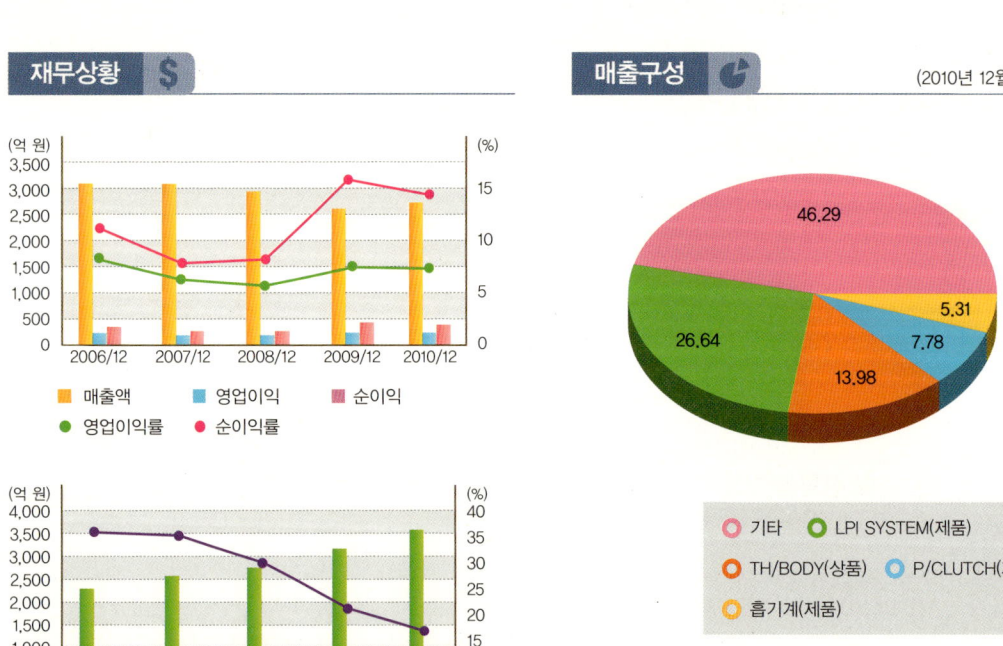

- 기타 46.29
- LPI SYSTEM(제품) 26.64
- TH/BODY(상품) 13.98
- P/CLUTCH(제품) 7.78
- 흡기계(제품) 5.31

12 내공 주식투자 3

기업 소개

현대차, 기아차의 엔진부품 개발사로 선정된 자동차부품 생산 기업이다. 카뷰레터, 다이캐스팅, LPI 연료공급 시스템(3세대 LPG 액상분사 연료공급 시스템), 스로틀 바디, 흡기계를 생산한다. 하이브리드카시장의 확대에 따라 경사각센서 펌프 등 하이브리드카 부품으로도 생산품을 다양화하였다.

10년간 최대 상승률

1,339%: 최저 830원(01년 01월) → 최고 11,950원(10년 05월)

상승의 주요 이유

- **체크 1: 경쟁력을 갖췄는가?**

  〈YES〉 LPG 차량의 부품을 생산하던 기업에서 사업 다각화에 노력하여 변신에 성공했다. 국내 대표적인 완성차 기업인 현대차와 기아차의 엔진부품 개발사로 선정됨으로써 향후 성장동력을 확보하였다.

투자의 난이도

매우어려움 | 어려움 | 보통 | **쉬움** | 매우쉬움

- **체크 1: 매출구성을 이해하기 쉬운가?**

  〈YES〉 자동차부품 기업으로서 품목이 단순하므로 일반인도 쉽게 이해할 수 있다.

- **체크 2: 현금흐름을 파악하기 쉬운가?**

  〈YES〉 부품의 판매량과 단가를 통해 현금흐름을 쉽게 파악할 수 있다.

- **체크 3: 경기변동의 영향을 받는가?**

  〈YES〉 받는다. 하지만 더 정확하게 표현하자면 현대차와 기아차의 영향을 받는다. 중소형주이기 때문에 외부적인 여러 환경에 대해 대기업보다 상대적으로 큰 영향을 받는다.

- **체크 4: 지속적인 기술경쟁이 일어나는가?**

  〈YES〉 업계에서의 기술경쟁이 치열하게 일어난다. 자동차부품산업의 특성상 신차종, 신기술에 즉각적인 대응이 필요하다. 신차 설계 단계에서부터 제품원가를 낮추고 신기술을 접목할 수 있도록 기술력 확보를 위해 심혈을 기울이고 있다.

장기적 전망

매우밝음 | 밝음 | 보통 | 흐림 | 매우흐림

부품 기업의 특성상 상징적 브랜드가 없으며 회사의 규모가 작아 외부 환경에 크게 영향을 받는다. 더욱이 업계 전체적으로 부품 기업들 간 경쟁도 치열하다. 그럼에도 지난 10년간 1,000%가 넘는 수익률을 기록했고 매출구성과 현금흐름을 파악 측면에서 투자난이도가 높지 않기 때문에 투자해볼 만

하다. 하지만 3년 뒤 회사의 주가를 안정적으로 예측할 수 없으므로 주의가 필요하다.

어떻게 투자해야 하는가?

부품시장의 추이가 어떠한지에 대해서 일반인이 알기는 어렵다. 또한 부품 기업은 완성차 기업에 비해 약자의 위치에 있으며 경쟁도 매우 치열하다. 안정적인 투자라는 맥락에서 자동차업종을 매수하고 싶다면 대형주 위주의 투자가 가장 좋지만 여유자금, 특히 소액으로 투자한다면 도전해볼 만하다.

 NOTE

중소형 부품 기업으로 장기 투자 대상으로 삼기에는 대기업에 비해 위험이 크지만 적은 비중으로 포트폴리오에 편입하는 것은 해볼 만하다.

005 한올바이오파마 (중형주)
【 전문 의약품 생산 기업 】

의약품

- FICS Sector: 의료
- FICS Industry Group: 제약 및 바이오
- FICS Industry: 제약

월간차트(이전 10년간)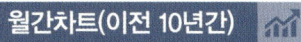

재무상황

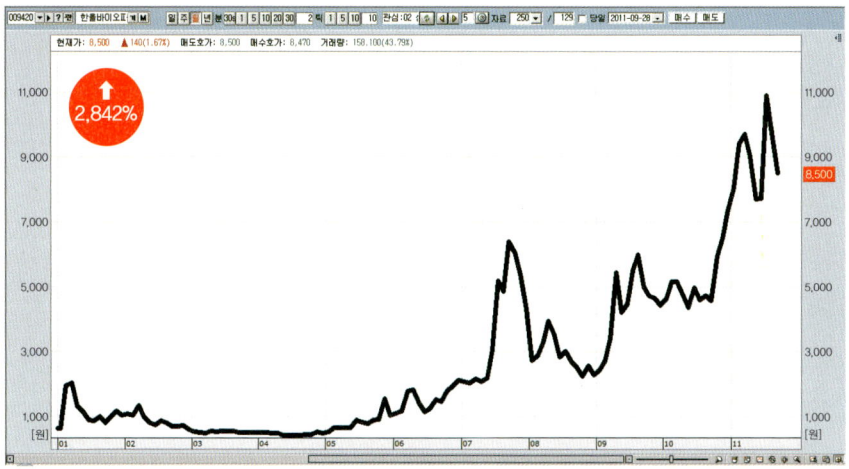

매출구성 (2010년 12월 기준)

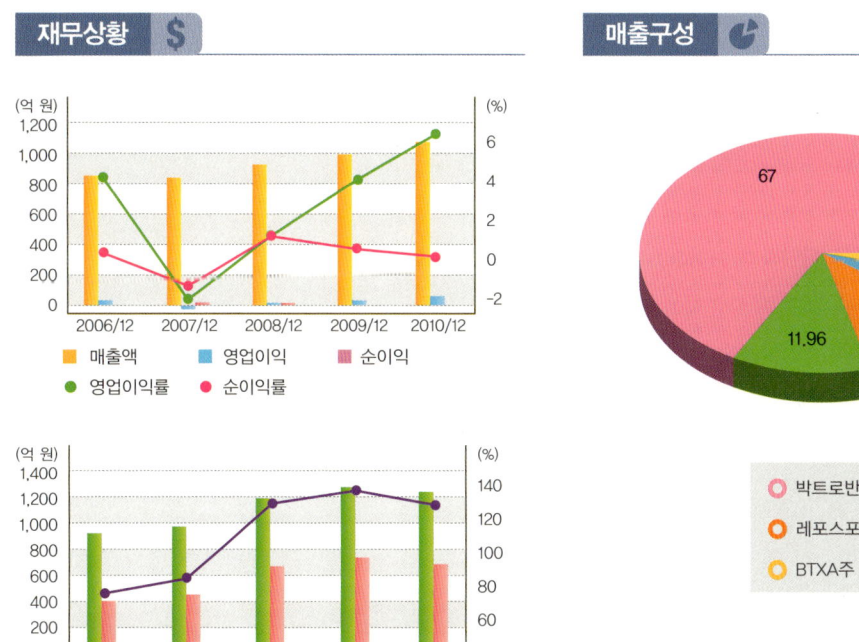

- 박트로반 외
- 올리클리노멜주
- 레포스포렌주
- 토미포란주
- BTXA주

기업 소개

한올바이오파마는 매출이 1천억 원 안팎의 규모가 크지 않은 제약회사이다. 브랜드 인지도 면에서도 대중들에게 친숙한 편은 아니다. 2005년부터 R&D 중심의 제약바이오 기업으로 변모한 후 2007년 개량신약인 당뇨병치료제 글루코다운OR500 출시를 시작으로 2008년 당뇨병치료제 글루코다운 OR750을 출시하는 등 자체 개발 신약의 제품화에 총력을 기울이고 있다.

현재 개발 중인 신약 과제는 160여 개로 크게 세 가지 영역으로 나눌 수 있다. 첫 번째 영역은 바이오의약품이며 두 번째 영역은 기능성 복합신약, 세 번째 영역은 바이구아나이드 계열 항암제 및 당뇨병치료제이다. 그리고 기타 과제로 아토피 치료 신약 등을 설정하고 있다.

10년간 최대 상승률

2,842%: 최저 401(04년 08월) → 최고 11,800원(11년 07월)

상승의 주요 이유

- **체크 1: 브랜드 가치가 높은가?**
  〈YES〉 항생제와 영양수액제 등에서 인지도가 높은 기업이다.
- **체크 2: 사업의 진입장벽이 높은가?**
  〈YES〉 제약업은 정부의 감독과 통제가 작용하며 기술집약적 산업으로 진입장벽이 매우 높다.

투자의 난이도

매우어려움 | 어려움 | 보통 | 쉬움 | 매우쉬움

- **체크 1: 매출구성을 이해하기 쉬운가?**
  〈SO-SO〉 각종 의약품으로 매출구성이 이루어져 있다.
- **체크 2: 현금흐름을 파악하기 쉬운가?**
  〈SO-SO〉 어렵지 않은 매출구성으로 현금흐름의 파악도 어렵지 않다.
- **체크 3: 경기변동의 영향을 받는가?**
  〈NO〉 제약산업은 경기변동의 영향을 거의 받지 않는다.

장기적 전망

매우밝음 | 밝음 | 보통 | 흐림 | 매우흐림

한올바이오파마는 항생제, 영양수액제(링겔), 보톨리눔톡신(BTXA) 등의 전문 의약품을 제조·판매하는 기업이다. 개량신약인 당뇨병치료제를 개발하여 제품화하였으며 향후에도 바이오의약품, 기능성 복합신약과 바이오시밀러 등을 지속적으로 개발해 출시할 예정이다.

기업의 규모가 작다는 점은 장기 투자에서 약점이 되지만 연구개발 성과와 이후 개발의지가 강하다는 점은 높이 살 만하다. 다만 대형 제약사들, 외국의 선진 제약사들과도 경쟁해야 하기 때문에 경쟁우위를 차지하기란 어렵다. 이런 점을 고려할 때 장기적인 전망은 '보통'이라고 판단한다.

어떻게 투자해야 하는가?

적극추천 | 추천 | 중립 | 비추천 | 적극비추천

 제약업에서는 신약이 개발되면 엄청난 이익이 창출될 수 있다. 그러한 점 때문에 제약사의 신약개발과 출시는 매우 매력적인 요소로 꼽힌다. 하지만 대박을 노리고 투자했다가는 위험을 떠안을 소지가 있다. 실제적인 영업이익과 자산의 가치, 매출 등의 기본적인 요소들보다는 미래에 대한 섣부른 기대감이 주가에 반영되는 결과가 나타나기 때문이다. 기대감에 따라 변동하는 주가에는 투기적인 요소가 가미되기 쉬우므로 안정적 투자를 원한다면 신중한 판단이 필요하다.

> **NOTE**
> 투기적 요소가 가미될 수 있는 종목이기 때문에 신중한 판단이 필요하다.

006 동부화재 (대형주)

보험

【 동부 그룹 계열의 종합손해보험사 】

• FICS Sector: 금융
• FICS Industry Group: 보험
• FICS Industry: 보험

월간차트(이전 10년간)

↑ 5,090%

재무상황

매출구성

(2010년 3월 기준)

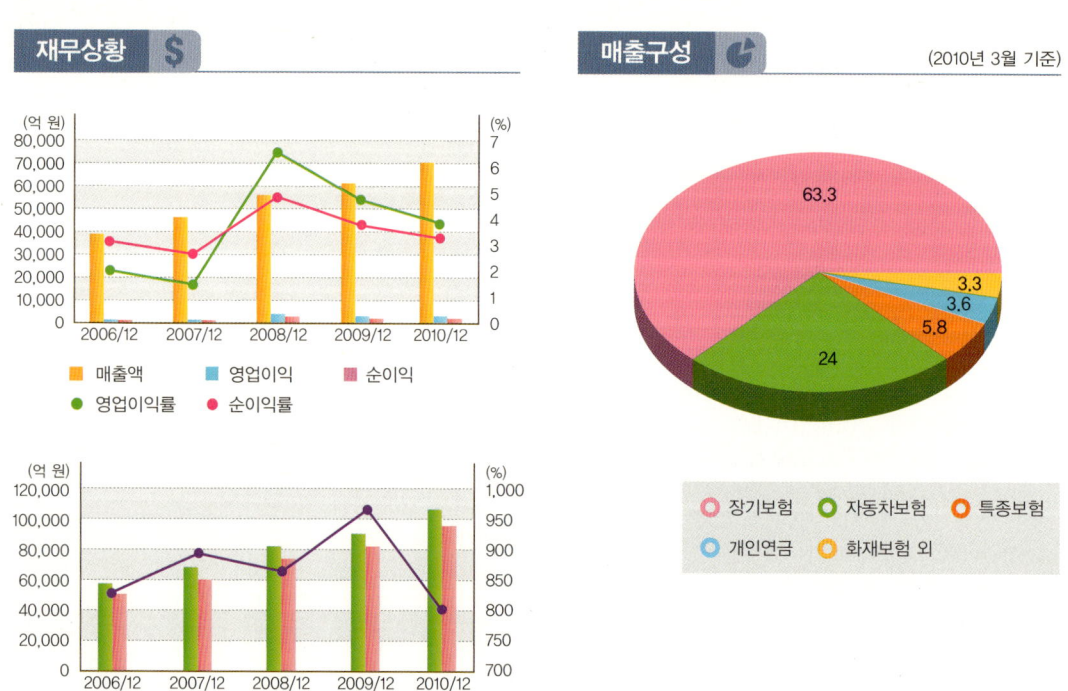

- 장기보험 63.3
- 자동차보험 24
- 특종보험 5.8
- 개인연금 3.6
- 화재보험 외 3.3

18 내공 주식투자 3

기업 소개

동부 그룹 계열의 업계 상위 종합손해보험사. 동부건설, 동부증권, 동부생명 등의 지분을 보유하고 있다.

10년간 최대 상승률

5,090%: 최저 1,100원(01년 01월) → 최고 57,100원(07년 11월)

상승의 주요 이유

- **체크 1:** 시장점유율이 높은가?

〈YES〉 국내 보험시장은 상위 대형 기업이 과점을 형성하고 있다. 다음 표는 몇 가지 보험상품별 상위 4사의 시장점유율이다.

- **체크 2:** 사업의 진입장벽이 높은가?

(2010년 3분기 기준, 단위: %)

구분	자동차	장기	일반	전체
동부	14.3	15.4	13.5	14.9
삼성	27.1	26.5	29.8	27.0
현대	15.5	15.9	18.4	16.0
LIG	12.1	13.9	17.7	13.8

〈YES〉 보험업은 법인 설립 시 많은 자본금이 필요하고 정부의 엄격한 규제가 따르기 때문에 진입장벽이 높다.

투자의 난이도

매우어려움 | 어려움 | 보통 | 쉬움 | 매우쉬움

- **체크 1:** 매출구성을 이해하기 쉬운가?

〈NO〉 화재, 해상, 자동차 등 다양한 손해보험이 매출구성을 이루고 있다.

- **체크 2:** 경기변동의 영향을 받는가?

〈SO-SO〉 보험산업은 경기변동의 영향을 직접 받는다기보다는 후행적 특성을 갖는다.

장기적 전망

매우밝음 | 밝음 | 보통 | 흐림 | 매우흐림

업계 상위 종합보험사로서 안정적인 시장점유율을 보유하고 있다. 하지만 보험업은 전형적인 내수산업으로 좁은 국내 시장에서 경쟁을 지속해야만 한다. 더욱이 자본시장통합법이 도입되면서 규모의 경제가 통하는 분야가 됨으로써 규모가 큰 기업에는 유리하지만 적은 기업의 영업 환경은 갈수록 불리해지고 있다.

어떻게 투자해야 하는가?

| 적극추천 | 추천 | 중립 | 비추천 | 적극비추천 |

장기 투자를 고려하면 더 큰 대형 보험사를 선택하는 것이 바람직하다. 하지만 동부화재도 상위 기업으로 안정적인 성장이 예상되는 종목이기에 적은 비중을 투자하는 것은 고려할 만하다.

> **NOTE**
> 동부화재도 상위 기업으로서 안정적인 성장이 예상되지만 일반 투자자들이 장기로 투자할 때는 규모가 더 큰 대형 보험사를 선택하는 것이 위험을 줄이는 방법이다.

007 증권

HMC투자증권 (대형주)
【 현대차 그룹 계열의 증권사(산업C 후보) 】

- FICS Sector: 금융
- FICS Industry Group: 증권
- FICS Industry: 증권

월간차트(이전 10년간)

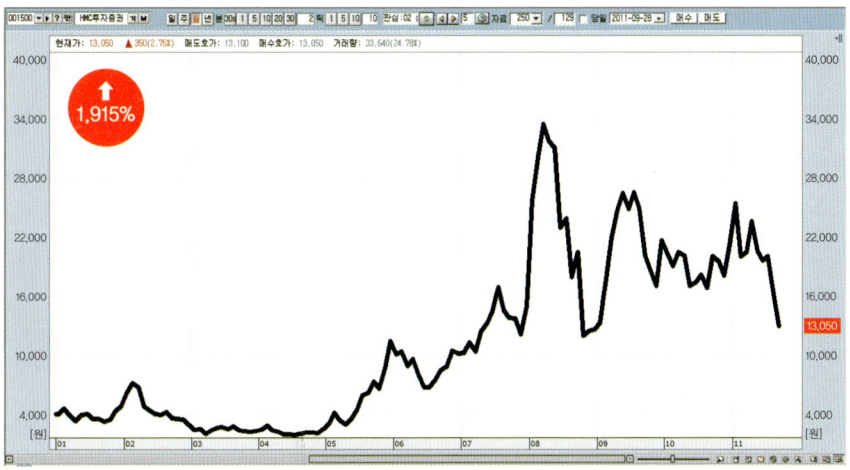

재무상황

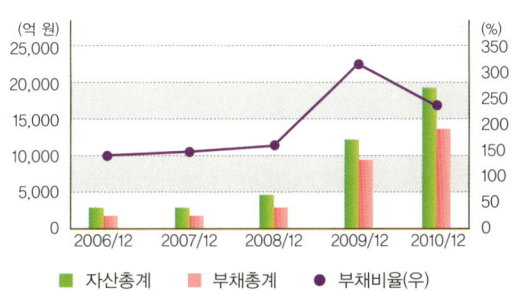

매출구성

(2010년 3월 기준)

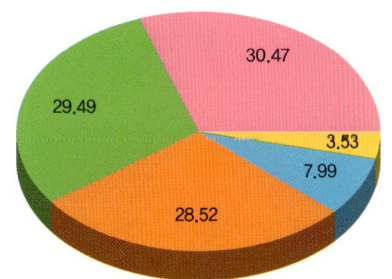

- 유가증권평가 및 처분이익
- 수수료수익
- 이자수익
- 파생상품거래이익
- 기타

100만 원으로 도전하는 유망 중소형주

기업 소개

현대차 그룹 계열의 증권, 위탁매매, 자산관리, 기업금융, 퇴직연금, 투자자문 등의 사업을 영위하는 기업이다. 2008년 현대차 그룹 계열로 편입된 이후 그룹 시너지 효과를 바탕으로 기업금융에 대한 잠재력이 높아졌다.

10년간 최대 상승률

1,915%: 최저 1,950원(04년 07월) → 최고 39,300원(08년 04월)

상승의 주요 이유

- **체크 1: 대기업인가?**

  〈YES〉 현대차 그룹 계열로 강력한 자본력과 영업망, 유통망을 갖는다.

투자의 난이도

- **체크 1: 매출구성을 이해하기 쉬운가?**

  〈NO〉 증권사 매출구성의 세부적인 내용을 일반인이 이해하기는 힘들다.

- **체크 2: 경기변동의 영향을 받는가?**

  〈YES〉 금융투자업은 국가 경제상황은 물론 정치, 사회, 문화, 경제동향 등 여타 다양한 변수에도 많은 영향을 받을 뿐 아니라 해외 시장의 동향에도 민감하게 반응하는 특성을 지니고 있다.

(2010년 3월 기준)

구분	금액(단위: 백만 원)
영업수익	273,628
수수료수익	80,680
유가증권평가 및 처분이익	83,370
파생상품거래이익	21,869
이자수익	78,046
기타	9,662

장기적 전망

현대차 그룹의 계열사로 편입됨으로써 글로벌 네트워크를 활용하여 해외 시장에 진출하고 있다. 현대차 그룹사와의 시너지 효과를 극대화하고 신용카드사 등과의 다양한 제휴를 활용한 CMA자산 및 계좌 확대를 계획하고 있다. 하지만 최근 금융산업이 치열한 경쟁상태로 진입한 상황이므로 이 점에 유념하여 투자를 결정해야 한다.

어떻게 투자해야 하는가?

적극추천 | 추천 | 중립 | 비추천 | 적극비추천

증권업계 자체의 상황이 열악해지고 있기 때문에 중소 증권사로서는 규모가 큰 기업보다 더 큰 어려움을 겪게 될 것이다. 하지만 HMC투자증권은 현대차 그룹에 편입되어 계열사의 강력한 지원을 받고 있다는 점에서 경쟁회사와 차별화되는 강점 요소도 있다고 하겠다.

 NOTE
증권업에 투자하고 싶다면 규모가 더 큰 기업을 선택하는 것이 위험을 줄이는 방법이다. 하지만 현대차 그룹의 계열사 지원을 받는 증권회사로서 미래의 잠재적 성장성도 긍정적으로 고려해 보길 바란다.

008 영원무역홀딩스 (중형주)

【 의류 제조 및 유통업을 영위하는 순수 지주회사 】

- FICS Sector: 경기소비재
- FICS Industry Group: 내구소비재 및 의류
- FICS Industry: 섬유 및 의복

월간차트(이전 10년간)

재무상황

매출구성
(2010년 12월 기준)

- 지분법이익(기타): 92.83
- 기타영업수익(기타): 7.17

기업 소개

1974년에 설립된 아웃도어 및 스포츠의류 전문 기업이다. 1988년 한국거래소 유가증권시장에 상장하였으며, 2009년 인적 분할을 통해 지주회사와 사업회사로 나뉘었다. 상호를 ㈜영원무역홀딩스로 변경하여 순수 지주회사로 전환하였으며 자회사로 ㈜영원무역과 ㈜골드윈코리아 등이 있다.

㈜영원무역은 방글라데시, 베트남, 중국 및 엘살바도르에 주요 생산기지를 두고 있다. 아웃도어 의류 및 신발, 가방, 원단 등을 OEM 방식으로 생산하여 전 세계에 수출한다. ㈜골드윈코리아는 노스페이스(The North Face) 브랜드의 아웃도어 및 스포츠의류를 생산하여 국내 판매 채널을 통해 유통, 판매하고 있다. 2011년 6월 말 기준 노스페이스는 백화점, 가맹점 및 직영점을 포함하여 약 220여 개의 판매 채널을 확보하고 있다.

10년간 최대 상승률

5,357%: 최저 875원(01년 09월) → 최고 47,750원(11년 08월)

상승의 주요 이유

- **체크 1: 브랜드가치가 높은가?**

〈YES〉 주력 브랜드인 노스페이스는 아웃도어 브랜드 중 가장 높은 인지도를 보이고 있으며 시장점유율 1위를 차지하고 있다.

- **체크 2: 성장성이 높은가?**

〈YES〉 건강과 레저에 대한 관심이 고조되면서 아웃도어시장은 지난 몇 년간 의류산업 중에서 가장 호황을 누렸다. 2001년 5천억 원대이던 국내 시장 규모가 2010년 3조 원대로 성장했다.

투자의 난이도

- **체크 1: 매출구성을 이해하기 쉬운가?**

〈YES〉 지주회사로서 영원무역과 골드윈코리아의 지분법평가익이 주요 매출구성을 이루는데, 이들 자회사의 매출은 대부분 아웃도어 브랜드인 노스페이스의 판매에서 나온다. 여타 지주회사와 달리 자회사의 매출구성을 쉽게 이해할 수 있어 영원무역홀딩스의 매출구성을 이해하기도 어렵지 않다.

- **체크 2: 현금흐름을 파악하기 쉬운가?**

〈YES〉 매출구성을 쉽게 이해할 수 있으므로 현금흐름을 파악하기도 쉽다.

- **체크 3: 경기변동의 영향을 받는가?**

〈SO-SO〉 아웃도어 및 스포츠의류를 영위하는 자회사의 지분율로부터 수익이 나오므로 경기변동의 직접적인 영향을 받지 않는다.

장기적 전망

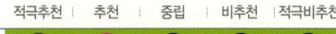

노스페이스는 국내 최고의 아웃도어 브랜드라는 지위를 점하고 있다. 이처럼 상징적이고 차별화된 브랜드는 제품의 가치와 기업의 희소성을 높여준다. 또한 건강과 레저에 대한 관심은 갈수록 커질 것이므로 장기적 전망은 밝다고 판단한다.

어떻게 투자해야 하는가?

국내의 높은 브랜드 인지도를 바탕으로 적극적인 해외 진출을 모색하고 있다. 해외 시장에서의 성공 여부가 앞으로 성장세를 가속화할 것으로 보인다. 물론 앞으로의 성공을 기대하면서 투자를 하는 것은 위험천만한 일이다. 그렇지만 노스페이스와 같은 독보적 브랜드를 만들어내기란 쉬운 일이 아니며, 기존 의류시장과 차별화되는 아웃도어시장의 강자라는 점에서 세계적으로도 성공할 가능성이 높다고 볼 수 있다. 분산투자 원칙으로 일정 비율을 포트폴리오에 편입하길 추천한다.

> **NOTE**
>
> 〈분산투자〉 노스페이스와 같은 독보적인 브랜드는 기업의 가치를 극대화시킨다. 만약 이를 나이키와 같은 세계적인 브랜드로 만들 수 있다면 기업의 가치는 지금과 차원이 다른 수준으로 올라설 것이다. 하지만 현재 우리가 기억해야 할 것은 그것이 미래에 거는 기대라는 점이다. 노스페이스가 국내 1위의 아웃도어 브랜드라는 사실은 틀림이 없지만 아직 세계적인 기업은 아니다. 국내 1위라는 점은 이미 최근 주가 상승세에 모두 반영되어 있다고 보고, 세계에서의 성공에 따라 미래 가치를 분석해야 할 것이다.

009 동원산업 (중형주)
【 수산물 가공 및 유통 전문 기업 】

- FICS Sector: 필수소비재
- FICS Industry Group: 음식료 및 담배
- FICS Industry: 식료품

월간차트(이전 10년간)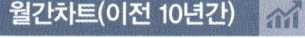

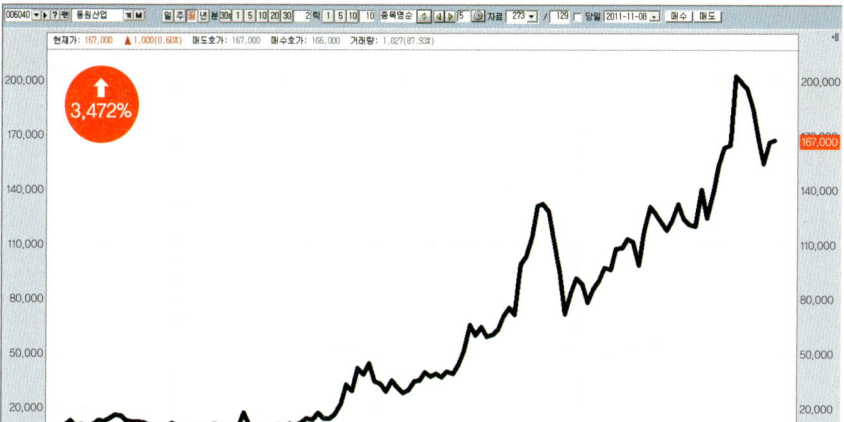

3,472%

재무상황

매출구성 (2010년 12월 기준)

- 참치원어 외: 53.07
- 보관/배송: 22.17
- 고등어 등: 23.57
- 임대수입 외: 1.19

100만 원으로 도전하는 유망 중소형주

기업 소개

수산(참치선망선, 참치연승선, 트롤선 등 원양어업), 유통(참치 유통, 단체급식 등) 물류(화주와 선사 간 물류를 중개하는 3자물류(3PL) 등)사업 등을 영위하는 기업이다. 참치선망선 16척, 참치연승선 22척, 운반선 4척, 트롤선 3척 등 총 45척의 선박을 운용하고 있다. 2007년에는 태양광발전사업에도 진출했다.

10년간 최대 상승률

3,472%: 최저 5,850원(01년 02월) → 최고 209,000원(11년 04월)

상승의 주요 이유

- **체크 1: 경쟁력을 갖췄는가?**

〈YES〉 국내뿐 아니라 세계적으로도 경쟁력 있는 기업으로 인정받고 있다. 최신 선박과 첨단 어군탐지 장비를 보유하고 있으며 위성을 통해 기상과 수온, 플랑크톤 등의 정보를 활용함으로써 계절적 생산량의 편차를 줄이고 조업 능력을 향상시키고 있다.

- **체크 2: 필수적인 상품인가?**

〈YES〉 수산물은 식생활에 반드시 필요한 소비재다. 더욱이 구제역, 광우병, 조류독감 등의 발생으로 육류에 대한 불신이 높아지면서 대체식품으로 부각되고 있다.

회사명	수출 실적(달러)	비 율(%)
동원산업	147,071	27.25
사조씨에스	68,909	12.77
사조산업	48,416	8.97
동원수산	39,819	7.38
인성실업	38,121	7.06
신라교역	31,333	5.81
기 타	166,019	30.76
합 계	539,688	100.00

※ 한국원양어업협회 발간 〈원양산업 통계연보〉(2010) p216.

- **체크 3: 시장점유율이 높은가?**

〈YES〉 2010년 한국원양어업협회가 발간한 〈원양산업 통계연보〉에 따르면 업계 전체 수출 실적의 27% 이상을 점하며 1위를 차지하고 있다.

투자의 난이도

매우어려움 | 어려움 | 보통 | 쉬움 | 매우쉬움

- **체크 1: 매출구성을 이해하기 쉬운가?**

〈YES〉 참치, 고등어 원양어업이 매출구성의 70% 이상을 차지하며 나머지는 유통업이다. 매출구성이 단순하여 일반인도 쉽게 이해할 수 있다.

- **체크 2: 현금흐름을 파악하기 쉬운가?**

〈YES〉 매출구성을 이해하기 쉬우므로 현금흐름을 파악하기도 쉽다.

- **체크 3: 경기변동의 영향을 받는가?**

〈NO〉 필수소비재에 속하는 사업으로 경기의 영향을 받지 않는다. 원양어업은 국내 경기변동보다는 미국, 일본, 유럽 등 선진국 경기의 영향을 많이 받는다. 원양어업의 매출은 크게 생산량, 환율, 선진국들의 소비 패턴 변동에 좌우되는데 선진국들의 소비는 건강을 선호하는 추세에 따라 지속적으로 증가하고 있으며, 어획량에 따른 가격과 원가율변동이 수익성에 영향을 준다.

장기적 전망

원양어업은 식료품의 원료를 공급하는 산업으로 세계 경제에서 중요한 역할을 하고 있다. 게다가 수산물이 건강식품이라는 인식이 확산되면서 소비량이 계속 증가하는 추세여서 원양어업의 중요성은 날로 더해가고 있다. 하지만 최근 들어 연안국들이 어족자원을 자국화하고자 하는 움직임을 보이고 있어 어로 환경이 점차 어려워지고 있다. 따라서 장기적인 전망은 밝다고 볼 수 없으며, 성장을 위해서는 연안국과 적극적인 교섭을 벌여 어장을 확보해나가야 한다는 과제가 놓여 있다.

어떻게 투자해야 하는가?

동원산업은 수산물 가공업에서 높은 경쟁우위를 차지하고 있기 때문에 앞으로도 인플레이션을 이용하는 장기적 성장이 가능하다. 하지만 수산업은 연안국의 어족자원 자국화 시도가 강화되면서 사업 환경이 어려워지고 있다. 뿐만 아니라 국내 시장의 수요량에는 한계가 있기 때문에 더 공격적으로 해외 판로를 개척해야 한다. 지금까지 분석을 종합하여 투자 의견은 '중립'이라고 본다.

> **NOTE**
> 내수시장의 한계와 어로 환경의 악화로 높은 수준의 성장은 기대하기 힘들다. 하지만 동원참치라는 상징적 브랜드를 바탕으로 장기적 성장세를 지속해온 만큼 앞으로도 안정적인 성장세를 기록할 것으로 보인다.

010 한샘 (중형주)
【 주방 및 인테리어 가구 제조, 유통 기업 】

- FICS Sector: 경기소비재
- FICS Industry Group: 내구소비재 및 의류
- FICS Industry: 내구소비재

월간차트(이전 10년간)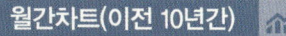

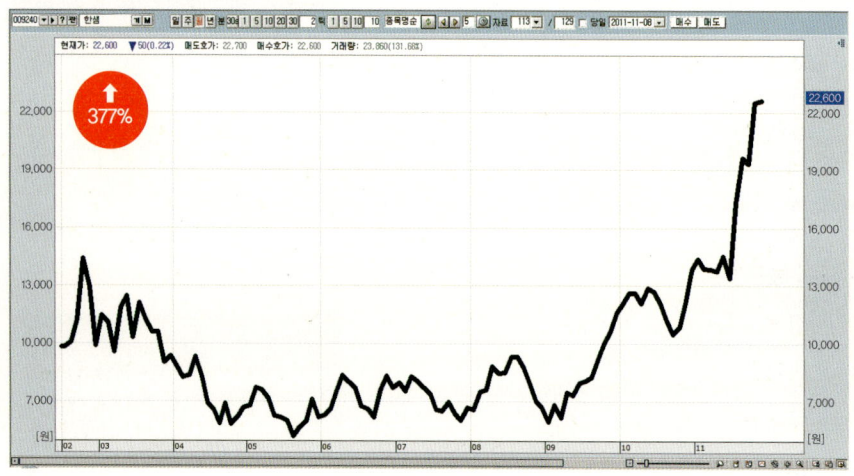

재무상황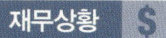

매출구성

(2010년 12월 기준)

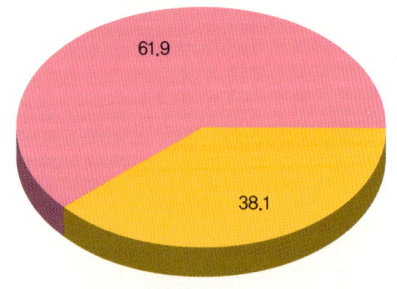

○ 부엌 가구 부문(제품/상품)
○ 인테리어 가구 부문(상품)

30 내공 주식투자 3

기업 소개

주방 및 인테리어 가구 분야에서 선두적인 기업이다. 주거 인테리어는 가정용 가구, 조명기기, 욕실, 벽지/바닥재, 소품, 패브릭, 인테리어 시공 등 다양한 부문에서 광범위한 시장을 형성하고 있다. 한샘은 주방가구 전문회사로 출발하여 사업 영역을 침실, 거실, 서재, 욕실 등 주택 내 여러 공간으로 확장하였으며, 토털 홈 인테리어 패키지를 제공하기 위해 리모델링사업 아이템을 발굴하는 데 주력하고 있다.

10년간 최대 상승률

377%: 최저 5,050원(04년 08월) → 최고 24,100원(11년10월)

상승의 주요 이유

- 체크 1: 시장점유율이 높은가?

〈YES〉 주방가구시장 중 메이커시장에서 80% 이상의 점유율을 차지하고 있다.

- 체크 2: 성장성이 높은가?

〈YES〉 주거용 인테리어는 국민의 생활수준 및 소비성향 등과 밀접한 연관이 있는 산업이다. 따라서 소득수준이 높아지고 생활의 편리성을 추구하는 등 주거생활에서 기능성 및 디자인이 중시될수록 인테리어시장은 계속적으로 성장할 것이다.

투자의 난이도

- 체크 1: 매출구성을 이해하기 쉬운가?

〈YES〉 주방 및 인테리어 가구를 판매하는 회사로 우리가 흔히 볼 수 있는 제품이며 가격과 품질을 비교, 분석하기도 쉽다.

- 체크 2: 현금흐름을 파악하기 쉬운가?

〈YES〉 쉬운 매출구성으로 현금흐름을 파악하기도 쉽다.

- 체크 3: 경기변동의 영향을 받는가?

〈YES〉 크게 받는다. 주방가구산업은 주택 경기나 이사 수요 등과 밀접한 관련이 있고, 국민의 소득수준과도 많은 연관성을 갖는다. 따라서 경기순환 곡선에 따라 전체적인 시장 규모가 결정되는 특성을 보인다.

장기적 전망

매우밝음 | 밝음 | 보통 | 흐림 | 매우흐림
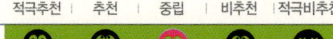

한샘이 대상으로 하는 주요 시장은 인테리어, 주방가구, 건설사 특판 등으로 분류할 수 있다. 그중 비중이 높은 인테리어 부문에서 10년 가까이 업계 1위를 유지하고 있다. 현재로서는 이처럼 높은 시장점유율을 보이고 있지만 업계의 경쟁이 매우 치열하고 경기변동의 영향을 많이 받는 산업이기 때문에 장기적으로 안정적인 예측을 하기가 힘들다. 최근의 높은 상승세는 주목할 만하지만 장기적 전망은 '보통'이라고 판단한다.

어떻게 투자해야 하는가?

적극추천 | 추천 | 중립 | 비추천 | 적극비추천

국내 시장에서 가구와 인테리어 부문은 중소 업체들의 난립으로 경쟁이 매우 치열하다. 지속적인 성장을 위해서는 까다로운 소비자의 입맛을 계속 충족시켜야 한다. 한샘은 미래 성장동력을 확보하기 위한 노력을 계속하고 있으며 이는 높이 살 만하다. 특히 토털 홈 인테리어 패키지를 제공하기 위해 리모델링사업의 아이템을 발굴하는 데 주력하여 욕실과 마루, 조명, 창호 등으로 사업 영역을 확대하고 있다. 다만 장기적 투자 대상으로서는 중소기업이라는 상대적 약점이 존재한다. 때문에 많은 비중을 두기보다 분산투자 원칙에 따라 편입하는 것이 위험성을 덜어준다.

> **NOTE**
>
> 인테리어 가구 분야는 업계 내 경쟁이 매우 치열하기 때문에 장기적으로 마음 편히 투자하기가 쉽지 않다. 다만 최근 한샘이 시장점유율을 확대하며 높은 성장세를 보이고 있다는 점을 감안할 때 적은 비중으로 포트폴리오에 편입하는 것은 가능해 보인다.

011 동서 (코스닥)

【 동서식품의 모기업이자 다류사업 전문 기업 】

- FICS Sector: 필수소비재
- FICS Industry Group: 음식료 및 담배
- FICS Industry: 식료품

월간차트(이전 10년간)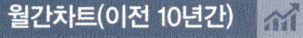

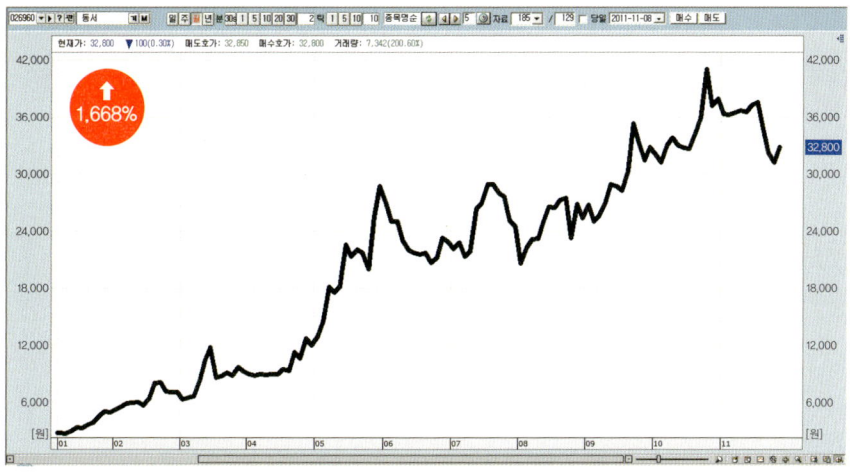

재무상황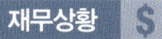

매출구성  (2010년 12월 기준)

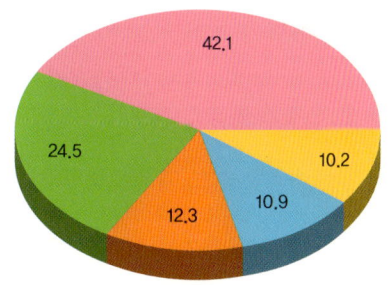

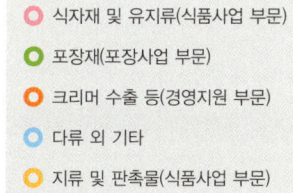

- 식자재 및 유지류(식품사업 부문)
- 포장재(포장사업 부문)
- 크리머 수출 등(경영지원 부문)
- 다류 외 기타
- 지류 및 판촉물(식품사업 부문)

100만 원으로 도전하는 유망 중소형주

기업 소개

맥심이라는 커피 브랜드로 유명한 기업이다. 식품사업, 포장사업, 다류사업, 수출입 및 구매대행업, 보세창고업, 임대업 등을 영위하고 있다.

10년간 최대 상승률

1,668%: 최저 2,335원(01년02월) → 최고 41,300원(10년 11월)

상승의 주요 이유

- 체크 1: 브랜드가치가 높은가?

〈YES〉 커피에서 맥심이라는 강력한 브랜드를 보유하고 있으며, 통조림과 음료 제품에서 인지도 높은 리치스 브랜드가 있다.

- 체크 2: 경쟁력을 갖췄는가?

〈YES〉 엄격한 품질관리와 브랜드관리를 비롯하여 전국적인 유통망 및 물류시스템을 구축하고 있으며 주요 원부자재의 효율적인 조달 등 다방면에서 경쟁력을 갖추고 있다.

투자의 난이도

- 체크 1: 매출구성을 이해하기 쉬운가?

〈YES〉 커피, 음료 등 일반인에게 친숙한 식품사업을 영위하는 회사로 매출구성을 이해하기 쉽다.

- 체크 2: 현금흐름을 파악하기 쉬운가?

〈YES〉 쉬운 매출구성으로 현금흐름을 파악하기도 쉽다.

- 체크 3: 경기변동의 영향을 받는가?

〈NO〉 필수소비재를 생산하는 기업으로 경기변동의 영향을 거의 받지 않는다. 다만, 원자재의 대부분을 수입에 의존하기 때문에 환율과 국제 원자재 가격의 변동, FTA 등 국제 무역시스템의 변화가 수익성에 영향을 미친다.

장기적 전망

식품사업은 경제성장과 함께 라이프스타일도 변화하면서 소비자의 수요 패턴이 고급화, 다양화, 편의화 추세를 보이고 있다. 저출산에 따른 인구 감소는 식품사업의 위협요인으로 작용하고 있으나 건강기능성 식품과 특수목적 식품시장이 성장하여 그 간극을 메움으로써 전체적인 수요 변화는 미미한 편이라 할 수 있다. 성숙기 사업으로 안정적인 성장이 예상되지만 진입장벽이 낮은 사업 특성상 신규 경쟁사가 유입되기 쉽고 제품 모방의 용이성, 제품 라이프사이클의 단축 등으로 경쟁 강도가 높다. 따라서 투자를 결정할 때는 이런 점을 신중히 고려해야 한다.

어떻게 투자해야 하는가?

적극추천 | 추천 | 중립 | 비추천 | 적극비추천

  동서는 인지도 높은 다수의 브랜드를 보유하고 있는 기업이다. 필수소비재에 속하는 음식료업은 경기변동의 영향을 적게 받고 사업 내용과 매출구성을 일반인도 이해하기 쉬워 장기적 관점에서 투자 대상으로 삼기에 적합하다. 하지만 기업에 투자하기 위해서는 현재보다 미래가 더 중요하다. 동서의 다양한 브랜드를 살펴보고 지속적인 매출 확대가 가능하다고 생각된다면 분산투자 원칙으로 포트폴리오에 편입하길 권한다.

> **NOTE**
>
> 동서는 사업 내용이 쉽고 경기변동의 영향을 받지 않으므로 일반 투자자가 투자하기에 쉬운 종목이다. 다양한 브랜드의 제품을 비교, 분석하여 안정적 성장이 가능하다고 판단된다면 포트폴리오에 편입하되 반드시 분산투자할 것을 권한다.